MATERIELLES ZIVILRECHT IN DER ASSESSORKLAUSUR

2013

Frank Müller
Rechtsanwalt und Repetitor

ALPMANN UND SCHMIDT Juristische Lehrgänge Verlagsges. mbH & Co. KG
48149 Münster, Annette-Allee 35, 48001 Postfach 1169, Telefon (0251) 98109-0
AS-Online: www.alpmann-schmidt.de

Liebe Leserin, lieber Leser,

wir sind stets bemüht, unsere Produkte zu verbessern. Fehler lassen sich aber nie ganz ausschließen. Sie helfen uns, wenn Sie uns über Druckfehler in diesem Skript oder anderen Printprodukten unseres Hauses informieren.

E-Mail genügt an „druckfehlerteufel@alpmann-schmidt.de"

Danke
Ihr AS-Autorenteam

Müller, Frank
Materielles Zivilrecht in der Assessorklausur
ISBN: 978-3-86752-322-6

Verlag Alpmann und Schmidt Juristische Lehrgänge
Verlagsgesellschaft mbH & Co. KG, Münster

Die Vervielfältigung, insbesondere das Fotokopieren der Skripten,
ist nicht gestattet (§§ 53, 54 UrhG) und strafbar (§ 106 UrhG).
Im Fall der Zuwiderhandlung wird Strafantrag gestellt.

Vorwort

Auch im 2. Examen stellt das materielle Zivilrecht das größte und anspruchsvollste Rechtsgebiet dar. Anders als im 1. Examen rückt naturgemäß die Dogmatik in den Hintergrund und Meinungsstreitigkeiten aus der Literatur verlieren weitgehend ihre Bedeutung, da sich die Klausurlösung an der Rechtsprechung orientieren sollte. Dies sowie der Umstand, dass in der Klausur der Palandt zur Verfügung steht, darf jedoch nicht dazu verleiten, dass man sich auf sein noch vorhandenes Grundwissen aus dem 1. Examen verlässt. Denn zum einen verschieben sich hier im 2. Examen die Problemschwerpunkte. Zum anderen bringt es nichts, wild im Palandt zu blättern, ohne hinreichendes Systemverständnis. Zudem ist der Einstieg ins materielle Zivilrecht je nach Klausurart (gerichtliche Entscheidung, Anwaltsklausur, vollstreckungsrechtliche Klausur) sehr unterschiedlich.

Die folgende Darstellung des materiellen Zivilrechts inklusive der examensrelevanten besonderen Rechtsgebiete erhebt keinen Anspruch auf Vollständigkeit – was bei der Größe dieses Rechtsgebiets auch utopisch wäre. Vielmehr ist dieses Skript als examensspezifisches Kompendium für die Zivilrechtsklausuren im 2. Examen gedacht. Hierfür haben wir unsere jahrzehntelange Erfahrung aus den AS-Assessorkursen, aus dem Klausurenfernlehrgang für das 2. Examen einfließen lassen sowie die Auswertung unzähliger Original Examensklausuren aus den einzelnen Bundesländern.

Der Verfasser ist erfahrener Dozent in den Assessorkursen von Alpmann Schmidt und hat auch seine praktische Erfahrung als Anwalt mit Tätigkeitsschwerpunkt im Zivilrecht einfließen lassen. Unschätzbar ist die Erfahrung, die der Verfasser in zahlreichen Prüfungsanfechtungsverfahren gewonnen hat. Gerade hierdurch können typische Fehlerquellen in der Examensklausur aufgezeigt und Hinweise zur Vermeidung gegeben werden.

Die nachfolgende Darstellung orientiert sich überwiegend am Anspruchsaufbau. Denn sowohl in der gerichtlichen Klausur als auch in der Anwaltsklausur wird Ansatz der geltend gemachte bzw. abzuwehrende Anspruch sein. Hier werden dann im Systemzusammenhang die für das 2. Examen relevanten Probleme aus dem BGB AT, dem Schuldrecht AT und Schuldrecht BT dargestellt. Gerade bei der Sortierung der einschlägigen Anspruchsgrundlagen ist die Prüfungsreihenfolge sowie der Generalaufbau zivilrechtlicher Ansprüche wichtig, welches wir im 1. Teil darstellen. Im 2. bis 4. Teil folgen die vertraglichen Ansprüche. Im 5. Teil folgen die deliktischen Ansprüche. Im 6. Teil stellen wir bereicherungsrechtliche Ansprüche dar. Nachfolgend finden Sie im 7. Teil die besonderen Regressansprüche und im 8. Teil die sachenrechtlichen Ansprüche. Schließlich stellen wir im 9. Teil prägnant die besonderen Rechtsgebiete dar. Arbeitsrecht und AGG haben wir hierbei ganz am Ende dargestellt, da diese Rechtsgebiete nicht in jedem Bundesland examensrelevant sind.

Vorwort

Auf Zitate haben wir bewusst weitgehend verzichtet, da dieses Skript aus sich heraus verständlich sein soll und für weiteres Nachlesen in der Regel in der Examensvorbereitung keine Zeit mehr ist. Es finden sich jedoch immer wieder **Klausurtipps zum richtigen, effektiven Umgang mit dem** im Examen zugelassenen Kommentar, dem **Palandt**. Damit Sie den Gesamtüberblick nicht verlieren, finden Sie Systemübersichten und **klausurerprobte Prüfschemata zur jeweiligen Materie**.

Um unnötige Wiederholungen zu vermeiden, haben wir bei Zitaten aus dem Gesetz auf den Zusatz „BGB" verzichtet. Andere Gesetzeszitate weisen hingegen die jeweilige Abkürzung des Gesetzes auf.

INHALTSVERZEICHNIS

1. **Teil: Prüfungseinstieg in die Zivilrechtsklausur** 1
2. **Teil: Vertragliche Erfüllungsansprüche (Primärleistung)** 3

1. Abschnitt: Entstehen des Anspruchs 3
- A. Vertragliche Einigung 3
  - I. Vertragsschluss durch Schweigen 4
  - II. Abgabe und Zugang der Willenserklärung, Widerruf 5
  - III. Einigung über Stellvertreter, §§ 164 ff. 5
  - IV. Besondere Schuldverhältnisse mit Drittbeteiligung 9
    1. Vertrag zugunsten Dritter, §§ 328 ff. 9
    2. Vertrag mit Schutzwirkung zugunsten Dritter 9
    3. Besonderes Schuldverhältnis gemäß § 311 Abs. 3 10
  - V. Ansprüche aus abgetretenem Recht, § 398 S. 2 10
- B. Wirksamkeit der Einigung 11
  - I. Mangelnde Geschäftsfähigkeit, §§ 104 ff. 11
  - II. Formnichtigkeit, § 125 12
  - III. Nichtigkeit gemäß §§ 134, 138 14
    1. Gesetzliches Verbot, § 134 14
    2. Sittenwidrigkeit, § 138 14
  - IV. Nichtigkeit aufgrund Anfechtung, § 142 15
  - V. Bedingung, § 158 17
  - VI. Einbeziehung von AGB, §§ 305 ff. 18

2. Abschnitt: Untergang des Anspruchs 20
- A. Untergang durch Erfüllung/Surrogate, §§ 362 ff. 21
  - I. Erfüllung, §§ 362 ff. 21
  - II. Erfüllungssurrogat Hinterlegung, §§ 372 ff. 23
  - III. Erfüllungssurrogat Aufrechnung, §§ 387 ff. 23
  - IV. Erlassvertrag, § 397 24
- B. Untergang des Erfüllungsanspruchs durch Leistungsstörungen 24
  - I. Automatische Untergangsgründe 25
  - II. Untergang durch rechtsgestaltende Erklärung 25
- C. Untergang aufgrund Widerruf, § 355 26
- D. Untergang wegen Nebenpflichtverletzungen 28
- E. Untergang bei Störung der Geschäftsgrundlage, § 313 Abs. 3 28

3. Abschnitt: Durchsetzbarkeit des Anspruchs 28
- A. Zurückbehaltungsrecht 28
- B. Einrede der Stundung 29
- C. Verjährungseinrede, § 214 29
- D. Besondere Einreden 31
  - I. Einreden des Bürgen, §§ 768 ff. 31
  - II. Einwendungsdurchgriff, § 359 31
  - III. Bereicherungseinrede, § 821 31
  - IV. Einreden aus Treu und Glauben, § 242 32

3. **Teil: Ansprüche bei vertraglichen Leistungsstörungen** 33

1. Abschnitt: Nichtleistung der Hauptleistung 33
- A. Unmöglichkeit der Hauptleistung 33
  - I. Rückgewähransprüche bei Unmöglichkeit der Leistung aus §§ 346 ff. 34
  - II. Schadensersatz statt der Leistung wegen Unmöglichkeit 34
  - III. Ersatz nutzloser Aufwendungen 35
  - IV. Stellvertretendes Commodum, § 285 35
- B. Ausbleiben der möglichen Leistung 36
  - I. Grundsätzlich nur Verzug des Schuldners, § 286 36
  - II. Gläubiger hat kein Leistungsinteresse mehr 39

2. Abschnitt: Ansprüche bei Schlechtleistung des Schuldners 41
- A. Die geregelten Gewährleistungsrechte 41
  - I. Vorrang der Nacherfüllung/Abhilfe (bei Schlechtleistung) 42
  - II. Rückgewähr wegen Rücktritt/Kündigung bei Schlechtleistung 46

	III. Rückgewähr wegen Minderung bei Schlechtleistung	46
	IV. Schadensersatzansprüche bei Schlechtleistung	47
	1. Schadensersatz statt der Leistung	47
	2. Schadensersatz neben der Leistung bei Schlechtleistung	48
	V. Stellvertretendes Commodum, § 285 bei Schlechtleistung?	49
	VI. Ausschluss der Gewährleistung	49
	1. Gesetzliche Ausschlussgründe	49
	2. Vertraglich vereinbarter Gewährleistungsausschluss	49
	VII. Verjährung der Gewährleistungsansprüche	51
	VIII. Auswirkungen einer Garantie/zugesicherten Eigenschaft	53
	IX. Besonderheiten für den Unternehmerregress	54
	B. Ansprüche wegen Schlechtleistung bei sonstigen Verträgen	55

3. Abschnitt: Ansprüche wegen Nebenpflichtverletzungen des Schuldners 56
    A. Schadensersatz neben der Leistung 56
    B. Gläubiger hat kein Leistungsinteresse mehr 56
    C. Verjährung 57

4. Abschnitt: Pflichtverletzungen gegenüber Dritten 57

5. Abschnitt: Auswirkungen des Gläubigerverzugs 59

4. Teil: Vertragsspezifische Ansprüche bei den Vertragsarten 61

1. Abschnitt: Kaufrecht, §§ 433 ff. 61
    A. Anwendungsbereich 61
    B. Besondere Arten des Kaufs 62

2. Abschnitt: Werkvertrag, §§ 631 ff. 64
    A. Anwendungsbereich 64
        I. Abgrenzung zum Werklieferungsvertrag, § 651 64
        II. Abgrenzung zum Dienstvertrag, §§ 611 ff. 64
        III. Abgrenzung zum Geschäftsbesorgungsvertrag, § 675 65
    B. Besonderheiten 65
        I. Mitwirkung des Bestellers, § 642 65
        II. Verantwortlichkeit des Bestellers gemäß § 645 65
        III. Sicherheiten des Unternehmers, §§ 647 ff. 66
        IV. Kündigungsrecht des Bestellers, § 649 67
        V. Kostenanschlag, §§ 632 Abs. 3, 650 67
        VI. Verdingungsordnung für Bauleistungen, VOB 68

3. Abschnitt: Miete, §§ 535 ff. 68
    A. Anwendungsbereich 68
    B. Besonderheiten 69
        I. Zur Struktur des Mietrechts 69
        II. Entstehen des Mietverhältnisses 69
        III. Ansprüche und Rechte des Mieters 70
        IV. Ansprüche und Rechte des Vermieters 71
        V. Sicherheiten für den Vermieter 71
    C. Beendigung des Mietverhältnisses 74

4. Abschnitt: Leasing 76
    A. Anwendungsbereich 76
    B. Besonderheiten 77

5. Abschnitt: Reisevertrag, §§ 651 a ff. 80
    A. Anwendungsbereich 80
    B. Besonderheiten 81

6. Abschnitt: Dienstvertrag, §§ 611 ff. 82
    A. Anwendungsbereich 82
    B. Besonderheiten 83

7. Abschnitt: Schenkungsvertrag, §§ 516 ff. 85
    A. Anwendungsbereich 85
    B. Besonderheiten 85

8. Abschnitt: Maklervertrag, §§ 652 ff. ... 88
A. Anwendungsbereich ... 88
- I. Der Nachweismakler, § 652 Abs. 1, 1. Var. ... 88
- II. Der Vermittlungsmakler, § 652 Abs. 1, 2. Var. ... 88
- III. Handelsmakler, §§ 93 ff. HGB ... 88
- IV. Darlehensvermittlungsverträge, §§ 655 a ff. ... 88
- V. Vermittlung von Wohnmietverträgen ... 88

B. Besonderheiten ... 89
- I. Maklerlohn, § 652 ... 89
- II. Ansprüche des Maklerkunden ... 92
- III. Sonderfälle im Maklerrecht ... 92
  1. Kauf-/Mietvertrag mit Maklerklausel als Vertrag zugunsten Dritter, § 328 ... 92
  2. Makleralleinvertrag ... 93
  3. Ehevermittlung, Partnerschaftsvermittlung, § 656 ... 93

9. Abschnitt: Darlehensverträge, §§ 488 ff. ... 93
A. Anwendungsbereich ... 93
B. Besonderheiten ... 94
- I. Wirksamkeit des Darlehensvertrags ... 94
- II. Fälligkeit des Rückzahlungsanspruchs aus § 488 Abs. 1 S. 2 ... 95
- III. Widerruf des Darlehensnehmers, §§ 495, 355 ... 95
- IV. Durchsetzbarkeit des Rückzahlungsanspruchs ... 96

C. Kreditierungsformen ... 96
- I. Überziehungsmöglichkeiten, §§ 504, 505 ... 96
- II. Entgeltlicher Zahlungsaufschub, § 506 Abs. 1, 1. Var. ... 96
- III. Entgeltliche Finanzierungshilfen, § 506 Abs. 1, 2. Var. ... 97
- IV. Teilzahlungsgeschäfte, § 507 ... 97
- V. Ratenlieferungsverträge, § 510 ... 97
- VI. Erweiterung auf Existenzgründer, § 512 ... 97
- VII. Unabdingbarkeit, § 511 ... 97
- VIII. Fremdfinanziertes, verbundenes Geschäft, § 358 ... 97

10. Abschnitt: Schuldrechtliche Sicherheiten, insbesondere Bürgschaft, §§ 765 ff. ... 98
A. Anwendungsbereich ... 98
- I. Erfüllungsübernahme, § 329 – Befreiende Schuldübernahme, §§ 414 ff. ... 98
- II. Abstraktes Schuldversprechen/Anerkenntnis, §§ 780, 781 ... 98
- III. Schuldbeitritt ... 99
- IV. Bürgschaft, §§ 765 ff. ... 99

B. Besonderheiten bei der Bürgschaft ... 100
- I. Prüfschema ... 101
- II. Übertragung der Hauptforderung ... 104
- III. Rechtsfolgen der Zahlung ... 105

C. Besondere Vertragsarten ... 105
- I. Besondere Vertriebsformen, §§ 312 ff. ... 105
  1. Wirksamkeitsvoraussetzungen ... 105
  2. Widerrufsrecht i.S.v. § 355 ... 105
- II. Vergleichsvertrag, § 779 ... 107
- III. Prozessvergleich, § 794 Abs. 1 Nr. 1 ZPO ... 108

D. Factoring ... 109
E. Zahlungsdienste und elektronisches Geld, §§ 675 c ff. ... 110

5. Teil: Schadensersatzansprüche aus Deliktsrecht (i.w.S.) ... 111
1. Abschnitt: Haftungstatbestände ... 111
A. Ansprüche bei Verkehrsunfall aus StVG ... 111
- I. Voraussetzungen aus §§ 7, 18 StVG ... 111
- II. Rechtsfolge ... 113

B. Weitere Ansprüche bei Verkehrsunfall ... 114
C. Produkthaftungsgesetz ... 115

D. Schadensersatzhaftung aus §§ 823 ff. 116
   I. Haftung aus § 823 Abs. 1 116
   II. § 823 Abs. 2 i.V.m. Schutzgesetz 121
   III. § 826 121
   IV. § 831 121
   V. § 832 121
   VI. Haftung für Tiere, §§ 833 ff. 121
   VII. Haftung für Gebäude, §§ 836–838 121

2. Abschnitt: Rechtsfolgen der Schadensersatzhaftung, §§ 249 ff. 122
   A. Prüfschema 122
   B. Überblick 123
      I. Konkrete Abrechnung auf Reparaturkostenbasis 123
      II. Fiktive Abrechnung auf Reparaturkostenbasis 124
      III. Abrechnung auf Neuwagenbasis 124
      IV. Abrechnung des Wiederbeschaffungsaufwandes, § 251 124
      V. Mietwagenkosten 124
      VI. Abstrakte Nutzungsausfallentschädigung, § 251 Abs. 1, 1. Var. 125
      VII. Sonstige (Folge-)Schäden 126
      VIII. Personenschäden 127
         1. Materielle Schäden 127
         2. Ersatzansprüche Dritter 128
         3. Entgangener Urlaub 128
      IX. Vorsorgekosten 128
      X. Vorteilsanrechnung 129
      XI. Schmerzensgeld, § 253 Abs. 2 129

6. Teil: Bereicherungsrecht 130

1. Abschnitt: Anwendungsbereich 130

2. Abschnitt: Leistungskondiktion 131
   A. Überblick 131
   B. Voraussetzungen 131

3. Abschnitt: Nichtleistungskondiktion 134
   A. Anwendungsbereich 134
   B. Nichtleistungskondiktion in Mehrpersonenverhältnissen 134
      I. Grundsatz: Subsidiarität der Nichtleistungskondiktion 134
      II. Ausnahmen von der Subsidiarität 135
      III. Spezialfälle der Nichtleistungskondiktion in § 816 135
         1. Verfügung durch einen Nichtberechtigten, § 816 Abs. 1 135
         2. Empfang durch einen Nichtberechtigten, § 816 Abs. 2 137
   C. Rechtsfolgen der Bereicherungsansprüche 137
   D. Die Bereicherungseinrede aus § 821 139

7. Teil: Regress (Ausgleichsansprüche) 140

1. Abschnitt: Ansprüche aus eigenem Recht 140
   A. Gesamtschuldausgleich, § 426 140
      I. Fallgruppen der Gesamtschuld 141
      II. Rechtsfolgen der Gesamtschuld 141
         1. Im Außenverhältnis gegenüber dem Gläubiger 141
         2. Im Innenverhältnis der Schuldner 141
      III. Sonderfall: Gestörte Gesamtschuld 142
   B. Geschäftsführung ohne Auftrag 143

2. Abschnitt: Ansprüche aus übergegangenem Recht 146
   A. Automatischer Übergang per Gesetz, sog. cessio legis 146
   B. Zessionsregress 146

8. Teil: Sachenrecht 148

1. Abschnitt: Dingliche Ansprüche 148
   A. Herausgabeansprüche 148
   B. Ansprüche aus dem E-B-V 150
      I. Primäranspruch aus § 985 150

II. Die Sekundäransprüche, §§ 987 ff. ... 151
   1. Nutzungsersatz- und Schadensersatzansprüche ... 151
   2. Besonderheiten ... 152
   3. Verwendungsersatz, §§ 994 ff. ... 152

2. Abschnitt: Rechtsgeschäftlicher Erwerb an beweglichen Sachen, §§ 929 ff. ... 154
  A. Voraussetzungen des Verfügungsgeschäfts ... 154
    I. Dingliche Einigung ... 154
    II. Vollzugsmoment ... 155
      1. Übergabe, § 929 S. 1 ... 155
      2. Besitzkonstitut, § 930 ... 156
      3. Übergabesurrogat, § 931 ... 156
    III. Einigsein ... 156
    IV. Berechtigung des Verfügenden ... 157
    V. Erwerb vom Nichtberechtigten ... 157
  B. Sicherheiten an beweglichen Sachen ... 161
    I. Eigentumsvorbehalt ... 161
    II. Sicherungsübereignung ... 162
    III. Pfandrechte ... 164
    IV. Verhältnis der dinglichen Sicherheiten zur Forderung ... 166

3. Abschnitt: Erwerb von Grundstücksrechten ... 166
  A. Der rechtsgeschäftliche Eigentumserwerb am Grundstück gemäß §§ 873, 925 ... 166
    I. Verfügungen über Grundstücke ... 166
      1. Dingliche Einigung, §§ 873 Abs. 1, 925 ... 166
      2. Eintragung ins Grundbuch ... 167
      3. Berechtigung des Veräußerers ... 167
      4. Erwerb vom Nichtberechtigten ... 167
    II. Der Aufbau des Grundbuchs ... 169
  B. Die Vormerkung, §§ 883 ff. ... 169
    I. Einordnung als akzessorische Sicherheit ... 169
    II. Entstehungsvoraussetzungen der Vormerkung ... 169
    III. Untergang der Vormerkung ... 171
    IV. Zweiterwerb der Vormerkung, § 398 i.V.m. § 401 analog ... 171
    V. Rechtsfolgen der Vormerkung ... 171

4. Abschnitt: Gesetzlicher Erwerb 172
  A. Die Erwerbstatbestände, §§ 937 ff. ... 172
  B. Gesetzlicher Erwerb an Urkunden i.S.v. § 952 ... 173
    I. „Das Recht am Papier folgt dem Recht aus dem Papier" ... 173
    II. „Das Recht aus dem Papier folgt dem Recht am Papier" ... 174
  C. Weitere gesetzliche Erwerbsarten gemäß §§ 937 ff. ... 174

5. Abschnitt: Verwertungsrechte: Hypothek und Grundschuld, §§ 1113 ff. ... 177
  A. Unterschied Hypothek – Grundschuld ... 174
  B. Voraussetzungen für den Ersterwerb ... 175
  C. Der Zweiterwerb der Hypothek/Grundschuld ... 178
    I. Zweiterwerb der Hypothek, §§ 398, 1153, 1154 ... 178
    II. Der gutgläubige Zweiterwerb der Hypothek ... 178
    III. Besonderheiten bei der Grundschuld ... 179
  D. Rechtsfolgen der Hypothek/Grundschuld ... 180
  E. Dienstbarkeiten ... 181

9. Teil: Besondere Rechtsgebiete ... 182
1. Abschnitt: Familienrecht, §§ 1297 ff. ... 182
  A. Anwendungsbereich ... 182
    I. Verlöbnis, §§ 1297 ff. ... 182
    II. Rechtsfolgen der Ehe – Allgemeiner Teil, §§ 1353 ff. ... 182
      1. Geschäfte zur Deckung des Lebensbedarfs, § 1357 ... 182
      2. Internes Haftungsprivileg, § 1359 ... 182
      3. Eigentumsvermutung des § 1362 ... 183
      4. Weitere Rechtsfolgen beim gesetzlichen Güterstand ... 183

    B. Ansprüche bei Scheitern der Ehe 184
    C. Interne Ausgleichsansprüche 186
2. Abschnitt: Erbrecht, §§ 1922 ff. 188
    A. Gewillkürte Erbfolge 188
        I. Typische Auslegungsprobleme bei letztwilligen Verfügungen 189
            1. Abgrenzung (Mit-)Erbeinsetzung – Vermächtnis 189
            2. Berliner Testament 190
        II. Auslegung und Form 191
    B. Gesetzliche Erbfolge 191
    C. Miterbengemeinschaft, §§ 2032 ff. 192
    D. Erbenhaftung, §§ 1967 ff., 2058 ff. 192
    E. Pflichtteilsberechtigte, §§ 2303 ff. 193
    F. Scheinerben, §§ 2365 ff. 194
    G. Vorweggenommene Erbfolge 195
3. Abschnitt: Handelsrecht 196
    A. Anwendungsbereich.. 196
    B. Vorschriften über Handelsgeschäfte, §§ 343 ff. HGB 196
    C. Hilfspersonen der Kaufleute 198
    D. Eintragungspflichten und Rechtsschein 199
    E. Gesetzliche Haftung gemäß §§ 25 ff. HGB 200
    F. Prozessuale Besonderheiten 200
4. Abschnitt: Gesellschaftsrecht 201
    A. Überblick 201
    B. Haftung und Zurechnung.. 202
    C. Beendigung der Gesellschaft 206
        I. Beendigungsgründe 206
        II. Liquidation 207
    D. Haftung im Innenverhältnis 207
        I. Sozialansprüche der Gesellschaft gegen die Gesellschafter 208
        II. Sozialansprüche der Gesellschafter gegen die Gesellschaft 208
5. Abschnitt: Arbeitsrecht 209
    A. Anwendungsbereich.. 209
    B. Klage vor dem Arbeitsgericht, insbesondere Kündigungsschutzklage 209
        I. Sachliche Zuständigkeit bzw. Rechtsweg zu den
           Arbeitsgerichten, § 2 ArbGG 209
        II. Örtliche Zuständigkeit 210
        III. Statthafte Klageart 211
        IV. Postulationsfähigkeit 211
        V. Sonstige Probleme zur Zulässigkeit der Klage 211
        VI. Begründetheit der Klage 211
            1. Besonderheiten bei unwirksamer Kündigung 213
            2. Besonderheiten bei verhaltensbedingter Kündigung 213
            3. Betriebsbedingte Kündigung 214
    C. Besonderheiten im materiellen Recht... 214
        I. Bei Abschluss des Arbeitsvertrags 214
        II. Beendigung des Arbeitsverhältnisses 215
        III. Schadensersatzansprüche bei vertraglichen Leistungsstörungen 216
            1. Haftung des Arbeitnehmers wegen Pflichtverletzung 216
            2. Haftung des Arbeitgebers bei Pflichtverletzung 216
            3. Ansprüche des Arbeitnehmers auf Weihnachtsgeld/
               sonstige Gratifikationen 217
    D. Besonderheiten aus dem AGG.. 217

Stichwortverzeichnis... 219

1. Teil: Prüfungseinstieg in die Zivilrechtsklausur

Der Einstieg in der Klausur erfolgt in der Regel über die einschlägige Anspruchsgrundlage: Ausgehend vom Klageantrag im Rahmen von gerichtlichen Klausuren oder in der Anwaltsklausur vom Begehren des Mandanten ist hier über die einschlägige Anspruchsgrundlage die entscheidende Weichenstellung vorzunehmen.

Ausgehend vom Begehren des Klägers/Mandanten sind die üblichen fünf goldenen W's zu prüfen: Wer will was von wem weswegen woraus? Sorgfalt ist insbesondere auf das „was" zu legen, weil hier die Art der Anspruchsgrundlage sortiert wird: So macht es einen Unterschied, ob Wertersatz, Schadensersatz oder Aufwendungsersatz oder Nutzungsersatz begehrt wird. Daher stets Abgleich mit der Rechtsfolge des zu prüfenden Anspruchs!

> Für die **Prüfungsreihenfolge der Ansprüche** ist zu beachten:
>
> - **Vertragliche Ansprüche** haben Vorrang aufgrund der Vertragsfreiheit, der vielfach besonderen Ausschlussgründe sowie Verjährungsregelungen.
>
> - Es folgen die **vertragsähnlichen Ansprüche**, z.B. aufgrund eines vorvertraglichen Schuldverhältnisses oder GoA.
>
> - Alsdann sind die **dinglichen Ansprüche** zu prüfen, also bei Herausgabe §§ 985, 861, 1007 oder Grundbuchberichtigung, § 894 oder Störungsbeseitigung/Unterlassen, §§ 862, 1004 etc.
>
> - Danach Schadensersatzansprüche aus **Deliktsrecht**, §§ 823 ff.; §§ 7, 18 StVG; § 1 ProdHaftG. Zu beachten ist die Sperrwirkung des E-B-V gemäß § 993 Abs. 1, 2. Halbs.!
>
> - Sodann die Ansprüche aus **Bereicherungsrecht, §§ 812 ff.** Diese sollten nach Deliktsrecht geprüft werden, weil Deliktsrecht zum einen mit Schadensersatz und Schmerzensgeld umfangreicher ist und zum anderen im Bereicherungsrecht der Anspruch aufgrund Entreicherung, § 818 Abs. 3, entfallen sein könnte.
>
> - Als Notlösung sind zum Schluss **Ansprüche aus übergegangenem Recht** zu prüfen. Hintergrund kann ein Anspruchsübergang per Gesetz, z.B. § 426 Abs. 2 oder § 774 Abs. 1 oder eine Abtretung (Zession), § 398, ggf. in Verbindung mit Drittschadensliquidation sein.

Um die Klausurakte vollständig zu durchdringen ist es wichtig, den allgemeinen Prüfungsaufbau, den viele nach dem 1. Examen bereits verdrängt haben, einzuhalten. Lösungen im „Freestyle" sind tödlich, weil hierdurch nicht alle Probleme des Falles erkannt werden und regelmäßig auch die Beweislast verkannt wird. Wenn Sie sich unsicher sind, wer bei welchem Tatbestandsmerkmal die Beweislast trägt, werfen Sie einen Blick in den Palandt. Bei vielen Normen enthält die letzte Randnummer der Kommentierung Ausführungen hierzu.

Zwingen Sie sich daher, gedanklich die übliche Drei-Stufen-Rakete einzuhalten:

---

1 §§ ohne Gesetzesangabe sind solche des BGB.

Anspruchsaufbau

A. Anspruch entstanden

  I. Normale Entstehungsvoraussetzungen:
  Einigung bzw. gesetzliche Voraussetzungen

  - Beweislast bei Anspruchsteller

  II. Wirksamkeit: Keine anfänglichen Nichtigkeitsgründe

  - Beweislast in der Regel beim Gegner
    ⇨ Rechtshindernde Einwände

B. Anspruch untergegangen?

- Beweislast in der Regel beim Anspruchsgegner
  ⇨ Rechtsvernichtende Einwände

  I. durch **Erfüllung/Surrogate**, §§ 362 ff.

  II. durch **Leistungsstörungen**, §§ 275, 281 Abs. 4 etc.

  III. durch **Widerruf**, § 355 Abs. 1

  IV. wegen **Nebenpflichtverletzung**, §§ 282, 324

  V. wegen **Störung der Geschäftsgrundlage**, § 313 Abs. 3

C. Anspruch durchsetzbar (keine Einreden)

- Beweislast bei Anspruchsgegner
  ⇨ Rechtshemmende Einreden

  I. Zurückbehaltungsrecht, §§ 273, 320, 478 Abs. 4 S. 2, 634 Abs. 4 S. 2, § 1000; für Kaufleute: § 369 HGB

  II. Stundung, vgl. § 205

  III. Verjährung, § 214

  IV. Einwendungsdurchgriff, § 359

  V. Treu und Glauben, § 242

- Diese Einreden, die die Durchsetzbarkeit hemmen, werden prozessual nur berücksichtigt, wenn der Beklagte sie geltend macht (gewisse Ausnahme Treu und Glauben, § 242, wird von Amts wegen berücksichtigt, natürlich nur, wenn entsprechender Tatsachenvortrag in der Akte vorhanden ist).

Die nachfolgende Darstellung der vertraglichen Erfüllungsansprüche erfolgt nach vorstehendem Schema und beinhaltet die examensrelevanten Hauptprobleme.

2. Teil: Vertragliche Erfüllungsansprüche (Primärleistung)

1. Abschnitt: Entstehen des Anspruchs

A. Vertragliche Einigung

Grundsätzlich kommt ein Vertrag durch Einigung i.S.e. Angebots und einer Annahmeerklärung gemäß §§ 145 ff. zustande. Die hierfür erforderlichen Willenserklärungen setzen **Rechtsbindungswillen** voraus, welcher ggf. durch Auslegung gemäß §§ 133, 157 zu ermitteln ist. Rechtsbindungswille besteht, wenn die Parteien einen **notfalls einklagbaren Anspruch** begründen wollen. Dieser fehlt bei der bloßen Aufforderung an die andere Seite, dass diese ein Angebot abgeben möge (invitatio ad offerendum). Ferner fehlt Rechtsbindungswille erkennbar bei reinen, alltäglichen Gefälligkeiten.

Typische Klausurproblemfälle:

Einzelheiten sind hier stets streitig, daher in der Klausur einen Blick in den Palandt zu §§ 145, 312 b etc.!

- **Tanken ohne zu zahlen:** Die betriebsbereite Zapfsäule stellt ein verbindliches Angebot auf Abschluss des Kaufvertrags dar. Annahme durch den Kunden durch Betätigen der Zapfpistole. Die Zapfsäule ist keine bloße invitatio, weil der Tankstelleninhaber letztlich mit jedem Kunden kontrahieren will und Kapazitätsprobleme nicht auftauchen. Denn wenn der Vorrat erschöpft ist, geht die Zapfsäule automatisch aus.

  Der BGH (BGH RÜ 2011, 488) hat nicht entschieden, ob die dingliche Einigung über die Übereignung des Benzins gemäß § 929 ebenfalls an der Zapfsäule erfolgt oder nur Zug um Zug gegen Zahlung an der Kasse, daher nach wie vor streitig.

- **Internetverträge:** Hier ist zu differenzieren:

  Offerten auf der Homepage des Verkäufers sind bloße invitatio, da dieser noch seine Kapazitäten und u.U. den Kunden prüfen möchte. Also erfolgt das Angebot durch den Kunden. Annahme des Verkäufers durch Bestätigungsmail: hier ist auszulegen, ob es sich lediglich um eine Bestätigung des Zugangs des Angebots handelt oder bereits um eine verbindliche Annahme. Die Annahme erfolgt sonst erst mit Zusenden der Ware.

  Verträge, die über Internetplattformen (eBay etc.) erfolgen: Bei Sofortkaufen-Option verbindliches Angebot durch den Verkäufer, denn jetzt ist technisch gewährleistet, dass keine Kapazitätsprobleme auftreten. Bei eBay-Versteigerungen gibt der Verkäufer durch Einstellen der Ware bei eBay im Voraus eine verbindliche Annahmeerklärung (an einen unbestimmten Personenkreis); der Meistbietende gibt das Angebot ab. Dies folgt aus den AGB von eBay, die zwar nicht direkt für den Kaufvertrag gelten, aber als Auslegungshilfe herangezogen werden, „Verkehrssitte" i.S.v. § 157 (str.).

> Beliebt in Klausuren ist die aktuelle Problematik, dass ein Dritter unter dem Internetzugang eines anderen gehandelt hat, z.B. Sohn bestellt unter dem ebay-Mitgliedsnamen des Vaters. (In der Klausur: Blick in Palandt/Ellenberger § 172 Rdnr. 18!).
>
> Ein Kaufpreisanspruch besteht gegen den Vater, wenn ihm die Willenserklärung des Sohnes gemäß § 164 Abs. 1 zurechenbar ist. Der Sohn hat jedoch nicht offengelegt, dass er für den Vater gehandelt hat. Also kein Handeln im fremden Namen, sondern unter fremdem Namen (unter der Identität des Vaters). Es gelten hierfür §§ 164 ff. analog. Mangels Vollmachterteilung durch den Vater, § 167 und mangels Genehmigung, § 177, daher eigentlich nicht dem Vater zurechenbar. Für eine Duldungsvollmacht fehlt es an dem wissentlichen Dulden des Vaters. Für eine Anscheinsvollmacht ist erforderlich, dass der Vater fahrlässig nicht eingeschritten ist. Da innerhalb der Familie keine besonderen Sicherheitsvorkehrungen zu treffen sind, entfällt in der Regel der Fahrlässigkeitsvorwurf, wenn nicht nachzuweisen ist, dass der Sohn bereits des Öfteren so gehandelt hat. Jedoch lässt sich ein Anspruch gegen den Sohn analog § 179 Abs. 1 wahlweise auf Erfüllung oder Schadensersatz bejahen. Ist der Sohn minderjährig, ist der Anspruch jedoch gemäß § 179 Abs. 3 ausgeschlossen. Deliktische Ansprüche aus § 823 Abs. 2 i.V.m. § 263 StGB kommen nur in Betracht, wenn der Sohn schuldfähig ist, § 828 Abs. 3. Ggf. sind noch bereicherungsrechtliche Ansprüche aus §§ 812, 818 zu prüfen.

- **Abgrenzung Vertrag zur reinen Gefälligkeit:** Ein Vertrag kann nur angenommen werden, wenn Rechtsbindungswille in der Weise besteht, notfalls einen einklagbaren Anspruch begründen zu wollen. Kriterien hierfür sind die wirtschaftliche Bedeutung, die Wichtigkeit der Interessen sowie drohende Gefahren. Rein gesellschaftliche, kameradschaftliche Ereignisse begründen nur eine reine tatsächliche, alltägliche Gefälligkeit, z.B. bloße Zusage, einen Arbeitskollegen nach Dienstschluss nach Hause zu fahren. Dann bestehen keine Erfüllungsansprüche.

I. Vertragsschluss durch Schweigen

4   Schweigen begründet grundsätzlich keine Rechtsfolgen, weder positive (Annahme) noch negative (Ablehnung), es sei denn, es sind Sondervorschriften vorhanden:

- **§ 108 Abs. 2 S. 2, 2. Halbs.:** Schweigen der Eltern gilt als Ablehnung des Geschäfts für den Minderjährigen.

- **§ 362 HGB:** Schweigen gilt als Ausnahme – nur – für die dort aufgeführten Kaufleute, die Geschäftsbesorgungen vornehmen.

- Für die übrigen Kaufleute gilt das gewohnheitsrechtliche Institut **Schweigen auf ein kaufmännisches Bestätigungsschreiben:** Hiernach führt das Schweigen auf eine kaufmännische Bestätigung zum Vertrag, sofern zuvor bloße Vorverhandlungen stattgefunden haben (dann konstitutive Wirkung) oder, sofern ein zuvor mündlich zustande gekommener Vertrag bislang nicht beweisbar ist (dann nur deklaratorische Wirkung) und bei geringfügigen Abweichungen zum zuvor mündlich Vereinbarten (modifizierende Wirkung). Voraussetzung ist jedoch jeweils, dass im nahen Zusammenhang mit den unstreitigen Vorverhandlungen im Wesentlichen der richtige Inhalt bestätigt wurde und der Empfänger nicht unverzüglich widersprochen hat.

  Beachte die Abgrenzung: Während bei dem kaufmännischen Bestätigungsschreiben der Bestätigende einen (vermeintlich) bereits geschlossenen Vertrag lediglich noch einmal schriftlich fixieren will, liegt bei der **bloßen Auftragsbestätigung** bislang erkennbar nur ein Angebot (Auftrag) vor (in der Regel nur mündlich), welches der Bestätigende lediglich schriftlich fixieren will. Ein Schweigen auf eine bloße Auftragsbestätigung löst regelmäßig keinen Vertrag aus.

II. Abgabe und Zugang der Willenserklärung, Widerruf

1. Die **Abgabe** der Willenserklärung setzt eine endgültige willentliche Entäußerung voraus. Dies ist bei schriftlichen Erklärungen der Fall, wenn der Erklärende alles getan hat, damit das Schriftstück an den Empfänger gelangt.

2. Der **Zugang** ist erfolgt, sobald die Willenserklärung so in den Machtbereich des Empfängers gelangt ist, dass normalerweise mit der Kenntnisnahme zu rechnen ist, vgl. § 130 Abs. 1 S. 1. Der Zugang kann gemäß § 151 entbehrlich sein. Zu beachten ist, dass § 151 nur den Zugang, nicht aber die Abgabe der Willenserklärung entbehrlich macht. Bei Zusendung unbestellter Waren gilt § 241 a!

3. Ein **Widerruf** muss gemäß **§ 130 Abs. 1 S. 2** vorher oder spätestens gleichzeitig mit der eigenen Willenserklärung dem Empfänger zugegangen sein. Bei Haustürgeschäften, § 312, Fernabsatzverträgen, § 312 d, sowie Kreditverträgen, § 495, kann der Verbraucher eine zustande gekommene Einigung gemäß **§ 355 Abs. 2** noch binnen 14 Tagen widerrufen (bei Nichtbelehrung sogar unbefristet, § 355 Abs. 4 S. 3!).

Besonderheiten gelten **beim Widerruf der dinglichen Einigung** i.S.v. § 929, diese kann bis zum Vollzug, d.h. bis zur Übergabe oder Übergabesurrogate i.S.v. §§ 930, 931 widerrufen werden. Bei Grundstücken und Grundstücksrechten bis zur Eintragung ins Grundbuch: In den Fällen des § 873 Abs. 2 ist jedoch die dingliche Einigung unwiderrufbar; Hauptfall: notarielle Beurkundung.

III. Einigung über Stellvertreter, §§ 164 ff.

Prüfschema: Stellvertretung, §§ 164 ff.

1. Eigene Willenserklärung
2. Im fremden Namen, § 164 Abs. 1 S. 2
   - ggf. Ausnahmen zur Offenkundigkeit
3. Mit Vertretungsmacht
   a) **Vollmacht, § 167,** oder **gesetzliche Vertretungsmacht, §§ 1626 ff.**
   b) Kein Untergang, §§ 168, 142
   c) kein Ausschluss
      - In-Sich-Geschäft, § 181 (§§ 1629 Abs. 2, 1795 Abs. 2; § 35 Abs. 3 GmbHG)
      - §§ 1629 Abs. 2, 1795 Abs. 1, 1643, 1821, 1822
      - Missbrauch der Vertretungsmacht, §§ 138, 242
4. ggf. Rechtsschein einer Vertretungsmacht
   - §§ 170 ff.
   - §§ 15, 54 Abs. 3, 55 Abs. 4, 56 HGB
   - Duldungs-, Anscheinsvollmacht
5. ggf. Genehmigung, § 177

1. Eigene Willenserklärung des Stellvertreters

Hier erfolgt die Abgrenzung zum Boten, der lediglich eine fremde Willenserklärung übermittelt. Für den Ausfüllermächtigten, der eine blanko unterschriebene Urkunde vervollständigt, gelten die §§ 164 ff. analog.

2. Im fremden Namen

Hier erfolgt die Abgrenzung zum Ermächtigten i.S.v. § 185 Abs. 1, welcher eine Verfügung über eine fremde Sache im eigenen Namen vornimmt. Gleiches gilt gemäß § 383 HGB für den Kommissionär.

a) Grundsätzlich muss ein Stellvertreter **offenlegen**, dass er im fremden Namen auftritt (Offenkundigkeit). Dies kann sich aus den Umständen ergeben, **§ 164 Abs. 1 S. 2**. Andernfalls liegt ein Eigengeschäft vor, sodass der Stellvertreter selbst Vertragspartei wird, § 164 Abs. 2.

b) **Ausnahmen vom Offenkundigkeitsprinzip**

- **Geschäft für den, den es angeht:** Bei Bargeschäften des täglichen Lebens (Brötchenkauf) wird der Vertragspartei, den es angeht.

- **Handeln für den Betriebsinhaber:** Egal was die Parteien erklären, gemeint ist immer der jeweilige, aktuelle Firmeninhaber.

- **Handeln unter fremdem Namen:** Hier differenziert die h.M.:

  - Ist der Name/die Identität für den Vertragspartner unwichtig („der Name ist Schall und Rauch") so kommt der Vertrag mit dem zustande, der handelt (z.B. Einbuchen in ein Hotel unter falschem Namen).

  - Ist die Identität wichtig, so kommt analog § 164 Abs. 1 ein Vertrag mit dem wahren Namensträger zustande, wenn (Anscheins-, Duldungs-,)Vollmacht vorliegt oder der wahre Namensträger später genehmigt, § 177.

3. Mit Vertretungsmacht

7 a) Die **Vollmachterteilung** kann gemäß **§ 167 Abs. 2** grundsätzlich formfrei erfolgen und ist daher auch konkludent möglich. Ausnahme: Gemäß § 48 HGB muss ein Prokura ausdrücklich erteilt werden. Beliebt sind in der Klausur auch die ungeschriebenen Ausnahmen:

> - Wird die Vollmacht zu einem Grundstücksgeschäft **unwiderruflich** erteilt, ist nach h.M. entgegen § 167 Abs. 2 wegen der Warnfunktion notarielle Beurkundung erforderlich, § 311 b Abs. 1 analog.
>
> - Wird eine Vertragsurkunde vom künftigen Vertragspartner selbst unterschrieben, aber **blanko** und erteilt dieser einem anderen eine Ausfüllermächtigung, so bedarf dies bei formbedürftigen Verträgen (z.B. §§ 766, 780, 781) wegen der Warnfunktion der gleichen Form. Bei Formnichtigkeit aber dennoch Zurechnung über Rechtsschein, analog § 172 Abs. 2 (Palandt/Ellenberger § 172 Rdnr. 5).

Die **Vollmacht im Außenverhältnis** ist streng **zu trennen von** dem **Innenverhältnis** zwischen Stellvertreter und Vertretenem (Dienstvertrag, Arbeitsvertrag, Auftrag etc.). Eine Durchbrechung bildet jedoch § 168 S. 1, wonach im Fall der Beendigung des Innenverhältnisses (z.B. Kündigung des Arbeitsvertrags) auch automatisch im Außenverhältnis die Vollmacht erlischt.

b) Bezüglich des **Untergangs der Vertretungsmacht** ist gemäß § 168 zu differenzieren:

- Gemäß **§ 168 S. 1** erlischt die Vollmacht, falls das interne Rechtsverhältnis Stellvertreter – Vertreter endet: z.B. durch Befristung oder Kündigung des Dienstvertrags; beim Auftrag gelten die §§ 672–674!

- Gemäß **§ 168 S. 2** kann auch bei bestehenbleibendem Innenverhältnis die Vollmacht grundsätzlich isoliert widerrufen werden. Für die Prokura gilt § 52 HGB.

> **Beachte:** Die hiernach erloschene Vollmacht kann aber aufgrund Rechtsschein als fortbestehend anzusehen sein. Hier gelten die obigen Ausführungen entsprechend.

Gern wird in Klausuren der Fall des Todes des Auftraggebers eingebaut.

Bei Tod des Auftraggebers erlischt gemäß § 672 das Innenverhältnis grundsätzlich nicht, sodass dann auch die Vertretungsmacht nicht gemäß § 168 S. 1 erlischt. Jedoch kann der Erbe des Auftraggebers den Auftrag widerrufen, sodass dann gemäß §§ 671, 168 S. 1 die Vollmacht erlischt (Ausnahme: unwiderrufliche Vollmacht über den Tod hinaus).

c) Umfang und Ausschluss der Vertretungsmacht

aa) Der **Umfang der Vertretungsmacht** ergibt sich regelmäßig aus der erteilten Vollmacht, § 167, was ggf. durch Auslegung zu ermitteln ist.

- Hingegen ergibt sich der Umfang der Vertretungsmacht im **Handelsrecht** aus dem Gesetz: § 49 HGB für den Prokuristen; § 54 HGB für den Handlungsbevollmächtigten sowie § 56 HGB für den Ladenangestellten und § 126 HGB für Gesellschafter. Für den Geschäftsführer einer GmbH gilt § 35 GmbHG.

- Vertretungsmacht für **Eltern** als gesetzliche Vertreter ergibt sich per Gesetz aus §§ 1629, 1643, 1795, 1821, 1822.

- Der Umfang der **Prozessvollmacht** ergibt sich aus § 81 ZPO. Diese erstreckt sich per Gesetz nur auf die Empfangnahme der zu erstattenden Kosten! In praxi wird per Vollmachtsformular aber stets erweitert auf Empfangnahme der Hauptsumme!

bb) Die **Vertretungsmacht** kann im Einzelfall **ausgeschlossen sein**.

Gemäß § 181 ist die Vertretungsmacht bei **In-Sich-Geschäften** ausgeschlossen. Hierzu gehört zum einen das Selbstkontrahieren (Stellvertreter einigt sich mit sich selbst zugleich als Stellvertreter eines anderen) sowie die Mehrfachvertretung, § 181, 2. Var., es sei denn, dass der Vertretene das In-Sich-Geschäft zuvor gestattet hat, § 181, 1. Halbs. (Motto: selbst schuld) oder das In-Sich-Geschäft lediglich die Erfüllung einer Verbindlichkeit darstellt, § 181, 2. Halbs. (Motto: „Verbindlichkeiten müssen ohnehin erfüllt werden"). Eine weitere ungeschriebene Ausnahme besteht nach h.M., falls das In-Sich-Geschäft ausschließlich vorteilhaft für den Vertretenen ist (Motto: dann kann keine Interessenkollision entstehen).

> Eltern übertragen schenkweise ihre Eigentumswohnung auf das minderjährige Kind. Weil das Kind als Mitglied der Eigentümergemeinschaft Pflichten aus dem WEG hat, insbesondere die persönliche Haftung gemäß § 10 Abs. 8 WEG, ist dies nicht ausschließlich vorteilhaft. Daher gemäß § 1629 Abs. 2 i.V.m. § 1795 Abs. 2 verbotenes In-Sich-Geschäft und Genehmigung durch den Ergänzungspfleger erforderlich, § 1909.

Bei **Missbrauch der Vertretungsmacht** ist die Vertretungsmacht über § 138 ausgeschlossen, falls ein **kollusives Zusammenwirken** vorliegt. Dies setzt voraus, dass der Stellvertreter zusammen mit dem Vertragspartner bewusst und gewollt zum Nachteil des Vertretenen gehandelt hat. Ist ein bewusstes, vorsätzliches Verhalten nicht nachweisbar, liegt jedoch aufseiten des Vertragspartners grobe Fahrlässigkeit bezüglich des evident pflichtwidrigen Verhaltens des Stellvertreters vor, so ist die Vertretungsmacht gemäß § 242 ausgeschlossen.

8 **d) Bei Irrtumsfällen im Rahmen der Stellvertretung** sind zwei Konstellationen klausurrelevant.

aa) Der **Stellvertreter irrt** bei Abgabe der Willenserklärung. Der Vertretene, dem die Willenserklärung gemäß § 164 Abs. 1 zugerechnet wird, kann diese gemäß § 119 anfechten, obwohl er sich nicht geirrt hat. Denn über **§ 166 Abs. 1, 1. Var.** wird der Irrtum des Stellvertreters dem Vertretenen zugerechnet.

bb) Hat sich der **Vertretene bei Erteilung der Vollmacht (§ 167) geirrt**, so kann er diese Vollmachterteilung als seine Willenserklärung gemäß § 119 anfechten. Selbst wenn zwischenzeitlich der Stellvertreter einen Vertrag für den Vertretenen zustande gebracht hat, entfällt dann nach h.M. rückwirkend der Vertrag, da es gemäß § 142 so anzusehen ist, als habe der Stellvertreter niemals Vollmacht gehabt. Problematisch – und für die Anwaltsklausur wichtig – ist dann, wem gegenüber die Anfechtung zu erklären ist: Nach h.M. bei erteilter Außenvollmacht (§ 167 Abs. 1, 2. Var.) gegenüber dem Vertragspartner, § 143 Abs. 2. Bei Innenvollmacht (§ 167 Abs. 1, 1. Var.) Anfechtung gegenüber dem Stellvertreter. Ebenso problematisch und umstritten ist, von wem der (ursprüngliche) Vertragspartner – sofern jetzt nicht der Rechtsschein einer Vollmacht vorliegt – den Vertrauensschaden ersetzt bekommt: Gemäß § 179 Abs. 2 vom Stellvertreter, welcher sich dann über § 122 den gezahlten Schadensersatz vom Vertretenen wiederholen müsste? Dies ist jedoch nicht nur umständlich, sondern führt auch dazu, dass der Stellvertreter das Liquiditätsrisiko des Vertretenen trägt. Deswegen befürwortet die h.M. einen direkten Schadensausgleich zwischen dem (ursprünglichen) Vertragspartner und dem Vertretenen aus § 122 (analog). Dann wird der Stellvertreter aus der Abwicklung herausgehalten (alles streitig, Palandt/Ellenberger § 167 Rdnr. 3).

4. Fehlt die Vertretungsmacht des Stellvertreters, so ist zu überlegen, ob **Rechtsschein einer Vertretungsmacht** angenommen werden kann: §§ 170 ff. regeln Spezialfälle des Rechtsscheins einer Vollmacht. Hauptfall § 172 Abs. 2: Solange eine Vollmachtsurkunde im Umlauf ist, gilt die Vollmacht als fortbestehend. Gleiches gilt kraft Rechtsschein im Handelsregister, § 15 HGB. Andernfalls ist mit den allgemeinen Instituten Anscheins- und Duldungsvollmacht zu arbeiten. Duldet der Vertretene wissentlich das Auftreten des Stellvertreters, ohne einzuschreiten, liegt Duldungsvollmacht vor. Schreitet hingegen der Vertretene nicht ein, obwohl er hätte wissen müssen, dass jemand in seinem Namen auftritt, so liegt Anscheinsvollmacht vor (regelmäßig mehrfaches Auftreten als Stellvertreter erforderlich).

> Die vorstehenden Grundsätze sind auf die Prozessvollmacht nicht anzuwenden. Denn Erlöschen und Fortbestand sind abschließend in §§ 86 ff. ZPO geregelt!

Schließlich kann sich Vertretungsmacht auch kraft Genehmigung gemäß § 177 ergeben.

5. Persönliche Haftung des Stellvertreters

9 Grundsätzlich haftet der Stellvertreter persönlich nicht, da er ja im fremden Namen auftritt.

aa) Hat der **Stellvertreter ohne Vertretungsmacht** gehandelt, haftet er jedoch gemäß **§ 179 Abs. 1** wahlweise auf Erfüllung oder Schadensersatz. Hat er den Mangel seiner Vertretungsmacht nicht gekannt, so haftet er gemäß § 179 Abs. 2 nur auf den Vertrauensschaden. Er haftet gemäß § 179 Abs. 3 gar nicht, wenn der andere Teil den Mangel der Vertretungsmacht kannte oder kennen musste oder der Stellvertreter beschränkt geschäftsfähig ist (Minderjährigenschutz).

bb) Ein Stellvertreter kann, auch wenn er Vertretungsmacht hat, persönlich auf Schadensersatz aus **§ 280 Abs. 1** belangt werden, wenn **gemäß § 311 Abs. 3** ein besonderes Schuldverhältnis direkt zwischen Stellvertreter und Vertragspartner besteht. D.h., wenn der Stellvertreter ein besonderes Vertrauen erzeugt hat (z.B. Gebrauchtwagenhändler, der nur als Vermittler auftritt, tritt als besonders fachkundig auf). Da der Wortlaut des § 311 Abs. 3 nicht abschließend ist, wird als weitere Fallgruppe angesehen, dass der Stellvertreter ein unmittelbares, eigenes wirtschaftliches Interesse an dem Vertrag, den er zustande bringt, aufweist. Zu den Besonderheiten der Sachwalter- und Prospekthaftung empfiehlt sich in der Klausur der Blick in Palandt/Grüneberg § 311 Rdnr. 67–71!

IV. Besondere Schuldverhältnisse mit Drittbeteiligung

1. Vertrag zugunsten Dritter, §§ 328 ff.

Gemäß § 328 Abs. 1 hat der Dritte beim echten Vertrag zugunsten Dritter einen eigenen Erfüllungsanspruch. Zu beachten ist, dass § 328 keine Anspruchsgrundlage darstellt, sondern immer i.V.m. dem Vertrag, der zugunsten des Dritten geschlossen wurde, z.B. Sparvertrag. Beim unechten Vertrag zugunsten Dritter ist hingegen der Schuldner lediglich berechtigt, an den Dritten mit schuldbefreiender Wirkung zu leisten. Was gewollt ist, ist durch Auslegung zu ermitteln, § 328 Abs. 2. Möglich ist auch ein Vertrag zugunsten Dritter auf den Todesfall, § 331, z.B. bei einer Lebensversicherung. Da der Dritte nur eine abgeleitete Position hat, kann ihm der Schuldner gemäß § 334 alle Einwendungen und Einreden, die er gegenüber dem Vertragspartner hat, entgegenhalten.

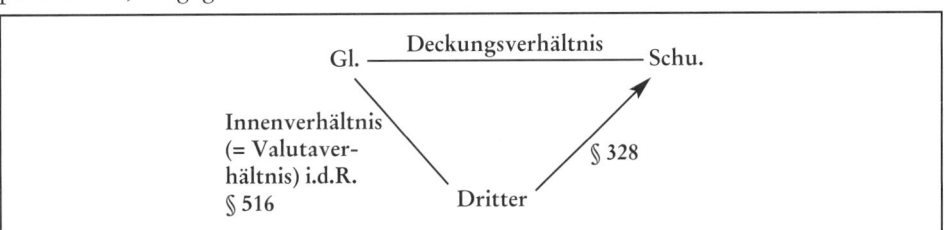

2. Vertrag mit Schutzwirkung zugunsten Dritter

Dieses nicht geregelte Institut begründet keine Erfüllungsansprüche für den Dritten. Der Dritte soll lediglich in die Schutz- und Sorgfaltspflichten einbezogen sein. Geschieht dies nicht, kann der Dritte dann nur Schadensersatzansprüche geltend machen. Anspruchsgrundlage ist dann § 280 Abs. 1, sofern der Vertrag mit Schutzwirkung nicht besondere Schadensersatzansprüche produziert. Zu beachten ist, dass diese Grundsätze bereits beim vorvertraglichen Schuldverhältnis gelten, z.B. Mutter geht mit 4-jährigem Kind in den Supermarkt; Kind wird durch umstürzendes Regal verletzt.

Zu den Voraussetzungen dieses gewohnheitsrechtlichen Instituts später noch genauer, s. Rdnr. 120/121.

3. Besonderes Schuldverhältnis gemäß § 311 Abs. 3

12 Gemäß § 311 Abs. 3 entsteht auch zu Personen, die nicht Vertragspartei werden sollen, ein besonderes Schuldverhältnis, wenn diese besonderes Vertrauen erzeugt haben, z.B. durch Auftreten als besonders fachkundig. Dies gilt nicht nur für Stellvertreter (s.o. Rdnr. 9), sondern auch für Vermittler und ähnliche Personen. Gleiches gilt, wenn der Dritte an dem Vertrag, den er zustande bringt, ein eigenes, unmittelbares Interesse hat. Die Vorschrift ist als Sondervorschrift eng auszulegen. In der Klausur Blick in Palandt/Grüneberg § 311 Rdnr. 61 ff.

V. Ansprüche aus abgetretenem Recht, § 398 S. 2

Sofern keine direkte Vertragsbeziehung besteht, lassen sich vertragliche Ansprüche ggf. aus abgetretenem Recht herleiten.

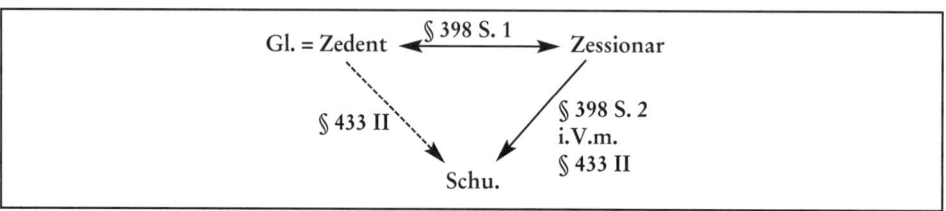

13

Prüfschema: Anspruch aus abgetretenem Recht, z.B. § 433 Abs. 2, § 398 S. 2
1. **Abtretungsvertrag** Zedent–Zessionar, § 398 S. 1
2. **Abgetretene Forderung**, z.B. aus § 433 Abs. 2, besteht
3. **Kein Abtretungsverbot**, §§ 399, 400
a) § 399, 1. Var.: höchstpersönliche Forderungen
b) § 399, 2. Var.: Abtretungsverbot vereinbart
■ Ausnahme: § 354 a Abs. 1 HGB
■ Rückausnahme: § 354 a Abs. 2 HGB
c) § 400: unpfändbare Forderung, §§ 850 ff. ZPO
4. **Kein Schuldnerschutz**, §§ 404 ff.

1. Die Abtretung ist keine einseitige Willenserklärung; § 398 S. 1 stellt klar, dass es hierzu eines **Abtretungsvertrags** bedarf. Dieser ist grundsätzlich formfrei möglich. Ausnahme gemäß § 1154 bei Abtretung einer hypothekarisch gesicherten Forderung. Zum Verständnis: Da die Abtretung die Forderung überträgt, § 398 S. 2, ist dies ein Verfügungsgeschäft. Also ist das Kausalverhältnis zwischen Zedent und Zessionar (z.B. Forderungskauf, § 453) hiervon zu trennen.

Gemäß § 413 gilt das Abtretungsrecht auch für die Übertragung von Rechten, sofern nicht besondere Regelungen existieren, z.B. § 29 UrHG, § 15 PatG.

2. Die Abtretung ist **ausgeschlossen gemäß § 399**, sofern sie zu einer Inhaltsänderung führen würde (z.B. bei höchst persönlichen Forderungen) oder wenn die Abtretung zuvor durch Vertrag mit dem Schuldner ausgeschlossen worden ist. Eine Ausnahme gilt gemäß § 354 a Abs. 1 HGB, wenn Gläubiger und Schuldner Kaufleute sind. Eine Rückausnahme gilt gemäß § 354 a Abs. 2 HGB bei Darlehensforderungen zum Schutze des Darlehensschuldners. Unpfändbare Forderungen i.S.v. §§ 850 ff. ZPO können gemäß § 400 ebenso wenig abgetreten werden.

Besonderheiten ergeben sich in der Klausur bei Abtretung durch **Berufsgeheimnisträger**.

> Ein Berufsgeheimnisträger (Arzt, Rechtsanwalt etc.) tritt seine Honorarforderungen gegen den Patienten/Mandanten an einen Dritten ab. Wegen Verstoß gegen die Schweigepflicht ist beim Arzt die Abtretung gemäß § 134 nichtig (Palandt/Ellenberger § 134 Rdnr. 22 a). Bei Rechtsanwälten gilt § 49 b Abs. 4 BRAO. Danach ist die Abtretung an einen Angehörigen des gleichen Berufs zulässig. Umstritten ist, ob die Abtretung an einen Berufsfremden unwirksam oder nur pflichtwidrig ist.

3. Zu beachten ist, dass gemäß **§ 401 die akzessorischen Sicherungsrechte** wie Hypothek, Pfandrecht oder Bürgschaft automatisch mit übergehen, wenn die gesicherte Forderung abgetreten wird.

4. Schuldnerschutzvorschriften finden sich **in §§ 404 ff.:** Gemäß **§ 404** behält der Schuldner gegenüber dem neuen Gläubiger alle Einwendungen und Einreden, die bis zur Abtretung begründet waren. Unter den Voraussetzungen des § 406 kann der Schuldner eine ihm gegen den *bisherigen Gläubiger* zustehende Forderung auch gegenüber dem *neuen Gläubiger* aufrechnen. Umgekehrt kann der Schuldner gemäß **§ 407** Rechtshandlungen, die er nach der Abtretung gegenüber dem bisherigen Gläubiger vorgenommen hat, auch dem neuen Gläubiger entgegenhalten. Wird eine abgetretene Forderung nochmals abgetreten, so ist diese zweite Abtretung wegen des Prioritätsprinzips unwirksam. Sollte der Schuldner jedoch von der ersten Abtretung nichts wissen und die zweite Abtretung für wirksam halten und er leistet deswegen an diesen vermeintlichen Erwerber, so wird er unter den Voraussetzungen des **§ 408 Abs. 1** befreit. Gleiches gilt gemäß **§ 408 Abs. 2** wenn eine bereits abgetretene Forderung durch Pfändungs- und Überweisungsbeschluss gemäß §§ 829, 835 ZPO überwiesen wird. Der Pfändungs- und Überweisungsbeschluss ist dann ins Leere gegangen, jedoch der gutgläubige Schuldner, der nunmehr an den Vollstreckungsgläubiger zahlt, geschützt. Der wahre Gläubiger (Zessionar) muss dann gemäß § 816 Abs. 2 vom Empfänger (Vollstreckungsgläubiger) herausverlangen (Anwaltsklausur!).

B. Wirksamkeit der Einigung

Der Wirksamkeit der Einigung dürfen keine Nichtigkeitsgründe entgegenstehen. Diese sog. **rechtshindernden Einreden** muss grundsätzlich der Gegner beweisen.

I. Mangelnde Geschäftsfähigkeit, §§ 104 ff.

1. Geschäftsunfähig sind gemäß § 104: Kinder unter sieben Jahren sowie Geisteskranke und gemäß § 105 Abs. 2 vorübergehend Geistesgestörte. Gemäß § 105 a kann jedoch ein volljähriger Geschäftsunfähiger Verträge mit geringen Mitteln abschließen (Parallele zum Taschengeldparagrafen, § 110 für die beschränkt Geschäftsfähigen). Klausurprobleme sind hierzu selten, sofern nicht wegen Unwirksamkeit des Vertrags der Fall dann über das Bereicherungsrecht weitergeht.

2. Beschränkt Geschäftsfähige, also Kinder über sieben Jahre, können gemäß § 107 Rechtsgeschäfte abschließen, wenn diese ausschließlich rechtlich vorteilhaft sind. Nach h.M. sind hierfür nur Pflichten relevant, die aus dem Vertrag stammen. Bloße Folgenachteile, wie öffentliche Abgaben und Steuern, sind nicht zu berücksichtigen. Gemäß § 110 kann der beschränkt Geschäftsfähige auch Verträge mit rechtlichen Nachteilen schließen, sofern er die Gegenleistung mit Taschengeld (vollständig) bewirkt, also bei Ratenkauf erst, wenn die letzte Rate bezahlt ist. Für erwerbstätige Minderjährige schaffen die §§ 112, 113 eine partielle Geschäftsfähigkeit. Einseitige Rechtsgeschäfte kann der Minderjährige generell gemäß § 111 nicht

14

vornehmen (Anfechtung, Kündigung etc.), sodass hier die Diskussion über vor- oder nachteilig i.S.v. § 107 entfällt.

3. In allen anderen Fällen müssen die **Eltern als gesetzliche Vertreter gemäß § 1629** handeln. Diese können entweder das Rechtsgeschäft für den Minderjährigen als Stellvertreter tätigen oder die (zunächst schwebend unwirksame) Willenserklärung des Minderjährigen gemäß § 108 genehmigen.

a) Die **Vertretungsmacht der Eltern** kann aber **gemäß § 1629 Abs. 2 i.V.m. § 1795 ausgeschlossen** sein; dann ist die Bestellung eines Ergänzungspflegers erforderlich, § 1909. Hierbei handelt es sich jeweils um Konstellationen, die zu einem Interessenkonflikt zum Nachteil des Minderjährigen führen können. Dies gilt auch für In-Sich-Geschäfte, weswegen § 1795 Abs. 2 auf § 181 verweist. Ist das Rechtsgeschäft, z.B. als reine Schenkung aber ausschließlich vorteilhaft i.S.v. § 107 für den Minderjährigen, so greifen die Ausschlussgründe nicht (teleologische Reduktion).

b) Eine bloße **Beschränkung der Vertretungsmacht der Eltern** liegt vor, wenn ein Fall des **§ 1643 i.V.m. §§ 1821, 1822** vorliegt. Die Eltern dürfen dann die dort genannten Verträge zwar abschließen, jedoch werden diese erst wirksam, wenn sie vom Familiengericht genehmigt worden sind. Zu beachten ist, dass § 1643 nicht auf alle Fälle des § 1822 verweist!

4. Ist nach den vorgenannten Grundsätzen ein wirksamer Vertrag für den Minderjährigen zustande gekommen, so kann – wichtig für die Anwaltsklausur – ggf. eine Haftungsbeschränkung gemäß **§ 1629 a** herbeigeführt werden.

II. Formnichtigkeit, § 125

15 **1.** Aus Gründen der Warn- oder Beweisfunktion sieht der Gesetzgeber für bestimmte Vertragsarten ein **Formerfordernis** vor. Hauptfälle sind Grundstücksgeschäfte, § 311 b sowie Verbraucherkredit, § 492 und Schenkung, § 518. Ferner Bürgschaft, § 766 sowie abstrakte Schuldversprechen und Schuldanerkenntnisse, §§ 780, 781 (Ausnahme: § 350 HGB).

Zu beachten ist, dass gemäß § 518 nur die Willenserklärung des Schenkers beurkundet werden muss, da der Beschenkte nicht zu warnen ist. Weil jedoch beim Schenkungsvertrag über ein Grundstück dies für beide Seiten weitreichende Folgen hat, wird dann nach h.M. § 311 b angewandt mit der Folge, dass beide Erklärungen zu beurkunden sind.

2. Umfang des Formerfordernisses: Wegen der Beweisfunktion müssen **sämtliche Abreden**, auch Nebenabreden, in der Urkunde enthalten sein. Damit eine ergänzende Vertragsauslegung dann überhaupt möglich ist, genügt es nach der sog. **Andeutungstheorie** zur Einhaltung der Form aus, dass das Auslegungsergebnis irgendwie in der Urkunde Anklang gefunden hat.

a) Wegen der Warn- und Beweisfunktion bedürfen auch entsprechende **Vorverträge** (z.B. zu einem Grundstückskaufvertrag) und **Änderungen** von formbedürftigen Verträgen derselben Form.

b) Allerdings ist bei **vertraglich vereinbartem Formerfordernis (§ 127) eine Änderung** formfrei möglich, da die Parteien ja jederzeit das selbstgewählte Formerfordernis wieder aufgeben können, was sie in dem Moment der mündlichen Änderung auch konkludent tun. Jedoch wird vielfach in Verträgen ausdrücklich vereinbart, dass auch eine Änderung des Vertrags nicht formfrei möglich sein soll. Dies ist aufgrund der Vertragsfreiheit zulässig und führt dann dazu, dass mündliche Änderungen doch unwirksam sind. Handelt es sich aber um eine AGB-Klausel, so ist diese Klausel unwirksam, denn gemäß § 305 b haben Individualabreden Vorrang und die Vorschrift des § 305 b ist nicht abdingbar! (s. auch Rdnr. 26).

3. Rechtsfolgen bei Nichteinhaltung der Form

Für die Einhaltung gesetzlicher Formvorschriften gelten §§ 126–126 b und § 128 und bei vertraglich vereinbarter Form § 127. Werden die Anforderungen nicht eingehalten, so gilt:

a) **Gemäß § 125** ist der Vertrag grundsätzlich nichtig. Zu beachten ist, dass für Kaufleute in § 350 HGB zwar Ausnahmen von den wichtigsten Formerfordernissen vorgesehen sind, jedoch keine Ausnahme zu § 311 b.

b) Eine Ausnahme gilt, wenn das Gesetz **Heilung durch Vollzug** vorsieht, z.B. § 311 b Abs. 1 S. 2; § 518 Abs. 2; § 766 S. 3. Die Vornahme des Erfüllungsgeschäfts bewirkt dann, dass der schuldrechtliche Vertrag geheilt wird. Hierbei ist in Klausuren kritisch zu untersuchen, ob eine wirksame Vornahme des Erfüllungsgeschäfts vorliegt, z.B. sachenrechtliche Übereignung des Grundstücks gemäß §§ 873, 925 oder Übereignung des Geschenks als bewegliche Sache gemäß § 929 unter strikter Beachtung des Abstraktionsprinzips.

- Dauerbrenner ist der **Schwarzkauf**: Im notariellen Vertrag wird ein geringerer Kaufpreis beurkundet, um Grunderwerbsteuer zu hinterziehen und den Notar um einen Teil seiner Gebühren zu bringen: Das nach außen hin Beurkundete ist als Scheingeschäft gemäß § 117 Abs. 1 dann nichtig. Stattdessen gilt gemäß § 117 Abs. 2 das wirklich Gewollte, was aber gemäß § 311 b Abs. 1 S. 1 i.V.m. § 125 S. 2 formnichtig ist. Hingegen keine Nichtigkeit gemäß §§ 134, 138, weil dies nur anzunehmen ist, wenn es Hauptzweck des Vertrags gewesen wäre, Steuern zu hinterziehen. Dies hat dann den Vorteil, dass der reine Formmangel gemäß § 311 b Abs. 1 S. 2 heilbar ist. Also bei Vornahme der Auflassung und Umschreibung des Eigentums im Grundbuch, § 873 Abs. 1 i.V.m. § 925, tritt Heilung ein.

- Zu beachten ist, dass es Sondervorschriften gibt, z.B. **§ 492 Abs. 2** bei **Auszahlung eines Verbraucherkredits**.

c) Tritt keine Heilung ein oder ist eine solche im Gesetz nicht vorgesehen, kann ausnahmsweise die Berufung auf den formnichtigen Vertrag gegen **Treu und Glauben** verstoßen, § 242. Jedoch ist dies nur ausnahmsweise anzunehmen, nämlich bei Existenzvernichtung oder besonders schwerwiegenden Treueverstößen, z.B. arglistiges Abhalten von der Einhaltung der Form.

4. Eine **Sondervorschrift** bildet – nur für Verträge im elektronischen Geschäftsverkehr – § 312 g n.F. (eingefügt durch Gesetz zum Schutz vor Kostenfallen im Internet):

- **§ 312 g Abs. 3 formalisiert den Bestellvorgang** dahingehend, dass eine Bestellsituation so gestaltet sein muss, dass der Verbraucher ausdrücklich bestätigt, dass er sich zu einer Zahlung verpflichtet. Erfolgt die Bestellung über eine Schaltfläche, muss diese gut lesbar und mit nichts anderem als „**zahlungspflichtig bestellen**" oder einer entsprechenden Formulierung versehen sein.

- Gemäß § 312 g Abs. 4 ist der Vertrag bei Missachtung dieser Formulierung **unwirksam!**

III. Nichtigkeit gemäß §§ 134, 138

1. Gesetzliches Verbot, § 134

17 Da § 134 eine sehr offen gehaltene Vorschrift ist, empfiehlt sich in einer Klausur stets als Absicherung der Blick in die Kommentierung bei Palandt!

Als Verbotsgesetz i.S.v. § 134 scheiden von vornherein Vorschriften aus, die nur zur schwebenden Unwirksamkeit führen, damit noch eine Genehmigung gemäß § 177 möglich ist. Deswegen ist z.B. das „Verbot von In-Sich-Geschäften" i.S.v. § 181 kein Verbotsgesetz. Die offene Rechtsfolge des § 134 wird nach h.M. dadurch konkretisiert, dass bei der Beurteilung, ob der Vertrag nichtig ist, primär auf den **Adressatenkreis** des Verbotsgesetzes abzustellen ist: Richtet sich das Verbotsgesetz gegen beide Vertragsparteien, so wird aufgrund des beidseitigen Verstoßes grundsätzlich Nichtigkeit des Vertrags anzunehmen sein. Hat nur eine Seite gegen das Verbotsgesetz verstoßen, so ist im Interesse des anderen Vertragspartners grundsätzlich ein wirksamer Vertrag anzunehmen, es sei denn, dass die Annahme eines wirksamen Vertrags zu einem rechtlich unhaltbaren Zustand führt.

Typische Klausurkonstellationen sind:

- **Vertrag mit einem Schwarzarbeiter:** Das SchwarzArbG richtet sich gegen beide Seiten, sodass danach grundsätzlich ein Verstoß anzunehmen ist. Umstritten ist jedoch, ob die Berufung hierauf nach Treu und Glauben ausgeschlossen sein kann.

- **Abtretung von Honoraransprüchen durch schweigepflichtige Freiberufler** (Ärzte, Rechtsanwälte, Steuerberater): Trotz des nur einseitigen Verstoßes in der Regel rechtlich unhaltbarer Zustand, da Geheimnispflicht hochwertig. Streitig nur bei Rechtsanwälten, da auch Ausnahme in § 49 b Abs. 4 BRAO vorgesehen.

- **Rechtsberatung durch Nichtjuristen:** Trotz des nur einseitigen Verstoßes gegen das RechtsdienstleistungsG grundsätzlich Nichtigkeit, da rechtlich unerträglicher Zustand, wenn ein Nichtjurist unfachkundig berät. Ausnahmen sind jedoch in § 5 RDG vorgesehen: Hiernach sind untergeordnete Nebenleistungen, die zu einer anderen Tätigkeit gehören, zulässig (z.B. Kfz-Werkstatt wickelt Reparaturrechnung direkt mit dem Unfallgegner bzw. dessen Versicherung ab).

2. Sittenwidrigkeit, § 138

18 a) Da § 138 Abs. 2 konkrete Fälle enthält, ist dieser zuerst zu prüfen. Objektiv ist ein auffälliges Missverhältnis zwischen Leistung und Gegenleistung erforderlich. Dies ist abzugrenzen von dem bloß guten Geschäft. Bei Zinsen ist die Grenze zur Sittenwidrigkeit überschritten, wenn mehr als das Doppelte des Üblichen verlangt wird. Subjektiv ist für § 138 Abs. 2 das Ausnutzen der dort genannten Schwächesituationen erforderlich. Zu beachten ist, dass die reine geschäftliche Unerfahrenheit, die jedem Laien zu eigen ist, nicht reicht. Hinzukommen muss ein Mangel an Lebenserfahrung oder Ähnlichem. Vielfach wird die subjektive Komponente des Ausnutzens nicht vom Gegner nachweisbar sein. Dann ist § 138 Abs. 1 zu prüfen.

b) Für den **Generaltatbestand des § 138 Abs. 1** ist Sittenwidrigkeit anzunehmen, wenn das Verhalten gegen das Anstandsgefühl aller billig und gerecht Denkenden verstößt. Hauptfälle in einer Klausur sind:

- **Wucherähnliches Geschäft:** Bei auffälligem Missverhältnis Leistung–Gegenleistung, sofern die subjektive Komponente für § 138 Abs. 2 nicht beweisbar ist.

- **Verleitung anderer zum Vertragsbruch**

- **Anfängliche Übersicherung:**

  Hier differenziert die Rechtsprechung:

  - **Realisierbarer Wert der Sicherheit einschätzbar:** wenn > 110% der gesicherten Forderung
  - **Realisierbarer Wert der Sicherheit nicht einschätzbar** (z.B. Wert der Forderung ist abhängig von Bonität des Schuldners): > 150% des Nennwerts der gesicherten Forderung

- **Krasse finanzielle Überforderung des Bürgen:** Hinzukommen müssen weitere Umstände, z.B. Ausnutzungen familiärer Verbundenheit (aber Kompensation durch berechtigtes Interesse des Gläubigers, z.B. bei Gefahr der Vermögensverschiebung vom Hauptschuldner auf den Bürgen möglich).

IV. Nichtigkeit aufgrund Anfechtung, § 142

1. Anwendbarkeit

Bei der Anwendbarkeit der Anfechtungsregeln ist zu beachten, dass grundsätzlich nur Willenserklärungen anfechtbar sind (Sonderregeln im Erb- und Familienrecht, dazu Teil 9). Daher sind prozessrechtliche Erklärungen grundsätzlich unanfechtbar, zumal hierzu die ZPO Sondervorschriften enthält, z.B. § 290 ZPO bzw. §§ 263, 264 Nr. 1 ZPO bzw. § 269 ZPO. Rechtsscheinstatbestände sind ebenfalls unanfechtbar. Wird über die Rechtsfolgen des Schweigens geirrt, so handelt es sich um einen unbeachtlichen Rechtsfolgenirrtum. Ausnahmen kommen in Betracht, wenn jemand auf ein kaufmännisches Bestätigungsschreiben geschwiegen hat, weil er sich über dessen Inhalt geirrt hat.

2. Anfechtungsgrund: § 119 Abs. 1

Gemäß § 119 Abs. 1 sind der **Erklärungsirrtum** (Versprechen, Verschreiben, Vergreifen …) und **Inhaltsirrtum** (Irrtum über den Bedeutungsgehalt der Erklärung, z.B. Benutzung eines Fremdworts) erfasst. Zu beachten ist, dass der Irrtum im Zeitpunkt der Abgabe der Erklärung vorliegen muss. Ein Irrtum im Vorfeld der Abgabe der Willenserklärung fällt als bloßer Motivirrtum daher nicht unter § 119 Abs. 1. Klassiker: Der bloße Kalkulationsirrtum (h.M.).

3. Anfechtungsgrund: § 119 Abs. 2

Jedoch kann ein Motivirrtum, der noch im Zeitpunkt der Abgabe der Willenserklärung fortwirkt, ausnahmsweise beachtlich sein, wenn er unter § 119 Abs. 2 fällt, als Irrtum über eine **verkehrswesentliche Eigenschaft einer Person oder Sache**. Verkehrswesentliche Eigenschaften sind **wertbildende Faktoren**, die der Sache oder Person auf Dauer anhaften. Weil sich diese Definition mit dem Mangelbegriff überschneidet, ist § 119 Abs. 2 in der Konkurrenz zum Gewährleistungsrecht nicht anwendbar. Das Gewährleistungsrecht (z.B. §§ 434 ff. oder §§ 633 ff.) verdrängt daher § 119 Abs. 2. Dies gilt nicht nur, wenn der Kunde anfechten will, sondern grundsätzlich auch, wenn der Unternehmer sich durch die Anfechtung einer Gewährleistungspflicht i.S.d. §§ 434 ff. bzw. §§ 633 ff. entziehen will.

> Dies setzt aber voraus, dass das Gewährleistungsrecht überhaupt einschlägig ist, d.h. es muss tatsächlich ein Sachmangel bei Gefahrübergang vorliegen, was dann inzidenter zu prüfen ist. Sollte mangels Übergabe i.S.v. § 446 bzw. Aushändigung an die Transportperson gemäß § 447 bzw. Abnahme des Werkes gemäß § 640 kein Gefahrübergang erfolgt sein, ist Gewährleistungsrecht nicht einschlägig und dann ausnahmsweise § 119 Abs. 2 anwendbar!

4. Anfechtungsgrund: § 123

21 Bei arglistiger Täuschung oder Drohung besteht gemäß § 123 Abs. 1 ein Anfechtungsgrund.

a) Die **Täuschung** kann durch aktives Tun erfolgen. Auch ein Unterlassen ist möglich, sofern eine entsprechende Aufklärungspflicht besteht. Diese wird von der Rspr. aus §§ 242, 241 Abs. 2 angenommen für solche Umstände, die für den Vertragspartner wichtig sind, sofern er diese nicht selbst überprüfen kann. Daher muss auch ungefragt die Unfallwageneigenschaft angegeben werden. Erfolgt die Täuschung nicht durch den Vertragspartner, sondern durch Dritte (nur völlig Außenstehende!) gelten die Einschränkungen aus § 123 Abs. 2.

b) Hingegen ist § 123 Abs. 2 bei Drohung durch Dritte nicht einschlägig, d.h. es besteht bei **Drohung** stets ein Anfechtungsrecht unabhängig davon, ob der Vertragspartner oder ein Dritter gedroht hat.

c) Täuschung erfordert **Vorsatz**, zumindest in Form des dolus eventualis. Hierzu hat die Rspr. das Institut der **Erklärung ins Blaue** hinein entwickelt: Erklärt z.B. ein Pkw-Händler, der Gebrauchtwagen sei unfallfrei, ohne diesen bei Inzahlungnahme untersucht zu haben, also einfach ins Blaue hinein, so rechnet er damit, dass seine Erklärung falsch sein könnte und nimmt es auch billigend in Kauf. Hat er hingegen den Pkw ein wenig untersucht, so liegt keine Erklärung ins Blaue hinein vor, sondern bloße Fahrlässigkeit.

d) Nach der Rspr. wird § 123 nicht durch das Gewährleistungsrecht verdrängt, da der arglistig täuschende Verkäufer nicht schutzwürdig ist. Also hat der Kunde ein Wahlrecht zwischen Anfechtung und Gewährleistung.

5. Anfechtungsfristen

22 Bei Anfechtung gemäß §§ 119, 120 ist unverzüglich ab Erkennen des Irrtums, also innerhalb weniger Tage, anzufechten. Bei Anfechtung nach § 123 gilt die Jahresfrist ab Erkennen der Täuschung bzw. Ende der Zwangslage im Fall der Drohung. Gemäß § 124 Abs. 3 ist die Anfechtung jedoch ausgeschlossen, wenn zehn Jahre verstrichen sind.

6. Rechtsfolgen der Anfechtung

23 a) Die wirksame Anfechtung führt nach **§ 142 Abs. 1** zur anfänglichen Nichtigkeit der Willenserklärung und lässt damit auch rückwirkend den Vertrag entfallen. Besonderheiten gelten bei in Vollzug gesetzten Dauerschuldverhältnissen wie Gesellschaftsverträgen und Arbeitsverträgen: Um Rückabwicklungsprobleme über §§ 812 ff. zu vermeiden, wird bei in Vollzug gesetzten Dauerschuldverhältnissen grundsätzlich nur eine ex-nunc-Wirkung angenommen.

b) Konsequent ist das **Abstraktionsprinzip** zu beachten: Die Anfechtung der schuldrechtlichen Willenserklärung lässt die Wirksamkeit der dinglichen Einigung, z.B. i.S.v. § 929 unberührt. Sollte sich der Anfechtende jedoch auch bei der dinglichen Einigung geirrt haben (sog. **Irrtumsidentität**), so kann er seine dingliche Willenserklärung anfechten. Hat er nur eine Anfechtungserklärung abgegeben, so ist durch Auslegung zu ermitteln, ob er beide Willenserklärungen anfechten will, was (nur) anzunehmen ist, wenn es für ihn Vorteile bringt.

c) Weitere Rechtsfolgen der Anfechtung: **Schadensersatzpflicht des Anfechtenden gemäß § 122 Abs. 1** (nur) im Fall der Anfechtung nach §§ 119, 120, es sei denn, der Vertragspartner konnte den Irrtum erkennen, § 122 Abs. 2. Daneben kommt ein Schadensersatzanspruch aus § 280 Abs. 1 wegen c.i.c. in Betracht (Palandt/Ellenberger § 122 Rdnr. 6). Ggf. besteht eine Rückgewährpflicht gemäß §§ 812 ff.

Wird relevant, ob zwischenzeitlich, also noch vor der Anfechtung gutgläubig erworben wurde, so ist § 142 Abs. 2 zu beachten: Wer die bloße Anfechtbarkeit kannte, gilt bereits als bösgläubig.

V. Bedingung, § 158

1. Aufschiebende Bedingung, § 158 Abs. 1

Haben die Parteien (konkludent) eine aufschiebende Bedingung i.S.v. § 158 Abs. 1 vereinbart, so ist der Vertrag zunächst im Schwebezustand. § 160 stellt klar, dass dennoch im Fall des Eintritts der Bedingung Schadensersatz von dem anderen Teil verlangt werden kann, wenn dieser während der Schwebezeit das von der Bedingung abhängige Recht schuldhaft vereitelt oder beeinträchtigt. Die Unwirksamkeit von Zwischenverfügungen während der Schwebezeit richtet sich nach § 161 (Näheres dazu im Sachenrecht bei Eigentumsvorbehalt, Rdnr. 397).

24

Wird der Eintritt der Bedingung von der Partei, zu deren Nachteil er gereichen würde, treuwidrig verhindert, so gilt gemäß **§ 162 Abs. 1** die Bedingung als eingetreten. Wird der Eintritt der Bedingung von der Partei, zu deren Vorteil er gereicht, treuwidrig herbeigeführt, so gilt gemäß § 162 Abs. 2 der Eintritt als nicht erfolgt.

2. Auflösende Bedingung, § 158 Abs. 2

Entsprechendes gilt für die auflösende Bedingung i.S.v. § 158 Abs. 2. Ob eine auflösende Bedingung vereinbart wurde, ist ggf. durch Auslegung zu ermitteln. Da es sich bei Bedingungen um Ausnahmen handelt, muss dies hinreichend deutlich im Vertrag angeklungen sein. Deswegen ist mangels besonderer Anhaltspunkte nicht anzunehmen, dass eine Sicherungsübereignung unter der auflösenden Bedingung erfolgt, dass das Darlehen zurückgezahlt wird (s. Rdnr. 402).

25

VI. Einbeziehung von AGB, §§ 305 ff.

26

Prüfschema: AGB, §§ 305 ff.

1. Anwendungsbereich, § 310

2. Vorliegen von AGB, § 305 Abs. 1

3. **Einbezug** in den Vertrag, § 305 Abs. 2
   - Erleichterung gegenüber Unternehmern, § 310 Abs. 1; Massenanbieter, § 305 a

4. Inhaltskontrolle

   a) gegenüber Verbraucher: §§ 309, 308, 307

   b) gegenüber Unternehmer: nur § 307, aber Indizwirkung der §§ 309, 308 wegen § 310 Abs. 1 S. 2!

   c) bei Versorgungsvertrag: §§ 309, 308 gelten nicht, § 310 Abs. 2!

5. Rechtsfolgen

   a) Klausel entfällt, § 306 Abs. 1

   b) **Lückenfüllung** durch dispositives Recht, § 306 Abs. 2

   c) Verbot geltungserhaltender Reduktion
      - aber bei Teilunwirksamkeit: „blue-pencil-Test"

1. Anwendungsbereich, § 310 Abs. 4

Gemäß § 310 Abs. 4 S. 1 gilt AGB-Recht nicht bei Verträgen im Erb-, Familien-, Gesellschaftsrecht sowie für Tarifverträge und Betriebsvereinbarungen. Hingegen ist AGB-Recht auf Arbeitsverträge unter Berücksichtigung der arbeitsrechtlichen Besonderheiten anwendbar, § 310 Abs. 4 S. 2.

Im Übrigen sind die §§ 305 ff. grundsätzlich anwendbar, aber ggf. mit den Besonderheiten, die sich aus § 310 Abs. 1–3 ergeben.

2. Vorliegen von AGB, § 305 Abs. 1

Erforderlich sind vorformulierte Vertragsbedingungen für eine Vielzahl von Fällen, die vom Verwender einseitig gestellt wurden. Vorformuliert heißt nicht unbedingt gedruckt. Umgekehrt heißt gedruckt nicht unbedingt für eine Vielzahl von Fällen. Jedoch genügt bei der Verwendung von Unternehmern gegenüber Verbrauchern auch die einmalige Verwendung, § 310 Abs. 3 Nr. 2 und es wird gemäß § 310 Abs. 3 Nr. 1 vermutet, dass einseitig gestellt wurde.

> Da Rechtsanwälte und Notare bei Verträgen in der Regel mit Bausteinen arbeiten, werden auch notarielle Verträge und Anwaltsverträge wie AGB behandelt, wenn nicht gerade die andere Seite ausgehandelt hat!

3. Einbeziehung in den Vertrag

Bei der **Einbeziehung in den Vertrag** ist zu differenzieren:

a) **Gegenüber Verbrauchern** müssen die Anforderungen des **§ 305 Abs. 2** erfüllt sein. Ausnahmen gelten nur gemäß § 305 a bei den dort genannten Massendienstleistern sowie gemäß § 305 b bei vorrangigen Individualabreden.

Ein **beliebtes Klausurproblem** sind Schriftformklauseln.

- Eine **einfache Schriftformklausel:** *„Nebenabreden bedürfen zu ihrer Wirksamkeit der Schriftform"* ist wirkungslos, da der BGH davon ausgeht, dass durch eine dennoch getroffene mündliche Nebenabrede das vereinbarte Schriftformerfordernis konkludent durch die Parteien aufgegeben wurde. Damit hat dann die jetzt wirksame mündliche Nebenabrede Vorrang, § 305 b.

- **Doppelte Schriftformklausel:** *„Nebenabreden bedürfen zu ihrer Wirksamkeit der Schriftform. Dies gilt auch für die Abänderung dieser Schriftformklausel."* Auch diese ist wirkungslos, da § 305 b für Nebenabreden keine Form vorsieht und diese Vorschrift als zwingendes Recht nicht abdingbar ist (Palandt/Grüneberg § 305 Rdnr. 5). Solche Klauseln haben also höchstens psychologische Wirkung. Beachte aber, dass eine doppelte Schriftformklausel in einem Individualvertrag sehr wohl wirksam ist, weil dann § 305 b von vornherein mangels AGB nicht einschlägig ist! (Anwalts-Kautelarklausur!)

b) Gegenüber Unternehmern ist gemäß § 310 Abs. 1 die „strenge Vorschrift" des § 305 Abs. 2 nicht anwendbar. Somit erfolgt die Einbeziehung nach allgemeinen Grundsätzen, d.h. AGB können auch konkludent, durch kaufmännisches Bestätigungsschreiben und auch durch dynamische Verweise auf die jeweils gültigen AGB einbezogen werden.

4. Inhaltskontrolle bei einbezogenen AGB

Zu beachten ist, dass eine Inhaltskontrolle grundsätzlich **nur** stattfindet, **wenn AGB vom Gesetz abweichen, vgl. § 307 Abs. 3**. Sollte daher ein Unternehmer z.B. seine Preise in AGB festlegen, so kann keine Abweichung vom Gesetz vorliegen, da der Kaufpreis vom Gesetz nicht bestimmt ist. Also keine AGB-Kontrolle möglich (Ausnahme: § 307 Abs. 3 S. 2).

a) Gegenüber Verbrauchern erfolgt die AGB-Kontrolle im klassischen Rückwärtsgang: Zunächst die schärfste Vorschrift, § 309, alsdann § 308 und hilfsweise der Generaltatbestand § 307. Zu beachten ist, dass §§ 308, 309 nicht für Versorgungsverträge gemäß § 310 Abs. 2 gelten! Bei dem offenen Generaltatbestand des § 307 ist stets eine ausführliche Argumentation zur Frage der unzumutbaren Benachteiligung unter Einbindung der Ansatzpunkte aus § 307 Abs. 2 gefragt. Hilfreich ist in der Klausur der Blick in den Palandt, der unter § 307 Rdnr. 55 ff. alphabetisch geordnete Fallgruppen enthält!

b) Gegenüber Unternehmern sind gemäß § 310 Abs. 1 S. 1 die scharfen Vorschriften der §§ 309, 308 unanwendbar. Lediglich der Generaltatbestand des § 307 ist zu prüfen. Bei der Frage, ob eine unzumutbare Benachteiligung i.S.v. § 307 vorliegt, haben jedoch die in §§ 309, 308 vorhandenen Verbote Indizwirkung, wie § 310 Abs. 1 S. 2 klarstellt.

Aufgrund der bloßen Indizwirkung ist in solchen Fällen jedoch eine umfassende Abwägung vorzunehmen und die Besonderheiten des Handelsverkehrs sind zu berücksichtigen.

c) Stets ist in der Klausur zu prüfen, ob in der konkreten Vertragsart bereits gesetzliche Verbote existieren, die dann für Individualvereinbarungen und für AGB gelten, z.B. §§ 475, 478 Abs. 4, 511, 555, 651 h, m.

5. Rechtsfolgen bei Nichteinbeziehung oder Unwirksamkeit nach Inhaltskontrolle

27 a) Gemäß § 306 Abs. 1 ist nur die Klausel unwirksam, der Vertrag im Übrigen bleibt wirksam. Ausnahmsweise ist gemäß § 306 Abs. 3 der gesamte Vertrag unwirksam (in der Klausur äußerst selten).

> Daher ist Prüfungsstandort für die AGB-Kontrolle grundsätzlich nicht die Wirksamkeit des Vertrags, sondern dort wo die Klausel relevant wird, z.B. bei Gewährleistungsausschluss. Werden jedoch Ansprüche aus AGB hergeleitet, dann muss dies schon bei wirksamer Vereinbarung geprüft werden.

b) Die **Lückenschließung erfolgt gemäß § 306 Abs. 2** durch Anwendung dispositiven Rechts oder Vertragsauslegung, § 157.

Hierzu findet sich häufig am Ende der AGB die salvatorische Klausel: *"Sollten einzelne Bestimmungen dieses Vertrags unwirksam sein, so verpflichten sich die Parteien bereits jetzt, diese durch eine gültige Klausel zu ersetzen."*

c) Verstößt eine Klausel nur teilweise gegen das Gesetz, so ist die Klausel grundsätzlich insgesamt unwirksam. Dabei gilt das **Verbot der geltungserhaltenden Reduktion**. D.h. aus Sanktionsgründen darf nicht versucht werden, die Klausel doch wieder zu retten, indem sie auf das zulässige Maß eingedampft wird.

> Schönheitsreparatur mit dem Inhalt, dass „Fenster und Türen zu streichen sind". Diese Klausel begründet eine unangemessene Benachteiligung für den Mieter i.S.v. § 307, insofern, als dass für den Außenanstrich nur die Witterung relevant ist. Hat der Vermieter daher nicht zwischen Innen- und Außenanstrich differenziert, kann keine geltungserhaltende Reduktion dergestalt vorgenommen werden, dass die Klausel so auszulegen ist, dass nur der Innenanstrich geschuldet sei. Denn sonst wäre es völlig risikolos, zunächst einmal unwirksame Klauseln zu verwenden (Sanktionsgedanke).

Ist hingegen eine AGB-Klausel teilbar, so kann der wirksame Teil abgetrennt erhalten bleiben. Ob eine Klausel sachlich-logisch teilbar ist, wird durch den sog. **blue-pencil-Test** ermittelt: Kann die unwirksame Passage ohne Sinnverlust des Restes gestrichen werden, kann dieser bestehen bleiben.

Beliebtes prozessuales Zusatzproblem bei AGB ist in der Klausur die Klagebefugnis von Verbraucherschutzverbänden. Dies ergibt sich aus dem Unterlassungsklagengesetz (UklaG), welches mit im Palandt kommentiert ist! Beachte auch die ausschließliche Zuständigkeit gemäß § 6 UklaG!

2. Abschnitt: Untergang des Anspruchs

Für die Untergangsgründe, sog. **rechtsvernichtende Einwendungen**, trägt der Schuldner die Darlegungs- und Beweislast.

A. Untergang durch Erfüllung/Surrogate, §§ 362 ff.

I. Erfüllung, §§ 362 ff.

Gemäß § 362 Abs. 1 geht der Erfüllungsanspruch unter, wenn der Schuldner die geschuldete Leistung an den Gläubiger bewirkt hat. „Bewirkt" heißt dabei, dass der geschuldete Leistungserfolg eingetreten ist, d.h. bei Sachen wirksame Übereignung gemäß §§ 929 ff., bzw. bei Grundstücken gemäß §§ 873, 925, was hier ggf. inzidenter zu prüfen ist.

1. Leistet der Schuldner den geschuldeten Gegenstand **an einen Dritten**, so gilt § 362 Abs. 2, welcher durch Verweis auf § 185 klarstellt, dass Erfüllung nur eintritt, wenn der Dritte, an den geleistet wurde, eine entsprechende Ermächtigung durch den wahren Gläubiger vorweisen kann (Einzugsermächtigung).

2. Leistet hingegen der Schuldner einen **anderen Gegenstand** als ursprünglich geschuldet, **so gilt § 364:**

a) Sofern der Gläubiger den anderen Gegenstand an Erfüllungs statt annimmt, so tritt Erfüllung ein, § 364 Abs. 1, sog. **Annahme an Erfüllungs statt**, z.B. statt Geld wird Gold akzeptiert.

b) Wird allerdings lediglich eine neue Verbindlichkeit, z.B. aus Schuldanerkenntnis, § 781, oder aus Scheck abgegeben, so tritt gemäß **§ 364 Abs. 2** noch keine Erfüllung ein (sog. **bloße Hingabe erfüllungshalber**), sondern erst dann, wenn die neue Verbindlichkeit auch tatsächlich eingelöst wird. Bis dahin ist die ursprüngliche Verbindlichkeit konkludent geschuldet. Grund: Eine bloße, neue Verbindlichkeit aus § 781 ist im Verhältnis zum ursprünglich Geschuldeten (z.B. Kaufpreis) nicht gleichwertig.

> Für die Abgrenzung § 364 Abs. 1 zu Abs. 2 gilt daher die Faustformel: Nur dann, wenn das andere Leistungsobjekt genau so gut und genau so sicher wie das ursprünglich geschuldete Leistungsobjekt ist, kann eine Annahme an Erfüllungs statt gemäß § 364 Abs. 1 angenommen werden, ggf. auch teilweise, so z.B. bei Inzahlunggabe eines Gebrauchtwagens, der vom Händler für den Neuwagenkauf zu einem bestimmten Wert in Zahlung genommen wird.

Klausurproblem Inzahlunggabe einer Sache: Hier sind zwei Varianten zu unterscheiden:

- Wird beim Kauf neuer Sachen eine **gebrauchte Sache** in Zahlung gegeben, so fällt dies – sofern **der Verkäufer diese in sein Vermögen übernimmt** – unter § 364 Abs. 1. Der Verkäufer akzeptiert die gebrauchte Sache an Erfüllungs statt für den an sich geschuldeten Kaufpreis bezüglich der neuen Sache (natürlich nur in Höhe der für die gebrauchte Sache vereinbarten Summe). Daher würde an sich der Inzahlunggebende gemäß § 365 i.V.m. §§ 434 ff. eine Gewährleistungspflicht haben. Jedoch wird hier in der Regel die Auslegung ergeben, dass diese Gewährleistungspflicht konkludent ausgeschlossen wurde. Schließlich will man bei Inzahlunggabe grundsätzlich nichts mehr mit der gebrauchten Sache zu tun haben und der Händler konnte als Fachmann vor Übernahme die gebrauchte Sache prüfen.

- Übernimmt der Verkäufer die gebrauchte Sache nicht fest in sein Vermögen, sondern verspricht er **lediglich**, sich um den Weiterverkauf der gebrauchten Sache **als Vermittler** zu kümmern, so gilt die vorgenannte Konstruktion nicht. Vielmehr wird jetzt ein Kaufvertrag über den Neuwagen geschlossen und daneben ein Geschäftsbesorgungsvertrag, § 675, über die Vermittlung. Bis zur erfolgreichen Vermittlung ist dann in vereinbarter Höhe der Restkaufpreis über die neue Sache gestundet. Ist jedoch die gebrauchte Sache mangelhaft und daher nicht oder so nicht vermittelbar, kommt eine fristlose Kündigung des Vermittlervertrags gemäß § 626 mit der Folge eines Wegfalls der Stundung für den Neukaufpreis in Betracht. Auch hier wird jedoch durch Auslegung zu ermitteln sein, dass in der Regel der Händler konkludent das Risiko übernommen hat und daher nicht fristlos kündigen darf. Schließlich ist der Händler Fachmann und kann vorher prüfen, wie reell die Chancen sind, den Gebrauchtwagen zum avisierten Wert zu vermitteln.

- Weiteres Problem bei erfolgreicher Vermittlung:

Da der Händler als Stellvertreter für den Vorbesitzer verkauft und hierbei stets ein Gewährleistungsausschluss vereinbart wird, verstößt dies nicht gegen § 475, wenn der Vorbesitzer kein Unternehmer ist, weil dann kein Verbrauchsgüterkauf i.S.v. § 474 vorliegt. Anders, wenn der Händler im eigenen Namen verkauft hätte. Daher könnte ein Umgehungsgeschäft i.S.v. § 475 Abs. 1 S. 2 vorliegen. Der BGH sieht die Vermittlung jedoch als grundsätzlich zulässige Variante an. Nur wenn wirtschaftlich der Händler als Verkäufer anzusehen ist, z.B. weil er das Weiterverkaufsrisiko komplett übernommen hat, liegt ein Umgehungsgeschäft vor (s. Palandt/Weidenkaff § 475 Rdnr. 6).

3. Besonderheiten bei der Erfüllung

a) Erfüllung durch Leistung an Minderjährige tritt nicht ein, da der Minderjährige nicht empfangszuständig ist, sondern seine Eltern. Ausnahme: lediglich vorteilhafte Geschäfte (Wertung aus § 107) und Taschengeldgeschäfte (Wertung aus § 110) bzw. im Bereich der §§ 112, 113.

b) Erfüllung bei mehreren Forderungen, §§ 366, 367

30 Bestehen mehrere Forderungen gegen den Schuldner und reicht das vom Schuldner Geleistete zur Begleichung aller Forderungen nicht aus, so ist gemäß **§ 366 Abs. 1** nach der Tilgungsbestimmung des Schuldners zu verfahren. Hat der Schuldner eine solche nicht abgegeben, gilt die in §§ 366 Abs. 2, 367 vorgegebene Reihenfolge.

31 **c) Fremdtilgung durch Dritte, § 267.** Die Fremdtilgung durch Dritte setzt nach h.M. eine entsprechende Fremdtilgungsbestimmung voraus. Gemäß § 267 Abs. 1 S. 2 ist die Einwilligung des Schuldners nicht erforderlich. Jedoch kann der Gläubiger gemäß § 267 Abs. 2 die Leistung ablehnen, wenn der Schuldner widerspricht. Der Dritte hat aber ein **Ablösungsrecht gemäß § 268**, wenn der Gläubiger die Zwangsvollstreckung in einen dem Schuldner gehörenden Gegenstand betreibt und der Dritte Gefahr läuft, durch die Zwangsvollstreckung ein Recht an dem Gegenstand zu verlieren, z.B. Gläubiger betreibt die Zwangsvollstreckung gemäß § 1147 aus einer Hypothek gegen den Grundstückseigentümer, welcher an einen Dritten vermietet hat. Dann kann der Mieter zur Abwendung der Zwangsvollstreckung zahlen. § 268 Abs. 3 stellt dann klar, dass in diesem Fall die Forderung nicht untergeht, sondern auf den Dritten übergeht (cessio legis), damit der Dritte anschließend aus übergegangenem Recht beim Schuldner (Eigentümer) Regress nehmen kann.

Gemäß § 368 hat der Schuldner, der seine Leistung erbringt, einen Anspruch gegen den Gläubiger **auf Quittungserteilung** (Beweiskraft: § 416 ZPO). Umgekehrt gilt der Überbringer der Quittung als ermächtigt, die Leistung zu empfangen, auch wenn er objektiv nicht der Berechtigte ist, § 370.

Klausurrelevant ist die notariell beglaubigte „löschungsfähige Quittung" zur Löschung/Umschreibung im Grundbuch in den Fällen der §§ 1144, 1167, 1192. Ferner die analoge Anwendung des § 371 auf Herausgabe von Bürgschaftsurkunden, Urteilen bei Erledigung durch Zahlung.

Vielfach ist aber eine (negative) Feststellungsklage wegen der dadurch erzielbaren Rechtskraftwirkung der effektivere Weg (Anwaltsklausur!).

II. Erfüllungssurrogat Hinterlegung, §§ 372 ff.

Besteht die geschuldete Leistung in Geld, Wertpapieren oder Kostbarkeiten oder ist die Person des Gläubigers ungewiss, kann der Schuldner gemäß § 372 die geschuldete Leistung bei der Hinterlegungsstelle des Leistungsorts hinterlegen, § 374. Hat der Schuldner sein Rücknahmerecht gemäß § 376 ausgeschlossen, so wird der Schuldner gemäß § 378 durch die Hinterlegung von seiner Verbindlichkeit befreit.

32

Wichtig für die Anwaltsklausur, wenn die Person des Gläubigers ungewiss ist, z.B. weil unklar, ob der PfÜB wegen vorheriger Abtretung der gepfändeten Forderung ins Leere gegangen ist!

III. Erfüllungssurrogat Aufrechnung, §§ 387 ff.

1. Erforderlich ist eine **Aufrechnungserklärung** des Schuldners, § 388, als rechtsgestaltende empfangsbedürftige Willenserklärung. Eine Frist hierfür ist nicht vorgesehen. Die Erklärung ist bedingungsfeindlich; Ausnahme: Eventualaufrechnung im Prozess (Taktik in der Anwaltsklausur!).

33

2. Aufrechnungslage, § 387

a) Erforderlich sind **gegenseitige Forderungen**, sodass hier die Gegenforderung des Aufrechnenden ggf. inzidenter zu prüfen ist.

Gegenseitigkeit fehlt bei **Aufrechnung nach Abtretung der Hauptforderung**. Überwindung u.U. aufgrund der Schuldnerschutzvorschriften der §§ 406, 407:

- § 406 bei Aufrechnung gegenüber dem neuen Gläubiger mit Gegenansprüchen gegen den alten Gläubiger.
- § 407 Abs. 1, 2. Var. bei Aufrechnung gegenüber dem alten Gläubiger.

b) Forderung und Gegenforderung müssen **gleichartig** sein, d.h. beides Geldforderungen. Stehen sich ungleichartige Forderungen gegenüber, so kann nur über das Institut Zurückbehaltungsrecht gelöst werden (gemäß § 320 bei synallagmatischen Hauptleistungspflichten und § 273 bei sonstigen Leistungspflichten), was nur zu einer Zug-um-Zug-Verurteilung führt, §§ 322, 274.

c) Die **Hauptforderung** des Aufrechnungsgegners muss **erfüllbar** sein, wegen § 271 grundsätzlich kein Problem.

d) Ferner muss die **Gegenforderung des Aufrechnenden durchsetzbar**, d.h. nicht einredebehaftet sein, vgl. § 390. Eine **Ausnahme** gilt jedoch unter den Voraussetzungen des § 215 für die Einrede der Verjährung, wenn die Forderung zu dem Zeitpunkt, zu dem sie sich erstmalig mit der Hauptforderung gegenüberstand, nicht verjährt war. Grund: Rückwirkende Kraft der Aufrechnung, § 389.

Wichtig für die Anwaltsklausur: Während eine Widerklage gestützt auf eine verjährte Gegenforderung aussichtslos ist, liegt hier der Vorteil einer (u.U. hilfsweise erklärten) Prozessaufrechnung!

3. Die **Aufrechnung** kann **ausgeschlossen** sein, §§ 390 ff.

a) War die Forderung durch PfüB gemäß §§ 828, 835 ZPO beschlagnahmt worden, ist gemäß § 392 eine Aufrechnung nicht mehr möglich.

b) § 393 schließt die Aufrechnung des Täters **gegen** eine Forderung aus **vorsätzlich** begangener unerlaubter Handlung aus. Umgekehrt kann das Opfer mit seiner Schadensersatzforderung aus §§ 823 ff. aufrechnen. Nach BGH greift der Aufrechnungsausschluss des § 393 auch dann, wenn Forderung und Gegenforderung aus unerlaubter Handlung stammen, weil beide dann Täter sind und deswegen beide sanktioniert werden müssen.

4. Rechtsfolgen der Aufrechnung

a) Die Aufrechnung hat, wie aus § 389 folgt, **rückwirkende Kraft** auf den Zeitpunkt, in dem die Forderungen sich erstmalig aufrechenbar gegenüber standen.

b) Bei Aufrechnung im Prozess gelten folgende Besonderheiten: Für die **Rechtskraftwirkung ist § 322 Abs. 2 ZPO** zu beachten.

- Die Aufrechnung mit einer rechtswegfremden Forderung ist nach h.M. stets möglich, sofern diese Forderung unbestritten oder rechtskräftig festgestellt ist. Bestrittene, rechtswegfremde Forderungen können nach BGH nur zur Aufrechnung im Zivilprozess verwendet werden, wenn es sich um Forderungen handelt, die zum FamFG oder ArbGG gehören (str.).

- Hat der Beklagte aufgerechnet und erklärt der Kläger erstmalig im Prozess die Aufrechnung mit einer Gegenforderung gegen die Forderung des Beklagten, so ist die Aufrechnung des Klägers unwirksam wegen des Prioritätsprinzips: die zuerst vom Beklagten erklärte Aufrechnung hat bereits gegriffen!!

IV. Erlassvertrag, § 397

34 Das Schuldverhältnis erlischt auch, wenn der Gläubiger dem Schuldner durch Vertrag die Schuld gemäß § 397 erlässt. Beliebte Klausurproblematiken sind in diesem Zusammenhang neben Beweisproblemen über den bloß mündlich abgeschlossenen angeblichen Erlassvertrag, insbesondere Probleme zur Stellvertretung (z.B. umfasst die Vertretungsmacht eines Angestellten überhaupt den Abschluss eines Erlassvertrags?). Ein weiteres typisches Klausurproblem ist § 423: Ein zwischen dem Gläubiger und einem Gesamtschuldner vereinbarter Erlass wirkt nur für die übrigen Schuldner, wenn die Vertragschließenden das gesamte Schuldverhältnis aufheben wollten. Dies ist ggf. durch Auslegung zu ermitteln.

Erlassfalle bei Scheckeinlösung: Wurde ein Scheck lediglich über einen Teilbetrag der Forderung zugesandt mit dem Anschreiben, dass bei Einlösung der Schuldner davon ausgeht, dass der Gläubiger den Rest erlasse, so ist in der Regel die widerspruchslose Scheckeinlösung als Annahme des Angebots auf Abschluss eines Erlassvertrags anzusehen (auf Zugang der Annahmeerklärung wurde gemäß § 151 verzichtet!).

B. Untergang des Erfüllungsanspruchs durch Leistungsstörungen

35 Bei Leistungsstörungen ist strikt die **Zweiteilung** im Schuldrecht einzuhalten:

- Bei **Nichtleistung** durch den Schuldner ist über Schuldrecht AT zu lösen: Ist die Leistung nicht mehr nachholbar, dann Unmöglichkeitsrecht, §§ 275 ff. Ist hingegen die mögliche Leistung lediglich ausgeblieben, so ist grundsätzlich über Verzug, § 286, zu lösen.

- Hat der Schuldner hingegen **schlecht geleistet**, also mangelhaft, so erfolgt grundsätzlich die Lösung über das Gewährleistungsrecht der jeweiligen Vertragsart, also Schuldrecht BT.

Hier werden zunächst nur die Untergangsgründe dargestellt. Die jeweiligen Ansprüche bei Leistungsstörungen finden Sie im 3. Teil dieses Skripts (Rdnr. 54 ff.).

I. Automatische Untergangsgründe

1. **Unmöglichkeit der Leistung** ist, weil niemand zu einer unmöglichen Leistung verurteilt werden kann, Untergangsgrund gemäß **§ 275 Abs. 1**.

Sonderfälle finden sich in § 275 Abs. 2 für die faktische Unmöglichkeit und § 275 Abs. 3 für die persönliche Unmöglichkeit, welche nur auf Einrede des Beklagten berücksichtigt werden.

Ist der Anspruch auf die Leistung gemäß § 275 untergegangen, richtet sich der **Anspruch auf die Gegenleistung** grundsätzlich nach **§ 326**. Gemäß § 326 Abs. 1 ist wegen der synallagmatischen Verknüpfung auch grundsätzlich der Anspruch auf die Gegenleistung ausgeschlossen. Also geht der Kaufpreisanspruch, Werklohnanspruch etc. ebenfalls unter.

Ausnahmen ergeben sich aus **§ 326 Abs. 2** für den Fall, dass der Gläubiger der (jetzt unmöglichen) Leistung für die Unmöglichkeit (zumindest überwiegend) verantwortlich ist oder sich bezüglich der (jetzt unmöglichen) Leistung gemäß §§ 293 ff. im Annahmeverzug befand.

Weitere **Ausnahmen** ergeben sich, **falls die Preisgefahr auf den Gläubiger** der (jetzt unmöglichen) Leistung **verlagert** hatte. Dies sind insbesondere im Kaufrecht §§ 446, 447, im Werkvertragsrecht §§ 644, 645 sowie im Dienstvertrag §§ 615, 616.

2. Bleibt die noch mögliche Leistung des Schuldners lediglich aus, so bildet bloßes **Ausbleiben der Leistung** keinen automatischen Untergangsgrund. Hier liegt der Unterschied zur Unmöglichkeit, da die Leistung ja noch nachholbar ist. Liegt allerdings ein absolutes Fixgeschäft (Hochzeitstorte) vor, so führt jede Überschreitung des Termins dazu, dass die Leistung sinnlos wird, sodass dann wiederum Unmöglichkeit vorliegt (eng auszulegen).

II. Untergang durch rechtsgestaltende Erklärung

1. Bei **Rücktritt** des Gläubigers wegen Leistungsstörungen wandelt sich das Vertragsverhältnis in ein Rückgewährschuldverhältnis gemäß §§ 346 ff. um, sodass dann Erfüllungsansprüche untergehen. Neben der Rücktrittserklärung des Gläubigers gemäß § 349 ist ein Rücktrittsgrund erforderlich. Rücktrittsgrund im Falle der Nichtleistung ist bei Unmöglichkeit der Leistung **§ 326 Abs. 5**, welcher auf § 323 verweist, aber klarstellt, dass keine Fristsetzung erforderlich ist. Bei Ausbleiben der möglichen Leistung ist hingegen Rücktrittsgrund **§ 323**, welcher in Absatz 1 grundsätzlich zunächst eine erfolglose Fristsetzung voraussetzt (letzte Chance für den Schuldner, die Leistung noch nachzuholen). Für die Fälle der Schlechtleistung wird im Kaufrecht in § 437 Nr. 2, 1. Var. sowie im Werkvertragsrecht in § 634 Nr. 2, 1. Var. auf § 326 Abs. 5 und § 323 zurückverwiesen.

2. Bei Dauerschuldverhältnissen tritt an die Stelle des Rücktrittsrechts die **Kündigung**. Als allgemeine Vorschrift stellt dies im Schuldrecht AT bereits § 314 klar. In den geregelten Vertragsarten ist jedoch in der Regel ein spezielles Kündigungsrecht vorgesehen: So im Mietrecht in § 543 (bei Wohnraummiete § 569 beachten!), im Reiserecht § 651 e, im Dienstvertragsrecht § 626.

39 3. Auch die **Minderung** durch den Gläubiger stellt ganz oder teilweise einen Untergangsgrund dar. Minderung bei Nichtleistung ist im Schuldrecht AT nicht vorgesehen. Minderung bei Schlechtleistung ist im Kaufrecht in **§ 438 Nr. 2, 2. Var.**, im Werkvertragsrecht in **§ 634 Nr. 3, 2. Var.**, im Mietrecht in **§ 536 Abs. 1** und im Reiserecht in **§ 651 d** geregelt. Während im Kauf- und Werkvertragsrecht eine Minderungserklärung des Gläubigers entsprechend § 349 erforderlich ist, tritt in den Dauerschuldverhältnissen Miet- und Reisevertrag nach den vorgenannten Vorschriften die Minderung automatisch ein.

40 Sofern ein Gläubiger aufgrund ausgebliebener Leistung **Schadensersatz statt der Leistung verlangt hat**, geht gemäß **§ 281 Abs. 4** der Anspruch auf die Leistung unter. Obwohl nach dem Wortlaut des Absatz 4 nur der Anspruch auf die Leistung untergeht, geht wegen der synallagmatischen Verknüpfung auch der Anspruch auf die Gegenleistung unter (Erst-recht-Schluss).

C. Untergang aufgrund Widerruf, § 355

41 I. **Grundsätzlich** besteht nur die Möglichkeit, gemäß **§ 130 Abs. 1 S. 2** die abgegebene Willenserklärung bis zu deren Zugang beim Empfänger diesem gegenüber zu widerrufen (zu den Ausnahmen bei der dinglichen Einigung später im Sachenrecht).

II. Aus Gründen des **Verbraucherschutzes** gibt es jedoch ausnahmsweise ein vierzehntägiges Widerrufsrecht gemäß **§ 355 Abs. 2**. Diese Vorschrift statuiert kein eigenständiges Widerrufsrecht, sondern ist nur anwendbar, wenn hierauf in der jeweiligen Vertragsart verwiesen wird, vgl. § 355 Abs. 1. **Hauptfälle** sind:

- **Haustürgeschäfte, § 312**
- **Fernabsatzverträge, § 312 b**; Verweis auf § 355 in § 312 d
- **Verbraucherkreditverträge, § 492**; Verweis auf § 355 in § 495
- **Entgeltlicher Zahlungsaufschub, sonstige Finanzierungshilfen** (auch Finanzierungsleasing!) über § 506 Abs. 1 i.V.m. § 495
- **Teilzahlungsgeschäfte, § 507**
- **Ratenlieferungsverträge, § 510**
- für **Existenzgründer** unter den Voraussetzungen des **§ 512**

In diesen Fällen richtet sich das **Widerrufsrecht nach § 355**. Die Systematik stellt sich wie folgt dar:

1. **Widerruf in Textform** bzw. Rücksendung der Sache, § 355 Abs. 1 S. 2
2. **Widerrufsfrist**, § 355 Abs. 2–4
   a) Fristbeginn:
      - **Grundsatz:** bei ordnungsgemäßer Belehrung, §§ 355 Abs. 3, 360
      - **Ausnahme:**
         - bei Verträgen im elektronischen Rechtsverkehr erst mit Erfüllung der Pflichten aus § 312 g Abs. 1 (Abs. 6)
         - bei Fernabsatzverträgen erst mit Eingang der Ware, § 312 d Abs. 2
   b) Fristdauer:
      - **Grundsätzlich:** 14 Tage, § 355 Abs. 2 S. 1
      - **Ausnahme:**
         - 1 Monat, bei Belehrung nach Vertrag, § 355 Abs. 2 S. 3 (Ausnahme: § 355 Abs. 2 S. 2!);
         - unbefristet, falls keine (ordnungsgemäße) Belehrung, § 355 Abs. 4 S. 3
   c) Ersatz des Widerrufsrechts durch Rückgaberecht, § 356
3. **Rechtsfolgen**, §§ 355, 357
   a) Verbraucher ist **an seine WE nicht mehr gebunden**, § 355 Abs. 1 S. 1
   b) **Rückabwicklung** gemäß § 357 Abs. 1 i.V.m. §§ 346 ff. wie bei Rücktritt
      aa) **Rückgewähr** der Leistungen und Nutzungen, §§ 346 Abs. 1, 348
         - **30-Tage-Frist**, §§ 357 Abs. 1 S. 2, 286 Abs. 3
         - **Rücksendepflicht** des Verbrauchers bei paketversandfähigen Waren, § 357 Abs 2 S. 1, aber **Kosten- und Gefahrtragung** durch Unternehmer, § 357 Abs. 2 S. 2 (**abdingbar bei:** Fernabsatzgeschäft ≤ 40 € oder Rücksendung vor Zahlung, § 357 Abs. 2 S. 3)
         - Nach EuGH kann Verbraucher bei Widerruf auch Erstattung der Versandkosten (Hinsendung) verlangen
      bb) **Wertersatzpflicht** des Verbrauchers gemäß § 346 Abs. 2
         (1) Fallgruppen:

§ 346 Abs. 2 Nr. 1: Herausgabe, wenn in Natur unmöglich. z.B. Nutzung	§ 346 Abs. 2 Nr. 2: Verbrauch/Veräußerung/Verarbeitung/Umgestaltung	§ 346 Abs. 2 Nr. 3: Untergang, Verschlechterung nicht: best. Ingebrauchnahme (Pkw Zulassung)

         (2) Entfallen der Wertersatzpflicht:

§ 312 e Abs. 1: bloßes Ausprobieren bei Fernabsatz	§ 346 Abs. 3 Nr. 1: Rücktrittsgrund zeigt sich bei Verarbeitung oder Umgestaltung.	§ 346 Abs. 3 Nr. 2: Gl. hat selbst zu vertreten § 346 Abs. 3 Nr. 3: ist unanwendbar, § 357 Abs. 3 S. 3! § 357 Abs. 3 bloßes Ausprobieren bei Fernabsatz

      cc) **Ausschluss weitergehender Ansprüche** gemäß § 357 Abs. 4

D. Untergang wegen Nebenpflichtverletzungen

42 **I. Grundsätzlich** bilden bloße Nebenpflichtverletzungen keinen Untergangsgrund, weil hierfür kein Rücktrittsrecht besteht und auch kein Anspruch auf Schadensersatz statt der Leistung geltend gemacht werden kann. Vielmehr besteht lediglich die Möglichkeit, Schadensersatz neben der Leistung aus § 280 Abs. 1 geltend zu machen.

II. Eine **Ausnahme** gilt jedoch **bei gravierenden Nebenpflichtverletzungen**, die ein Festhalten am Vertrag unzumutbar machen. Dann besteht gemäß **§ 324** ein Rücktrittsrecht bzw. bei Dauerschuldverhältnissen ein Kündigungsrecht aus **§ 626 bzw. § 314**.

Schulfall: Der Malermeister, der zwar die Wände pünktlich und mangelfrei streicht, jedoch in den Pausen die Familie sowie Nachbarn belästigt und beim Ausparken noch das Fahrzeug des Bestellers rammt.

Parallel kann der Gläubiger in solchen Fällen gemäß **§ 282** ausnahmsweise **Schadensersatz statt der Leistung** gemäß **§§ 280, 281** verlangen, sodass dann über **§ 281 Abs. 4** der Erfüllungsanspruch auf die Hauptleistung erlischt.

Zu beachten ist, dass sowohl § 324 als auch § 282 von vornherein nur bei Verletzung von nichtleistungsbezogenen Rücksichtnahmepflichten i.S.v. § 241 Abs. 2 gelten. Ferner sollte in einer Klausur problematisiert werden, ob ungeschriebene Voraussetzung eine vorherige Abmahnung ist, damit der Schuldner die Chance erhält, sein Verhalten abzustellen (streitig).

E. Untergang bei Störung der Geschäftsgrundlage, § 313 Abs. 3

43 Zu beachten ist, dass Störung der Geschäftsgrundlage gemäß § 313 kein automatischer Untergangsgrund ist. Vielmehr ergibt sich ein Untergangsgrund erst dann, wenn eine Partei gemäß § 313 Abs. 3 S. 1 zurücktritt bzw. bei Dauerschuldverhältnissen gemäß § 313 Abs. 3 S. 2 kündigt. Rücktritt und Kündigung sind jedoch hiernach nur möglich, wenn der vorrangige Anspruch auf Vertragsanpassung gemäß § 313 Abs. 1 nicht möglich oder einem Teil nicht zumutbar ist.

> Da Störung der Geschäftsgrundlage insgesamt subsidiär gegenüber den Leistungsstörungen und anderen Instituten ist, sollte dieser Untergangsgrund stets als ultima ratio zum Schluss geprüft werden!

3. Abschnitt: Durchsetzbarkeit des Anspruchs

Die Durchsetzbarkeit ist gehemmt, wenn dem Schuldner eine Einrede zusteht und er diese auch geltend macht, sog. **rechtshemmende Einreden**. Einreden werden vom Richter grundsätzlich nicht von Amts wegen berücksichtigt.

A. Zurückbehaltungsrecht

44 1. Ein Zurückbehaltungsrecht besteht gemäß § 320 – **Einrede des nichterfüllten Vertrags**. § 320 gilt nur bei Nichterfüllung von synallagmatischen Hauptpflichten im Rahmen von gegenseitigen Verträgen. Wurde von der Gegenseite zwar geleistet, aber schlecht, also mangelhaft, so stellen § 438 Abs. 4 S. 2 für das Kaufrecht und § 634 a Abs. 4 S. 2 für das Werkvertragsrecht klar, dass ein derartiges Leistungsverweigerungsrecht für den Kunden selbst dann gilt, wenn sein Rücktrittsrecht wegen Verjährung der Gewährleistungsansprüche mittlerweile ausgeschlossen sein sollte.

2. § 273 Abs. 1 ist hingegen das **allgemeine Zurückbehaltungsrecht**, sofern sonstige Pflichten von der Gegenseite noch nicht erfüllt wurden. Jedoch gilt dies nur, wenn die sonstige Verpflichtung aus demselben Rechtsverhältnis stammt, sog. Konnexität.

45

Die Rspr. sieht die Konnexität recht weit, s. die Fallgruppen in Palandt/Grüneberg § 273 Rdnr. 9–11.

Bei Kaufleuten verzichtet **§ 369 HGB** auf eine derartige Konnexität. Es genügt, dass die noch offene Verpflichtung aus der gesamten Geschäftsbeziehung stammt.

B. Einrede der Stundung

Hierzu gibt es keinen speziellen Einredetatbestand (§ 205 stellt nur klar, dass die Verjährung gehemmt ist). Jedoch folgt aus der Natur der Sache, dass während des Stundungszeitraums die Durchsetzbarkeit des Erfüllungsanspruchs gehemmt ist.

46

Beliebtes Klausurproblem ist die Beweislast. Die Rspr. differenziert: bei anfänglicher Stundung liegt Beweislast für Fälligkeit beim Gläubiger. Bei nachträglicher Stundung beim Schuldner.

C. Verjährungseinrede, § 214

Beliebte Klausurprobleme sind hierbei zum einen das Ausfindigmachen der richtigen Verjährungsfrist sowie Fristberechnungsprobleme.

47

Klausurerprobt ist folgendes Prüfschema:

Prüfschema: Verjährung

I. **Spezielle Verjährungsfristen im Schuldrecht BT?**
■ Insbesondere im **Gewährleistungsrecht**, § 438 für Kaufverträge, § 634 a für Werkverträge, § 651 g Abs. 2 für Reiseverträge
■ Beachte für **Sekundäransprüche im Mietrecht § 548!**
II. **Sonst: 30-jährige Verjährung i.S.v. § 197?**
Der Katalog in § 197 ist abschließend
III. **Sonst: Regelverjährung, § 195 i.V.m. § 199**
  1. **Grundsatz: § 199 Abs. 1**
    Drei Jahre ab Jahresende, sofern Kenntnis vom Anspruch bzw. grob fahrlässige Unkenntnis beim Gläubiger.
  2. **Sonst: Hilfsregelungen**
    ■ **§ 199 Abs. 2** bei Verletzung der höchsten Rechtsgüter Leben, Körper, Freiheit Verjährung ohne Kenntnis/grob fahrlässige Unkenntnis vom Anspruch in 30 Jahren.
    ■ Gemäß **§ 199 Abs. 3** verjähren sonstige Schadensersatzansprüche, also wegen Sachschäden, Vermögensschäden, unabhängig von der Kenntnis oder grob fahrlässigen Unkenntnis vom Anspruch in 10 Jahren ab Entstehung des Anspruchs und ohne Rücksicht auf die Entstehung des Anspruchs in 30 Jahren.

IV. Fristberechnung

- **Fristbeginn** gemäß § 187
- **Fristende** gemäß § 188
- **Neubeginn** der Verjährung gemäß § 212
- **Hemmung** der Verjährung, §§ 203 ff.

1. Grundsätzlich ist in den §§ 203 ff. nur eine Hemmung der Verjährung vorgesehen, mit der Folge des § 209.

a) Die **Verjährung wird gehemmt** durch Rechtsverfolgung seitens des Gläubigers.

Hierzu den **Katalog des § 204** lesen! Interessant sind hier für das 2. Examen neben der Erhebung der Klage, § 204 Nr. 1, Zustellung eines Mahnbescheids, Nr. 3 auch die Zustellung einer Streitverkündung, § 204 Abs. 1 Nr. 6 sowie die Zustellung des Antrags auf Durchführung eines selbstständigen Beweisverfahrens, Nr. 7 (taktische Erwägungen in der Anwaltsklausur!).

Klausurproblem: Erhebt der Schuldner eine negative Feststellungsklage, mit dem Antrag, festzustellen, dass gegen ihn kein Anspruch besteht, so führt dies ebenso wenig zu einer Hemmung der Verjährung bezüglich dieses Anspruchs wie die Erwiderung des Gläubigers hierauf. Denn § 204 Abs. 1 Nr. 1 erfordert, dass der Gläubiger einen Anspruch aktiv durch Klageerhebung verfolgt (BGH, Urt. v. 15.08.2012 – XII ZR 86/11, RÜ 2012, 690).

b) Weitere klausurrelevante Fälle finden sich in **§ 205**, Hemmung bei Leistungsverweigerungsrecht (aufgrund Zurückbehaltungsrecht, s.o.). Ferner **§ 207**, Hemmung der Verjährung aus familiären und ähnlichen Gründen sowie Ablaufhemmung gemäß **§ 210** bei nicht voll Geschäftsfähigen, die ohne gesetzlichen Vertreter sind. Zur Ablaufhemmung in Nachlassfällen beachte § 211!

48 Beliebt in Klausuren ist die Verjährungsproblematik bei Gesamtschuldnern: Gemäß § 425 ist grundsätzlich bei jedem Gesamtschuldner die Verjährungsproblematik getrennt zu prüfen, da Einzelkämpfer. Obwohl Kfz-Haftpflichtversicherung und Halter Gesamtschuldner sind, ist jedoch gemäß § 115 Abs. 2 S. 2, 3 VVG die Verjährung auch gegenüber dem Halter gehemmt, wenn der Geschädigte seine Ansprüche bei der Versicherung angemeldet hat, s. auch § 115 Abs. 2 S. 4 VVG.

Ferner werden Verjährungsproblematiken gerne mit Erledigungsproblematiken prozessual verknüpft. S. hierzu das AS-Assessor-Skript zum Zivilprozessrecht.

c) Eine wichtige **Ablaufhemmung** gilt für den **Unternehmerregress** i.S.v. § 478 gemäß **§ 479 Abs. 2**.

d) Ein beliebtes Klausurproblem ist die sog. **doppelte Verjährung bei Bürgschaften:**

- Der Anspruch aus der Bürgschaft, § 765, verjährt mangels Sonderregelung gemäß §§ 195, 199 Abs. 1.

- Ist aber die gesicherte Hauptschuld verjährt, kann der Bürge gemäß § 768 sich hierauf berufen.

Konsequenz für die Anwaltsklausur: Wird zunächst nur der Bürge verklagt, läuft die Verjährungsfrist bezüglich der Hauptschuld weiter, also Gefahr der Verjährung und dass Bürge sich dann gemäß § 768 darauf beruft. Also: Bürge und Hauptschuldner zusammen verklagen, damit beide Verjährungsfristen gemäß § 204

Abs. 1 Nr. 1 gehemmt sind. Dies ist aber nur bei selbstschuldnerischer Bürgschaft, § 773 Nr. 1 bzw. § 349 HGB möglich.

Bei normaler Bürgschaft muss zuerst der Hauptschuldner verklagt werden. Damit dann aber nicht die Bürgschaft verjährt, hat der Gesetzgeber gemäß § 771 S. 2 eine Hemmung vorgesehen!

2. Hingegen beginnt in den Sonderfällen des § 212 die Verjährung neu.

Stellt der **erfolglose Nacherfüllungsversuch** ein Anerkenntnis des Gewährleistungsgrundes gemäß § 212 Abs. 1 Nr. 1, 4. Var. dar? Grundsätzlich nicht wegen der weitreichenden Rechtsfolge. Außerdem fehlt bei tatsächlichen Reparaturmaßnahmen in der Regel der Rechtsbindungswille i.S.e. Anerkenntnisses. 49

Jedoch führen Reparaturversuche zu einer Hemmung der Verjährung i.S.v. § 209 gemäß § 203, da „Verhandlungen" i.S.d. Vorschrift vom BGH weit ausgelegt wird.

D. Besondere Einreden

I. Einreden des Bürgen, §§ 768 ff.

Da die Bürgschaft akzessorisch zur Hauptschuld ist, hat der Bürge gemäß § 768 dieselben Einreden, die dem Hauptschuldner gegenüber der Hauptschuld zustehen, also z.B. Stundung des Darlehens. Der Bürge verliert sie nicht dadurch, dass der Hauptschuldner auf die Einreden verzichtet, § 768 Abs. 2. Daneben hat der Bürge die besonderen Einreden aus §§ 770 ff. Einzelheiten dazu im Bürgschaftsrecht im 4. Teil dieses Skripts. 50

II. Einwendungsdurchgriff, § 359

Liegt ein **fremdfinanziertes, verbundenes Geschäft i.S.v. § 358 Abs. 3** vor, so hat der Verbraucher gemäß § 359 den Einwendungsdurchgriff: D.h. der Verbraucher kann seine Einreden, z.B. aus dem finanzierten Kaufvertrag auch durchgreifen lassen gegenüber dem Darlehensvertrag, welcher den Kaufvertrag finanziert. Denn trotz rechtlicher Trennung der beiden Verträge bilden diese wirtschaftlich eine Einheit, sodass der Verbraucher geschützt werden muss. Erhebt der Verbraucher jedoch die Mängeleinrede aus §§ 438 Abs. 4 S. 2, 320, so hat er den Einwendungsdurchgriff gegenüber dem Darlehensvertrag, also gegenüber der Bank, nur, falls die Nacherfüllung fehlgeschlagen ist, § 359 S. 3. Insofern ist also der Einwendungsdurchgriff wegen des Vorrangs der Nacherfüllung im Gewährleistungsrecht subsidiär. Gemäß § 506 Abs. 1 gilt dies auch für entgeltlichen Zahlungsaufschub und entgeltliche Finanzierungshilfen. 51

III. Bereicherungseinrede, § 821

Nach § 821 kann der Schuldner die Erfüllung eines Anspruchs verweigern, wenn er die Verbindlichkeit ohne Rechtsgrund eingegangen ist. Wichtig ist dies bei eingegangenen abstrakten Verbindlichkeiten, z.B. Schuldversprechen, Schuldanerkenntnis, §§ 780, 781. Der Schuldner kann, wenn hierfür der Rechtsgrund fehlt, diese aus § 812 Abs. 1 S. 1, 1. Var. herausverlangen, vgl. § 812 Abs. 2 oder falls er hieraus bereits in Anspruch genommen wird, sich mit der Einrede aus § 812 verteidigen. 52

IV. Einreden aus Treu und Glauben, § 242

53 Der Einwand aus § 242 kommt als Notlösung in Betracht, wenn das Geltendmachen des Anspruchs durch den Gläubiger missbräuchlich erscheint. Dies kann auf **Verwirkung** beruhen. Eine Verwirkung gemäß § 242 kommt nur in Betracht, wenn der Gläubiger für einen längeren Zeitraum den Anspruch nicht realisiert **und** hierbei das schutzwürdige Vertrauen auf der anderen Seite hervorgerufen hat, dass er diesen Anspruch auch nicht mehr realisieren werde; hieran sind strenge Voraussetzungen zu stellen. Ähnliches gilt beim sog. **pactum de non petendo:** Hier hat der Gläubiger versprochen, den Schuldner zunächst nicht in Anspruch zu nehmen. Ein klassischer Fall für § 242 ist der **dolo agit-Einwand:** Sofern der Kläger Ansprüche geltend macht, obwohl er alsbald zur Rückgewähr verpflichtet ist, weil der Schuldner einen gegenläufigen Anspruch hat, z.B. auch aufgrund einer c.i.c. (dann Anspruch auf Vertragsaufhebung aus § 280 Abs. 1 i.V.m. Naturalrestitution, § 249 Abs. 1).

Für die Nichtlateiner: „dolo agit, qui petit, quod statim redditurus est" heißt: „Treuwidrig handelt, wer etwas verlangt, was er gleich wieder zurückgewähren muss."

3. Teil: Ansprüche bei vertraglichen Leistungsstörungen

Während wir zuvor die Leistungsstörungen als Untergangsgrund bzw. Einreden dargestellt haben, wenden wir uns nun den Anspruchsgrundlagen zu. Nochmals sei daran erinnert, dass nach der Zweiteilung der Leistungsstörungen strikt zwischen der Nichtleistung des Schuldners und der Schlechtleistung im Gewährleistungsrecht (also Schuldrecht BT) zu unterscheiden ist. Damit die Abgrenzung gelingt, sollte man stets in der Klausur die Zäsurpunkte untersuchen: Bis zum Gefahrübergang, also regelmäßig bis zur Übergabe der Kaufsache i.S.v. §§ 446, 447 bzw. im Werkvertragsrecht bis zur Abnahme, § 644 bzw. Übergabe der Mietsache, § 536 liegt eine Nichtleistung vor, sodass die allgemeinen Regeln im Schuldrecht AT, also Unmöglichkeit oder Ausbleiben der Leistung heranzuziehen sind. Eine Besonderheit gilt nur im Reisevertragsrecht: Hier geht die h.M. davon aus, dass die §§ 651 c ff. bereits ab Abschluss des Reisevertrags lex specialis sind und die allgemeinen Regeln verdrängen!

1. Abschnitt: Nichtleistung der Hauptleistung

Überblick: Nichtleistung des Schuldners			
Anspruch auf	**Unmöglichkeit**	**Ausbleiben**	**Nebenpflichten**
Rückgewähr, §§ 346–348	▪ bei Rücktritt, § 326 Abs. 5 ▪ sonst § 326 Abs. 4	▪ bei Rücktritt, § 323 ▪ § 376 HGB	▪ bei Rücktritt, § 324
Schadensersatz statt der Leistung	▪ § 311 a Abs. 2: anfängliche ▪ §§ 280 Abs. 1, Abs. 3, 283: nachträgliche ⇕	▪ §§ 280 Abs. 1, Abs. 3, 281 ▪ § 376 Abs. 1, 2. Var. HGB ⇕	▪ §§ 280 Abs. 1, Abs. 3, 282
Ersatz nutzloser Aufwendungen	▪ § 284 i.V.m. § 311 a Abs. 2/§§ 280 Abs. 1, Abs. 3, 283	▪ § 284 i.V.m. §§ 280 Abs. 1, Abs. 3, 281	
Schadensersatz neben der Leistung		▪ §§ 280 Abs. 1, Abs. 2, 286: Verzögerungsschäden ▪ § 280 Abs. 1: sonstige Schäden	▪ § 280 Abs. 1
Stellvertretendes commodum (= Surrogat)	▪ § 285 ⇨ beachte: – § 285 Abs. 2! – § 326 Abs. 3!		

A. Unmöglichkeit der Hauptleistung

In den Fällen des § 275 Abs. 1–3 ist die Leistung unmöglich. Zu beachten ist, dass der Schuldner sich in den Fällen des § 275 Abs. 2 (faktische Unmöglichkeit) sowie § 275 Abs. 3 (persönliche Leistungsverhinderung) hierauf einredehalber berufen muss. Der bloße Zeitablauf führt grundsätzlich nicht zur Unmöglichkeit, da ja die Leistung nachholbar ist. Eine Ausnahme gilt nur bei absolutem Fixgeschäft, weil hier der Leistungszeitpunkt so eng fixiert ist, dass die kleinste Überschreitung zur Sinnlosigkeit führt (Taxi für Flughafentransfer).

I. Rückgewähransprüche bei Unmöglichkeit der Leistung aus §§ 346 ff.

56 **1. Grundsätzlich** setzt bei Unmöglichkeit der Leistung der Rückgewähranspruch des Gläubigers aus § 346 **neben dem Rücktrittsgrund, § 326 Abs. 5** (i.V.m. § 323) **eine Rücktrittserklärung** des Gläubigers gemäß § 349 voraus. Durch den Verweis in § 326 Abs. 5 auf § 323 gilt auch der Ausschlussgrund des § 323 Abs. 6. Bei Teilunmöglichkeit gilt § 323 Abs. 5 S. 1.

2. Auch ohne Rücktrittserklärung i.S.v. § 349 kann der Gläubiger bei Unmöglichkeit der Leistung **gemäß § 326 Abs. 4 i.V.m. §§ 346 ff.** eine von ihm bereits erbrachte Gegenleistung zurückverlangen, weil die Gegenleistung ja nicht mehr geschuldet ist, § 326 Abs. 1. Dies ist wichtig für die Klausur: Verlangt der Gläubiger lediglich Rückgewähr der bereits erbrachten Gegenleistung, brauchen Sie also nicht zwanghaft die Akte in Richtung konkludente Rücktrittserklärung auszulegen, sondern gehen über § 326 Abs. 4.

3. Die Rückgewähr erfolgt jeweils gemäß §§ 346–348

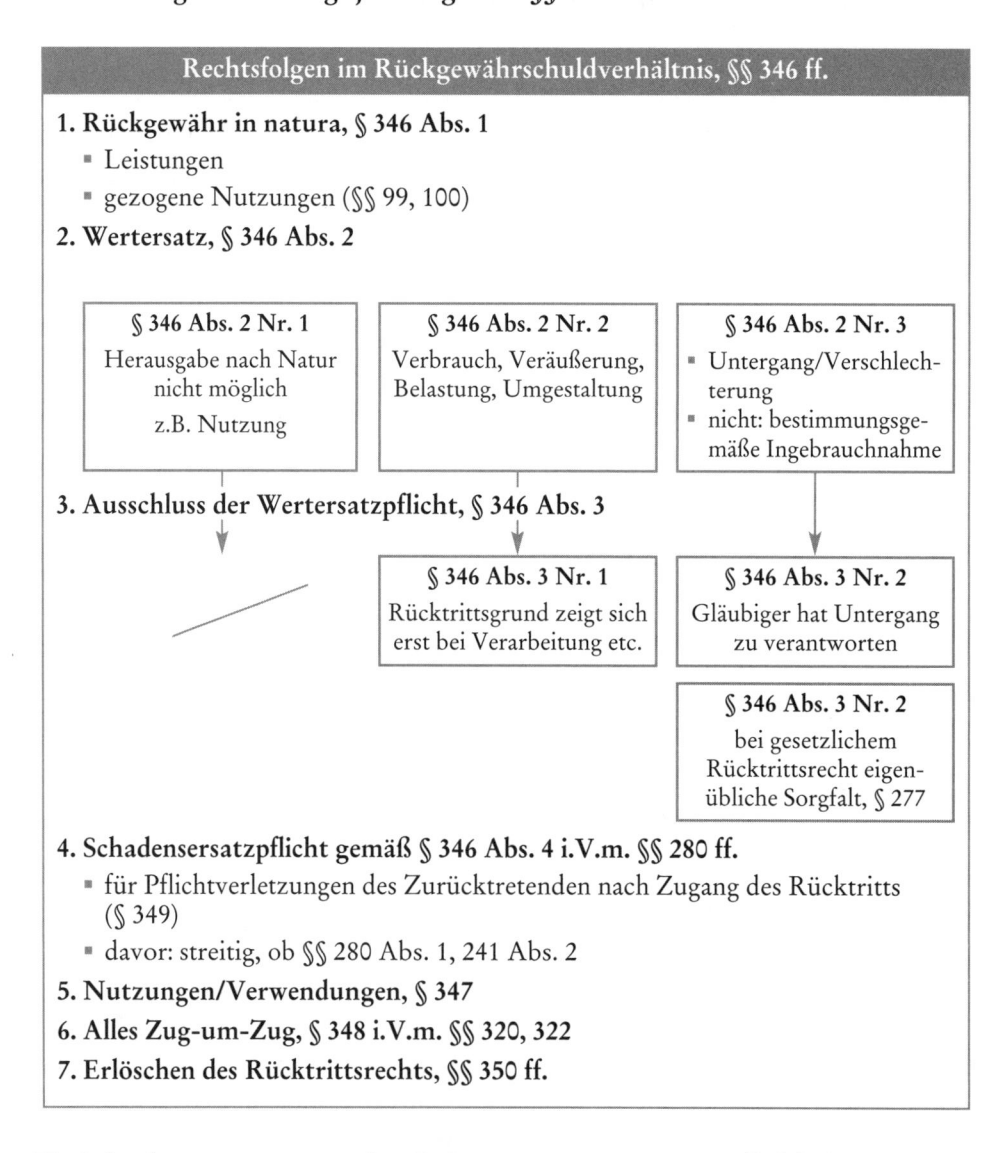

Rechtsfolgen im Rückgewährschuldverhältnis, §§ 346 ff.

1. **Rückgewähr in natura, § 346 Abs. 1**
   - Leistungen
   - gezogene Nutzungen (§§ 99, 100)
2. **Wertersatz, § 346 Abs. 2**

§ 346 Abs. 2 Nr. 1	§ 346 Abs. 2 Nr. 2	§ 346 Abs. 2 Nr. 3
Herausgabe nach Natur nicht möglich z.B. Nutzung	Verbrauch, Veräußerung, Belastung, Umgestaltung	• Untergang/Verschlechterung • nicht: bestimmungsgemäße Ingebrauchnahme

3. **Ausschluss der Wertersatzpflicht, § 346 Abs. 3**

§ 346 Abs. 3 Nr. 1	§ 346 Abs. 3 Nr. 2
Rücktrittsgrund zeigt sich erst bei Verarbeitung etc.	Gläubiger hat Untergang zu verantworten

§ 346 Abs. 3 Nr. 2
bei gesetzlichem Rücktrittsrecht eigenübliche Sorgfalt, § 277

4. **Schadensersatzpflicht gemäß § 346 Abs. 4 i.V.m. §§ 280 ff.**
   - für Pflichtverletzungen des Zurücktretenden nach Zugang des Rücktritts (§ 349)
   - davor: streitig, ob §§ 280 Abs. 1, 241 Abs. 2
5. **Nutzungen/Verwendungen, § 347**
6. **Alles Zug-um-Zug, § 348 i.V.m. §§ 320, 322**
7. **Erlöschen des Rücktrittsrechts, §§ 350 ff.**

II. Schadensersatz statt der Leistung wegen Unmöglichkeit

57 Bei Unmöglichkeit ist bezüglich Schadensersatz statt der Leistung zu differenzieren: § 311 a Abs. 2 gilt **für die anfängliche** Unmöglichkeit, die bereits bei Vertragsschluss vorliegt. Hingegen gilt **für die nachträgliche** Unmöglichkeit die Anspruchskette § 280 Abs. 1, Abs. 3 i.V.m. § 283. In beiden Fällen wird das Verschulden des Schuldners bis zur Exkulpation vermutet.

III. Ersatz nutzloser Aufwendungen

Während Schäden unfreiwillige Vermögensopfer sind, erfordern Aufwendungen freiwillige Vermögensopfer.

58

Regelmäßig wird das Problem in die Klausurakte derart eingebaut, dass der Gläubiger in froher Erwartung, dass er die Leistung doch bekommt, hierfür eine andere Sache angeschafft hat, z.B. eine Halterung und diese nunmehr bei Ausbleiben der Leistung nutzlos ist. Je nach Betrachtungszeitpunkt kann das Anschaffen der Halterung **damals als freiwilliges Vermögensopfer** angesehen werden. Jedoch ist **im Jetztzeitpunkt** die Halterung sinnlos, was aus Sicht des Gläubigers unfreiwillig geschieht, sodass sich auch ein sog. **Frustrationsschaden** bejahen lässt. Der Gesetzgeber hat jedoch in § 284 durch die Formulierung „anstelle von Schadensersatz statt der Leistung" klargestellt, dass natürlich der Gläubiger nur einmal Ersatz erhält, entweder unter dem Aspekt Aufwendungsersatz oder Schadensersatz. Des Weiteren wird durch die Redewendung „anstelle von Schadensersatz statt der Leistung" klargestellt, dass auch die Voraussetzungen des § 311 a Abs. 2 bzw. § 280 Abs. 1, Abs. 3 i.V.m. § 283 vorliegen müssen. § 284 ist also keine selbstständige Anspruchsgrundlage! Der Vorteil des § 284 besteht darin, dass im 2. Halbs. die Rentabilitätsvermutung normiert ist, während bei der Zuordnung als Schadensersatz (Frustrationsschaden) es hierzu keine Regelung gibt. Allerdings geht auch hier die Rspr. von der Vermutung aus, dass die Unmöglichkeit kausal für den Schaden ist (Einzelheiten streitig).

Des Weiteren ist zu beachten, dass die Alternativität von Schadensersatz und Aufwendungsersatz nicht pauschal, sondern jeweils bezüglich der konkreten Position gilt. Daher ist es durchaus möglich, dass der Gläubiger hinsichtlich der ersten Position, die ein unfreiwilliges Vermögensopfer darstellt, Schadensersatz verlangt und hinsichtlich der zweiten Position, die eine nutzlose Aufwendung (freiwilliges Vermögensopfer) darstellt, Aufwendungsersatz verlangt.

IV. Stellvertretendes Commodum, § 285

1. Hat der Schuldner infolge der Unmöglichkeit einen **Ersatz oder Ersatzanspruch erlangt**, so kann der Gläubiger gemäß § 285, 1. Var. dieses Surrogat herausverlangen bzw. Abtretung des anderweitigen Ersatzanspruchs (2. Var.) als sog. stellvertretendes Commodum.

59

Beispiel: Der Schuldner hat die Sache versichert und deswegen nach dem Untergang der Sache einen Ersatzanspruch gegen die Versicherung.

Zu beachten ist, dass der Gläubiger, sofern er das stellvertretende Commodum aus § 285 geltend macht, jedoch **gemäß § 326 Abs. 3 wieder** seine (an sich gemäß § 326 Abs. 1 untergegangene) **Gegenleistung schuldet**. Es macht daher nur Sinn, das stellvertretende Commodum geltend zu machen, wenn dieses höher ist, als die jetzt wieder nach § 326 Abs. 3 geschuldete Gegenleistung (Anwaltsklausur!). Der Vorteil des § 285 besteht darin, dass er im Gegensatz zu Schadensersatz verschuldensunabhängig ist; beachte aber § 285 Abs. 2!

2. Sollte sich bei Prüfung des § 285 herausstellen, dass der Schuldner der unmöglich gewordene Leistung deswegen keinen Ersatzanspruch gegen den Schädiger hat, weil er keinen Schaden hat, z.B. weil sich gemäß §§ 446, 447 oder §§ 644, 645 die Gefahr bereits auf den Gläubiger (Käufer bzw. Besteller) verlagert hatte, so soll der Schädiger hiervon nicht profitieren. Daher kann dann ein Schadensersatzanspruch entweder über den **normativen Schadensbegriff** konstruiert werden oder über das gewohnheitsrechtliche Institut der **Drittschadensliquidation**. Der so konstruierte Schadensersatzanspruch ist dann gemäß § 285, 2. Alt. an den Gläubiger (Käufer/Besteller) abzutreten, damit dieser aus abgetretenem Recht gegen den Schädiger vorgehen kann. Beachte aber die Sonderfälle:

- Keine Schadensverlagerung gemäß § 447 bei Verbrauchsgüterkauf, § 474 Abs. 2 S. 2.

- Ist § 447 anwendbar, aber Transport durch Frachtführer erfolgt, so hat der Käufer gemäß § 421 Abs. 1 S. 2, 1. Halbs. HGB einen eigenen Anspruch.

3. Gemäß § 325 können **Rücktritt und Schadensersatz kumulativ** geltend gemacht werden. Da § 284 auf Schadensersatz statt der Leistung Bezug nimmt, gilt dies auch für den Ersatz nutzloser Aufwendungen.

4. Die **beidseitig zu vertretende Unmöglichkeit** ist in § 326 Abs. 2 nur lückenhaft geregelt.

Klausurproblem beidseitig zu vertretende Unmöglichkeit:

Käufer stößt vor Übergabe der Kaufsache versehentlich die Vase, die auf dem Packtisch steht, hinunter, welche dadurch zerbricht. Den Verkäufer trifft ein Mitverschulden von 1/3, weil er die Vase – ein Unikat – ungeschickt am Rand des Packtisches aufgestellt hat.

Der Kaufpreisanspruch des Verkäufers aus § 433 Abs. 2 ist gemäß § 326 Abs. 1 untergegangen, da die Ausnahme in § 326 Abs. 2, dass der Gläubiger für die Unmöglichkeit der Leistung „weit überwiegend" verantwortlich ist, nicht greift: Zwar ist hier der Käufer zu 2/3 verantwortlich, jedoch ist angesichts der harten Rechtsfolge des § 326 Abs. 2 – die Gegenleistung muss dann in voller Höhe erbracht werden – für „weit überwiegend" mehr als 2/3 zu verlangen. Der somit untergegangene Kaufpreisanspruch ist jedoch der Schaden, den der Verkäufer vom Käufer aus § 280 Abs. 1 i.V.m. § 241 Abs. 2 ersetzt verlangen kann. Allerdings ist das Mitverschulden des Verkäufers von 1/3 hiervon abzuziehen. Hat umgekehrt der Gläubiger (Käufer) Schäden, z.B. entgangenen Gewinn, erlitten, so kann er vom Schuldner (Verkäufer) Schadensersatz wegen Unmöglichkeit der Leistung aus § 280 Abs. 1, Abs. 3 i.V.m. § 283 verlangen, gemäß § 254 Abs. 1 gekürzt um den eigenen Mitverschuldensanteil von 2/3. Damit bekommt jeder seine eigenen Schäden jeweils abzüglich seiner Mitverschuldensquote ersetzt (vgl. Palandt/Grüneberg § 326 Rdnr. 15).

B. Ausbleiben der möglichen Leistung

Das Gegenstück zur Unmöglichkeit ist das Ausbleiben der Leistung, welche noch nachholbar ist.

I. Grundsätzlich nur Verzug des Schuldners, § 286

1. Der bloße Verzug des Schuldners begründet für den Gläubiger kein Rücktrittsgrund, sodass dann auch keine Rückgewähransprüche des Gläubigers aus §§ 346 ff. bestehen können.

Nichtleistung der Hauptleistung — 1. Abschnitt

2. Der Gläubiger kann daher grundsätzlich nur **Schadensersatz neben Leistung aus § 280 Abs. 1, Abs. 2 i.V.m. § 286** verlangen.

a) Der Schuldnerverzug setzt gemäß § 286 Abs. 1 voraus, dass ein möglicher, **fälliger durchsetzbarer (d.h. einredefreier) Anspruch** gegen den Schuldner besteht. Die Fälligkeit bestimmt sich im Zweifel nach § 271 (also sofort).

b) Weitere Voraussetzung für den Verzug ist grundsätzlich eine **Mahnung, § 286 Abs. 1**. Diese ist nicht mit der Fristsetzung i.S.v. § 281 Abs. 1 zu verwechseln, da die Mahnung lediglich eine (konkludente) eindringliche Leistungsaufforderung erfordert. Sollte allerdings der Gläubiger eine Frist (i.S.v. § 281) gesetzt haben, so enthält diese konkludent auch eine Mahnung i.S.v. § 286 Abs. 1. Eine Klage ersetzt die Mahnung gemäß § 286 Abs. 1 S. 2. Beachte aber das Kostenrisiko gemäß § 93 ZPO (wichtig für die Anwaltsklausur!). Eine Mahnung ist **in den Fällen des § 286 Abs. 2 entbehrlich**. Hauptfall: Leistungszeit war im Vertrag kalendermäßig bestimmt (Nr. 1) oder bestimmbar (Nr. 2). Die Leistungszeit muss sich aus Vertrag, Urteilstenor oder Gesetz ergeben. Also reicht eine einseitige Leistungsbestimmung durch den Gläubiger (z.B.: „Handwerkerrechnung zahlbar bis zum ...") nicht! Ferner die endgültige und bestimmte Leistungsverweigerung (Nr. 3).

Für den Generaltatbestand § 286 Abs. 2 Nr. 4 müssen die beidseitigen Interessen abgewogen werden, daher ist hierzu in der Klausur hinreichend auszuführen (ergänzend Blick in Palandt/Grüneberg § 286 Rdnr. 25).

Der Schuldner kommt **spätestens in Verzug, wenn** ihm eine Rechnung zugegangen ist und seitdem 30 Tage verstrichen sind, **§ 286 Abs. 3**. Gegenüber Verbrauchern muss jedoch auf die Rechtsfolgen hingewiesen worden sein, § 286 Abs. 3 S. 2.

> Die Formulierung „Entgeltforderung" in § 286 Abs. 3 bedeutet, dass es sich um eine Gegenleistung i.S.e. Entgelts handeln muss, daher fallen einseitige Geldforderungen nicht hierunter!

c) Das **Verschulden** des Schuldners wird **gemäß § 286 Abs. 4 vermutet**. Umstritten ist hierbei, ob der Bezugspunkt für das Verschulden hier ein anderer ist als in § 280 Abs. 1. So wird vertreten, dass sich das Verschulden in § 280 Abs. 1 auf das Nichtleisten bei Fälligkeit bezieht, hingegen das Verschulden in § 286 Abs. 4 auf das Nichtleisten trotz Mahnung (Palandt/Grüneberg § 286 Rdnr. 32). In der Klausur spielt der Streit regelmäßig keine Rolle, weil sich der Schuldner weder für das eine noch für das andere exkulpiert hat.

Hierbei ist zu beachten, dass der Schuldner sich bei Abgabe einer Garantie gemäß § 276 Abs. 1, 2. Halbs. ohnehin nicht exkulpieren kann, ebenso wenig wie beim Beschaffungsrisiko (Gattungsschulden, Geldschulden).

d) Rechtsfolgen des Verzugs

aa) Der Gläubiger kann vom Schuldner Schadensersatz neben der (verspäteten) Leistung aus **§ 280 Abs. 1, Abs. 2 i.V.m. § 286** verlangen, also alle **kausalen Verzögerungsschäden**. Erhält er dann, wenn auch verspätet die Hauptleistung, so steht der Gläubiger wie bei ordnungsgemäßer Leistung dar.

Die Kosten (auch Anwaltsgebühren) für die **erste Mahnung** sind **kein ersatzfähiger Verzögerungsschaden**. Denn der Verzug entsteht, wenn nicht die Sonderfälle § 284 Abs. 2, 3 vorliegen, erst mit Zugang der Mahnung. Die vorher entstandenen Schäden können daher keine kausale Folge des Verzugs sein. Auch keine Ersatzfähigkeit über den Generaltatbestand § 280 Abs. 1, wie Abs. 2 „nur ..." klarstellt.

bb) Bei Geldschulden kann der Gläubiger vom Schuldner **Zinsen gemäß § 288** verlangen. **Gemäß § 288 Abs. 1 bzw. Abs. 2** erhält der Gläubiger **pauschal**, d.h. ohne einen Zinsschaden nachweisen zu müssen, 5%-Punkte bzw. 8%-Punkte über Basiszinssatz i.S.v. § 247.

> **Klassischer Klausurfehler ist** die Formulierung im Klageantrag/Urteilstenor „5% über Basiszinssatz". Denn 5% ist wesentlich weniger als die 5%-Punkte, die § 288 Abs. 1 nominal auf den Basiszinssatz i.S.v. § 247 draufrechnet. Da sich der Basiszinssatz halbjährlich verändern kann, ist auf die aktuelle Fußnote zu § 247 zu achten.

Gemäß § 288 Abs. 3 kann aus anderem Rechtsgrund auch pauschal ein höherer Zinssatz verlangt werden, z.B. wenn die Parteien im Vertrag pauschal 10% vereinbart haben.

Während § 288 Abs. 1–3 pauschale Zinssätze begründen, kann der Gläubiger stattdessen gemäß **§ 286 Abs. 4** auch **konkret** einen **höheren Zinsschaden** nachweisen und bekommt diesen dann ersetzt.

Beispiel: Der Gläubiger musste sein Konto überziehen, weil der Schuldner nicht rechtzeitig überwiesen hat. Konkrete Zinsschäden sind dann die Überziehungszinsen, die der Gläubiger an seine Bank zahlen muss, z.B. in Höhe von 16%.

e) Gemäß § 291 können **Prozesszinsen** vom Eintritt der Rechtshängigkeit verlangt werden, auch wenn der Schuldner bis dahin nicht im Verzug ist. Die Zinssätze richten sich gemäß § 291 S. 2 dann nach § 288 Abs. 1, Abs. 2 oder Abs. 3.

Ein Anwalt, der zu faul ist, in die Akte zu schauen, beantragt stets pauschal nur Prozesszinsen gemäß § 291. Hierdurch verschenkt er für den Mandanten Geld, wenn schon vorher Verzug, z.B. aufgrund einer Mahnung vorlag, weil der Richter gemäß § 308 ZPO dann nicht eher Zinsen zusprechen darf. Umgekehrt sollte in einer Anwaltsklausur sorgfältig geprüft werden, ob eine ggf. konkludente Mahnung in der Akte enthalten ist oder ggf. auch ohne Mahnung Verzug gemäß § 286 Abs. 2 oder Abs. 3 entstanden ist.

Für Kaufleute können gemäß **§§ 352, 353 HGB** bereits Zinsen – mit Ausnahme der Verzugszinsen – ab Fälligkeit verlangt werden, pauschal 5%.

f) Zu beachten ist, dass Verzugszinsen i.S.v. § 288 und Prozesszinsen i.S.v. § 291 erst einen Tag nach Verzugseintritt/Rechtshängigkeit verlangt werden können, da hierfür **§ 187 Abs. 1** analog gilt.

> Also in der **Urteilsklausur** im Tenor Abweisung der Klage im Übrigen, wenn Kläger „gierig" bereits Zinsen ab dem Verzugstag/Tag der Rechtshängigkeit beantragt hatte!

Beachte den Verweis im E-B-V in **§ 990 Abs. 2**, der klarstellt, dass der bösgläubige Besitzer auf Ersatz des Verzugsschadens haftet, falls er im Verzug mit der Herausgabe der Sache ist (= Rechtsgrundverweis auf § 286).

II. Gläubiger hat kein Leistungsinteresse mehr

Besonderheiten gelten bei Ausbleiben der Leistung, wenn der Gläubiger kein Interesse mehr an der Nachholung der Leistung hat.

1. Dann kommen für den Gläubiger **Rückgewähransprüche aus §§ 346 ff.** in Betracht.

Dies setzt voraus, dass der Gläubiger gemäß **§ 349 den Rücktritt erklärt und** der **Rücktrittsgrund aus § 323** vorliegt. Grundsätzlich kann der Gläubiger nicht allein aufgrund der ausgebliebenen Leistung zurücktreten, sondern muss dem Schuldner erst eine letzte Frist setzen, § 323 Abs. 1 S. 1. Nur in den Ausnahmefällen des § 323 Abs. 2, Abs. 3 ist eine Fristsetzung entbehrlich. Ansonsten muss die Frist angemessen sein, damit der Schuldner eine reelle letzte Chance erhält. War die Frist zu kurz bemessen, verlängert sich die Frist jedoch automatisch.

> Der BGH hat – den sehr examensrelevanten – Sonderfall entschieden: Der Schuldner teilt vor Eintritt der Fälligkeit (01.03.) am 01.02. mit, dass er die Leistung erst zwei Monate später erbringen kann. Daraufhin setzt der Gläubiger am 02.02. eine Frist bis 01.03. und tritt dann am 02.03. zurück.
>
> Gemäß § 323 Abs. 4 ist ein Rücktritt ohne Fristsetzung nur bis zum Eintritt der Fälligkeit möglich. Eine Fristsetzung i.S.v. § 323 Abs. 1 ist hingegen vor Eintritt der Fälligkeit unwirksam. Der BGH verlängert diese auch nicht (so wie bei einer zu kurz gesetzten Frist). Da auch keine **endgültige** Leistungsverweigerung des Schuldners i.S.v. § 323 Abs. 2 Nr. 1 vorliegt, ist der Rücktritt unwirksam!

2. Hat der Gläubiger kein Interesse mehr an der ausgebliebenen Leistung, so kann er gemäß § 325 auch kumulativ zum Rücktritt **Schadensersatz statt der Leistung aus § 280 Abs. 1, Abs. 3 i.V.m. § 281** verlangen.

a) § 281 hat im Prinzip dieselben **Voraussetzungen** wie der Rücktritt gemäß § 323. Allerdings muss Verschulden des Schuldners hinzukommen, was jedoch gemäß § 280 Abs. 1 S. 2 bis zur Exkulpation des Schuldners vermutet wird. Streitig ist, worauf sich das Verschulden des Schuldners beziehen muss: Auf das Nichtleisten bei ursprünglicher Fälligkeit (erste Pflichtverletzung) oder das Nichtleisten trotz Fristsetzung bzw. bei Entbehrlichkeit gemäß § 281 Abs. 2, Abs. 3 bezüglich der dort genannten Umstände (zweite Pflichtverletzung). Der Streit hat kaum praktische Relevanz, da sich im Regelfall der Schuldner für beide Pflichtverletzungen nicht exkulpieren kann. Zu beachten ist in diesem Zusammenhang, dass bei Gattungsschulden der Schuldner generell das Beschaffungsrisiko trägt, vgl. § 276 Abs. 1 a.E.

b) Rechtsfolge: Anspruch auf Schadensersatz statt der Leistung aus § 280 Abs. 1, Abs. 2 i.V.m. § 281. Die in der Lit. ausgetragenen heftigen Meinungsstreitigkeiten zur dogmatischen **Abgrenzung** zum Schadensersatz neben der Leistung spielen in der Praxis kaum eine Rolle. Als Faustformel lässt sich festhalten:

- **Schadensersatz statt der Leistung, §§ 280, 281** umfasst nach der Rspr. die Schäden, die bei fristgerechter Leistung vermieden worden wären. Hierbei sind unproblematisch Schadenspositionen erfasst, die nach Fristablauf i.S.v. § 281 Abs. 1 eingetreten sind, z.B. erhöhte Kosten eines Deckungsgeschäfts. Bei Schäden hingegen, die noch vor Ablauf der gesetzten Frist eingetreten sind, ist umstritten, ob § 281, wenn dann Fristablauf vorliegt, rückwirkende Kraft hat, also die Schäden davor auch umfasst oder ob diese Schäden über Verzögerungsschäden aus § 280 Abs. 1, Abs. 2 i.V.m. § 286 zu lösen sind (sofern Verzug bereits vorher aufgrund kalendermäßiger Bestimmung oder vorheriger Mahnung vorlag).

- **Typische Verzögerungsschäden** werden, auch wenn die Voraussetzungen der §§ 280, 281 mittlerweile vorliegen, über § 280 Abs. 1, Abs. 2 i.V.m. § 286 ersetzt. Typische Verzögerungsschäden sind, da als Schadensersatz neben der Leistung konzipiert, solche Schäden, die dadurch entstanden sind, dass der Gläubiger noch am Erfüllungsinteresse festgehalten hat. Deswegen fallen z.B. die Kosten für die Ersatzanmietung unter Verzögerungsschäden. Zu beachten ist allerdings, dass, sobald der Gläubiger Schadensersatz statt der Leistung verlangt, gemäß § 281 Abs. 4 der Erfüllungsanspruch untergeht, sodass danach Schadensersatz neben der Leistung aus § 280 Abs. 1, Abs. 2 i.V.m. § 286 nicht mehr denkbar ist. Als reine Verzögerungsschäden können aus §§ 280 Abs. 1, Abs. 2 i.V.m. § 286 auch Rechtsanwaltskosten geltend gemacht werden. Allerdings ist hierbei zu beachten, dass die Kosten einer verzugsbegründenden anwaltlichen Mahnung nicht ersatzfähig sind, weil nur die Schäden zu ersetzen sind, die als Folge des Verzugs eingetreten sind (daher muss der Anwalt, wenn er den Gläubiger vertritt, hierauf hinweisen).

Weitere Einzelfälle s. Kommentierung in Palandt/Grüneberg § 281 Rdnr. 27 f.

65 c) Gern wird in Klausuren das Problem der bloßen **Teilleistung** eingebaut. Dann kann der Gläubiger grundsätzlich nur in Höhe der nicht erbrachten Teilleistung Schadensersatz verlangen (sog. kleiner Schadensersatz). Hat jedoch der Gläubiger infolge der Teilleistung (berechtigter Weise) kein Interesse mehr an der gesamten Leistung, so kann er insgesamt Schadensersatz statt der Leistung gemäß § 280 Abs. 1, Abs. 3 i.V.m. **§ 281 Abs. 1 S. 2** verlangen, sog. **großer Schadensersatz**. Beachte, dass dann der Schuldner die von ihm erbrachte Teilleistung gemäß § 281 Abs. 5 entsprechend Rücktrittsrecht, §§ 346 ff., zurückverlangen kann (Anwaltsklausur!) Gleiches gilt bei Teilunmöglichkeit, weil § 283 S. 2 hierauf verweist.

Für den Rücktritt findet sich die Parallelregelung in § 323 Abs. 5 S. 1 (bei Unmöglichkeit i.V.m. § 326 Abs. 5).

66 3. Der Gläubiger kann **nutzlose Aufwendungen gemäß § 284** anstelle von Schadensersatz statt der Leistung verlangen. Hier gilt das oben Ausgeführte entsprechend. Typische nutzlose Aufwendungen sind der Erwerb von Zubehör für die erwartete Vertragssache, welches für andere Sachen nicht benutzbar ist sowie Vertragskosten (z.B. Notarkosten, gezahlte Maklercourtage sowie Fahrtkosten nach Vertragsschluss).

67 4. Zu beachten ist, dass bei Fristablauf zwar die Voraussetzungen für Schadensersatz statt der Leistung gemäß § 280 Abs. 1, Abs. 3 i.V.m. § 281 vorliegen. Jedoch ist der Gläubiger nicht gezwungen, nunmehr Schadensersatz statt der Leistung geltend zu machen. Vielmehr kann er auch nach Fristablauf noch den ursprünglichen Erfüllungsanspruch geltend machen, da nach dem BGH eine sog. **elektive Konkurrenz** vorliegt. Wird dem Gläubiger das Geltendmachen des Erfüllungsanspruchs zu langwierig, kann er auch ggf. noch während der laufenden Prozesses nunmehr von der Erfüllung auf Schadensersatz statt der Leistung den Klageantrag umstellen. Erst wenn er nunmehr Schadensersatz statt der Leistung verlangt, ist ein nochmaliges Umstellen auf Erfüllung ausgeschlossen, da mit dem Geltendmachen des Schadensersatzanspruchs gemäß § 281 Abs. 4 der Erfüllungsanspruch endgültig untergegangen ist.

Prozessual stellt sich bei Umstellen im Prozess dann noch die Problematik der Klageänderung, §§ 263 ff. ZPO.

2. Abschnitt: Ansprüche bei Schlechtleistung des Schuldners

Die andere Art der Leistungsstörung, die Schlechtleistung ist im Gewährleistungsrecht, also Schuldrecht BT geregelt. Das Gewährleistungsrecht ist prinzipiell für die großen Vertragsarten gleich geregelt. Zwar ergeben sich einige Unterschiede dadurch, dass in der Schuldrechtsreform nur Kauf- und Werkvertrag überarbeitet wurden, jedoch ist das Prüfschema im Gewährleistungsrecht stets gleich, weswegen wir hier das Gewährleistungsrecht einheitlich für die Vertragsarten darstellen: 68

Prüfschema: Gewährleistungsrechte

I. **Wirksamer Vertrag**

II. **Mangel** (= Schlechtleistung)
- Kaufvertrag: §§ 434, 435
- Werkvertrag: § 633
- Mietvertrag: § 536
- Reisevertrag: § 651 c

III. **Weitere Voraussetzungen je nach Gewährleistungsrecht**
1. **Vorrangig Nacherfüllung**, §§ 437 Nr. 1, 634 Nr. 1; § 536 Abs. 1 S. 2, 651 c
2. Sonst:
   a) **Kostenersatz bei Ersatzvornahme**, § 634 Nr. 2; § 536 a Abs. 2, § 651 c Abs. 3
      ⇨ im Kaufrecht keine Regelung
   b) **Rücktritt/Minderung**, §§ 437 Nr. 2, 634 Nr. 2;
      bei Dauerschuldverhältnissen: Kündigung, §§ 543 Abs. 2 Nr. 1, 651 e
   c) **Schadensersatz**, § 437 Nr. 3; § 634 Nr. 4; § 536 a Abs. 1; § 651 f

IV. **Kein Gewährleistungsausschluss**
1. **Gesetzlich**, weil Kunde nicht schutzwürdig, § 442; § 377 HGB!
   §§ 536 b, c, 640 Abs. 2, 651 g Abs. 1
2. **Vertraglich**: individuell oder AGB (§§ 305 ff.)

V. **Rechtsfolge**

VI. **Verjährung des Anspruchs bzw. Unwirksamkeit des Gestaltungsrechts**,
   §§ 438; § 634 a; § 651 g Abs. 2; ⇨ im Mietrecht keine Verjährung!

A. Die geregelten Gewährleistungsrechte

I. Für die meisten Vertragsarten ist das Gewährleistungsrecht geregelt und es findet sich eine **Legaldefinition des Mangels**: 69

- **Kaufrecht:** § 434 Sachmangel und § 435 Rechtsmangel; gilt gemäß § 651 auch für Werklieferungsvertrag! (zur Abgrenzung später Rdnr. 128).
- **Werkvertrag:** Der Sachmangel in § 633 Abs. 2 und der Rechtsmangel in § 633 Abs. 3
- **Mietvertrag:** Der Sachmangel in § 536 Abs. 1 S. 1, 1. Halbs. bzw. Abs. 2 für die zugesicherte Eigenschaft und der Rechtsmangel in § 536 Abs. 3

- **Reisevertrag:** Kurzdefinition des Reisemangels in § 651 c Abs. 1

> Ein **häufiger Klausurfehler** besteht darin, dass Kandidaten zu wenig schreiben und zu wenig Problembewusstsein aufweisen, um z.B. einen Mangel über die vertragliche Verwendungstauglichkeit oder die gewöhnliche Beschaffenheit zu begründen. Hier muss hinreichend tief argumentiert werden!

II. Zu beachten ist der **Zeitpunkt des Vorliegens des Mangels:**

Wegen der Abgrenzung zur reinen Nichtleistung muss bereits ein **Gefahrübergang** im Kaufrecht gemäß §§ 446, 447, im Werkvertragsrecht gemäß § 644 und im Mietrecht die Übergabe der Mietsache, § 536 Abs. 1, stattgefunden haben.

1. Im Kaufrecht muss der Sachmangel i.S.v. § 434 zumindest als Grundmangel bereits bei Gefahrübergang vorgelegen haben, was jedenfalls beim Verbrauchsgüterkauf gemäß § 476 in den ersten sechs Monaten vermutet werden kann.

> Allerdings vermutet § 476 nach BGH nicht das Vorliegen eines Mangels, wenn der Verkäufer substantiiert andere Ursachen, z.B. unsachgemäßen Gebrauch des Käufers behauptet. § 476 kommt also nur zum Tragen, wenn lediglich unklar ist, ob ein Grundmangel von Anfang an vorlag oder die Sache später defekt wurde.

2. Im Werkvertragsrecht muss der Mangel ebenfalls bei Gefahrübergang (§ 644) vorgelegen haben, sofern die Parteien nichts anderes vereinbart haben. Eine dem § 476 entsprechende Vermutung gibt es im Werkvertragsrecht nicht, da hier Verbraucherschutzvorschriften nicht existieren.

3. Anders im Mietrecht und Reiserecht: Hierbei handelt es sich um Dauerschuldverhältnisse, sodass alle Mängel, die während der Mietzeit oder Reisezeit auftreten, die Gewährleistung auslösen, vgl. § 536 Abs. 1 S. 1, 1. Halbs. Dennoch muss aber eine Übergabe der Mietsache stattgefunden haben, um von der reinen Nichtleistung abzugrenzen.

> Beachte allerdings, dass bei anfänglichen Mietmängeln der Vermieter gemäß § 536 a Abs. 1, 1. Var. verschuldensunabhängig auf Schadensersatz haftet!

I. Vorrang der Nacherfüllung (Abhilfe bei Schlechtleistung)

70 **1. Stets hat die Nacherfüllung Vorrang** vor den übrigen Gewährleistungsrechten. Der Gesetzgeber sichert dies dadurch ab, dass die übrigen Rechte wie Rücktritt und Schadensersatz erst nach entsprechender Fristsetzung und erfolglosem Fristablauf möglich sind. Ist hingegen die Nacherfüllung unmöglich, so entfällt der Nacherfüllungsanspruch gemäß § 275 und Rücktritt oder Schadensersatz sind ohne Fristsetzung zur Nacherfüllung (welche ja jetzt sinnlos wäre) möglich.

Anspruchsgrundlagen auf Nacherfüllung bzw. in den alten Vertragsarten (Miete, Reiserecht) „Abhilfe" genannt sind:

- **Kaufvertrag:** § 437 Nr. 1 i.V.m. § 439
- **Werkvertrag:** § 634 Nr. 1 i.V.m. § 635
- **Mietvertrag:** Anspruch auf dauerhafte Instandhaltung während der gesamten Mietdauer aus § 535 Abs. 1 S. 2
- **Reisevertrag:** Abhilfeanspruch aus § 651 c Abs. 2

Ansprüche bei Schlechtleistung des Schuldners | 2. Abschnitt

2. Typische Klausurprobleme zur Nacherfüllung 71

a) Umfang der Nacherfüllung im Kaufrecht gemäß § 439:

Fliesen-Fall: Käufer stellt nach Verlegung der Fliesen einen irreparablen Mangel fest und verlangt vom Fliesenhändler Nachlieferung, Ausbau und Einbau der neuen Fliesen.

Da der EuGH nur zum Verbrauchsgüterkauf entschieden hat, ist hier zu differenzieren:

aa) Beim Verbrauchsgüterkauf (§ 474) hat der EuGH wegen des hohen Verbraucherschutzniveaus in der EU-Richtlinie betont, dass die Nacherfüllung gemäß § 439 Abs. 1, Abs. 2 grundsätzlich alles und zwar in natura umfasst:

- Das **Liefern neuer Fliesen**. Hier wird die Frage nach dem **Erfüllungsort** der Nacherfüllung relevant. Der BGH stellt darauf ab, dass der Ort der Nacherfüllung dort ist, wo sich die Sache vertragsgemäß befindet. Somit hat der Verkäufer die neuen Fliesen zum Wohnsitz des Käufers zu bringen.

  Anders sieht das der BGH, wenn ein Pkw eine technische Panne hat, da es für einen Pkw keinen vertragsgemäßen Ort gibt und die Reparatur nur in der Werkstatt des Verkäufers erfolgen könne. Zweifelhaft ist jedoch, ob diese Entscheidung im Einklang mit dem vom EuGH betonten hohen Verbraucherschutzniveau steht. Ebenso fragwürdig ist der Erfüllungsort der Nacherfüllung bei Sachen des täglichen Lebens, für die es keinen vertragsgemäßen Ort gibt: Soll man von Media-Markt verlangen können, dass der neue, mangelfreie MP3-Player dem Kunden gebracht wird?

- Der Verkäufer muss die **mangelhaften Fliesen ausbauen (lassen)**. Unerheblich ist hierbei, ob die Fliesen wesentlicher Bestandteil i.S.v. §§ 94, 946 geworden sind.

- Ferner hat der EuGH für den Verbrauchsgüterkauf klargestellt, dass der **Einbau der neuen Fliesen** ebenfalls vom Verkäufer im Rahmen der Nacherfüllung geschuldet ist. Argument wiederum: Hohes Verbraucherschutzniveau.

- Allerdings hat der EuGH ausgeführt, dass bei **Unverhältnismäßigkeit der Kosten die Nacherfüllung** in natura verweigert werden kann, wenn die Nacherfüllung bezüglich beider Varianten (neue Lieferung oder Reparatur) unverhältnismäßig teuer ist. Obwohl diese sog. absolute Unverhältnismäßigkeit i.S.v. § 439 Abs. 3 S. 3, 2. Halbs. in der EU-Richtlinie zum Verbrauchsgüterkauf nicht vorgesehen ist, gesteht der EuGH dem Verkäufer dann ein **begrenztes Verweigerungsrecht** zu: Der Verkäufer schuldet auf jeden Fall Lieferung der neuen Fliesen. Lediglich den Aus- und Einbau kann er bei unverhältnismäßigen Kosten in natura verweigern. Da der Käufer dann selbst den Aus- und Einbau der Fliesen vornehmen lassen muss, muss sich der Verkäufer jedoch an den Kosten angemessen beteiligen. Nach dem BGH besteht Unverhältnismäßigkeit, wenn die Kosten der Nacherfüllung mehr als 150% des Werts der mangelfreien Sache ausmachen oder mehr als 200% des mangelbedingten Minderwerts der Kaufsache. Zu beachten ist, dass es sich hierbei um eine Einrede handelt, die der Verkäufer geltend machen muss und für deren Voraussetzungen er die Beweislast trägt.

Der Umfang der Nacherfüllung im Rahmen eines Verbrauchsgüterkaufs soll in § 474 a geregelt werden.

bb) Da der EuGH nur zum Verbrauchsgüterkauf entschieden hat, ist für **sonstige Kaufverträge** der Umfang der Nacherfüllung nach wie vor umstritten.

Beispiel: Mangelhafte Fliesen im Hallenbad:

Der BGH (RÜ 2013, 1) hat nunmehr hierzu entschieden, dass außerhalb des Verbrauchsgüterkaufs über § 439 nur die Neulieferung, aber nicht der Ausbau und nicht der Einbau geschuldet ist:

- Die Ersatzlieferung i.S.v. § 439 Abs. 1 erfordert eine vollständige Wiederholung der Leistungen, die der Verkäufer gemäß § 433 Abs. 1 schuldet. Also schulde der Verkäufer nochmals Übergabe und Übereignung; nicht weniger und nicht mehr.

- Der Ausbau und der **Einbau der neuen Fliesen** kann nach BGH außerhalb des Verbrauchsgüterkaufs nicht als Nacherfüllung verlangt werden. Argumente des BGH: Der Nacherfüllungsanspruch sei nur der modifizierte Erfüllungsanspruch und der Verkäufer habe ursprünglich nur geliefert, nicht eingebaut. Ausbau- und Einbaukosten können dann nur über Schadensersatz gemäß § 437 Nr. 3 verlangt werden. Gravierender Unterschied: Schadensersatz ist verschuldensabhängig im Unterschied zur Nacherfüllung!

> Die vorgenannte Problematik stellt sich nicht, falls von vornherein ein Werkvertrag geschlossen war, wonach der Fliesenleger die Fliesen besorgt und einbaut. Denn dann gehört unzweifelhaft der Aus- und Einbau zu den Nacherfüllungspflichten i.S.v. § 634 Nr. 1 i.V.m. § 635.

72 b) Gegenansprüche bei Neulieferung:

Beispiel: Verkäufer liefert im Rahmen der Nacherfüllung einen neuen Pkw, verlangt aber Zug um Zug Rückgewähr des mangelhaften Pkw und Ersatz für die zwischenzeitlich vom Käufer gezogenen Nutzungen.

- Der Verkäufer kann **gemäß § 439 Abs. 4 entsprechend § 346 Abs. 1 Rückgewähr** des mangelhaften Pkw verlangen (obwohl gar kein Rücktritt vorliegt).

- Kann der Verkäufer auch **Nutzungsersatz** für die Nutzung der mangelhaften Sache gemäß **§ 439 Abs. 4 i.V.m. § 346 Abs. 1, 2. Var., Abs. 2 Nr. 1** verlangen? Hier ist zu differenzieren:

  - **Beim Verbrauchsgüterkauf** schuldet der Verbraucher keinen Nutzungsersatz, wie **§ 474 Abs. 2 S. 2** klarstellt.

  - Daraus folgt im Umkehrschluss, dass außerhalb des Verbrauchsgüterkaufs der Käufer Nutzungsersatz **ansonsten** schuldet.

> Die Problematik stellt sich nicht bei Rücktritt vom Kaufvertrag gemäß § 437 Nr. 2, da dann Rücktrittsrecht, § 346 ff. originär anwendbar ist und für den Verbrauchsgüterkauf keine Einschränkungen vorhanden sind.

73 c) Beseitigung des Mangels durch Selbstvornahme:

Beispiel: Kunde/Mieter lässt selbst den Mangel beseitigen, ohne vorherige Fristsetzung zur Nacherfüllung/Abhilfe und verlangt nunmehr Kostenersatz. Da in allen Vertragsarten die Nacherfüllung Vorrang hat, kann Kostenersatz nur verlangt werden, wenn ausnahmsweise die Fristsetzung, z.B. wegen dringender Gefahren entbehrlich war. Sonst gilt folgende Lösung:

- **Kaufrecht:** Kein Schadensersatzanspruch aus §§ 437 Nr. 3, 280 Abs. 1, Abs. 3, 281 mangels Fristsetzung. Auch § 439 Abs. 2 greift unabhängig von der Frage, ob es sich überhaupt um eine Anspruchsgrundlage handelt, nicht, da diese Vorschrift von der Nacherfüllung durch den Verkäufer ausgeht.

- **Werkvertrag:** Kein Anspruch aus § 634 Nr. 2 i.V.m. § 637 mangels Fristsetzung. Beachte den Unterschied zum Kaufrecht, hier im Werkvertragsrecht ist also die Selbstvornahme ausdrücklich geregelt! Kein Schadensersatzanspruch aus § 634 Nr. 4 i.V.m. § 280 Abs. 1, Abs. 2 i.V.m. § 281 mangels Fristsetzung.

- **Mietrecht:** Kein Ersatzanspruch aus § 536 a Abs. 2 mangels Verzug des Vermieters/Gefahr für den Bestand der Mietsache (auch hier ist also die Ersatzvornahme ausdrücklich geregelt). Ferner kein Schadensersatzanspruch aus § 536 a Abs. 1, 3. Var. mangels Verzug des Vermieters.

- **Reiserecht:** Kein Ersatzanspruch aus § 651 c Abs. 3 mangels Fristsetzung zur Abhilfe (auch hier also Ersatzvornahme geregelt). Ferner kein Schadensersatzanspruch aus § 651 f Abs. 1, da nach h.M. hier ungeschriebene Voraussetzung die Fristsetzung zur Abhilfe i.S.v. § 651 c ist.

- **Fazit:** Der Kunde/Mieter, der die Pflicht zur zweiten Andienung verletzt, bleibt auf seinen Kosten sitzen. Dies wird zwar in der Lit. teilweise für unbillig gehalten, weil hierdurch der Verkäufer Kosten erspart. Deswegen wird ein Ersatzanspruch analog § 326 Abs. 2 S. 2 oder aus GoA, §§ 677, 683, 670 oder § 812 Abs. 1 S. 1, 1. Alt., § 818 Abs. 2 diskutiert. Der BGH lehnt jedoch bereits die Anwendbarkeit dieser Ansprüche ab, da das Gewährleistungsrecht abschließend ist.

d) Spezialproblem: Klage auf Nacherfüllung kombiniert mit Schadensersatz   74

Der Kläger beantragt,

1. die Beklagte zu verurteilen, die Mängel an der Kauf-, Werk-, Mietsache ... (genaue Bezeichnung) zu beseitigen,

2. das Gericht möge der Beklagten eine Frist von drei Wochen ab Rechtskraft des Urteils setzen, nach deren Ablauf der Kläger die Annahme der Nacherfüllung verweigern kann,

3. die Beklagte für den Fall des fruchtlosen Fristablaufs (bereits jetzt) zu verurteilen, an den Kläger 4.500 € (als Schadensersatz) zu zahlen.

Hier stellt sich das umstrittene Problem, ob eine Kombination des Nacherfüllungsanspruchs (als modifizierten Erfüllungsanspruch) mit dem Sekundäranspruch auf Schadensersatz statt der Leistung prozessual möglich ist. Die h.M. hält dies unter den Voraussetzungen der §§ 255, 259, 260 ZPO für zulässig. Denn dies ist prozessökonomisch. Umgekehrt wäre ein getrenntes Vorgehen, zunächst nur Klage auf Nacherfüllung mit umständlicher Zwangsvollstreckung gemäß § 887 ZPO oder anschließender neuer Schadensersatzklage zeitraubend und zu kostenintensiv.

3. Ist die an sich vorrangige **Nacherfüllung unmöglich,** § 275, **oder** trotz Fristsetzung gemäß § 281 Abs. 1 S. 1, 2. Var. **ausgeblieben,** so kann der Käufer/Werkbesteller/Mieter/Reisende zwischen den anderen (ursprünglich subsidiären) Gewährleistungsrechten wählen. Gleiches gilt, wenn eine Fristsetzung entbehrlich war, weil der Unternehmer ernsthaft und endgültig verweigert hat, oder besondere Eilbedürftigkeit vorlag, vgl. § 437 Nr. 2, 3 bzw. § 634 Nr. 3, 4 i.V.m. § 323 Abs. 2 bzw. § 281 Abs. 2 und für das Mietrecht § 536 c Abs. 2 und für den Reisevertrag § 651 c Abs. 2, 3.

Darüber hinaus stellt für den Kaufvertrag § 440 klar, dass eine Fristsetzung zur Nacherfüllung auch entbehrlich ist, wenn der Verkäufer wegen unverhältnismäßiger Kosten gemäß § 439 Abs. 3 die Nacherfüllung verweigert oder diese fehlgeschlagen ist. Ein Fehlschlag ist *in der Regel* nach dem erfolglosen zweiten Nacherfüllungsversuch anzunehmen, § 440 S. 2.

> Für das Werkvertragsrecht fehlt eine entsprechende Regelung, sodass hier umstritten ist, ob Fehlschlag bereits nach dem zweiten Versuch anzunehmen ist. Daher aus anwaltlicher Fürsorge ggf. noch eine dritte Fristsetzung (Anwaltsklausur!).

In all diesen Fällen kann nunmehr der Kunde auf die übrigen Gewährleistungsrechte übergehen.

II. Rückgewähr wegen Rücktritt/Kündigung bei Schlechtleistung

75 1. Im **Kauf- und Werkvertragsrecht** verweisen hierzu § 437 Nr. 2 und § 634 Nr. 3 auf die allgemeinen Rücktrittsgründe, § 323 und § 326 Abs. 5. Daher gelten die obigen Ausführungen zur Nichtleistung entsprechend (s.o. 3. Teil A.). Zu beachten ist allerdings, dass hier der **Bezugspunkt** für Unmöglichkeit oder Ausbleiben der Leistung die Nacherfüllung ist. Unmöglichkeit der Nacherfüllung und damit § 326 Abs. 5 kann nur vorliegen, wenn beide Varianten der Nacherfüllung, also Reparatur und Neulieferung unmöglich sind.

Anspruchsgrundlage auf Rückgewähr ist dann § 346 i.V.m. § 437 Nr. 2, 1. Var. bzw. § 634 Nr. 3, 1. Var. i.V.m. § 323/§ 326 Abs. 5.

76 2. **Miet- und Reisevertrag** begründen hingegen ein Dauerschuldverhältnis, sodass hier das technische Mittel zur Lösung vom Vertrag die **Kündigung** ist. Der Mieter kann also bei Vorliegen erheblicher Mängel und unmöglicher bzw. trotz Fristsetzung ausgebliebener Abhilfe den **Mietvertrag fristlos kündigen, § 543 Abs. 2 Nr. 1**. Gleiches gilt **für den Reisenden gemäß § 651 e**. Der Unterschied zum Rücktritt besteht darin, dass die Kündigung kein Rückgewährschuldverhältnis i.S.v. §§ 346 ff. auslösen kann.

a) Jedoch kann der **Mieter Rückerstattung** zuviel gezahlter Miete **aus § 812 Abs. 1 S. 2, 1. Var.** insoweit verlangen, als während des Auftretens des Mangels im Mietrecht automatisch Minderung eintritt, § 536 Abs. 1, 2. Halbs. (§ 536 selbst ist keine Anspruchsgrundlage!).

Ggf. kommt auch Rückerstattung über Schadensersatz, § 536 a Abs. 1 in Betracht.

b) Im **Reiserecht** tritt die Minderung gemäß § 651 d auch automatisch ein. Hier findet sich jedoch über § 651 d Abs. 2 i.V.m. § 638 Abs. 4 i.V.m. § 346 entsprechend eine direkte Anspruchsgrundlage auf Rückerstattung des geminderten Reisepreises. Gemäß § 651 f Abs. 1 kann der Reisende „unbeschadet der Minderung oder der Kündigung" auch den Reisepreis unter dem Aspekt Schadensersatz verlangen.

III. Rückgewähr wegen Minderung bei Schlechtleistung

77 1. Im **Kauf- und Werkvertragsrecht** kann der Kunde Minderung statt Rücktritt geltend machen, **§ 437 Nr. 2, 2. Var. i.V.m. § 441 Abs. 1** bzw. **§ 634 Nr. 3, 2. Var. i.V.m. § 638 Abs. 1**. „Statt zurückzutreten" bedeutet hierbei, dass zum einen Minderung und Rücktritt nur alternativ möglich sind.

Des Weiteren **bedeutet „statt zurückzutreten", dass die Rücktrittsvoraussetzungen auch für Minderung vorliegen müssen**, sodass das oben Erläuterte entsprechend gilt. Daher ist entsprechend § 349 im Kauf- und Werkvertragsrecht auch eine Minderungserklärung als rechtsgestaltende, empfangsbedürftige Erklärung erforderlich.

Anspruchsgrundlage auf Rückzahlung des bereits gezahlten Kaufpreises in Höhe des Minderungsbetrags ist **im Kaufrecht** § 441 Abs. 4 i.V.m. § 346 entsprechend und **im Werkvertragsrecht** § 638 Abs. 4 i.V.m. § 346 Abs. 1 entsprechend (daher keine Lösung über § 812!).

> Minderung und Schadensersatz können analog § 325 nebeneinander geltend gemacht werden. Kann analog § 325 auch Minderung und großer Schadensersatz gemäß § 281 Abs. 1 S. 3 geltend gemacht werden? Wohl nicht kompatibel, vgl. Palandt/Weidenkaff § 441 Rdnr. 19.

2. Da **Miete und Reisevertrag** ein Dauerschuldverhältnis begründen, erfolgt während des Auftretens des Mangels eine **Minderung automatisch per Gesetz**, sodass eine Minderungserklärung nicht erforderlich ist, vgl. § 536 Abs. 1 S. 1, 2. Halbs. „ist der Mieter ... von der Entrichtung der Miete befreit", und für den Reisevertrag § 651 d Abs. 1. Obwohl damit eine Minderungserklärung nicht erforderlich ist, muss jedoch der Mieter den Mangel gemäß § 536 c zumindest dem Vermieter anzeigen, damit dieser die Möglichkeit der Abhilfe hat, andernfalls verliert der Mieter gemäß § 536 c Abs. 2 Nr. 1 die Minderung. Gleiches gilt im Reiserecht gemäß § 651 d Abs. 2.

78

Zu beachten ist die vom Bundestag am 13.12.2012 verabschiedete Mietrechtsreform: Gemäß § 536 Abs. 1 a n.F. ist für die Dauer von drei Monaten eine Minderung ausgeschlossen, falls der Vermieter energetische Modernisierungsmaßnahmen i.S.v. § 555 b durchführt.

Anspruchsgrundlage auf Rückerstattung des geminderten Betrags ist im Mietrecht § 812 Abs. 1 S. 2, 1. Var., da § 536 keine Anspruchsgrundlage darstellt. Anders hingegen im Reiserecht, da sich dort über § 651 d Abs. 1 S. 2 i.V.m. § 638 Abs. 4 i.V.m. § 346 Abs. 1 entsprechend eine Anspruchskette ergibt.

IV. Schadensersatzansprüche bei Schlechtleistung

1. Schadensersatz statt der Leistung

Gemeint ist hier Schadensersatz wegen nicht erbrachter Nacherfüllung/Abhilfe.

a) Im **Kauf- und Werkvertragsrecht** verweisen für Schadensersatz statt der Leistung § 437 Nr. 3 bzw. § 634 Nr. 4 auf die allgemeinen Schadensersatzansprüche gemäß §§ 280 ff. Also gilt hier die bereits oben für die Nichtleistung dargestellte Zweiteilung: Schadensersatz für die Unmöglichkeit oder wegen Ausbleiben der (möglichen) Leistung. Zu beachten ist hier jedoch, dass Bezugspunkt für Unmöglichkeit oder Ausbleiben der Leistung die Nacherfüllung ist. Also:

79

- bei **Unmöglichkeit beider Varianten der Nacherfüllung** gilt § 311 a Abs. 2 für die anfängliche und § 280 Abs. 1, Abs. 3 i.V.m. § 283 bei nachträglicher Unmöglichkeit der Nacherfüllung,
- bei **Ausbleiben der möglichen Nacherfüllung** gilt § 280 Abs. 1 S. 1, 2. Var., Abs. 3 i.V.m. § 281,
- in allen Fällen kann **alternativ der Ersatz nutzloser Aufwendungen i.V.m. § 284** verlangt werden. Hier gilt das oben Gesagte (s.o. 3. Teil A.) entsprechend.

Zu beachten ist wiederum, dass Schadensersatz das einzige Recht ist, dass verschuldensabhängig ist. Jedoch wird das Verschulden des Verkäufers gemäß § 280 Abs. 1 bzw. § 311 a Abs. 2 vermutet bis zur Exkulpation.

80 **b)** Bei den alten Vertragsarten **Miete und Reiserecht** entfällt die vorstehende Differenzierung, sodass hier die Lage einfacher ist: Im **Mietrecht** werden über **§ 536 a Abs. 1** alle Schäden, die kausal auf dem Mangel beruhen, ersetzt. Zu beachten ist die Besonderheit, dass gemäß § 536 a Abs. 1, 1. Var. bei anfänglichen Mängeln die Schadensersatzhaftung des Vermieters sogar verschuldensunabhängig ist. Im **Reiserecht** sind sämtliche Schäden pauschal als „Schadensersatz wegen Nichterfüllung" erfasst. Die Haftung ist zwar verschuldensabhängig, jedoch wird aufgrund der Formulierung in § 651 f Abs. 1, 2. Halbs. das Verschulden bis zur Exkulpation des Reiseveranstalters vermutet.

Beachte die Besonderheit im Reiserecht: Gemäß **§ 651 f Abs. 2** ist neben Schadensersatz noch zusätzlich eine (immaterielle) Entschädigung für **nutzlos aufgewendete Urlaubszeit** geschuldet, sofern die Reise vereitelt oder erheblich beeinträchtigt war. Die Entschädigung orientiert sich nach der Rspr. am Reisepreis und steht im Ermessen des Gerichts.

> Wegen der Vakanz, was der Richter zuspricht, ist – ähnlich wie beim Schmerzensgeld (§ 253 Abs. 2) – ausnahmsweise ein unbezifferter Klageantrag möglich, sofern die Größenordnung in etwa angegeben wird. Vgl. hierzu AS-Assessor-Skript Zivilprozessrecht.

2. Schadensersatz neben der Leistung bei Schlechtleistung

81 **a)** Für den Kaufvertrag verweist zwar § 437 Nr. 3 nicht auf § 286; jedoch auf den (ganzen) § 280, sodass über § 280 Abs. 2 der Verweis auf § 286 und damit auf Verzugsrecht hergestellt ist. Gleiches gilt für den Werkvertrag in § 634 Nr. 4. Damit sind **Verzögerungsschäden** ersatzfähig, wenn der Unternehmer im Verzug mit der Mängelbeseitigung war. Dies erfordert gemäß § 286 Abs. 1 grundsätzlich eine Mahnung zur Nacherfüllung. Im Übrigen gilt das oben bei Rdnr. 60 Ausgeführte entsprechend. Somit sind Detailfragen zur Abgrenzung Schadensersatz neben der Leistung im Verhältnis zu Schadensersatz statt der Leistung umstritten (keine Angst: Bei entsprechender Argumentation akzeptiert der Prüfer jeden Lösungsweg!).

82 **b)** Da für die alten Vertragsarten **Miete** der **§ 536 a Abs. 1** und **Reisevertrag** der **§ 651 f Abs. 1** alle kausalen Schäden umfasst, stellt sich hier die Abgrenzung der Schadensarten nicht. Anderes gilt nur, wenn das Mietobjekt erst gar nicht an den Mieter übergeben wurde, weil dann die §§ 536 ff. noch nicht einschlägig sind. Vor dem Zäsurpunkt gilt dann Schuldrecht AT, sodass dann wegen verzögerter Übergabe Verzögerungsschäden aus § 280 Abs. 1, Abs. 2 i.V.m. § 286 vom Mieter geltend gemacht werden können.

Im Mietrecht und Reiserecht findet sich kein Verweis auf die nutzlosen Aufwendungen in § 284. Dementsprechend ist umstritten, ob hier § 284 analog angewendet werden kann. Andererseits lässt sich auch bezogen auf den Jetzt-Zeitpunkt ein Frustrationsschaden bejahen (s.o. Rdnr. 58), sodass über Schadensersatz gelöst werden kann.

Klausurbeispiel:

Mieter hat spezifisch für die Mietwohnung einen Schrankeinbau in Auftrag gegeben. Infolge des Mietmangels ist dies nutzlos/sinnlos.

V. Stellvertretendes Commodum, § 285 bei Schlechtleistung?

Im Gewährleistungsrecht wird in § 437 Nr. 3 bzw. § 634 Nr. 4 nicht auf das stellvertretende Commodum i.S.v. § 285 verwiesen. Mietrecht und Reiserecht verweisen als „altes Recht" ohnehin nicht auf §§ 280 ff. Daher ist umstritten, ob § 285 analog bei Schlechtleistung angewendet werden kann.

83

Klausurbeispiel:

Dem Verkäufer ist die Nacherfüllung unmöglich. Er hat jedoch wegen des Sachmangels einen Regressanspruch gegen Dritte, z.B. den Zulieferer/Produzenten. Kann der Käufer analog § 285, 2. Var. Abtretung dieses Anspruchs an sich verlangen?

VI. Ausschluss der Gewährleistung

Liegen die Voraussetzungen eines Gewährleistungsanspruchs vor, so ist in der Klausur stets zu prüfen, ob die Gewährleistung nicht ausgeschlossen ist. In Betracht kommen gesetzliche Ausschlussgründe sowie vertraglich vereinbarte.

1. Gesetzliche Ausschlussgründe

Die gesetzlichen Ausschlussgründe sind häufig in der Klausurakte nur ganz dezent angedeutet, daher kritisch den Fall hierauf überprüfen!

a) Im **Kaufrecht** bestehen folgende Ausschlussgründe:

84

- **§ 442:** Kenntnis des Käufers bei Vertragsschluss (nicht bei Übergabe!) oder grob fahrlässige Unkenntnis vom Mangel, falls keine Arglist des Verkäufers
- **§ 445:** Öffentliche Pfandversteigerung (nicht zu verwechseln mit der öffentlich-rechtlichen Zwangsversteigerung nach ZPO durch einen Gerichtsvollzieher, dann gilt § 806 ZPO!)
- **§ 377 HGB:** Verletzung der Rügeobliegenheit bei beidseitigem Handelsgeschäft oder Werklieferungsvertrag, vgl. § 381 Abs. 2 HGB (umgekehrt nicht anwendbar auf den Werkvertrag!)

b) Im **Werkvertragsrecht** ist die Gewährleistung gemäß § 640 Abs. 2 ausgeschlossen, wenn der Besteller den Mangel bei Abnahme des Werkes kennt, ohne sich seine Rechte vorzubehalten.

85

c) Im **Mietrecht** ist die Gewährleistung per Gesetz ausgeschlossen:

86

- **§ 536 b** für anfängliche Mängel: Kenntnis des Mieters bereits bei Vertragsschluss vom Mangel oder grob fahrlässige Unkenntnis (ohne Arglist des Vermieters), ohne sich seine Rechte vorzubehalten.
- **§ 536 c** für nachträgliche Mängel: Wenn sich im Laufe der Mietzeit ein Mangel zeigt (Dauerschuldverhältnis!) und der Mieter dies dem Vermieter nicht unverzüglich anzeigt.

d) Im **Reiserecht** gesetzlicher Ausschluss gemäß § 651 g Abs. 1, wenn nicht der Reisende binnen eines Monats ab vertraglichem Reiseende seine Rechte beim Reiseveranstalter geltend macht (Ausnahme schuldlos, § 651 g Abs. 1 S. 3).

87

2. Vertraglich vereinbarter Gewährleistungsausschluss

Grundsätzlich ist aufgrund der Vertragsfreiheit die Vereinbarung eines Gewährleistungsausschlusses zulässig. Einschränkungen ergeben sich jedoch aus der jeweiligen Vertragsart sowie bei AGB aus dem AGB-Recht.

Auch bei AGB sollten Sie zuerst die spezielleren Grenzen in der einzelnen Vertragsart prüfen!

a) Die Grenzen für einen vertraglich vereinbarten Gewährleistungsausschluss sind **in den einzelnen Vertragsarten** relativ gleich strukturiert:

88 aa) Im **Kauf- und Werkvertragsrecht** ist der vereinbarte Gewährleistungsausschluss wirkungslos, wenn der Unternehmer arglistig gehandelt hat oder eine Beschaffenheitsgarantie abgegeben hat (also nicht bei Haltbarkeitsgarantie!), vgl. **§ 444** für das Kaufrecht und **§ 639** für das Werkvertragsrecht.

Ferner ist beim **Verbrauchsgüterkauf** gemäß **§ 475 Abs. 1** ein vereinbarter Gewährleistungsausschluss wirkungslos, wenn er vor Mitteilung des Mangels erfolgt. Jedoch kann bei gebrauchten Sachen die Verjährung auf ein Jahr verkürzt werden (Zugeständnis an Gebrauchtwagenhändler etc.). Ferner kann gemäß § 475 Abs. 3 Schadensersatz ausgeschlossen werden, allerdings vorbehaltlich des AGB-Rechts.

Zu beachten ist, dass es vergleichbare Vorschriften zum Verbrauchsgüterkauf im Werkvertragsrecht generell nicht gibt!

89 bb) Im **Mietrecht** ist der vereinbarte Gewährleistungsausschluss gemäß § 536 d ebenfalls unwirksam, wenn der Vermieter den Mangel arglistig verschwiegen hat.

90 cc) Im **Reiserecht** kann hingegen gemäß **§ 651 m** generell die Gewährleistung nicht ausgeschlossen werden. Grund: Der Reisende kann vor Reiseantritt nicht die versprochenen Reiseleistungen überprüfen, weil er nicht vor Ort ist und muss daher auf die Angaben des Reiseveranstalters vertrauen. Gemäß § 651 m S. 2 kann lediglich die Verjährungsfrist auf ein Jahr abgekürzt werden und gemäß **§ 651 h** kann der Reiseveranstalter Schadensersatzansprüche mit Ausnahme von Körperschäden auf den dreifachen Reisepreis beschränken, sofern weder Vorsatz noch grobe Fahrlässigkeit vorlagen.

91 **b)** Sofern nicht schon der Gewährleistungsausschluss nach den vorstehenden Vorschriften wirkungslos ist, ist bei Formularverträgen ergänzend **AGB-Recht** zu prüfen.

aa) Für Kauf- und Werkverträge gilt § 309 Nr. 8 b, aber nur **für neue Sachen**. Für gebrauchte Sachen hingegen gilt der Generaltatbestand des § 307. Die Abwägung wird dann ergeben, dass bei gebrauchten Sachen grundsätzlich ein legitimes Interesse am Ausschluss der Gewährleistung besteht, zumal dem Kunden bewusst ist, dass er eine gebrauchte Sache übernimmt, die er auch vorher prüfen kann. Ferner ergibt dies außerhalb des Verbrauchsgüterkaufs der Umkehrschluss aus § 475.

Klausurproblem: In der Praxis wird in jedem notariellen Kaufvertrag über eine Gebrauchtimmobilie die Gewährleistung ausgeschlossen.

Kein Verstoß gegen § 475, da Verbrauchsgüterkauf nur für bewegliche Sachen gilt, § 474 Abs. 1 S. 1. Sofern keine Arglist des Verkäufers vorliegt auch keine Unwirksamkeit gemäß § 444. Da Notarverträge vorformulierte Standardverträge sind, liegen, sofern nicht im konkreten Fall ausgehandelt, AGB vor (vgl. bereits oben Rdnr. 26), sodass AGB-Recht anwendbar ist. Jedoch ist § 309 Nr. 8 b nicht einschlägig, da keine neue Sache. Also gilt § 307. Aber keine unzumutbare Benachteiligung des Käufers, da er weiß, dass er eine Gebrauchtimmobilie erwirbt, die er vorher untersuchen lassen kann und umgekehrt der Verkäufer ein legitimes Interesse daran hat, nicht dafür geradestehen zu müssen, dass jedes Einzelteil der Immobilie intakt ist. Folge: Wirksamer Gewährleistungsausschluss.

bb) Gewährleistungsausschlüsse in Formularmietverträgen können nicht an 92
§ 309 Nr. 8 b gemessen werden, da „Lieferung" i.S.d. Vorschrift eine endgültige Übertragung meint, hingegen Miete bloß eine vorübergehende Gebrauchsüberlassung auf Zeit darstellt. Demnach ist der Gewährleistungsausschluss an § 307 zu messen. Hier gilt Ähnliches wie bei dem Verkauf gebrauchter Immobilien, sodass der Gewährleistungsausschluss grundsätzlich wirksam ist. Dies kann jedoch nur für etwaige, aktuelle nicht sichtbare Mängel (andernfalls Arglist, § 536 b!) gelten. Sollten daher später im Rahmen des Dauerschuldverhältnisses Mängel auftreten, wäre es eine unangemessene Benachteiligung des Mieters, wenn auch diesbezüglich die Gewährleistung ausgeschlossen wäre (streitig).

cc) Für das **Reiserecht** kann § 309 Nr. 8 b nach Vorstehendem nicht einschlägig 93
sein. Ein Rückgriff auf den Generaltatbestand nach § 307 erübrigt sich jedoch, da ohnehin gemäß § 651 m ein Gewährleistungsausschluss unzulässig ist (Ausn.: § 651 h, s.o. Rdnr. 90).

dd) Zu beachten ist, dass **für alle Vertragsarten** der Gewährleistungsausschluss auf 94
jeden Fall an **§ 309 Nr. 7** zu messen ist. Hiernach kann die Haftung bei Verletzung von Leben, Körper, Gesundheit generell nicht ausgeschlossen werden (Nr. 7 a) und bezüglich sonstiger Schäden, also Sachschäden oder Vermögensschäden nur bis grobes Verschulden (Nr. 7 b). Sollte die Klausel hiergegen verstoßen, so ist der Gewährleistungsausschluss unwirksam, da eine geltungserhaltende Reduktion unzulässig ist (s. bereits oben Rdnr. 27).

Tipp für die anwaltliche Kautelarklausur: Sind entsprechende AGB zu entwerfen, so gilt für alle Vertragsarten: Einfach den Gesetzestext zu § 309 Nr. 7 a–b abschreiben, dann kann kein Verstoß vorliegen. Ggf. zusätzlich, wenn nach Vorstehendem einschlägig, § 309 Nr. 8 b (mit seinen einzelnen Unterpunkten) berücksichtigen!

VII. Verjährung der Gewährleistungsansprüche

Hier wirkt sich insbesondere die Zweiteilung bei den Leistungsstörungen aus: 95
Während die Ansprüche wegen Nichtleistung nach Schuldrecht AT über die Regelverjährung, §§ 195, 199 verjähren, bestehen im Gewährleistungsrecht bei Schlechtleistung eigene Fristen.

1. Wichtig ist hierbei auch die Technik: Gemäß § 194 Abs. 1 unterliegen nur Ansprüche der Verjährung (Kaufrecht, § 438 Abs. 1–3; Werkvertrag, § 634 a Abs. 1–3). Werden hingegen Gestaltungsrechte wie Rücktritt/Kündigung und Minderung verspätet geltend gemacht, so ist das Gestaltungsrecht unwirksam ausgeübt, vgl. § 218 Abs. 1. Deswegen verweist das Kaufrecht für Rücktritt und Minderung in § 438 Abs. 4, 5 sowie das Werkvertragsrecht in § 634 a Abs. 4, 5 auf § 218.

Im **Mietrecht und Reiserecht** stellt sich diese Problematik nicht, da die Minderung 96
hier automatisch per Gesetz eintritt, § 536 Abs. 1 S. 1, 2. Halbs., § 651 d Abs. 1. Für die außerordentliche Kündigung aus wichtigem Grund ist im Mietrecht in § 543 (ggf. i.V.m. § 569) keine Kündigungserklärungsfrist vorgesehen (anders im Dienstvertragsrecht, § 626 Abs. 2). Gleiches gilt für das Reiserecht in § 651 e. Wird hier jedoch erheblich später gekündigt, kann über das Institut Verwirkung gelöst werden (Palandt/Weidenkaff § 543 Rdnr. 44).

2. Fristen

97 a) Im **Kaufrecht** sind die Fristen in **§ 438 Abs. 1** geregelt

- Nr. 1: 30 Jahre bei dinglichen Mängeln
- Nr. 2: fünf Jahre bei Bauwerken/eingebauten Teilen oder Teilen die hierfür bestimmt sind (Baustoffe)
- Nr. 3: zwei Jahre bei beweglichen Sachen
- **jeweils ab Übergabe der Kaufsache, § 438 Abs. 2.** Ausnahme bei Arglist des Verkäufers, § 438 Abs. 3; beim Unternehmerregress gilt ergänzend § 479!

Beliebtes Klausurproblem: Einfluss der Reparaturversuche auf die Verjährung des Nacherfüllungsanspruchs:

- Neubeginn gemäß § 212 Abs. 1 Nr. 1: grundsätzlich ist Reparaturversuch kein Anerkenntnis,
- aber Hemmung gemäß §§ 203, 209, da entsprechend „Verhandlungen" i.S.v. § 203.

98 b) Für den **Werkvertrag** gilt ähnliches über **§ 634 a Abs. 1**:

- Nr. 1: zwei Jahre bei beweglichen Sachen oder Planung/Überwachung
- Nr. 2: fünf Jahre bei Bauwerken
- Nr. 3: drei Jahre für die sonstigen Fälle (z.B. Geisteswerke, die nicht Planung/Überwachung i.S.v. Nr. 1 sind, z.B. Gutachten)
- **jeweils mit Abnahme des Werkes, § 634 a Abs. 2**; Ausnahme Arglist des Unternehmers § 634 a Abs. 3 i.V.m. §§ 195, 199

99 c) Im **Mietrecht** ist eine **Verjährung der Gewährleistungsansprüche nicht geregelt** (§ 548 regelt erkennbar andere Fälle!). Grund: Der Gesetzgeber geht davon aus, dass bei in der Regel unbefristeten Dauerschuldverhältnissen starre Gewährleistungsfristen keinen Sinn machen. Daher geht der BGH davon aus, dass während der Mietzeit der Anspruch des Mieters gegen den Vermieter auf Beseitigung des Mietmangels nicht verjähren kann! Unter den engen Voraussetzungen der Verwirkung (s. bereits Rdnr. 53) können jedoch Gewährleistungsansprüche des Mieters gemäß § 242 ausgeschlossen sein.

100 d) Im **Reiserecht** beträgt die Verjährungsfrist einheitlich gemäß **§ 651 g Abs. 2** zwei Jahre ab vertraglichem (also nicht tatsächlichem) Reiseende.

Sollte allerdings der Reisende die Ausschlussfrist des § 651 g Abs. 1 schuldhaft nicht eingehalten haben, so sind bereits per Gesetz seine Gewährleistungsrechte ausgeschlossen, sodass sich dann eine Verjährungsfrist nicht mehr stellt.

101 e) Während bei den Dauerschuldverhältnissen Miete und Reise Gewährleistungsansprüche für alle Mängel bestehen, die während der Vertragszeit auftreten, haftet ein Verkäufer gemäß § 434 Abs. 1 S. 1 nur für Mängel, die bereits bei Gefahrübergang zumindest als Grundmangel vorlagen. Auch der Werkunternehmer haftet grundsätzlich nur für Mängel, die bei Abnahme i.S.v. § 640 zumindest als Grundmangel vorlagen. Die vorstehenden Verjährungsfristen bedeuten daher lediglich, dass Ansprüche innerhalb der Frist realisiert oder gerichtlich geltend gemacht werden müssen, wenn sich nicht über Haltbarkeitsgarantien eine verlängerte Frist ergibt.

VIII. Auswirkungen einer Garantie/zugesicherten Eigenschaft

1. Im **Kaufrecht** sind in § 443 Abs. 1 die Spielarten der Garantie (Beschaffenheitsgarantie und Haltbarkeitsgarantie) geregelt hat. § 443 ist keine Anspruchsgrundlage, sondern verweist nur deklaratorisch auf die Rechte, die in der Garantie versprochen wurden. Hier wird jedoch die Unterscheidung zwischen selbstständiger und unselbstständiger Garantie relevant (sämtliche Einzelheiten sind streitig!).

102

Faustformel:

- Eine **selbstständige Garantie**, die dann eigenständige Ansprüche begründet, liegt in der Regel nur vor, wenn ein Dritter, der nicht Verkäufer ist, die Garantie abgegeben hat, z.B. der Hersteller. Wie der Gesetzgeber in § 443 Abs. 1 „unbeschadet" klarstellt, können allerdings Garantierechte nicht die gesetzlichen Gewährleistungsansprüche aus § 437 verdrängen. Also kann der Verkäufer nicht darauf verweisen, dass der Käufer sich an den Hersteller aus der Garantie halten müsse.

103

- Ist der Garantierende hingegen der Verkäufer, so erscheint es regelmäßig als lebensfremd, dass der Verkäufer neben dem Kaufvertrag noch einen selbstständigen Garantievertrag abschließen will. Daher liegt, jedenfalls wenn sich die Garantie auf die Beschaffenheit der Sache oder die Haltbarkeit der Kaufsache bezieht, nur eine **unselbstständige Garantie** vor. Diese soll die Gewährleistungsrechte des Käufers lediglich verbessern: So ist ein gleichzeitig vorgenommener Haftungsausschluss gemäß § 444, 2. Var. bei Übernahme einer Beschaffenheitsgarantie unwirksam. Ferner haftet der Verkäufer bei Beschaffenheitsgarantie gemäß § 276 Abs. 1 S. 1, 2. Halbs. praktisch verschuldensunabhängig auf Schadensersatz. Hier wird in einer Klausur der Unterschied relevant!

104

> Nach h.M. gilt § 276 Abs. 1 S. 1, 2. Halbs. nur für die Beschaffenheitsgarantie, hingegen nicht für die Haltbarkeitsgarantie. Die Haltbarkeitsgarantie hat aber immer noch den Vorteil, dass der Verkäufer nunmehr nicht bloß für Mängel zum Zeitpunkt des Gefahrübergangs i.S.v. § 434 einstehen muss, sondern für sämtliche Mängel, die während der Garantiezeit auftreten. Hierbei wird gemäß § 443 Abs. 2 vermutet, dass ein während der Geltungsdauer auftretender Sachmangel die Rechte aus der Garantie begründet, also kein unsachgemäßer Gebrauch seitens des Käufers vorliegt.

- Umstritten sind die **Auswirkungen der Haltbarkeitsgarantie auf die Verjährungsfristen** für die Gewährleistung i.S.v. § 438: Ist nämlich die Haltbarkeitsgarantie bei einer beweglichen Sache länger als zwei Jahre, so macht es wenig Sinn, bereits nach zwei Jahren ab Übergabe der Kaufsache eine Verjährung gemäß § 438 Abs. 1 Nr. 3 i.V.m. Abs. 2 anzunehmen. Teilweise wird daher § 438 Abs. 2 modifiziert angewandt in der Weise, dass die zweijährige Verjährungsfrist nicht mit Übergabe der Kaufsache beginnt, sondern erst mit Kenntnis des Käufers vom Mangel. Andere hingegen wollen eine eigenständige Verjährung über §§ 195, 199 annehmen (vom BGH nicht abschließend geklärt!).

105

2. Im **Werkvertragsrecht** hat die Beschaffenheitsgarantie weniger Bedeutung, da ja der Werkunternehmer das Werk herstellt und sich als Fachmann ohnehin in der Regel nicht exkulpieren kann und damit sowieso auf Schadensersatz haftet. Interessant sind wiederum nur Haltbarkeitsgarantien, weil dann der Unternehmer zusichert, dass das Werk über den Zeitpunkt der Abnahme hinaus mangelfrei ist. Die Regelung zum Haftungsausschluss in § 639, 2. Var. gilt jedoch nur für die Beschaffenheitsgarantie.

106

107 3. Im **Mietrecht** ist die Garantie nicht ausdrücklich geregelt. Jedoch entspricht hier die zugesicherte Eigenschaft in § 536 Abs. 2 in etwa der unselbstständigen Garantie.

108 4. Gleiches gilt für das **Reiserecht**, § 651 Abs. 1 c, 1. Var. Besondere Rechtsfolgen werden im Miet- und Reiserecht an die zugesicherte Eigenschaft nicht geknüpft, vielmehr dient diese nur dazu, den herkömmlichen Mangel/Fehlerbegriff durch etwaige Zusicherung zu erweitern.

Ebenso wie bei der unselbstständigen Garantie ist auch bei der zugesicherten Eigenschaft im Rahmen der Auslegung ein strenger Maßstab anzuwenden: Nur wenn der Unternehmer sich unbedingt für eine bestimmte Eigenschaft stark machen will, kann eine unselbstständige Beschaffenheitsgarantie oder zugesicherte Eigenschaft angenommen werden. Dies ist abzugrenzen von allgemeinen Angaben zur Vertragssache (die dann allerdings einen Sachmangel begründen kann) oder umgekehrt erkennbaren Anpreisungen/Übertreibungen.

Beispiel: Angaben im Reiseprospekt „es handelt sich um einen wunderschönen, naturbelassenen Sandstrand". Während „wunderschön" eine reine Wertungsfrage ist zeigt der Zusatz „naturbelassen", dass der Strand nie gereinigt wird. Also lösen Anschwemmungen etc. am Strand keine Gewährleistungsrechte aus.

IX. Besonderheiten für den Unternehmerregress

109 1. Hat der Unternehmer, also Verkäufer, Werkunternehmer, Vermieter, Reiseveranstalter, mit dem Kunden die Gewährleistung abgewickelt und will er nunmehr bei einem anderen Unternehmer, der für den Mangel verantwortlich ist, Regress nehmen, so richtet sich dieser **Unternehmerregress nach der Vertragsart**, die zwischen den beiden Unternehmern vorliegt. Also Regress aus § 437 (ggf. i.V.m. § 478) oder § 634.

> Je nach dem wie spät dieser Regress stattfindet, taucht das Verjährungsproblem auf. Hatte allerdings der Unternehmer im Prozess mit dem Kunden bereits vorsorglich seinem Unternehmer den Streit verkündet, so wurde hierdurch gemäß § 204 Abs. 1 Nr. 6 die Verjährung gehemmt. Zur genauen Rechtsfolge beachte § 204 Abs. 2! Neben der Bindungswirkung i.S.v. § 74 Abs. 3 i.V.m. § 68 ZPO also ein weiterer Vorteil der Streitverkündung (wichtig für die Anwaltsklausur!). Beachte auch § 479 Abs. 2!

110 2. Im **Kaufrecht** finden sich, sofern ein Verbrauchsgüterkauf i.S.v. § 474 vorlag, für den dann folgenden **Unternehmerregress** noch **ergänzende Vorschriften** in §§ 478, 479.

a) Zu beachten ist, dass **§ 478 Abs. 1 keine Anspruchsgrundlage** darstellt, sondern nur eine Erleichterung zu den Gewährleistungsrechten des Unternehmers gegen den anderen Unternehmer aus § 437, so z.B. dass die Fristsetzung i.S.v. §§ 437 Nr. 2, 3, 281 Abs. 1 bzw. § 323 Abs. 1 nicht erforderlich ist, sofern der Unternehmer gegenüber dem Verbraucher die mangelhafte Sache zurücknehmen musste bzw. den Kaufpreis gemindert hat. Grund: Jetzt wäre eine nunmehrige Fristsetzung gegenüber dem Unternehmer sinnlos.

b) Hingegen stellt **§ 478 Abs. 2** einen – **verschuldensunabhängigen** – **Aufwendungsersatzanspruch** dar, jedoch nur für die Aufwendungen, die der Unternehmer im Verhältnis zum Verbraucher gemäß **§ 439 Abs. 2** für die Nacherfüllung zu tragen hatte. Andere Kosten und Schäden muss der Unternehmer sich von dem anderen Unternehmer wieder aus § 437 Nr. 3 i.V.m. §§ 280 ff. – verschuldensabhängig – holen.

c) Für den **Ausschluss der Gewährleistung** zwischen den Unternehmern gilt zunächst das oben bei Rdnr. 84 ff. Ausgeführte entsprechend. Daher verweist § **478 Abs. 6** ergänzend noch einmal auf die kaufmännische Rüge gemäß § 377 HGB. § **478 Abs. 4** modifiziert jedoch einen vereinbarten Gewährleistungsausschluss dahingehend, dass dieser nur wirksam ist, wenn ein gleichwertiger Ausgleich (also z.B. Gutschrift/Rabatt) eingeräumt wurde. § 478 Abs. 4 S. 2 stellt klar, dass hingegen der Schadensersatzanspruch vorbehaltlich des § 307 auch ohne gleichwertigen Ausgleich ausgeschlossen werden kann.

Ferner stellt § 478 Abs. 5 klar, dass die Absätze 1–4 auf sämtliche Lieferanten in der Lieferkette Anwendung finden, sofern es sich um Unternehmer handelt.

d) Der besondere Aufwendungsersatzanspruch aus § 478 Abs. 2 verjährt gemäß § **479 Abs. 1** in zwei Jahren ab Ablieferung der Sache.

Hingegen findet sich in § **479 Abs. 2** für die normalen Gewährleistungsansprüche aus § 437 eine **Ablaufhemmung**, da der Gesetzgeber respektiert, dass der Unternehmer zunächst mit dem Verbraucher abwickeln muss.

B. Ansprüche wegen Schlechtleistung bei sonstigen Verträgen

I. Da beim **Schenkungsvertrag**, §§ 516 ff., keine Gegenleistung erbracht wurde, haftet der Schenker gemäß § **524** nur für Sachmängel, wenn er arglistig den Fehler der verschenkten Sache verschwiegen hat (für Gattungssachen gilt § 524 Abs. 2). Ähnliches gilt für Rechtsmängel am Geschenk, § **523**.

111

II. Da der **Leasingvertrag** als Vertragsart nicht offiziell geregelt ist, wendet die h.M. §§ 535 ff. analog an. Allerdings wird typischerweise in einem Leasingvertrag die **Gewährleistung per Vertrag** (wirksam) **ausgeschlossen**, sodass deswegen Gewährleistungsansprüche gegen die Leasinggesellschaft ausscheiden (genauer dazu noch später im 4. Teil). Weil die Leasinggesellschaft gleichzeitig ihre eigenen Gewährleistungsansprüche aus dem Kaufvertrag mit dem Verkäufer an den Leasingnehmer abtritt, kann dieser jedoch dann aus abgetretenem Recht gegen den Verkäufer vorgehen, §§ 437, 398 S. 2.

112

III. Im **Dienstvertragsrecht**, §§ 611 ff. ist eine Gewährleistung nicht geregelt. Gleichwohl schuldet der Dienstverpflichtete eine Tätigkeit nach den Regeln der Kunst. Bei schlechter Dienstleistung ist mangels Sonderregelungen daher über das Schuldrecht AT zu lösen: Also zwar kein Minderungsrecht, jedoch Schadensersatzanspruch des Dienstberechtigten aus § 280 Abs. 1. Rechnet er mit diesem gegenüber dem Lohnanspruch des Dienstverpflichteten auf, so wird aufgrund der Verrechnung gemäß § 389 eine Quasiminderung geschaffen. Unterschied jedoch: Während die Minderung bis auf Null gehen kann, ist gemäß § 394 eine Aufrechnung nur bis zur Pfändungsfreigrenze (§ 850 ff. ZPO) möglich! Natürlich kann bei gravierender Schlechtleistung und grundsätzlich vorheriger Abmahnung, der Dienstberechtigte gemäß § 626 fristlos kündigen (Näheres hierzu im Arbeitsrecht).

113

IV. Da der Makler gemäß § 652 nur den Nachweis der Gelegenheit zum Abschluss eines Vertrags oder die Vermittlung eines Vertrags schuldet, ist er grundsätzlich nicht verpflichtet, die Angaben des Verkäufers einer Immobilie zu überprüfen. Deswegen gibt es auch im Maklerrecht keine geregelte Gewährleistung. Allerdings können sich für den Makler Überprüfungspflichten und Aufklärungspflichten, z.B. in Evidenzfällen ergeben. In solchen Fällen kann er aus §§ 280 Abs. 1, 241 Abs. 2 auf Schadensersatz in Anspruch genommen werden (Palandt/Sprau § 652 Rdnr. 15, 18).

114

> **Klausurproblem:** Hier ergibt sich häufig in Klausurakten die Zwickmühle, dass der Käufer einer Immobilie gegen den Verkäufer keine Gewährleistungsrechte hat, weil dieser im notariellen Vertrag wirksam die Gewährleistung ausgeschlossen hat und Arglist nicht nachzuweisen ist (s.o. Rdnr. 91). In der Not versuchen die Kandidaten in der Klausur einen Schadensersatzanspruch gegen den Makler hinzubekommen, verkennen dabei, dass der Makler eben grundsätzlich keine Prüfungspflicht/Aufklärungspflicht hat.

3. Abschnitt: Ansprüche wegen Nebenpflichtverletzungen des Schuldners

115 Es verbleiben noch die Fälle, in denen der Schuldner zwar seine Hauptpflicht rechtzeitig und ordnungsgemäß erfüllt, jedoch nicht leistungsbezogene Nebenpflichten aus §§ 241 Abs. 2, 242 verletzt, also insbesondere Rücksichtnahmepflichten, Treuepflichten, Geheimhaltungspflichten.

A. Schadensersatz neben der Leistung

Grundsätzlich hat der Gläubiger dann lediglich einen Anspruch auf Schadensersatz neben der (Haupt-)Leistung aus **§ 280 Abs. 1 i.V.m. § 241 Abs. 2**. Bloße Nebenpflichtverletzungen sind naturgemäß grundsätzlich kein Grund für Rücktritt und Schadensersatz.

B. Gläubiger hat kein Leistungsinteresse mehr

116 I. Bei **gravierenden Nebenpflichtverletzungen** kann der Gläubiger gemäß **§ 324 zurücktreten** und gemäß **§§ 346 ff. Rückgewähransprüche** geltend machen.

117 II. Bei **gravierenden Nebenpflichtverletzungen** kann unter den Voraussetzungen des § 282 auch **Schadensersatz statt der Leistung** gemäß § 280 Abs. 1, Abs. 3 i.V.m. § 281 verlangt werden.

III. Besonderheiten:

- Im **Mietrecht** tritt – wie stets im Dauerschuldverhältnis – an die Stelle des Rücktritts dann die außerordentliche Kündigung gemäß § 543 Abs. 1 (ggf. i.V.m. § 569).

- Da der **Reisende** sich mit all seinen Rechtsgütern und Rechten in die Sphäre des Reiseveranstalters begibt, ist prinzipiell jede Pflichtverletzung, auch Nebenpflichtverletzung aufseiten des Reiseveranstalters, gleichzeitig als Reisemangel anzusehen, sodass sich dann wieder Gewährleistungsrechte und damit auch das Kündigungsrecht aus § 651 e sowie Schadensersatz aus § 651 f ergeben.

Beispiel: Die Animateurin hatte in der Abendveranstaltung die Zuschauer aufgefordert, innerhalb von einer Minute möglichst viele Schuhe einzusammeln. Einige Reisende warfen daraufhin die Schuhe einfach nach vorn und ein Schuh mit spitzem Absatz traf ein Kind am Kopf. Obwohl hier eher eine Verletzung der Nebenpflicht (Verkehrssicherungspflicht) der Animateurin, dem Reiseveranstalter gemäß § 278 zurechenbar, vorliegt, stellt dies einen Reisemangel i.S.v. § 651 c dar. Denn der Reisende kann nach der gewöhnlichen Beschaffenheit einer Reise erwarten, dass hier jede Reiseleistung, also auch die Animation sicher ist.

Ähnliches gilt im Mietrecht, wenn Verkehrssicherungspflichten verletzt sind, z.B. im Winter nicht geräumte Eingangstreppe, defektes Flurlicht etc.

C. Verjährung

Die obige Zuordnung ist auch von Einfluss auf die Verjährung: Während Schadensersatz neben der Leistung aus § 280 Abs. 1 der Regelverjährung gemäß §§ 195, 199 unterliegt und ebenso Schadensersatz statt der Leistung i.S.v. § 282 ist bei Einordnung als Reisemangel wiederum die kürzere Verjährung des § 651 g Abs. 2 einschlägig.

118

4. Abschnitt: Pflichtverletzungen gegenüber Dritten

Leistungsstörungen bzw. Pflichtverletzungen des Schuldners können auch Auswirkungen auf Dritte haben, die nicht Vertragspartei sind. Normalerweise hat der Dritte dann nur deliktische Ansprüche (mit dem Nachteil, dass im Rahmen des § 831 eine Exkulpation möglich ist, während bei vertraglichen Ansprüchen gemäß § 278 eine derartige Exkulpation nicht vorgesehen ist).

Jedoch lassen sich vertragliche Ansprüche mit den klassischen Ansätzen begründen:

A. Lässt sich der Vertrag als **Vertrag zugunsten Dritter i.S.v. § 328** auslegen (Rdnr. 10), so hat der Dritte einen eigenen Erfüllungsanspruch auf die Primärleistung. Deswegen hat er nach h.M. auch bei einer Schlechtleistung den Anspruch auf Nacherfüllung sowie Schadensersatz neben der Leistung. Da andererseits der Gläubiger eigentlicher Vertragspartner bleibt, kann nur er die Gestaltungsrechte Rücktritt/Kündigung/Minderung ausüben sowie wegen § 281 Abs. 4 Schadensersatz statt der Leistung verlangen. Ist allerdings das Recht des Dritten nach dem Vertrag unwiderruflich, dann ist für derartige Wahl- und Gestaltungsrechte die Zustimmung des Dritten erforderlich, damit seine Position nicht vernichtet wird. Zum Vertrag zugunsten Dritter auf den Todesfall später, Rdnr. 189.

119

B. Beim **Vertrag mit Schutzwirkung zugunsten Dritter** hat der Dritte keinen Anspruch auf die Primärleistung. Also kann er keine Ansprüche wegen Nicht- oder Schlechtleistung haben. Wurden jedoch Nebenpflichten, also Schutz- und Sorgfaltspflichten i.S.v. §§ 241 Abs. 2, 242 ihm gegenüber verletzt, so hat er einen Schadensersatzanspruch.

120

I. In der Regel ergibt sich der Schadensersatzanspruch aus **§ 280 Abs. 1**. Stellt sich seine Schädigung als Mangelfolgeschaden dar, jedoch über das Gewährleistungsrecht, da er nur eine abgeleitete Rechtsposition hat und nicht besser dastehen kann, als wäre der Vertragspartner selbst geschädigt worden.

II. In einer Klausur sind die **gewohnheitsrechtlichen Voraussetzungen** für einen Vertrag mit Schutzwirkung zugunsten Dritter dann bei der Frage des Schuldverhältnisses inzident zu prüfen:

121 | **Prüfschema: Vertrag mit Schutzwirkung zugunsten Dritter**

1. Leistungsnähe: Der Dritte muss mit den Leistungen des Schuldners bestimmungsgemäß in Berührung kommen so wie der Gläubiger als Vertragspartner auch.

2. Schutzinteresse des Gläubigers am Schutz des Dritten. Nach der Rspr. reicht hierfür prinzipiell jedes vertragliche Interesse, was durch Auslegung zu ermitteln ist.

3. Erkennbarkeit für den Schuldner bezüglich der Leistungsnähe und des Schutzinteresses bereits bei Abschluss des Vertrags. Dies erfordert keine Kenntnis von der Person des Dritten, jedoch setzt Erkennbarkeit zumindest einen überschaubaren Personenkreis voraus.

4. Schutzbedürftigkeit des Dritten: Nur wenn der Dritte keine vergleichbaren vertraglichen Ansprüche – gleich gegen wen – hat, ist er schutzbedürftig. Wichtig daher für die Anwaltsklausur: Im Rundumschlag Ansprüche gegen alle Beteiligten prüfen. Hierbei sind jedoch nur vertragliche Ansprüche relevant, weil es sich insgesamt um ein vertragliches Institut handelt.

122 **C.** Lässt sich nach Vorstehendem ein vertraglicher Anspruch für den Dritten nicht begründen und hat umgekehrt der Gläubiger dem Grunde nach vertragliche Anspruchsgrundlagen, aber tatsächlich keinen Schaden, so ist als Notanker die gewohnheitsrechtlich anerkannte **Drittschadensliquidation** zu prüfen:

I. Voraussetzungen der Drittschadensliquidation

1. Der **Gläubiger** hat eine Anspruchsgrundlage auf Schadensersatz gegen den Schuldner/Schädiger; aber er hat tatsächlich keinen Schaden.

2. Bei dem Dritten ist der Schaden eingetreten, aber er hat gegen den Schuldner/Schädiger keinen (vertraglichen) Schadensersatzanspruch.

3. Aus der **Sicht des Schuldners/Schädigers** liegt eine **zufällige Schadensverlagerung** vor. Typische **Fallgruppen** sind:

a) Der Schaden hat sich aufgrund einer **Gefahrtragungsvorschrift** vom Gläubiger auf den Dritten verlagert, z.B. im Kaufrecht gemäß § 446 oder für den Versendungskauf gemäß § 447. Für Werkverträge Parallelfälle in §§ 644, 645.

Achtung Klausurfalle! § 447 ist in folgenden Fällen **unanwendbar**, d.h. keine Verlagerung der Preisgefahr und damit des Schadens:

- Generell beim **Verbrauchsgüterkauf**, da § 474 Abs. 2 S. 1 den § 447 für unanwendbar erklärt,
- bei **Bringschuld**, da § 447 nur für Schickschuld gilt
- bei Schickschulden, sofern der Verkäufer **eigene Arbeitnehmer zum Transport** einsetzt (h.M.: Sphärengedanke).

b) Bei **mittelbarer Stellvertretung:** Da hier kein Auftreten in fremdem Namen erfolgt, ist aus der Sicht des Schädigers die Person des Geschädigten nicht erkennbar und daher zufällig, z.B. Kommissionär, der gemäß § 383 HGB zwar wirtschaftlich für den Kommittenten handelt, dies aber nicht offenlegt.

c) Obhut für fremde Sachen, ohne dies offenzulegen, auch dann ist für den Schädiger der Geschädigte nicht ersichtlich und damit zufällig.

II. Rechtsfolge der Drittschadensliquidation

1. Zunächst wird der **Schaden des Dritten** zur **Anspruchsgrundlage des Gläubigers** gezogen. Dann kann der Gläubiger den so komplettierten Schadensersatzanspruch im eigenen Namen geltend machen, liquidiert aber für den Dritten.

2. Lehnt der Gläubiger dies ab, **kann** der **Dritte Abtretung** des so komplettierten Schadensersatzanspruchs **verlangen, z.B. aus § 285, 2. Var.** Anschließend kann der Dritte aus abgetretenem Recht sich beim Schädiger schadlos halten.

> **Zu beachten** ist, dass bei Transport durch Frachtführer der Empfänger des Gutes, also der Dritte über § 421 Abs. 1 S. 2 HGB einen eigenen Schadensersatzanspruch gegen den Frachtführer hat, sodass sich die Konstruktion über Drittschadensliquidation eigentlich erübrigt. Da § 421 Abs. 1 S. 2, 2. Halbs. HGB jedoch klarstellt, dass der Gläubiger auch einen Schadensersatzanspruch hat, ist streitig, ob der Schuldner Abtretung dieses Anspruchs verlangen kann, oder ob hierfür das Rechtsschutzbedürfnis fehlt, weil er einen eigenen Schadensersatzanspruch hat.

5. Abschnitt: Auswirkungen des Gläubigerverzugs

I. Bisher haben wir nur Leistungsstörungen und Pflichtverletzungen auf Schuldnerseite dargestellt. Dagegen kann sich auch das Problem ergeben, dass der Gläubiger die angebotene Leistung nicht annimmt. Dann ist **Annahmeverzug**, also Gläubigerverzug **gemäß §§ 293 ff.** zu prüfen. Zu beachten ist, dass ein Gläubiger grundsätzlich nicht zur Annahme verpflichtet ist, es handelt sich um eine bloße **Obliegenheit**, weswegen §§ 293 ff. (im Gegensatz zur Pflichtverletzung) auch kein Verschulden auf Gläubigerseite verlangen! Demzufolge schließen sich Gläubiger- und Schuldnerverzug bezüglich derselben Leistung prinzipiell gegenseitig aus. Jedoch besteht die Besonderheit im Kauf- und Werkvertragsrecht, dass der Gläubiger der Leistung, also der Käufer zur Abnahme der Kaufsache verpflichtet ist, § 433 Abs. 2 S. 2 bzw. der Besteller zur Abnahme des Werkes, § 640 Abs. 1. Daher (wichtig für die Anwaltsklausur!) können dann beide Verzugsarten geprüft werden. Bedeutung gewinnt dies bei der Rechtsfolge, da bei Schuldnerverzug § 280 Abs. 1, Abs. 2 i.V.m. § 286 sämtliche Verzögerungsschäden zu ersetzen sind, während bei Gläubigerverzug nur ein Aufwendungsersatzanspruch in den Grenzen des § 304 besteht!

Für die Voraussetzungen und Rechtsfolgen des Gläubigerverzugs hat sich in der Klausur das nachfolgende Prüfschema bewährt:

123

124

> **Prüfschema: Gläubigerverzug (Annahmeverzug), §§ 293 ff.**
>
> 1. **Erfüllbarer Anspruch** Gläubiger gegen Schuldner
> 2. **Angebot des Schuldners**, §§ 294–296
> 3. **Nichtannahme** der Leistung durch den Gläubiger
>   - oder Nichtangebot einer Zug um Zug zu erbringenden Leistung, § 298!
>   - Verschulden des Gläubigers nicht erforderlich
> 4. **Schuldner ist seinerseits zur Leistung bereit und imstande**, § 297
> 5. **Rechtsfolgen**
>   a) Aufwendungsersatz, § 304
>   b) Gegenleistungspflicht bleibt bestehen, §§ 326 Abs. 2, 615
>   c) Gefahrübergang, §§ 300 Abs. 2, 446 S. 3, 644 Abs. 1 S. 2
>   d) Schuldner ist privilegiert, § 300 Abs. 1
>   e) Nebenfolgen, §§ 301–303

125 II. Zu beachten sind die **Auswirkungen des Gläubigerverzugs auf die Gegenleistung:** Gemäß § 326 Abs. 2, 2. Alt. bleibt der Gläubiger, der sich im Annahmeverzug bezüglich der Leistung befindet, zur Strafe zur Gegenleistung verpflichtet. Im Dienstvertrag/Arbeitsvertrag ergibt sich dies aus der Sondervorschrift des § 615 S.1. Ferner haftet der Schuldner während des Gläubigerverzugs nur für Vorsatz und grobe Fahrlässigkeit, § 300 Abs. 1.

4. Teil: Vertragsspezifische Ansprüche bei den Vertragsarten

Neben den bislang dargestellten Leistungsstörungen sind in Klausurfällen naturgemäß auch andere Probleme eingebaut, insbesondere die Abgrenzung der einzelnen Vertragsarten sowie die daraus resultierenden speziellen Anspruchsgrundlagen. Im Folgenden geben wir daher einen Überblick über die im 2. Examen relevanten Vertragsarten und die damit verbundenen spezifischen Probleme.

1. Abschnitt: Kaufrecht, §§ 433 ff.

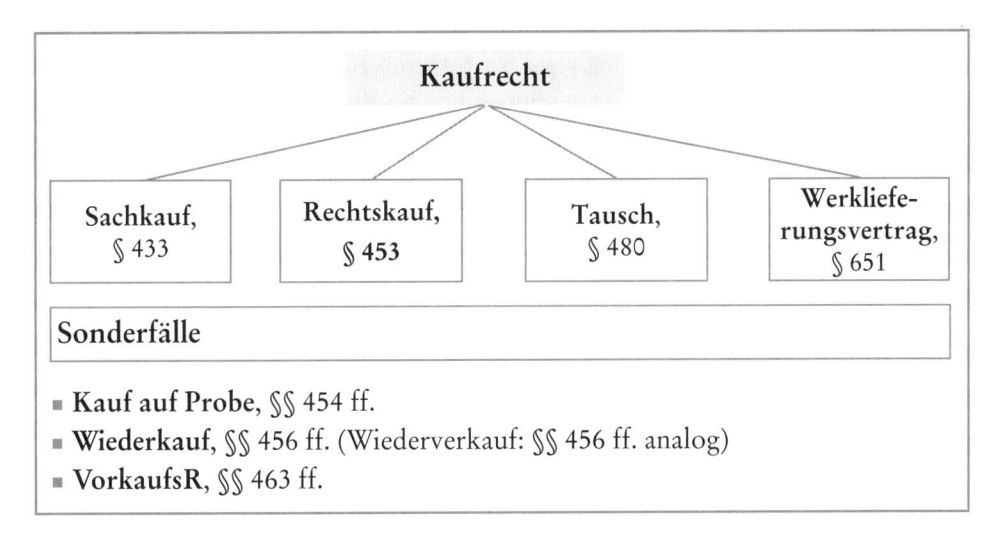

```
                        Kaufrecht
        ┌───────────┬──────────┬──────────┐
   Sachkauf,    Rechtskauf,  Tausch,   Werkliefe-
    § 433         § 453       § 480   rungsvertrag,
                                          § 651

   Sonderfälle
   ■ Kauf auf Probe, §§ 454 ff.
   ■ Wiederkauf, §§ 456 ff. (Wiederverkauf: §§ 456 ff. analog)
   ■ VorkaufsR, §§ 463 ff.
```

A. Anwendungsbereich

I. Neben dem klassischen **Sachkauf, § 433**, umfasst das Kaufrecht auch den Rechtskauf i.S.v. § 453: Also gemäß **§ 453 Abs. 1, 1. Var. den Kauf von Rechten**. Erfasst sind damit dingliche Rechte sowie schuldrechtliche Positionen.

Beispiele: Kauf von Anwartschaftsrechten, Miteigentumsanteilen, Patentrechten, Markenrechten, Gesellschaftsanteilen. Ferner der Verkauf von Forderungen (zu Factoring s. Rdm. 267).

Ferner sind gemäß **§ 453 Abs. 1, 2. Var.** „sonstige Gegenstände" erfasst. Hiermit ist **insbesondere** der **Unternehmenskauf** als Veräußerung der Sach- und Rechtsgesamtheit gemeint. Wird die bisherige Firmenbezeichnung vom Käufer fortgeführt, so ist für dessen Haftung bezüglich der Verbindlichkeiten des ursprünglichen Firmeninhabers § 25 HGB zu beachten. Die Haftung ist gemäß § 25 Abs. 2 HGB ausschließbar.

Über § 453 gilt dann auch wieder das Gewährleistungsrecht gemäß §§ 434 ff. Beim **Forderungsverkauf** ist allerdings zu beachten, dass ein Verkäufer in der Regel nur die Haftung für das Bestehen der Forderung übernimmt, sog. **Verität**. In der Regel wird ein Verkäufer jedoch keine Haftung für die Bonität des Schuldners, gegen den sich die verkaufte Forderung richtet, übernehmen wollen (ggf. durch Auslegung zu ermitteln). Besonderheiten gelten allerdings beim unechten Factoring, s. dort, Rdnr. 267.

II. Beliebtes Klausurproblem ist die Abgrenzung zwischen dem reinen Kaufvertrag und dem **Werklieferungsvertrag, § 651**, bei dem der Vertragspartner zunächst eine bewegliche Sache herstellen muss, um dann zu liefern. Beim reinen Kaufvertrag hingegen schuldet der Verkäufer nur die Beschaffung der bereits fertigen Sache; dabei sind kleine Änderungen, z.B. Konfektionskleidung oder bloße Nebenleistung, z.B. Montage, § 434 Abs. 2, unschädlich. Zu beachten ist, dass § 651 von vornherein nur für die Herstellung/Erzeugung beweglicher Sachen gilt.

129 III. Über § 480 gelten auch für den **Tauschvertrag** die kaufrechtlichen Vorschriften. Der Anwendungsbereich ist jedoch gering.

Die **Inzahlunggabe gebrauchter Sachen** stellt nach h.M. keine Kombination aus Tausch- und Kaufvertrag dar s. Rdnr. 29.

B. Besondere Arten des Kaufs

130 I. Bei dem **Kauf auf Probe** oder **Besichtigung, §§ 454, 455** handelt es sich um einen Kaufvertrag, der unter der aufschiebenden oder auflösenden Bedingung i.S.v. § 158 steht, dass der Käufer den Kauf noch durch eine gesonderte Willenserklärung billigt oder missbilligt. Die Billigung steht bei § 454 im Belieben des Käufers. Anders beim reinen aufschiebend bedingt geschlossenen Kaufvertrag i.S.v. § 158 Abs. 1, bei dem der Eintritt der Bedingung nicht im Belieben des Käufers steht (z.B. Ergebnis einer Ankaufuntersuchung beim Pferdekauf). Ggf. ist noch abzugrenzen zum reinen Kaufvertrag mit bloßem Umtauschvorbehalt sowie zum Kauf auf Probe (s. Palandt/Weidenkaff § 454 Rdnr. 3–7).

Die Billigungsfrist richtet sich nach § 455. Die Beweislast für das Zustandekommen des Vertrags und damit für die Billigung des Käufers trägt als anspruchsbegründende Tatsache der Verkäufer.

131 II. Hat sich der Verkäufer in dem Kaufvertrag das Recht des **Wiederkaufs** gemäß **§§ 456 ff.** vorbehalten, so kommt der Vertrag mit seiner rechtsgestaltenden Willenserklärung, dass er das Wiederkaufsrecht ausübe, zustande. Die Erklärung ist gemäß § 456 Abs. 1 S. 2 formfrei möglich. Gemäß § 456 Abs. 2 ist im Zweifel anzunehmen, dass der Preis, zu dem ursprünglich verkauft worden ist, auch für den Wiederkauf gilt.

Die Haftung des Wiederverkäufers ergibt sich aus §§ 457, 458. Hat der Wiederverkäufer zwischenzeitlich Verwendungen auf den Gegenstand getätigt, hat er Verwendungsersatzansprüche nach Maßgabe des § 459.

Ist für die Ausübung des Wiederkaufsrechts keine Frist bestimmt, so gelten die Fristen des § 462. In Klausuren wird gern die Abgrenzung zu anderen Konstruktionen gebracht:

> Während der Wiederkauf i.S.v. §§ 456 ff. ein Recht des Verkäufers darstellt, den verkauften Gegenstand zurückzukaufen, wird in der Praxis häufig umgekehrt vereinbart, dass der (unsichere) Käufer das Recht haben soll, den soeben gekauften Gegenstand an den Verkäufer wieder zurückzuverkaufen, sog. **Wiederverkaufsrecht**. Dieser Fall ist nicht geregelt; der BGH wendet jedoch die **§§ 456 ff. analog** an. Zur Abgrenzung zu sonstigen Parallelfällen s. Palandt/Weidenkaff § 456 Rdnr. 5–8.

132 III. Beim **Vorkaufsrecht, §§ 463 ff.**, wird ein Erwerbsrecht vereinbart, falls der Vorkaufsverpflichtete an einen Dritten verkauft. Die Ausübung des Vorkaufsrechts erfolgt gemäß § 464 durch rechtsgestaltende, formfreie Willenserklärung gegenüber dem Verpflichteten. Der Vorkaufsberechtigte tritt dann nicht in den Kaufvertrag mit dem Dritten ein, sondern es wird gemäß § 464 Abs. 2 mit demselben Inhalt ein neuer, selbstständiger Kaufvertrag begründet. Deswegen hat der Vorkaufsverpflichtete gemäß § 469 Mitteilungspflichten. Das Vorkaufsrecht ist, sofern nicht ein anderes vereinbart wurde, gemäß § 473 nicht übertragbar.

Zu beachten ist, dass gemäß § 465 eine Vereinbarung des Vorkaufsverpflichteten mit dem Dritten, durch welche der Kauf von der Nichtausübung des Vorkaufsrechts abhängig gemacht oder dem Vorkaufsverpflichteten für den Fall der Ausübung des Vorkaufsrechts der Rücktritt vorbehalten wird, im Verhältnis zum Vorkaufsberechtigten gegenüber unwirksam ist, weil sonst dessen Position unterlaufen würde.

Klausurrelevant sind auch die **gesetzlichen Vorkaufsrechte**: 133

- **§ 577: Vorkaufsrecht des Mieters**, falls nach Überlassung der Mietsache an den Mieter Wohnungseigentum begründet und an einen Dritten verkauft wird.

- **§ 2034: Vorkaufsrecht eines Miterben**, wenn ein anderer Miterbe seinen Miterbenanteil gemäß § 2033 Abs. 1 an einen Dritten verkauft. Wem gegenüber das Vorkaufsrecht auszuüben ist, hängt vom Stand des dinglichen Rechtsgeschäfts der Erbteilsübertragung ab: Bis zum dinglichen Vollzug ist das Vorkaufsrecht gemäß § 2034 i.V.m. § 464 Abs. 1 dem Verkäufer gegenüber auszuüben, danach gemäß § 2035 Abs. 1 gegenüber dem Käufer. § 2035 stellt somit eine Erweiterung der an sich bloß relativen Wirkung eines schuldrechtlichen Vorkaufsrechts dar.

- **Dingliches Vorkaufsrecht, §§ 1094 ff.**

  Dieses wird als dingliches Recht im Grundbuch eingetragen und hat deswegen **absolute Wirkung** gegenüber dem jeweiligen Eigentümer des belasteten Grundstücks. (Unterschied zum bloß schuldrechtlichen Vorkaufsrecht i.S.v. §§ 463 ff., das sich nur relativ gegen den Vorkaufsverpflichteten richtet). Gemäß § 1094 Abs. 2 kann das Vorkaufsrecht auch zugunsten des jeweiligen Eigentümers eines anderen Grundstücks bestellt werden. Belastungsgegenstand kann nur ein Grundstück oder ein Bruchteil, § 1095, sein. Gemäß § 1096 erstreckt sich das Vorkaufsrecht im Zweifel auch auf Zubehörstücke. Die Rechtsfolgen des Vorkaufsrechts ergeben sich aus §§ 1098 ff.: Gemäß § 1098 Abs. 1 gelten für das interne Rechtsverhältnis zwischen dem Berechtigten und dem Verpflichteten die Vorschriften über das schuldrechtliche Vorkaufsrecht, §§ 463 ff.

  Umgekehrt hat das Vorkaufsrecht **gegenüber Dritten gemäß § 1098 Abs. 2 die Wirkungen einer Vormerkung**. D.h., der durch die Ausübung des Vorkaufsrechts bedingte Anspruch des Vorkaufsberechtigten auf Übereignung des Grundstücks wird wie durch eine Vormerkung gesichert. Daher besteht keine Grundbuchsperre. Allerdings sind beeinträchtigende Verfügungen an Dritte gegenüber dem Vorkaufsberechtigten gemäß **§ 883 Abs. 2** relativ unwirksam. Ergänzend gelten die Rechte und Pflichten aus den §§ 1100 ff.

2. Abschnitt: Werkvertrag, §§ 631 ff.

A. Anwendungsbereich

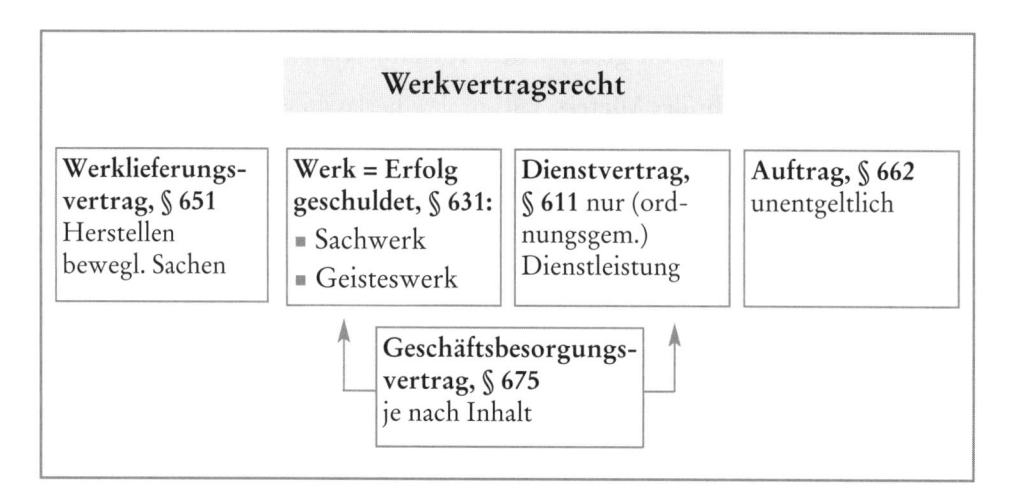

```
                          Werkvertragsrecht

 Werklieferungs-    Werk = Erfolg      Dienstvertrag,     Auftrag, § 662
 vertrag, § 651     geschuldet, § 631: § 611 nur (ord-    unentgeltlich
 Herstellen         ■ Sachwerk         nungsgem.)
 bewegl. Sachen     ■ Geisteswerk      Dienstleistung
                            ↑                  ↑
                    Geschäftsbesorgungs-
                    vertrag, § 675
                    je nach Inhalt
```

I. Abgrenzung zum Werklieferungsvertrag, § 651

134 Weil der Werklieferungsvertrag gemäß § 651 S. 1 **nur für die Herstellung beweglicher Sachen** einschlägig ist, folgt hieraus der Umkehrschluss, dass der Werkvertrag bei Sachwerken nur Herstellung unbeweglicher Sachen, also Grundstücke und deren wesentliche Bestandteile (z.B. Häuser), umfasst sowie generell bei allen Sachen (weil keine Herstellung i.S.v. § 651) Reparaturen, Inspektionen, Wartungen etc. Ferner (weil keine Sache i.S.v. § 651) generell sog. Geisteswerke, vgl. § 631 Abs. 2, 2. Halbs., z.B. Architektenpläne, Theateraufführungen etc.

> Die Unterscheidung ist insofern wichtig, als dass § 651 auf das Kaufrecht rückverweist, hingegen beim reinen Werkvertrag ausschließlich die §§ 631 ff. gelten. Obwohl Kauf- und Werkvertrag gewährleistungsrechtlich nahezu gleich geregelt sind, ergeben sich im Übrigen dennoch Unterschiede, z.B. Gefahrübergang bei Kaufvertrag (i.V.m. § 651) grundsätzlich mit Ablieferung der Sache, § 446, hingegen bei Werkvertrag Gefahrübergang mit Abnahme des Werkes, §§ 640, 644 Abs. 1 S. 1. Ferner gibt es bei Anwendbarkeit des Kaufrechts die Sondervorschrift über den Verbrauchsgüterkauf, §§ 474 ff., welche bei Anwendung des Werkvertragsrechts nicht existieren!

Die genaue Abgrenzung zwischen Werklieferungsvertrag, § 651 und reinem Werkvertrag, § 631, ist schwierig und in vielen Fällen streitig:

Beispiel: Ein Künstler soll ein Porträt als Ölgemälde malen. An sich liegt damit die Herstellung einer beweglichen Sache vor, sodass § 651 S. 1 vom Wortlaut passt. Andererseits lässt sich vertreten, dass bei einem Bild ein über die Herstellung als solcher hinausgehender Erfolg, nämlich die künstlerische Leistung, derart im Vordergrund steht, sodass dann mit Blick auf § 631 Abs. 2, 2. Halbs. ein sonstiger Erfolg geschuldet ist. Dann lässt sich die Anwendung des Werkvertrags rechtfertigen. Handelt es sich jedoch um einen Vertrag zwischen Unternehmer und Verbraucher, so steht dieses Ergebnis nach wohl überwiegender Auffassung nicht im Einklang mit dem Verbrauchsgüterrecht (s. Palandt/Sprau § 651 Rdnr. 4).

II. Abgrenzung zum Dienstvertrag, §§ 611 ff.

135 Beim Dienstvertrag ist nur die Dienstleistung als solche geschuldet, jedoch im Unterschied zum Werkvertrag kein Erfolgseintritt. Dementsprechend Fälligkeit der Vergütung beim Dienstvertrag nach Erbringung der Dienste, § 614. Hingegen beim

Werkvertrag Gefahrübergang und Fälligkeit der Vergütung erst mit Herstellung des Werkes, also Erfolgseintritt **und** Abnahme, §§ 644 Abs. 1 S. 1, 640. Ob die Dienstleistung als solche oder ein Erfolgseintritt geschuldet ist, ist ggf. durch Auslegung zu ermitteln.

Beispiel: Bei Schönheits-OP wird i.d.R. ebenso wie bei Heileingriffen, kein Erfolg versprochen, da zu viele Faktoren Einfluss haben, also Dienstvertrag (str.).

III. Abgrenzung zum Geschäftsbesorgungsvertrag, § 675

Während der Auftrag, § 662, unentgeltlich ist und jede fremdnützige Tätigkeit umfasst, ist das entgeltliche Gegenstück, die Geschäftsbesorgung enger: Die versprochene Tätigkeit ist meist auf rechtsgeschäftliches Handeln gerichtet, sie muss wirtschaftlicher Art sein und Bezug zum Vermögen des Vertragspartners aufweisen. § 675 stellt dann klar, dass je nach Inhalt der versprochenen Tätigkeit die Vorschriften über den Werkvertrag oder den Dienstvertrag Anwendung finden. Also ist entscheidend, ob die versprochene Tätigkeit erfolgsabhängig ist oder nur Dienstleistungen als solche versprochen wurden.

136

Klassisches Beispiel: Der Vertrag zwischen Rechtsanwalt und Mandant wird wegen des verbleibenden Prozessrisikos grundsätzlich nicht erfolgsabhängig abgeschlossen. Dies bedeutet natürlich nicht, dass der Rechtsanwalt keine Pflichten hat, sondern er schuldet auch beim Dienstvertrag Dienstleistungen nach den Regeln der anwaltlichen Kunst, anderenfalls Schadensersatz gemäß § 280 Abs. 1.

Gegenbeispiel: Rechtsanwalt verpflichtet sich, einen Vertrag zu erstellen oder ein Gutachten, z.B. über die Erfolgsaussichten einer Revision. Dann wird ein Geisteswerk als Erfolg i.S.v. § 631 Abs. 2 geschuldet. Der Erfolg besteht darin, dass der Vertrag bzw. das Gutachten richtig erstellt wird, anderenfalls Gewährleistung gemäß § 634.

B. Besonderheiten

I. Mitwirkung des Bestellers, § 642

Je nach Art des herzustellenden Werks können zur Vertragsdurchführung Handlungen des Bestellers erforderlich sein, z.B. Bereitstellen der Baustelle/Architektenpläne, Beibringen der erforderlichen Baugenehmigung. Die Mitwirkung des Bestellers ist grundsätzlich keine Verpflichtung, sondern eine bloße Obliegenheit. Ihr Unterlassen löst daher keinen Schuldnerverzug des Bestellers aus; jedoch unter den Voraussetzungen der §§ 293 ff. Annahmeverzug des Bestellers. Der Unternehmer hat dann einen Entschädigungsanspruch gemäß § 642 sowie ein Kündigungsrecht gemäß § 643. Der Besteller muss die bis zur Kündigung erbrachten Leistungen des Unternehmers vergüten, § 645 Abs. 1 S. 2.

137

II. Verantwortlichkeit des Bestellers gemäß § 645

Nimmt hingegen der Besteller seine Mitwirkungshandlungen vor, führt dies jedoch zu einer Leistungsstörung, so kann gemäß § 645 der Unternehmer den bis dahin geleisteten Teil seiner Arbeiten vergütet verlangen. § 645 beruht auf der objektiven Verantwortlichkeit des Bestellers für den Eintritt eines Schadens, der sich aus einer von ihm verursachten Risikolage ergibt. Der Gesetzgeber nennt hierzu zwei Fälle:

- **Fehlerhafter Stoff zur Verfügung gestellt:** z.B. Besteller stellt Baugrundstück, das nicht tragfähig ist wegen Fließsand; Besteller stellt nicht mehr verwendbaren Fliesenkleber.

- **Fehlerhafte Anweisung des Bestellers:** Besteller erteilt für eine von ihm gewünschte Ausführung des Baues eine Anweisung entgegen den Bedenken des Unternehmers.

- Über die beiden geregelten Fälle hinaus wird **§ 645 analog** angewandt **auf sonstige** Fälle, die aus der **Risikosphäre des Bestellers** stammen.[2]

  Klassiker: Nach Anruf beim Abschleppunternehmer springt das Auto doch noch an und ist ohne Weiteres fahrbereit. Der Abschleppunternehmer kann dann analog § 645 Fahrtkostenersatz verlangen.

Klausurproblem: Besteller kann dem Dachdecker nicht rechtzeitig den Rohbau zur Verfügung stellen, weil der Rohbauunternehmer noch Mängel in den Wänden nachbessern muss. Der Dachdecker verlangt vom Besteller Ersatz der Verzögerungsschäden: Kein Anspruch aus §§ 280 Abs. 1, Abs. 2, 286, da das Zurverfügungstellen des Rohbaues keine Pflicht des Bauherren ist, sondern nur eine Mitwirkungshandlung i.S.v. § 642. Daher nur angemessene Entschädigung aus § 642. Hingegen anteilige Vergütung aus § 645 nicht geschuldet, da das Werk des Dachdeckers nicht untergegangen, verschlechtert oder unausführbar geworden ist, § 645 erfasst also keine Verzugsfälle! Analoge Anwendung des § 645 wird von der Rspr. ebenso abgelehnt, weil der Rohbauunternehmer nicht aus der Risikosphäre des Bestellers stammt und daher im Verhältnis zum Dachdecker nicht dem Bauherrn zugerechnet werden kann. Vielmehr geht der BGH von einem Nebeneinander der verschiedenen Unternehmer aus.

III. Sicherheiten des Unternehmers, §§ 647 ff.

138   1. Der Werkunternehmer ist aufgrund der Erfolgsabhängigkeit des Werkvertrags vorleistungspflichtig und erhält seine Vergütung grundsätzlich erst mit der Abnahme, § 641. Auch wenn die Vereinbarung einer Teilabnahme möglich ist, § 641 Abs. 1 S. 2, geht der Werkunternehmer teilweise in Vorleistung. Deswegen ist der Unternehmer bei beweglichen Sachen durch das **Werkunternehmerpfandrecht gemäß § 647** abgesichert. Hiernach entsteht automatisch per Gesetz ein Pfandrecht **an** den **beweglichen Sachen des Bestellers**, sobald diese in den Besitz des Unternehmers gelangt sind. Durch die Formulierung „an den Sachen des Bestellers" ist klargestellt, dass der **Besteller Eigentümer der Sache sein muss**. Hatte der Kunde daher z.B. den Pkw unter Eigentumsvorbehalt erlangt, so fehlt bei ihm das Eigentum. Allerdings hat er bereits ein Anwartschaftsrecht, was als wesensgleiches Minus zum Eigentum dennoch unter das gesetzliche Pfandrecht fällt. Fehlt hingegen dem Besteller das Eigentum (Leasingfahrzeug!) so kann der Reparaturunternehmer nicht gutgläubig das gesetzliche Werkunternehmerpfandrecht erwerben. Denn ein Gutglaubenserwerb ist nur bei rechtsgeschäftlichem Erwerb möglich (Verkehrsgeschäft) und § 1207 ist unanwendbar, da § 1257 nur für ein „entstandenes" Pfandrecht rückverweist. Eine Ausnahme gilt gemäß § 366 Abs. 3 HGB. Gegenüber dem wahren Eigentümer hat der Unternehmer allenfalls ein Zurückbehaltungsrecht wegen Verwendungsersatzansprüchen aus § 1000 i.V.m. §§ 994 ff. Alles streitig! Einzelheiten hierzu im E-B-V.

2. Der Unternehmer eines Bauwerks hat gemäß **§ 648** einen (bloßen) **Anspruch auf** Einräumung einer **Sicherungshypothek**. Anders als bei beweglichen Sachen, bei denen gemäß § 647 das Pfandrecht automatisch entsteht, entsteht hier also die Sicherungshypothek nicht automatisch (was außerhalb des Grundbuchs auch gar nicht möglich wäre). Die Realisierung dieses Anspruchs erfolgt daher durch dingliche Einigung über die Bestellung einer Hypothek und Eintragung im Grundbuch, § 873 i.V.m. §§ 1113 ff., §§ 1184 ff. Einzelheiten im Hypothekenrecht.

---

[2] Palandt/Sprau § 645 Rdnr. 8 ff.

3. Im Übrigen können Unternehmer gemäß § 648 a **sonstige Sicherheiten verlangen**. Gemäß § 648 a Abs. 2 kann insbesondere eine Garantie oder ein sonstiges Zahlungsversprechen eines Kreditinstituts, z.B. selbstschuldnerische Bürgschaft einer Bank, geleistet werden. **Ergänzend** gelten die **§§ 232 ff.** (Anwaltsklausur!).

IV. Kündigungsrecht des Bestellers, § 649

Der Besteller kann bis zur Vollendung des Werkes jederzeit, ohne Grund, den Vertrag kündigen, § 649 S. 1. Er schuldet dem Unternehmer jedoch dann eine Teilvergütung nach Maßgabe des § 649 S. 2.

Beachte die Vermutung in § 649 S. 3 (Anwaltsklausur!)

V. Kostenanschlag, §§ 632 Abs. 3, 650

1. Geht dem eigentlichen Werkvertrag ein Kostenanschlag voraus (landläufig Kostenvoranschlag genannt), so stellt § 632 Abs. 3 klar, dass dieser im Zweifel nicht gesondert zu vergüten ist. Hierbei lässt der Gesetzgeber offen, ob über den Kostenanschlag überhaupt ein gesonderter Vertrag geschlossen wird. Jedoch stellt § 650 Abs. 1 klar, dass eine **Abweichung** von den veranschlagten Kosten zulässig ist. Hierin liegt der Unterschied zum vereinbarten Festpreis, der naturgemäß verbindlich ist.

2. Ist eine **wesentliche Überschreitung des Kostenanschlags zu erwarten**, so muss der Unternehmer dies dem Besteller lediglich **unverzüglich anzeigen**, § 650 Abs. 2. Der Besteller kann dann gemäß § 650 Abs. 1, 2. Halbs. den Vertrag kündigen mit der Folge einer bloßen Teilvergütung gemäß § 645. Für die Frage der wesentlichen Abweichung gibt es keine allgemeine Grenze. Richtwert sind 15–20%, in besonderen Ausnahmefällen bis maximal 25%ige Abweichung.[3] Im Umkehrschluss bedeutet dies, dass der Unternehmer bei Abweichung unterhalb dieser Werte noch nicht einmal darauf hinweisen muss!

Weist hingegen bei wesentlicher Abweichung der Unternehmer nicht darauf hin, so ist in § 650 keine Sanktion geregelt. Die Rspr. löst dann über einen **Schadensersatzanspruch des Bestellers aus § 280 Abs. 1**, entweder wegen Verletzung vorvertraglicher Pflichten gemäß §§ 311 Abs. 2, 241 Abs. 2 (c.i.c.) bei von Anfang an schuldhaft fehlerhafter Kostenermittlung oder wegen Verletzung vertraglicher Pflichten, §§ 311 Abs. 1, 241 Abs. 2 (wegen schuldhafter Verletzung der Anzeigepflicht i.S.v. § 650 Abs. 2). Problematisch ist dann jedoch jeweils die **Schadensberechnung:** So fehlt ein Schaden des Bestellers, wenn zwar einerseits Mehrkosten entstanden sind, aber andererseits ein entsprechender Wertzuwachs beim Werk erfolgt ist (Vorteilsanrechnung).

Beispiel: Durch die Besonderheiten des Baugrundes wird ein stärkeres Fundament mit besonderer Verankerung erforderlich. Insofern wird der Kostenanschlag um 28% überschritten, jedoch ist nunmehr das Bauwerk wegen des besonders sicheren Fundaments mehr wert.

Ob unter dem Gesichtspunkt „aufgedrängte Bereicherung" gewisse Vorteile doch nicht anrechnungsfähig sind und damit doch ein Schaden des Bauherrn verbleibt, ist jeweils umstritten. Es genügt daher in einer Klausur, diesen Punkt zu problematisieren, beide Lösungswege sind dann vertretbar.

---

3 Palandt/Sprau § 650 Rdnr. 2.

VI. Verdingungsordnung für Bauleistungen, VOB

Da die VOB in der Regel kein Klausurthema ist, hier nur ein kleiner Überblick.

141 Die VOB gliedert sich in drei Teile:

Teil A regelt die Vergabe von Aufträgen durch die öffentliche Hand.

Teil B enthält jeweils in Form von allgemeinen Vertragsbedingungen einen kompromissartigen Ausgleich der Interessen des Unternehmers und des Bestellers. Hier finden sich insbesondere Ergänzungen zum werkvertraglichen Gewährleistungsrecht.

Teil C enthält allgemeine technische Bestimmungen für die Ausführung und Abrechnung von Bauleistungen.

Zu beachten ist, dass die VOB Teil B und C nur bei entsprechender Einbeziehung in den Werkvertrag Vertragsbestandteil werden, entsprechend § 305 Abs. 2. Eine Inhaltskontrolle findet, da es sich nicht um echte AGB handelt, grundsätzlich nicht statt, wie § 310 Abs. 1 S. 3 klarstellt.

3. Abschnitt: Miete, §§ 535 ff.

A. Anwendungsbereich

Miete, §§ 535 ff.			
Miete, § 535 Gebrauchsüberlassung gegen Entgelt	**Leihe, § 598** unentgeltliche Gebrauchsüberlassung	**Pacht, § 581** Gebrauchsüberlassung und Nutzungsrecht gegen Entgelt	**Verwahrung, § 688** bloße Obhutspflicht

142 I. Gemäß § 535 Abs. 1 S. 1 wird der Vermieter durch den **Mietvertrag** verpflichtet, dem Mieter den Gebrauch der Mietsache gegen Zahlung der vereinbarten Miete (§ 535 Abs. 2) zu gewähren.

Hierin liegt der Unterschied zur **Leihe**, wonach der Gebrauch der Sache unentgeltlich zu gestatten ist, § 598. Wegen der Unentgeltlichkeit haftet daher der Verleiher grundsätzlich nicht. Ausnahme: Vorsatz und grobe Fahrlässigkeit, § 599; keine Anspruchsgrundlage, nur Haftungsmaßstab, daher Anspruchsgrundlagen nach allgemeinen Grundsätzen aus §§ 280 ff.!

Bei **Mängeln der verliehenen Sache** gilt § 600: Hiernach haftet der Verleiher für einen Sach- oder Rechtsmangel nur bei Arglist und nur auf den daraus resultierenden Vertrauensschaden. Verursacht der Mangel der verliehenen Sache hingegen an anderen Rechtsgütern des Entleihers einen Schaden (Mangelfolgeschaden), haftet der Verleiher hingegen aus § 280 Abs. 1 und ggf. aus §§ 823 ff. für normales Verschulden, §§ 276 ff. (streitig, s. Palandt/Weidenkaff § 600 Rdnr. 4).

143 II. Während der Mietvertrag dem Mieter nur ein Gebrauchsrecht zugesteht, wird beim **Pachtvertrag gemäß § 581 Abs. 1** zusätzlich noch das Recht zum Genuss der Früchte, also gemäß § 99 Erzeugnisse und sonstige Ausbeute eingeräumt. Der Umstand, dass die Räume (leer oder mit Inventar) gewerblich genutzt werden, genügt für einen Pachtvertrag nicht. Als Früchte müssen weitere Nutzungsvorteile hinzukommen, z.B. beim Gaststättenpachtvertrag die Vorteile aus einem exklusiven

Bier- und Getränkebezugsvertrag. Damit ist im Einzelfall die Abgrenzung zwischen Miete und Pacht schwierig, kann aber vielfach wieder dahinstehen, weil § 581 Abs. 2 vorbehaltlich der §§ 582 ff. wieder auf den Mietvertrag verweist.

III. Beim **Verwahrungsvertrag i.S.v. § 688** besteht im Unterschied zum Mietvertrag kein Gebrauchsrecht, sondern nur eine Obhutspflicht. Gemäß § 689 ist grundsätzlich eine entgeltliche Verwahrung anzunehmen. Beim **unentgeltlichen Verwahrungsvertrag** (der ggf. noch von der reinen Gefälligkeit abzugrenzen ist!) hat der Verwahrer gemäß § 690 nur für eigenübliche Sorgfalt einzustehen, Maßstab also nicht § 276, sondern § 277. Die Modalitäten der Verwahrung sind in §§ 691, 692 geregelt. Macht der Verwahrer zum Zwecke der Aufbewahrung Aufwendungen auf die Sache, so hat er nach Maßgabe des § 693 einen **Aufwendungsersatzanspruch**.

144

Entstehen durch die hinterlegte Sache Schäden beim Verwahrer, z.B. weil der in Verwahrung gegebene Mantel mit Kleiderläusen behaftet war, so hat der Verwahrer einen **Schadensersatzanspruch gegen den Hinterleger** gemäß § 694.

Die **Rückgabe** ist in **§§ 695 ff.** geregelt: Gemäß § 695 kann der Hinterleger jederzeit die hinterlegte Sache zurückfordern. Umgekehrt kann der Verwahrer nach Maßgabe des § 696 die Rücknahme der Sache durch den Hinterleger verlangen. Gemäß § 697 ist Rückgabeort der Hinterlegungsort, also Holschuld für den Hinterleger, wichtig für den Gerichtsstand des Erfüllungsorts, § 29 Abs. 1 ZPO (Anwaltsklausur!).

B. Besonderheiten

I. Zur Struktur des Mietrechts

Das Mietrecht unterteilt sich in einen **allgemeinen Teil, § 535–548**, welcher sowohl für Wohnraummiete als auch für Grundstücks- und Gewerberaummiete gilt. Alsdann folgen (ergänzende) Sondervorschriften über **Wohnraummiete, §§ 549 ff.** Am Ende finden sich für **sonstige Mietverhältnisse**, also Grundstücksmiete und Gewerberaummiete die **§§ 578 ff.**, welche teilweise wieder auf Wohnraummiete zurückverweisen.

II. Entstehen des Mietverhältnisses

1. Grundsätzlich entsteht ein Mietverhältnis durch **Abschluss eines Mietvertrags** i.S.v. § 535. Wird ein **Mietvertrag über Wohnraum** für längere Zeit als ein Jahr geschlossen, so bedarf dies gemäß § 550 der Schriftform: Keine Wirksamkeitsvoraussetzung bei Nichteinhaltung, sondern Mietverhältnis auf unbestimmte Zeit (Kündigung frühestens zum Ablauf eines Jahres nach Überlassung des Wohnraums zulässig, § 550 S. 2). Über § 578 gilt dasselbe für Grundstücksmiete sowie Gewerberaummiete.

145

2. Ein Mietverhältnis kann auch durch **Wechsel der Vertragsparteien gemäß §§ 563 ff.** entstehen:

146

- § 563: **Eintrittsrecht des Ehegatten**/Lebenspartners **bei Tod des Mieters**.
- § 564: **Fortsetzung** des Mietverhältnisses **mit den Erben des Mieters**, allerdings mit außerordentlichem Kündigungsrecht.
- § 566: „Kauf bricht nicht Miete"

Erwirbt jemand das Mietobjekt, so tritt er gemäß § 566 automatisch in die bestehenden Mietverhältnisse ein, „**Kauf bricht nicht Miete**". Zu beachten ist das Abstraktionsprinzip: Allein der schuldrechtliche Kauf des Mietobjekts löst § 566

147

nicht aus. Erst wenn das Mietobjekt auch dem Käufer sachenrechtlich übereignet wurde (§§ 873, 925), gehen gemäß § 566 bestehende Mietverhältnisse auf den neuen Eigentümer über. Dasselbe gilt für Grundstücksmiete und Gewerberaummiete über § 578.

III. Ansprüche und Rechte des Mieters

148 Die Rechte des Mieters wegen Leistungsstörungen haben wir bereits oben im 3. Teil behandelt.

1. Hat der Mieter Verwendungen getätigt, so kann er **gemäß § 539 Abs. 1** hierfür Ersatz verlangen. Die Vorschrift verweist als Rechtsgrundverweis auf die berechtigte GoA, § 683, bzw. unberechtigte GoA, § 684. Zu beachten ist, dass § 539 vom Wortlaut nur für Aufwendungen gilt, „die der Vermieter nicht nach § 536 a Abs. 2 zu ersetzen hat". Da § 536 a Abs. 2 mängelbedingte Aufwendungen meint, ist dies nach h.M. so zu verstehen, dass von § 539 nur solche Aufwendungen des Mieters erfasst sind, die nicht mangelbedingt sind, also z.B. der Verschönerung und Verbesserung der Mietsache dienen.

> **Beispiel:** Mieter lässt das Wohnzimmer fliesen. Ersatzfähigkeit gemäß § 539 Abs. 1 i.V.m. § 683, wenn dies dem Interesse und dem (mutmaßlichen) Willen des Vermieters entspricht. Andernfalls ersatzfähig gemäß § 539 Abs. 1 i.V.m. § 684 nur die beim Vermieter eingetretene Bereicherung. Alternativ hat der Mieter gemäß § 539 Abs. 2 das Recht, eine Einrichtung wegzunehmen, mit der er die Mietsache versehen hat, z.B. baut der Mieter das Waschbecken, das er selbst angebracht hat, wieder ab. Das Wegnahmerecht erstreckt sich auch auf Einrichtungen, die wesentlicher Bestandteil des Mietgebäudes geworden sind.[4] Bei Wohnraummiete besteht allerdings gemäß § 552 ein Abwendungsrecht des Vermieters. Dies gilt gemäß § 578 Abs. 2 auch für Geschäftsraummiete.

149 **2. Gemäß § 540 Abs. 1** ist der Mieter ohne Erlaubnis des Vermieters nicht berechtigt, den **Gebrauch** der Mietsache **einem Dritten zu überlassen**. Bei Wohnraummiete kann der Mieter vom Vermieter die Erlaubnis jedoch nach Maßgabe des § 553 verlangen.

> **Beachte** die Zurechnungsnorm des § 540 Abs. 2: Überlässt der Mieter den Gebrauch einem Dritten, so wird ihm das Verschulden des Dritten zugerechnet.

Im Fall der **Untermiete** sind folgende Rechtsverhältnisse zu unterscheiden:

- **Verhältnis Hauptmieter – Untermieter.** Zwischen diesen besteht der Mietvertrag, sodass sämtliche mietrechtlichen Vorschriften Anwendung finden. Der Untermietvertrag ist auch bei fehlender Erlaubnis des Vermieters i.S.v. § 540 Abs. 1 wirksam. Das Untermietverhältnis über Wohnraum kann nicht vom Bestand des Hauptmietvertrags abhängig gemacht werden, § 572 Abs. 2, wohl aber bei Gewerberaummiete, da § 578 Abs. 2 nicht hierauf verweist. Durch Beendigung des Hauptmietvertrags entfällt daher das Untermietverhältnis nicht ohne Weiteres. Jedoch kann der Untermieter gemäß § 543 Abs. 2 Nr. 1 kündigen, wenn der Vermieter Herausgabe der Mietsache gemäß § 546 Abs. 2 verlangt.

- **Verhältnis Vermieter – Untermieter.** Zwischen diesen Personen besteht keine unmittelbare vertragliche Beziehung, daher hat der Untermieter weder Erfüllungs- noch Gewährleistungsansprüche gegen den Vermieter. Allerdings kann der Vermieter bei Beendigung des Hauptmietverhältnisses auch gegen den Untermieter einen Anspruch auf Räumung gemäß § 546 Abs. 2 geltend machen.

---

[4] Palandt/Weidenkaff § 539 Rdnr. 10.

IV. Ansprüche und Rechte des Vermieters

1. Der Vermieter hat einen Anspruch auf **Mietzahlung aus § 535 Abs. 2**. Mangels besonderer Vereinbarung ist die Miete am Anfang des Monats, spätestens am 3. Werktag fällig, § 556 b Abs. 1 für Wohnraummiete.

a) Bei nicht rechtzeitigem Eingang der Miete also automatisch **Verzug des Mieters** gemäß § 286 Abs. 2 Nr. 1. Dann kann der Vermieter Ersatz der Verzugsschäden aus § 280 Abs. 1, Abs. 2 i.V.m. § 286 Abs. 2 Nr. 1, § 288 verlangen. Zahlt hingegen der Mieter nicht, weil die Mietsache mangelhaft ist, so ist wiederum zu berücksichtigen, dass die Mietminderung gemäß § 536 Abs. 1, 2. Halbs. automatisch eintritt. Da damit in Höhe des Minderwerts kein Anspruch auf Miete besteht, kann kein Verzug eintreten. Die Minderung kann je nach Mangel bis zu 100% betragen. Liegt sie darunter, so kann ein Verzug des Mieters bezüglich der restlichen Miete mangels durchsetzbaren Anspruchs entfallen, wenn er bezüglich des Restes ein Zurückbehaltungsrecht aus § 320 hat. Nach h.M. sind **Mietminderung** und **Zurückbehaltungsrecht** nebeneinander **anwendbar**: Die Minderung stellt die Abgeltung des aktuellen Minderwerts dar, hingegen ist das Zurückbehaltungsrecht ein Druckmittel, um den Vermieter zu zwingen, den Mietmangel zu beseitigen. Ein Zurückbehaltungsrecht scheidet allerdings aus, wenn der Mietmangel verhältnismäßig gering ist, vgl. § 320 Abs. 2.

b) Wenn die Parteien keine Staffelmiete, § 557 a oder Indexmiete, § 557 b vereinbart haben, so kann gemäß § 557 Abs. 3 der Vermieter **Mieterhöhung** nur nach Maßgabe der §§ 558, 558 a verlangen. Stimmt der Mieter dem Mieterhöhungsverlangen zu, so schuldet er gemäß § 558 b Abs. 1 die erhöhte Miete mit Beginn des 3. Kalendermonats nach Zugang des Erhöhungsverlangens. Hat hingegen der Mieter nicht bis zum Ablauf des 2. Kalendermonats nach Zugang des Verlangens zugestimmt, so kann der Vermieter gemäß § 558 b Abs. 2 auf Zustimmung klagen. Die Klage muss innerhalb von drei weiteren Monaten erhoben werden, § 558 b Abs. 2 S. 2 (Anwaltsklausur!). Es handelt sich um eine Leistungsklage, gerichtet auf Abgabe einer Willenserklärung.

Der Klageantrag muss genaue Angaben bezüglich Mietobjekt, Betrag der neuen Miethöhe und Wirksamkeitszeitpunkt enthalten. Also:

Klageantrag: „... den Beklagten zu verurteilen, gegenüber dem Kläger seine Zustimmung dahingehend zu erteilen, dass für das aufgrund des Mietvertrags vom ... vermietete Mietobjekt ... ab dem 1. März ... eine monatliche Miete i.H.v. ... € vom Beklagten geschuldet ist."

Zur Zuständigkeit des Gerichts ist § 29 a Abs. 1 ZPO und § 23 Nr. 2 a GVG zu beachten.

V. Sicherheiten für den Vermieter

1. Zur Absicherung seiner Ansprüche aus dem Mietverhältnis kann der Vermieter vom Mieter eine **Kaution** verlangen. Bei Wohnraummiete ist die Kaution allerdings begrenzt **gemäß § 551** auf das Dreifache einer Monatskaltmiete. Der Mieter ist gemäß § 551 Abs. 2 berechtigt, in drei Raten die Kaution zu erbringen. Die Verzinsung richtet sich nach § 551 Abs. 3.

2. Ferner sind die Forderungen des Vermieters durch das **Vermieterpfandrecht gemäß § 562 (§ 578)** abgesichert. Genau wie das Werkunternehmerpfandrecht des § 647 entsteht dieses Pfandrecht automatisch per Gesetz und nur an Sachen, die im Eigentum des Mieters stehen. Ein Anwartschaftsrecht des Mieters an Sachen, z.B.

als Eigentumsvorbehaltskäufer, § 449, ist als wesensgleiches Minus miterfasst. Das Vermieterpfandrecht entsteht gemäß § 562 Abs. 1 S. 2 i.V.m. §§ 811 ff. ZPO nicht an unpfändbaren Sachen, damit dem Mieter das Existenzminimum verbleibt. Gesichert werden nicht nur die Hauptforderung auf Miete, sondern sämtliche Forderungen des Vermieters aus dem Mietverhältnis. Das **Vermieterpfandrecht erlischt gemäß § 562 a** mit der Entfernung der Sachen von dem Grundstück, außer wenn diese ohne Wissen oder unter Widerspruch des Vermieters erfolgt. Der Vermieter darf der Entfernung der Sachen mit einem Selbsthilferecht gemäß § 562 b reagieren. Das Pfandrecht erlischt allerdings gemäß **§ 562 b Abs. 2 S. 2** mit Ablauf eines Monats, nachdem der Vermieter von der Entfernung Kenntnis erlangt hat, wenn er diesen Anspruch nicht vorher gerichtlich geltend gemacht hat (Anwaltsklausur!).

Klausurproblem: Werden aufgrund eines Titels gegen den Mieter Sachen gepfändet, die dem Vermieterpfandrecht unterliegen, so kann der Vermieter keine Drittwiderspruchsklage gemäß § 771 ZPO erheben, sondern nur Klage auf vorzugsweise Befriedigung aus dem Versteigerungserlös, § 805 Abs. 1 ZPO, da das Vermieterpfandrecht ein besitzloses Pfandrecht für den Vermieter ist. Zu beachten ist jedoch die zeitliche Grenze des § 562 d: Ein vorrangiges Vermieterpfandrecht kann nur für den Zeitraum des letzten Jahres vor der Pfändung geltend gemacht werden.

153 3. Wird das **Mietverhältnis wirksam beendet, so hat der Vermieter** gegen den Mieter **aus § 546 Abs. 1** einen Anspruch auf Rückgabe der Mietsache, naturgemäß im geräumten Zustand, deswegen **Räumungsanspruch** genannt. Gemäß § 546 Abs. 2 besteht dann auch ein entsprechender Anspruch gegen den Untermieter sowie sonstige Drittbesitzer.

154 Erfüllt der Mieter den Räumungsanspruch nicht rechtzeitig, so kann der Vermieter vom Mieter **Ersatz des Verzögerungsschadens** aus **§ 280 Abs. 1, Abs. 2 i.V.m. § 286** verlangen, z.B. weil er nicht rechtzeitig weitervermieten konnte. Ein kausaler Verzögerungsschaden entfällt jedoch, wenn der Vermieter ohnehin noch keinen Nachmieter gefunden hat. Damit dann die Pflichtverletzung des Mieters nicht sanktionslos bleibt, hat der Vermieter aus § 546 a Abs. 1 einen Anspruch auf ortsübliche Miete bis zur Räumung. Beachte: Ist allerdings eine stillschweigende **Verlängerung gemäß § 545 erfolgt**, besteht ohnehin ein Anspruch auf Miete aus § 535 Abs. 2.

Um eine Verlängerung i.S.v. § 545 zu verhindern, kann der Vermieter bereits in seinem Kündigungsschreiben widersprechen (Anwaltsklausur!).

155 4. Nicht geregelt sind **sonstige Pflichtverletzungen des Mieters** während der Mietzeit, z.B. Verschlechterungen oder Zerstörung der Mietsache. Dann ergibt sich ein Schadensersatzanspruch des Vermieters aus dem Generaltatbestand des **§ 280 Abs. 1 und ggf. aus § 823**. Zu beachten ist, dass diese Ersatzansprüche des Vermieters **gemäß § 548 Abs. 1 binnen sechs Monaten** ab Rückerhalt der Mietsache **verjähren** (Anwaltsklausur!). Die Verjährungsregel des § 548 gilt jedoch schon vom Wortlaut nur für Veränderungen oder Verschlechterungen der Mietsache. Bei Zerstörung der Mietsache gilt die Regelverjährung der §§ 195, 199.

Klausurproblem: Die Mieter hatten einen Bauernhof samt Anbau gemietet. Durch Brand wurde der Anbau zerstört, hingegen das Bauernhaus blieb unversehrt. Verjährung der Schadensersatzansprüche des Vermieters aus § 280 Abs. 1, § 823, gemäß § 548 Abs. 1? Ausgehend vom Schutzzweck des § 548, eine schnelle Abwicklung der Schadensersatzansprüche zu erreichen, damit Beweisprobleme vermieden werden, z.B. wenn der Nachmieter bereits eingezogen ist, gilt § 548 nur für Verschlechterungen und Beschädigungen der Mietsache. Umgekehrt bei Zerstörung der Mietsache gibt es keinen Nachmieter und damit auch keine Beweisprobleme. Die Teilzerstörung, hier nur bezüglich des Anbaus, ist jedoch einer Verschlechterung gleichzustellen, da hier ein Nachmieter in das Hauptgebäude einziehen kann und dann wiederum Beweisprobleme entstehen können. Dementsprechend gelangt der BGH zu dem Ergebnis, dass § 548 bei Teilzerstörung doch anwendbar ist, also kurze 6-Monatsverjährung.

5. Sonstige Ansprüche des Vermieters aus Reparaturklauseln

a) Schönheitsreparaturklausel

In der Regel werden die Pflichten des Vermieters zur Schönheitsreparatur (= Instandhaltungspflicht aus § 535 Abs. 1 S. 2) auf den Mieter abgewälzt. Nach h.M. verstoßen solche AGB nicht gegen § 307, da keine unzumutbare Benachteiligung des Mieters entsteht und der BGH geht davon aus, dass bei Übernahme von Schönheitsreparaturen die Pflicht zur Gegenleistung, also Miete, geringer ausfällt, sodass quasi die Übernahme der Schönheitsreparaturen einen Teil der Gegenleistung des Mieters darstellt. Allerdings stellen Schönheitsreparaturklauseln doch eine unzumutbare Benachteiligung des Mieters dar und sind dann gemäß §§ 307, 306 Abs. 1 unwirksam, wenn sie nach **starren Fristen** und damit unabhängig vom tatsächlichen Zustand des Mietobjekts vorgesehen sind. Dasselbe gilt, wenn die Klausel die Schönheitsreparatur pauschal bei Auszug vorsieht. Zulässig ist demnach nur eine Schönheitsreparaturklausel, wenn sie sich am konkreten Zustand des Mietobjekts ausrichtet. Ferner kann der **Umfang** einer Schönheitsreparaturklausel unzumutbar sein: Mit Blick auf die Betriebskostenverordnung lässt der BGH nur Klauseln zu, die einen Innenanstrich von Decken, Wänden, Fußböden, Fenstern und Türrahmen vorsieht. Hingegen kann das Streichen des Außenrahmens von Türen, Fenstern, erst recht Gebäudeanstrichen nicht verlangt werden, weil dies nicht dem Einfluss des Mieters unterliegt, sondern der Witterung. 156

Sieht daher eine Schönheitsreparaturklausel pauschal das Streichen von Fenstern und Türen vor, so ist diese Klausel unwirksam, weil hier nicht zwischen Innen und Außen differenziert wird und eine geltungserhaltende Reduktion unzulässig ist!

Sog. „**Weißklauseln**" sind nach der jüngeren Rspr. ebenfalls unzulässig, weil sie den Mieter in ihrer Farbauswahl unzulässig einschränken. Bezüglich gedeckter Farben muss der Mieter die Wahl haben und darf nicht verpflichtet werden, bei Auszug wieder in den weißen Zustand zurückzuversetzen. 157

> Zu **beachten** ist, dass die Rspr. nur für Formularmietverträge gilt. Wegen der Vertragsfreiheit können hingegen individualvertraglich sämtliche Pflichten wirksam vereinbart werden!

Wurde nach dem Vorgenannten wirksam eine Schönheitsreparatur vereinbart, so schuldet der Mieter diese. Nimmt er sie nicht vor, kann der Vermieter unter den Voraussetzungen des § 280 Abs. 1, Abs. 3 i.V.m. § 281 Schadensersatz statt der Leistung verlangen.

Beliebtes Klausurproblem: Was gilt, wenn zwar eine wirksame Schönheitsreparaturklausel vorliegt, aber der Vermieter ohnehin das Mietobjekt umbauen will?

Nach der Rspr. entfällt die Pflicht des Mieters zur Schönheitsreparatur gemäß § 242, weil die Ausführung sinnlos geworden ist. Da dies jedoch aus der Sicht des Mieters einen glücklichen Zufall darstellt, schuldet der Mieter für das Freiwerden von der Durchführung der Schönheitsreparatur eine entsprechende angemessene Ausgleichzahlung. Der BGH erreicht dies über eine ergänzende Vertragsauslegung des Mietvertrags: Was hätten die Parteien hypothetisch gewollt, wenn sie an diesen Fall gedacht hätten?

Hat der Mieter bei wirksamer Schönheitsreparaturklauseln die Schönheitsreparaturen schlecht ausgeführt, so haftet er dem Vermieter gemäß § 280 Abs. 1 auf Schadensersatz.

158 Zu beachten ist, dass sog. „**Fachfirmenklauseln**" ebenfalls einen unzumutbaren Nachteil i.S.v. § 307 darstellen, denn die Durchführung einer Schönheitsreparatur durch Fachfirmen ist mit erheblichen Kosten verbunden und andererseits wird der Spielraum des Mieters, der ohnehin eine fachgerechte Schönheitsreparatur schuldet, zu sehr eingeschränkt.

Klausurproblem: Mieter hat die Schönheitsreparaturen durchgeführt in Unkenntnis der Unwirksamkeit der Klausel und verlangt nunmehr Kostenersatz. Schadensersatzanspruch des Mieters aus §§ 280 Abs. 1, 311 Abs. 2, 241 Abs. 2, weil die Verwendung unwirksamer AGB eine c.i.c. darstellt, wenn sich der Vermieter nicht exkulpieren kann. Ansonsten kein Anspruch aus § 539 Abs. 1 i.V.m. §§ 677 ff., da der Mieter keinen Fremdgeschäftsführungswillen i.S.d. GoA hatte, weil er meinte, eigene Verpflichtungen zu erfüllen. Im Übrigen Wertersatzanspruch aus § 812 Abs. 1, 1. Alt. i.V.m. § 818 Abs. 2, da Leistungen ohne Rechtsgrund erbracht. Zu beachten ist, dass nach BGH die kurze Verjährung des § 548 Abs. 2 gilt, um den Schutzzweck, Überschaubarkeit der Haftung, einzuhalten (Anwaltsklausur!).

b) Kleinstreparaturklauseln

159 Ist das Mietobjekt nicht bloß unschön geworden, sondern Teile hiervon defekt, wird von Vermietern vielfach versucht, den Mieter mit einzubinden. Nach der Rspr. sind Kleinstreparaturklauseln nur wirksam, wenn sie ausreichend bestimmt sind und nicht unzumutbar benachteiligen. Hierzu gehört zum einen, dass der Mieter lediglich an Reparaturen von Teilen beteiligt wird, die zu seiner Mieteinheit gehören bzw. seinem Zugriff unterliegen. Daher keine Kostenbeteiligung, wenn die Heizung im Heizkeller defekt ist. Ferner muss i.S.d. Bestimmtheit eine Höchstbeteiligungsgrenze vorgesehen sein, welche im angemessenen Verhältnis zur Miete steht und ausreichend bestimmt bezüglich des relevanten Zeitraums ist.

Beispiel: „Der Mieter muss sich pro Reparaturfall mit 50 € beteiligen."

Diese Klausel ist unangemessen i.S.v. § 307, da der Mieter bei jedem Reparaturfall mit 50 € zu beteiligen wäre und damit aus seiner Sicht eine Höchstgrenze nicht absehbar ist. Zulässig hingegen die Klausel „50 € pro Monat, max. ... € pro Jahr".

C. Beendigung des Mietverhältnisses

Zur Beendigung des Mietverhältnisses bestehen mehrere Möglichkeiten:

160 **I.** Das Mietverhältnis kann **zweiseitig** durch **Aufhebungsvertrag, § 311 Abs. 1**, beendet werden. Natürlich kann dies auch in einem Vergleich, § 779, bzw. Prozessvergleich, § 794 Abs. 1 Nr. 1 ZPO, erfolgen.

II. Eine **automatische Beendigung** tritt bei **befristeten Mietverhältnissen** mit Ablauf der Zeit ein, **§ 542 Abs. 2**.

III. Ferner kann das Mietverhältnis auch **einseitig** durch **Kündigungserklärung** beendet werden. Für Wohnraummieter bedarf dies nach § 568 der Schriftform.

Wie bei allen Dauerschuldverhältnissen besteht die Möglichkeit der ordentlichen Kündigung sowie der außerordentlichen Kündigung.

161 **1.** Eine **ordentliche Kündigung** ist **gemäß § 542** nur bei unbefristeten Mietverhältnissen möglich (bzw. wenn die Befristung nach § 550 mangels Schriftform unwirksam ist).

a) Während der Mieter für eine ordentliche Kündigung keinen Grund braucht, wird aus sozialen Gründen für die Kündigung durch den Vermieter ein berechtigtes Interesse i.S.v. § 573 verlangt (gilt daher über § 578 nicht für die übrigen Mietverhältnisse). **Gründe für den Vermieter** von Wohnräumen sind:

- **§ 573 Abs. 2 Nr. 1:** schuldhafte Pflichtverletzung des Mieters
- **§ 573 Abs. 2 Nr. 2:** Eigenbedarf
- **§ 573 Abs. 2 Nr. 3:** Verwertung des Mietobjekts

Eine Ausnahme gilt bei Einliegerwohnungen gemäß § 573 a.

b) Eine ordentliche Kündigung ist wie auch sonst an Auslauffristen geknüpft. Für Wohnraummiete gelten die **unterschiedlichen Fristen des § 573 c:**

- **Kündigt der Mieter,** so besteht gemäß § 573 c Abs. 1 S. 1 eine 3-Monatsfrist.
- **Kündigt der Vermieter,** gilt grundsätzlich auch die 3-Monatsfrist, diese verlängert sich nach Maßgabe des § 573 c Abs. 1 S. 2 jedoch nach fünf und acht Jahren Mietzeit um jeweils drei weitere Monate. Gemäß § 573 c Abs. 4 sind diese Fristen zum Nachteil des Mieters nicht abänderbar. Ausnahmen: § 573 c Abs. 2, 3.

c) Die **Fristen für sonstige Mietverhältnisse** richten sich nach § 580 a:

- Bei **Grundstücksmiete** gemäß § 580 a Abs. 1 abhängig vom Bemessungszeitraum für die Miete (i.d.R. drei Monate).
- Bei **Geschäftsraummiete** gemäß § 580 a Abs. 2 spätestens am dritten Werktag eines Kalendervierteljahres zum Ablauf des *nächsten* Kalendervierteljahres, also 6 Monate. Maßgeblich ist der Zugang der Kündigungserklärung.

  Beispiele:
  - Zugang der Kündigung am 02.01., dann Auflösung des Mietverhältnisses mit Ablauf des 30.06.
  - Geht die Kündigungserklärung verspätet, also z.B. erst am 10.01. ein, wird das erste Quartal quasi verschenkt und die Frist beginnt erst mit dem zweiten Quartal, sodass die 6-Monatsfrist erst mit Ablauf des 30.09. endet.

2. Die **außerordentliche Kündigung** ist für beide Seiten möglich und sowohl beim unbefristeten als auch beim befristeten Mietverhältnis, §§ 543, 569.

a) Die außerordentliche Kündigung erfordert stets einen **wichtigen Grund, § 543 Abs. 1**.

§ 543 Abs. 2 enthält Regelbeispiele für einen wichtigen Grund, insbesondere die Nichtgewährung des Mietgebrauchs durch den Vermieter (bei Mieterkündigung). **Ergänzend** stellt hierzu für **Wohnraummiete § 569** klar, dass ein wichtiger Grund zur Kündigung durch den Mieter auch dann vorliegt, wenn der Wohnraum gesundheitsgefährdend ist oder der Hausfrieden gestört wird. Weitere wichtige Gründe sind unbefugte Drittüberlassung der Mietsache durch den Mieter (bei Vermieterkündigung) sowie der Verzug des Mieters (bei Vermieterkündigung).

Der Bundestag hat am 13.12.2012 die Reform des Mietrechts bezüglich energetischer Modernisierung verabschiedet. In § 555 e ist ein Sonderkündigungsrecht des Mieters nach Zugang der Modernisierungsankündigung vorgesehen.

Bei **Zahlungsverzug des Mieters gemäß § 543 Abs. 2 Nr. 3** ist für Wohnraummiete die Modifizierung in § 569 Abs. 3 zu beachten, insbesondere die Möglichkeit gemäß § 569 Abs. 3 Nr. 2 den rückständigen Betrag nachzuzahlen.

Klausurproblem: Vermieter kündigt, nachdem Mieter mit zwei Monatsmieten in Verzug ist und erhebt Räumungsklage aus § 546 Abs. 1. Ein Monat nach Rechtshängigkeit zahlt der Mieter gemäß § 569 Abs. 3 Nr. 2 den rückständigen Betrag. Dann wird die Kündigung nachträglich unwirksam und die Räumungsklage ist unbegründet. Um einer kostenpflichtigen Klageabweisung zu begegnen, sollte der klagende Vermieter für Erledigt erklären (Anwaltsklausur!).

163 b) Während normalerweise die außerordentliche Kündigung fristlos möglich ist, besteht in einigen **Sonderfällen** ein außerordentliches Kündigungsrecht **mit Auslauffrist**:

- **§ 544:** Vertrag über mehr als 30 Jahre
- **§ 561:** Mieterhöhung
- **§§ 564/580:** Tod des Mieters

3. Abwicklung bei Beendigung des Mietvertrags

164 Bei wirksamer Beendigung des Mietverhältnisses besteht ein **Anspruch des Vermieters aus § 546 auf Räumung**. Allerdings kann der Mieter bei Kündigung eines Mietverhältnisses über Wohnraum gemäß § 574 der Kündigung widersprechen und vom Vermieter die Fortsetzung des Mietverhältnisses verlangen, wenn die vertragsgemäße Beendigung des Mietverhältnisses für den Mieter oder seine Familie eine nicht gerechtfertigte Härte bedeuten würde.

Ein Schutz ist auch noch im Prozess gemäß § 721 ZPO und in der Zwangsvollstreckung gemäß § 765 a ZPO möglich (Anwaltsklausur!).

4. Abschnitt: Leasing

A. Anwendungsbereich

165

Operatingleasing	Finanzierungsleasing
■ Kurzfristige Gebrauchsüberlassung ■ Investitionsrisiko trägt LG, da Vertrag **nicht** auf Vollamortisation angelegt	■ langfristige Gebrauchsüberlassung ■ Investitionsrisiko trägt LN, da Vertrag auf Vollamortisation angelegt (ggf. Kaufoption)
⇨ Mietrecht anwendbar	⇨ Mietrecht anwendbar ⇨ und über § 506 Abs. 1, 2. Var., Abs. 2 Kreditrecht, §§ 492 ff., bei Verbraucherleasing

I. Der Leasingvertrag ist im BGB nicht geregelt. Jedoch weist er große Ähnlichkeit zum Mietvertrag auf, weswegen die **§§ 535 ff. BGB** analog angewendet werden können. Im Unterschied zum reinen Mietvertrag wird jedoch das Verschlechterungs- und Untergangsrisiko i.d.R. komplett auf den Leasingnehmer abgewälzt. Zu beachten ist, dass der Kunde lediglich einen Leasingvertrag mit der Leasinggesellschaft schließt. Diese muss sich den Leasinggegenstand noch beschaffen, indem sie ihn beim Hersteller oder Händler kauft. Der Kunde hat zum Hersteller oder

Händler keine Vertragsbeziehung (jedoch kann er aus abgetretenem Gewährleistungsrecht gegen den Hersteller/Händler vorgehen, s.u.).

II. Verhältnis zum Verbraucherkreditrecht i.S.v. §§ 491 ff.

1. Beim sog. **Operatingleasing**, bei dem die Sache nur kurzfristig überlassen wird, um z.B. bei technischen Neuerungen sofort auszutauschen, überwiegt der Rechtscharakter der Miete derart, dass das Verbraucherkreditrecht nicht anwendbar ist, weil ein Kreditgeschäft fehlt. Deswegen sind solche Fälle praktisch nicht examensrelevant.

166

2. Hingegen wird beim **Finanzierungsleasing** ein Vertrag über die Gebrauchsüberlassung einer Sache auf längere Zeit (ohne ordentliches Kündigungsrecht) zwecks Finanzierung vereinbart. Daher sind bei Verbraucherleasing gemäß **§ 506 Abs. 1, 2. Alt.** („sonstige entgeltliche Finanzierungshilfe") die Schutzvorschriften über Kreditierung anwendbar, wenn neben den personellen Voraussetzungen (Verbraucher i.S.v. § 13 least bei einem Unternehmer i.S.v. § 14) die sachlichen Voraussetzungen des § 506 Abs. 2 erfüllt sind. Danach gelten Leasingverträge als Finanzierungshilfe i.S.v. § 506 bei einer Erwerbsverpflichtung des Verbrauchers, § 506 Abs. 2 Nr. 1, einem Recht des Unternehmers, den Erwerb durch den Verbraucher zu verlangen, insbesondere einem Andienungsrecht, § 506 Abs. 2 Nr. 2, oder eine Restwertgarantie des Verbrauchers mit einem bestimmten Betrag, § 506 Abs. 2 Nr. 3. Wesentlich ist damit, dass beim Finanzierungsleasing der Leasingnehmer als Verbraucher i.S.v. § 13 dem Leasinggeber als Unternehmer i.S.v. § 14 die Amortisation der Leasingsache schuldet. Hierin liegt gleichzeitig der Unterschied zu den Teilzahlungsgeschäften i.S.v. § 506 Abs. 3, bei dem ein reiner Kaufvertrag geschlossen wird, mit der Abrede, den Kaufpreis in Teilzahlungen zu erbringen. Da parallel zum schuldrechtlichen Kaufvertrag sachenrechtlich ein Eigentumsvorbehalt gemäß §§ 929, 158 Abs. 1 vereinbart wird (vgl. § 449 Abs. 1), hat der Käufer ein Anwartschaftsrecht, ein wesensgleiches Minus zum Eigentum (Einzelheiten im Sachenrecht). Da der Leasingnehmer allenfalls eine Kaufoption hat, stellt diese bloße schuldrechtliche Position kein wesensgleiches Minus zur (dinglichen) Eigentumsposition dar und begründet daher kein Anwartschaftsrecht.

167

B. Besonderheiten

I. Für das **Zustandekommen des Vertrags besteht** gemäß § 506 Abs. 1, 2. Alt. i.V.m. §§ 492, 494 Schriftformerfordernis sowie gemäß § 492 Abs. 2 i.V.m. Art. 247 §§ 6–13 EGBGB die Pflichtangaben zur Preisklarheit. **Bei Formmängeln gilt § 494** (genauer dazu noch im Kreditrecht, Rdnr. 212 ff.).

168

II. Ferner steht dem Verbraucher **gemäß § 506 Abs. 1, 2. Var. i.V.m. § 495 ein Widerrufsrecht** nach Maßgabe des § 355 zu. Bei ordnungsgemäßer Belehrung beträgt gemäß § 355 Abs. 2 die Widerrufsfrist 14 Tage. Wird der Verbraucher nicht belehrt, ist das Widerrufsrecht unbefristet, § 355 Abs. 4 S. 3.

III. Die Ansprüche und Rechte des Leasinggebers

169

1. Zahlt der Leasingnehmer die Leasingrate nicht rechtzeitig, so kann der Leasinggeber aus **Verzugsrecht** vorgehen, d.h. **§ 280 Abs. 1, Abs. 2 i.V.m. § 286** Ersatz der Verzögerungsschäden verlangen.

2. Gerät der Leasingnehmer in Zahlungsverzug (§ 286), so ist bezüglich des **Kündigungsrechts des Leasinggebers zu differenzieren:**

a) Bei **Verbraucherleasing gilt gemäß § 506 Abs. 1, 2. Alt.** die Sondervorschrift des **§ 498** entsprechend: Hiernach muss ein zweimaliger Leasingratenverzug vorliegen sowie das in § 498 Abs. 1 Nr. 1 genannte prozentuale Verhältnis zur Gesamtsumme und ferner muss der Leasinggeber dem Verbraucher eine letzte Frist von zwei Wochen gesetzt haben. Erst dann besteht ein Kündigungsrecht.

b) Für sonstige Leasingverträge (Geschäftsleasing) gilt hingegen mangels Sonderbestimmung § 543 Abs. 2 Nr. 3 analog, sodass ein zweimaliger Leasingratenverzug ausreicht!

c) Nach wirksamer Kündigung kann der Leasinggeber **Rückgabe der Leasingsache analog § 546** verlangen. Gibt der Leasingnehmer nicht rechtzeitig die Leasingsache zurück, sondern nutzt sie weiter, kann der Leasinggeber analog § 546 a eine Vergütung verlangen. Im Übrigen kann der Leasinggeber Schadensersatz statt der Leistung aus § 280 Abs. 1, Abs. 3 i.V.m. § 281 verlangen. Hier kann als Schaden jedoch nicht die komplette noch ausstehende Leasingsumme angesehen werden, da zu berücksichtigen ist, dass bei vorzeitiger Beendigung des Leasingvertrags und Rückgabe der Leasingsache diese anderweitig verleast werden kann, sodass dementsprechend eine Abzinsung in Gegenberechnung vorzunehmen ist (in praxi recht kompliziert und daher können in einer Klausur Einzelheiten nicht verlangt werden).

3. Gibt der Leasingnehmer die Leasingsache zurück, weil er von der Kaufoption keinen Gebrauch macht, so hat der Leasinggeber hinsichtlich normaler Verschleißerscheinungen keine Schadensersatzansprüche gegen den Leasingnehmer. Dieses war vielmehr bei der Restwertkalkulation i.S.v. § 506 Abs. 2 Nr. 3 zu berücksichtigen. Dagegen sind **überproportionale Abnutzungen sowie echte Beschädigungen** vom Leasingnehmer zu ersetzen. Da hierzu auch Sonderregeln im Mietrecht fehlen, hat der Leasinggeber gegen den Leasingnehmer einen Schadensersatzanspruch aus § 280 Abs. 1.

IV. Rechte des Leasingnehmers

1. Verbraucherleasing

170 Der Leasingnehmer hat gemäß **§ 506 Abs. 1, 2. Var. i.V.m. § 495 Abs. 1 ein Widerrufsrecht** gemäß § 355. Bei ordnungsgemäßem Widerruf erfolgt dann die Rückabwicklung über § 357 i.V.m. §§ 346 ff. entsprechend.

2. Recht des Leasingnehmers bei mangelhafter Leasingsache

Beliebter Klausurfall: Das Leasingfahrzeug ist mangelhaft. Die Leasinggesellschaft (LG) verweist auf ihren formularmäßigen Gewährleistungsausschluss sowie auf die abgetretene Gewährleistung gegen den Verkäufer. Da auch der Verkäufer die Gewährleistung verweigert, tritt der Leasingnehmer aus abgetretenem Recht gegenüber dem Verkäufer zurück. Der Leasingnehmer kündigt nunmehr gegenüber der Leasinggesellschaft den Leasingvertrag. Die Leasinggesellschaft klagt auf Zahlung der weiteren Leasingraten. Der Leasingnehmer (LN) erhebt Widerklage auf Rückzahlung der bisher geleisteten Leasingraten.

a) Lösung: Die Klage hat Erfolg, wenn der Anspruch der LG auf Zahlung der Leasingraten analog § 535 Abs. 2 nicht untergegangen ist.

aa) Ein Untergang durch Kündigung des LN analog § 543 Abs. 2 Nr. 1 oder durch automatische Minderung analog § 536 Abs. 1, 2. Halbs. scheitert, da im Leasingvertrag die Gewährleistung wirksam ausgeschlossen wurde. § 309 Nr. 8 b gilt aufgrund der Formulierung „Lieferung" nicht für Mietverträge, also auch nicht für Leasingverträge, da mit Lieferung die endgültige Übertragung gemeint ist (Kaufverträge, Werklieferungsverträge). Eine unangemessene Benachteiligung des LN i.S.v. § 307 ist abzulehnen, da ihm die Gewährleistungsansprüche aus dem Kaufvertrag LG-Hersteller/Händler abgetreten wurden, was für den LN eher besser ist, da dieser eine Werkstatt hat und das erforderliche Fachwissen, was eine reine Leasinggesellschaft nicht aufweist. Der Umstand, dass der LN bei einem Verbrauchsgüterkauf aufgrund der §§ 474 f. noch besser stünde, ist unerheblich, da der LN eben keinen Verbrauchsgüterkauf, vielmehr selbst die Konstruktion des Leasingvertrags gewählt hat (h.M.).

Der Gewährleistungsausschluss der LG ist gemäß §§ 307, 306 Abs. 1 nur dann unwirksam, wenn im Kaufvertrag LG-Hersteller/Händler auch die Gewährleistung ausgeschlossen wurde, sodass die abgetretene Gewährleistung dann wertlos und damit der Leasingnehmer schutzlos ist.

bb) Der Anspruch auf Leasingraten ist jedoch durch Kündigung wegen SGG gemäß § 313 Abs. 3 S. 2 untergegangen: Der Kaufvertrag ist die Geschäftsgrundlage für den Leasingvertrag, da ohne die angekaufte Leasingsache diese nicht verleast werden kann. Der LN ist hier aus abgetretenem Recht wirksam gegenüber dem Verkäufer vom Kaufvertrag zurückgetreten, § 437 Nr. 2, 1. Var. i.V.m. § 323 Abs. 1, Abs. 2 Nr. 1. Hierdurch ist der Pkw an den Hersteller/Händler zurückzugewähren. Damit ist die Geschäftsgrundlage für den Leasingvertrag weggefallen, eine Anpassung des Leasingvertrags kommt nicht in Betracht. Daher Leasinganspruch untergegangen, Klage unbegründet.

Klausurproblem: Sollte der Hersteller/Händler die Wirksamkeit des Rücktritts bestreiten, so kann der LN der LG den Wegfall der Geschäftsgrundlage erst entgegenhalten und die Zahlung der Leasingraten vorläufig verweigern, wenn er bereits Klage gegen den Hersteller/Händler auf Rückgewähr aus §§ 437 Nr. 2, 323, 346 Abs. 1 erhoben hat (Palandt/Weidenkaff, Einf. vor § 535 Rdnr. 58).

Prozessual ist dabei zu beachten, dass der Klageantrag auf Rückzahlung des Kaufpreises *an die LG* Zug um Zug gegen Rückgabe des Pkw (§ 348!) zu stellen ist. Denn die LG tritt nur das gewährleistungsrechtliche Rücktrittsrecht ab (§ 398 i.V.m. § 413), nicht jedoch die daraus resultierenden Rückgewähransprüche gemäß §§ 346 f., denn die LG hat schließlich den Kaufpreis bezahlt und will diesen auch zurückerlangen. Insofern klagt nunmehr der LN als eine Art Prozessstandschafter (vgl. hierzu AS-Assessor-Skript Zivilprozessrecht).

b) Die Widerklage des LN auf Rückzahlung der bereits erbrachten Leasingraten kann nicht direkt auf § 346 Abs. 1 gestützt werden, da der Leasingvertrag ein Dauerschuldverhältnis darstellt und deswegen gemäß § 313 Abs. 3 S. 2 kein Rücktritt, sondern eine Kündigung zu erklären war. Umstritten ist daher, ob zum Schutze des Leasingnehmers die §§ 346 ff. auf die Kündigung analog angewandt werden können. Deswegen wird auch vertreten, dass der Leasingnehmer abweichend von § 313 Abs. 3 S. 2 nicht kündigt, sondern nach S. 1 den Rücktritt vom Leasingvertrag erklärt. Bejaht man einen Anspruch aus § 346 Abs. 1 (analog) auf Rückzahlung der erbrachten Leasingraten, so sind dann aber gemäß § 346 Abs. 1, 2. Var., Abs. 2 Nr. 1 Nutzungsersatzansprüche der LG gegenzurechnen.

> Bei Verbraucherleasing ist gemäß § 506 Abs. 1, 2. Var. i.V.m. § 358 der § 359 über den Einwendungsdurchgriff anwendbar. Dieser gibt dem Leasingnehmer gegenüber der Leasinggesellschaft aber nur eine Einrede, welche die Durchsetzbarkeit weiterer Leasingraten für die Zukunft hemmen würde. Die vorgenannten Rechte und Ansprüche, insbesondere auf Rückabwicklung, sind daher wesentlich intensiver **(Anwaltsklausur!)**.

5. Abschnitt: Reisevertrag, §§ 651 a ff.

A. Anwendungsbereich

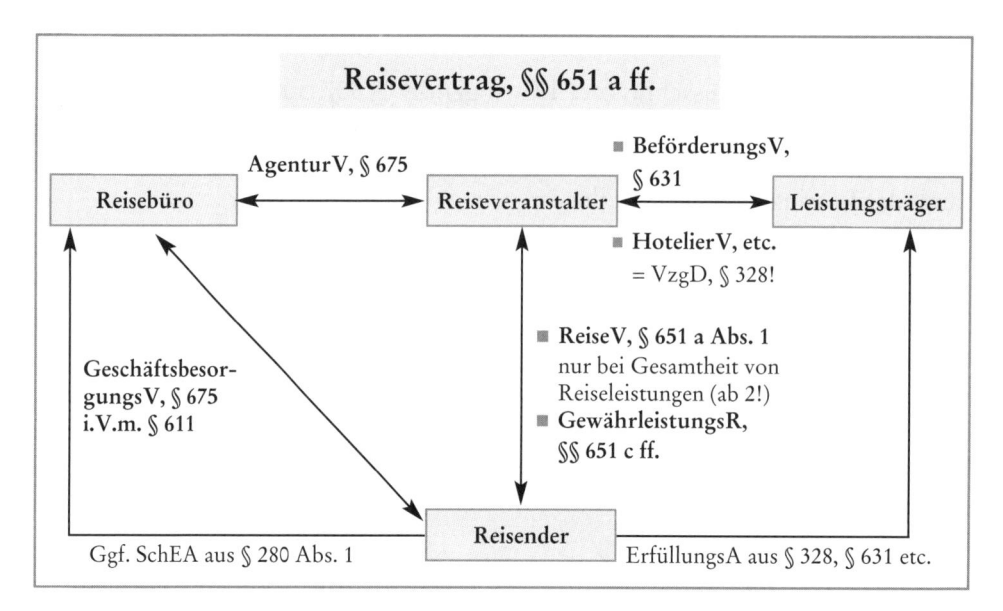

```
                    Reisevertrag, §§ 651 a ff.

                                              ■ BeförderungsV,
                    AgenturV, § 675              § 631
        Reisebüro ◄─────────────► Reiseveranstalter ◄─────────► Leistungsträger
                                              ■ HotelierV, etc.
                                                 = VzgD, § 328!

                                              ■ ReiseV, § 651 a Abs. 1
          Geschäftsbesor-                        nur bei Gesamtheit von
          gungsV, § 675                          Reiseleistungen (ab 2!)
          i.V.m. § 611                        ■ GewährleistungsR,
                                                 §§ 651 c ff.

                                    Reisender
        Ggf. SchEA aus § 280 Abs. 1          ErfüllungsA aus § 328, § 631 etc.
```

171 I. Der Reisevertrag setzt **gemäß § 651 a eine Gesamtheit von Reiseleistungen** voraus, welche aus einer Hand durch den Reiseveranstalter (zumindest über seine Erfüllungsgehilfen) erbracht werden. Eine Gesamtheit erfordert hierbei mindestens zwei Reiseleistungen (z.B. Beförderung und Unterkunft). Versucht der Reiseveranstalter, dies zu umgehen, indem er sich lediglich als Vermittler darstellt, so ist dies i.d.R. nach § 651 a Abs. 2 unbeachtlich. Anderes gilt, wenn der Kunde die Einzelleistungen direkt bucht, z.B. per Internet direkt den Flug, das Hotel etc. Dann liegen jeweils separate Verträge vor, die nach der jeweiligen Materie zu lösen sind, d.h. Beförderungsvertrag, §§ 631 ff., Hoteliervertrag, §§ 701 ff. Bucht der Kunde ein Ferienhaus und reist mit eigenem Pkw an und verpflegt sich selbst, so liegt ein reiner Mietvertrag vor, §§ 535 ff. (Im Einzelnen umstritten, ob dann u.U. Reiserecht analog angewandt werden kann; hierzu in der Klausur Blick in den Palandt/Sprau, Einf. vor § 651 a Rdnr. 5).

172 II. **Vertragspartner des Reisevertrags** sind nur der Reisende und der Reiseveranstalter. Nicht zu verwechseln mit dem Reisebüro: Dieses vermittelt lediglich den Reisevertrag. Das Reisebüro hat im Innenverhältnis zum Reiseveranstalter einen Geschäftsbesorgungsvertrag, § 675, bzw. einen Handelsvertretervertrag, §§ 84 ff. HGB. Im Verhältnis zum Kunden besteht ebenfalls ein Geschäftsbesorgungsvertrag, da das Reisebüro i.d.R. die Abwicklung oder Teile der Abwicklung übernimmt. Deswegen: Bei Pflichtverletzungen des Reisebüros, z.B. fehlerhafte Beratung bei Auswahl der Reise, zwar keine Gewährleistung gemäß §§ 651 c ff., aber Schadensersatzpflicht aus § 280 Abs. 1 i.V.m. § 241 Abs. 2. Wegen des Provisionsinteresses ist jedoch das Reisebüro nicht von sich aus verpflichtet, die günstigste Reise anzubieten, es sei denn, der Kunde hat ausdrücklich hiernach gefragt.

Der Reisevertrag wird herkömmlicherweise dadurch geschlossen, dass das Reisebüro das Angebot des Kunden als Bote an den Reiseveranstalter übermittelt und dieser durch Zusendung seiner Reisebestätigung die Annahme erklärt. Ein seriöser Reiseveranstalter schickt den **Sicherungsschein i.S.v. § 651 k** gleich mit. Sollte dies unterbleiben, hat dies nicht die Unwirksamkeit des Reisevertrags zur Folge, sondern nur ein Zurückbehaltungsrecht bezüglich des Reisepreises, § 651 k Abs. 4.

Beliebtes Klausurproblem: Familienvater bucht für die gesamte Familie. Hier ist durch Auslegung zu ermitteln, ob dieser neben dem eigenen Vertragsschluss zugleich auch als Stellvertreter für die anderen Familienmitglieder gehandelt oder einen Vertrag zugunsten Dritter i.S.v. § 328 Abs. 1 oder lediglich einen Vertrag mit Schutzwirkung zugunsten Dritter geschlossen hat.

In der Regel wird wie folgt zu differenzieren sein:

- **Bezüglich der Ehefrau** greift ohne Stellvertretung unmittelbar § 1357 Abs. 1, wenn nach dem bisherigen ehelichen Lebensverhältnissen der Familienvater die Reisen selbstständig zu buchen pflegte (Palandt/Brudermüller § 1357 Rdnr. 11).

- **Bezüglich der Kinder** wird i.d.R. eine Stellvertretung abzulehnen sein, da der Familienvater im Regelfall nicht will, dass die Kinder Vertragspartei werden und dementsprechend gesamtschuldnerisch (§§ 427, 421!) den Reisepreis selbst schulden würden. Vielmehr genügt die Konstruktion eines Vertrages zugunsten Dritter, damit Kinder gemäß § 328 Abs. 1 einen eigenen Erfüllungsanspruch haben.

- Da **bei kleinen Kindern** ein eigener Erfüllungsanspruch i.d.R. wenig Sinn macht, genügt hier die Konstruktion Vertrag mit Schutzwirkung zugunsten Dritter, damit die Kinder jedenfalls in den Genuss der Schutz- und Sorgfaltspflichten gelangen.

- Typischerweise ist in Klausuren dann noch Mitverschulden zu prüfen: Mitverschulden des Kindes, § 254, setzt Mitverschuldensfähigkeit analog § 828 voraus. Mitverschulden der Eltern zwar gemäß § 254 Abs. 2 S. 2 i.V.m. § 278 dem Kind zurechenbar, aber nur, wenn feststellbar (mit zunehmendem Kindesalter nimmt die Aufsichtspflicht der Eltern ab!).

- **Prozessual** ist zu beachten, dass **bei minderjährigen Kindern** die Eltern als gesetzliche Vertreter klagen müssen, da das Kind nicht prozessfähig ist, § 51 ZPO. Eltern machen dabei aber lediglich als Stellvertreter Ansprüche des Kindes geltend, sodass in der Begründetheit der Klage jeweils die Ansprüche des Kindes zu prüfen sind. Bei den vertraglichen Ansprüchen kommt es dann auf die vorgenannten Konstruktionsarten an. Wurden Rechtsgüter des Kindes verletzt, hat es hiervon unabhängig eigene Ansprüche aus §§ 823 ff. Dann ist zu beachten, dass die Leistungsträger selbstständige Unternehmer sind, sodass sie mangels Weisungsgebundenheit gegenüber dem Reiseveranstalter keine Verrichtungsgehilfen sind. Also scheidet eine Haftung des Reiseveranstalters gemäß § 831 aus!

  Klagen die Eltern Ansprüche **volljähriger Kinder** mit ein, so bedarf es hierzu entweder einer Abtretung seitens des volljährigen Kindes oder einer Ermächtigung zur gewillkürten Prozessstandschaft.

- Um den Schutz der Reisenden zu optimieren, geht die Rspr. davon aus, dass die zwischen dem Leistungsträger (Beförderer, Hotelier etc.) und dem Reiseveranstalter bestehenden Verträge (Beförderungsvertrag, Hotelliervertrag etc.) echte Verträge zugunsten Dritter sind, sodass der Reisende gemäß § 328 hieraus eigene Erfüllungsansprüche direkt vor Ort gegenüber dem Leistungsträger geltend machen kann.

  Beispiel: Hotelier weigert sich, den Reisenden in das Hotel zu lassen.

B. Besonderheiten

I. Die **Gewährleistung** haben wir bereits oben im 3. Teil im Verbund dargestellt. Nochmals sei auf die wichtige Ausschlussfrist des § 651 g Abs. 1 hingewiesen (Ausn.: schuldlos versäumt, § 651 g Abs. 1 S. 3!).

II. Rechte des Reisenden außerhalb von Reisemängeln

174 1. Gemäß § 651 i Abs. 1 kann der Reisende **vor Reisebeginn** jederzeit vom Vertrag **zurücktreten**, schuldet jedoch dann gemäß Abs. 2 eine angemessene Entschädigung, welche i.d.R. im Reisekatalog pauschaliert wird, S. 3.

175 2. Höhere Gewalt i.S.v. § 651 j liegt nur dann vor, wenn es sich um einen Umstand außerhalb der Sphäre des Reiseveranstalters handelt, welcher nicht beeinflussbar und nicht vorhersehbar war, also Naturkatastrophen, politische Katastrophen. Liegt eine offizielle Empfehlung des auswärtigen Amtes vor, wegen politischer Unruhen in ein Land nicht mehr einzureisen, liegt unzweifelhaft höhere Gewalt vor. In diesen Fällen kann nicht nur der Reisende, sondern auch der Reiseveranstalter gemäß § 651 j kündigen. Dann gilt bezüglich des Reisepreises über § 651 j Abs. 2 S. 2 die allgemeine Kündigungsvorschrift wegen Mängel, § 651 e Abs. 3 S. 1 u. 2 entsprechend. Ferner ist gemäß § 651 e Abs. 4 S. 1 der Reiseveranstalter noch zur Rückbeförderung verpflichtet. Aufgrund der Sondervorschrift des § 651 j Abs. 2 S. 2 fallen die Mehrkosten den Parteien je zur Hälfte zur Last. Die übrigen Mehrkosten, z.B. Zwischenübernachtung, fallen dem Reisenden nach S. 3 allein zur Last.

Zu beachten ist, dass § 651 j nur bezüglich der Kündigung des Reisevertrags eine Sondervorschrift darstellt. Im Übrigen stellt die höhere Gewalt gleichzeitig einen Mangel der Reise dar, sodass daneben bezüglich der übrigen Rechte wiederum das Gewährleistungsrecht gemäß §§ 651 d f. gilt. Bei Schadensersatz, § 651 f, wird sich jedoch der Reiseveranstalter mangels Vorhersehbarkeit exkulpieren können.

176 III. Für **Gastschulaufenthalte** beachte die Sondervorschrift des § 651 l.

6. Abschnitt: Dienstvertrag, §§ 611 ff.

A. Anwendungsbereich

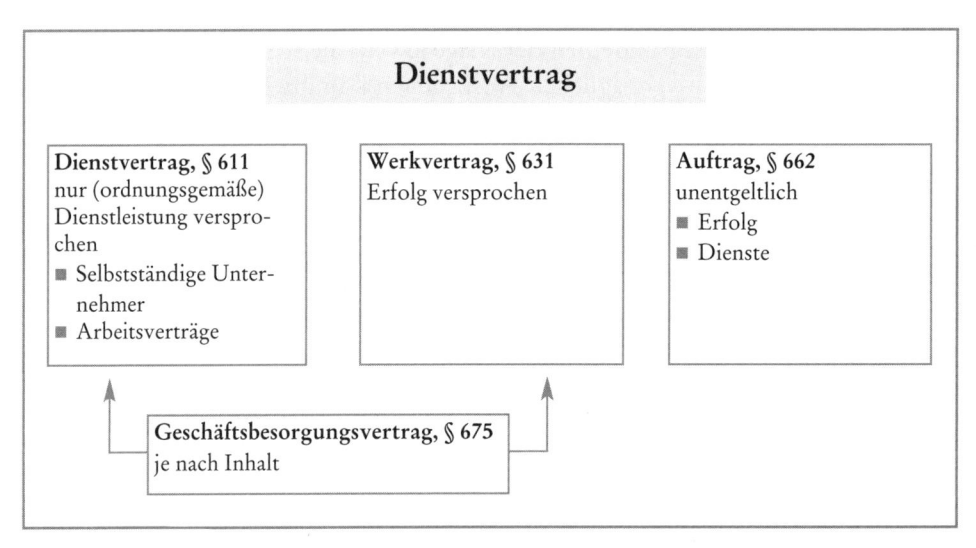

Dienstvertrag		
Dienstvertrag, § 611 nur (ordnungsgemäße) Dienstleistung versprochen ■ Selbstständige Unternehmer ■ Arbeitsverträge	**Werkvertrag, § 631** Erfolg versprochen	**Auftrag, § 662** unentgeltlich ■ Erfolg ■ Dienste
Geschäftsbesorgungsvertrag, § 675 je nach Inhalt		

177 I. Das Dienstvertragsrecht gemäß §§ 611 ff. ist anwendbar auf **Arbeitsverträge**; hierzu die Darstellung im letzten Teil dieses Skripts.

II. Ferner gilt das Dienstvertragsrecht für selbstständige Unternehmer; auch für die **Freiberufler** (Rechtsanwälte/Ärzte) ggf. über § 675 auch für Geschäftsbesorgungsverträge, wenn inhaltlich kein Erfolg, wie beim Werkvertrag, versprochen wurde.

III. Vom **Auftrag**, § 662, unterscheidet sich der Dienstvertrag dadurch, dass eine grundsätzliche Vergütung geschuldet ist. Wurde hierüber keine Vereinbarung getroffen, ist dies durch Auslegung unter Zuhilfenahme von § 612 zu ermitteln.

B. Besonderheiten

Da das Dienstvertragsrecht keine Gewährleistung enthält, ist die Klausurrelevanz recht gering. Deswegen sei nachfolgend nur kurz auf die Besonderheiten hingewiesen:

I. Bei **Leistungsstörungen** sind mangels Sonderregelungen die allgemeinen Vorschriften aus dem Schuldrecht AT, also §§ 275 ff., anzuwenden (s. hierzu bereits 3. Teil).

II. Beendigung des Dienstverhältnisses

1. Da auch das Dienstverhältnis ein Dauerschuldverhältnis darstellt, gelten dieselben Grundsätze wie beim Mietvertrag (s.o. Rdnr. 160 ff.).

a) Einvernehmliche Beendigung durch Aufhebungsvertrag, § 311 Abs. 1

Im Gegensatz zu Arbeitsverträgen (§ 623, 2. Var.!) können sonstige Dienstverträge durch formfreien Aufhebungsvertrag aufgehoben werden, § 311 Abs. 1.

b) Automatische Beendigung bei befristeten Verträgen, § 620 Abs. 1

c) Ordentliche Kündigung bei unbefristeten Dienstverträgen, § 620 Abs. 2.

Für Dienstverträge, die keine Arbeitsverhältnisse begründen, ist für die ordentliche Kündigung kein Grund erforderlich, lediglich die Kündigungsfristen des § 621 sind einzuhalten.

d) Außerordentliche Kündigung, § 626

Wie jedes Dauerschuldverhältnis kann auch der Dienstvertrag außerordentlich gemäß § 626 aus wichtigem Grund („umfassende Abwägung") gekündigt werden. Die Kündigungserklärung muss innerhalb von zwei Wochen ab Kenntnis vom wichtigen Grund zugehen, § 626 Abs. 2.

Beliebtes Klausurproblem: Kündigung erfolgt durch einen (anwaltlichen) Stellvertreter. Dann kann der Empfänger gemäß § 174 die Kündigung unverzüglich zurückweisen, wenn keine Vollmachtsurkunde für die Kündigung beilag. Nach der Rspr. muss das Original beigelegt sein, Kopie der Vollmacht reicht nicht (Anwaltsklausur!).

e) Fristlose Kündigung bei Vertrauensstellung, § 627

Häufig wird in Klausuren übersehen, dass bei Diensten höherer Art mit besonderer Vertrauensstellung nach Maßgabe des § 627 Abs. 1 auch ohne wichtigen Grund fristlos gekündigt werden kann!

Beispiele:

Arzt, Zahnarzt, Rechtsanwalt, Steuerberater

In eigener Sache wichtig: Rechtsanwalt kündigt „nervigen" Mandanten, die es jedoch nicht bis zum wichtigen Grund schaffen. Wird zur Unzeit gekündigt, z.B. Rechtsanwalt kündigt noch auf dem Gerichtsflur vor dem Termin das Mandat auf, so ist die fristlose Kündigung gleichwohl wirksam. Jedoch ist gemäß § 627 Abs. 2 S. 2 ein dem Mandanten hieraus entstehender Schaden zu ersetzen. Jedenfalls kann Teilvergütung und Schadensersatz bei einer fristlosen Kündigung gemäß § 626 oder § 627 nach Maßgabe des § 628 verlangt werden.

III. Besondere Probleme beim Anwaltsvertrag

In der Klausur erfolgt ein Einstieg im Regelfall über Regressansprüche des Mandanten gegen den (Ex-)Anwalt und ist daher relevant für die Anwaltsklausur.

Gern wird auch das Zusatzproblem einer Streitverkündung gemäß § 72 ZPO eingebaut, s. hierzu AS-Assessor-Skript Zivilprozessrecht.

1. Beim Mandatsverhältnis ist nach allgemeinen Grundsätzen zunächst zu differenzieren:

- **Außenverhältnis:** Mandant hat Anwalt Vollmacht erteilt. Dies richtet sich nach den Sondervorschriften der §§ 80 ff. ZPO (per Formular).
- **Innenverhältnis:** Geschäftsbesorgungsvertrag, § 675 i.V.m. Dienstvertrag, § 611. Ausnahme: Anwalt hat (geistigen) Erfolg i.S.v. § 631 versprochen, z.B. bei Erstellung von Verträgen, AGB (s.o. Rdnr. 136).

2. Mangels Sonderregelungen ist die Anspruchsgrundlage auf Schadensersatz gegen den Anwalt § 280 Abs. 1 (i.V.m. §§ 249 ff.). Dann ist im Rahmen der Pflichtverletzung inzidenter das prozessuale oder materiell-rechtliche Fehlverhalten des Anwalts zu überprüfen. Hier werden dann die entscheidenden Probleme des Falles liegen. Standen dem Anwalt mehrere Möglichkeiten zur Wahl, so verlangt die Rspr., dass der Anwalt den sichersten Weg gewählt hat, anderenfalls liegt wiederum eine Pflichtverletzung vor.

183 Wurde eine Pflichtverletzung des Anwalts festgestellt (ggf. Bindungswirkung gemäß § 68 i.V.m. § 74 Abs. 3 ZPO aufgrund Streitverkündung im Vorprozess), so wird in Klausuren gern noch das Problem der (u.U. fehlenden) **Kausalität zum Schaden** des Mandanten eingebaut: Bestand die Pflichtverletzung des Anwalts darin, dass er zu Unrecht Klage erhoben hat, so sind die entstandenen Gerichtskosten und Anwaltsgebühren der kausale Schaden des Mandanten. Andererseits hätte der Anwalt bei pflichtgemäßem Verhalten von einer Klage abgeraten, so hätte er zumindest gemäß § 34 RVG eine Beratungsgebühr in Rechnung stellen können. Damit Schaden des Mandanten nur in Höhe der Differenz und ggf. Teilabweisung der Klage.

Nochmals sei darauf hingewiesen, dass mangels geregelter Gewährleistung im Dienstvertragsrecht ein Minderungsrecht nicht existiert. Also kann der Mandant nicht pauschal das Honorar des Anwalts mindern, weil dieser angeblich schlecht oder zu langsam gearbeitet habe. Möglich ist nur, dass der Mandant mit einem Gegenanspruch auf Schadensersatz aus § 280 Abs. 1 aufrechnet. Dann muss er aber wiederum nach den vorgenannten Grundsätzen einen kausalen Schaden beweisen.

Zusatzproblem zur Kausalität: Macht der Anwalt geltend, seine Pflichtverletzung sei deswegen nicht kausal, weil der Mandant auch dann hätte klagen wollen, wenn er von einer Klage abgeraten hätte, so fehlt die Kausalität nur dann, wenn der Anwalt nachweist, dass der Mandant „beratungsresistent" war.

7. Abschnitt: Schenkungsvertrag, §§ 516 ff.

A. Anwendungsbereich

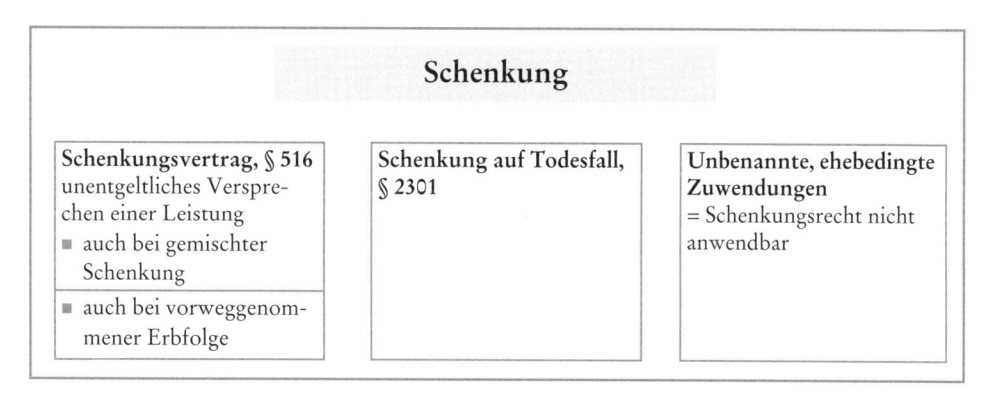

Schenkung

Schenkungsvertrag, § 516 unentgeltliches Versprechen einer Leistung	Schenkung auf Todesfall, § 2301	Unbenannte, ehebedingte Zuwendungen = Schenkungsrecht nicht anwendbar
▪ auch bei gemischter Schenkung ▪ auch bei vorweggenommener Erbfolge		

I. Der Schenkungsvertrag i.S.v. § 516 ist ein **Vertrag mit einseitiger Leistungsverpflichtung**, da aufgrund der Unentgeltlichkeit eine Gegenleistung nicht geschuldet ist. Häufiges Problem: Aus Umgehungsgründen wird eine Pseudogegenleistung vereinbart, z.B. „Verkauf für einen Euro". Da diese nicht annähernd den Wert der Leistung erreicht, handelt es sich um eine sog. **gemischte Schenkung**. Weil der Schenkungsanteil dann überwiegt, werden solche Verträge nach wie vor als Schenkung behandelt. **Klausurrelevanz:** Wichtig bei der Abgrenzung § 816 Abs. 1 S. 1 zu S. 2, bei § 822 sowie § 2287, 2301.

II. Gemäß § 518 Abs. 1 bedarf – nur – die **Willenserklärung des Schenkers** der **notariellen Form**, weil nur er zu warnen ist. Wird jedoch ein Schenkungsvertrag über Immobilien geschlossen, so muss wegen der damit verbundenen Konsequenzen auch der Beschenkte gewarnt werden, weswegen die Rspr. dann § **311 b Abs. 1** als **lex specialis** ansieht, sodass beide Willenserklärungen zu beurkunden sind.

Bei Nichteinhaltung der notariellen Form tritt **Heilung gemäß § 518 Abs. 1** ein, wenn das Geschenk bewirkt, d.h., der Schenkungsgegenstand wirksam sachenrechtlich übereignet wird, § 929 (Abstraktionsprinzip!) bzw. bei Grundstücken Heilung gemäß § 311 b Abs. 1 S. 2 mit Übereignung gemäß §§ 873, 925.

B. Besonderheiten

I. Für Leistungsstörungen gelten die bereits bei Rdnr. 111, dargestellten Grundsätze, auf die Haftungsprivilegien in §§ 521, 523, 524 sei nochmals hingewiesen.

II. Für **Schenkungen unter Auflage** (ggf. durch Auslegung zu ermitteln) gelten die §§ 525 ff.

III. Ein Sonderfall bildet § **528: Rückforderung wegen Verarmung** des Schenkers i.V.m. §§ 812 ff. Der Anspruch kann nach Maßgabe des § 529 ausgeschlossen sein.

IV. Beliebte Examensproblematik ist die Rückforderung des Geschenks bei **Widerruf wegen groben Undanks**, §§ 530, 531 i.V.m. §§ 812 ff.

186 | **Prüfschema: Widerruf wegen groben Undanks**

1. Wirksame **Widerrufserklärung**, § 531, durch Schenker/Erben (§ 530 Abs. 2)

2. **Widerrufsgrund: Grober Undank**, § 530 (enge Auslegung; Blick in den Palandt!)

3. **Kein Ausschluss** des Widerrufsrechts

   a) § 532: Verzeihung oder ein Jahr verstrichen oder Beschenkter verstorben

   b) § 533: Verzicht auf das Widerrufsrecht

   c) § 534: Pflicht- und Anstandsschenkung (eng auszulegen; Blick in den Palandt!)

4. **Rechtsfolge: Abwicklung gemäß § 812 Abs. 1 S. 2, 1. Var., § 818**

   - selbst bei Annahme eines Rechtsgrundverweises liegen die Voraussetzungen des § 812 vor, da der Rechtsgrund für die Leistung des Schenkers durch den Widerruf des Schenkungsvertrags weggefallen ist

   - also Anspruch auf Rückübertragung des Geschenkten, ggf. Wertersatz, § 818 Abs. 2

   - Ausnahme: Entreicherung des Beschenkten, § 818 Abs. 3 (Rückausnahme verschärfte Haftung §§ 818 Abs. 4; 819)

V. Abgrenzung zur Schenkung auf den Todesfall

187 1. In der Praxis häufig (und daher äußerst klausurrelevant!) ist die **vorweggenommene Erbfolge:** Hier wird vielfach aus steuerlichen Gründen bereits zu Lebzeiten des Erblassers schenkweise z.B. ein Grundstück auf seine Abkömmlinge übertragen. Hier ist wiederum strikt das Abstraktionsprinzip zu beachten: Die Übereignung richtet sich ganz normal nach §§ 873, 925. Schuldrechtlich liegt ein Schenkungsvertrag i.S.v. § 516 vor; sollen die Abkömmlinge gewisse Versorgungsleistung oder ein Wohnrecht einräumen, so bleiben diese Gegenleistungen i.d.R. weit hinter dem Wert des verschenkten Grundstücks zurück, sodass wiederum eine gemischte Schenkung vorliegt, auf die ebenfalls Schenkungsrecht Anwendung findet.

188 Wurde die notarielle Form (§ 518 Abs. 1 bei beweglichen Sachen sowie § 311 b bei Grundstücken) nicht eingehalten, so tritt wiederum Heilung mit Bewirken des Geschenks, d.h. mit sachenrechtlich wirksamer Übertragung, ein. Hier stellt sich jedoch häufig das zeitliche Problem: Kann eine Heilung noch nach dem Tod des Schenkers (Erblassers) erfolgen? Nach § 518 Abs. 2 bzw. § 311 b Abs. 1 S. 2 ist dies ohne Weiteres möglich, da die Vorschriften keine zeitliche Eingrenzung für die Heilung vorsehen. Nimmt man hingegen eine **Schenkung auf den Todesfall i.S.v. § 2301 Abs. 1** (der als Verweis auf § 2276 anzusehen ist und daher eine notarielle Form vorsieht) an, so richtet sich die Möglichkeit der Heilung nach § 2301 Abs. 2: Der „Schenker" muss die Schenkung vollziehen, also zu Lebzeiten. Hierfür kann ein vollständiger dinglicher Vollzug zu Lebzeiten nicht verlangt werden, weil dann wiederum eine normale Schenkung unter Lebenden vorläge und die Überlebensbedingung i.S.v. § 2301 Abs. 1 nicht zum Tragen käme. Deswegen ist es nach h.M. ausreichend, aber auch erforderlich, dass der Schenker zu Lebzeiten mindestens einen gewissen dinglichen Vollzug veranlasst hat (Einzelheiten str., also in der Klausur Blick in den Palandt!). Hat der Erblasser zu Lebzeiten weder die Auflassung i.S.v. § 925 erklärt noch einen Antrag an das Grundbuchamt gestellt, läge demnach kein Vollzug und damit keine Heilung vor.

Damit stellt sich das Problem der **Abgrenzung** einer Schenkung auf den Todesfall i.S.v. § 2301 zu ganz normalen Schenkungsverträgen, die naturgemäß auch zwischen Eltern und Kindern geschlossen werden können. Eine Schenkung auf den Todesfall i.S.v. § 2301 ist dann anzunehmen, wenn das Geschenk erst nach dem Tode des Schenkers erbracht werden soll und zu dem Zeitpunkt der Beschenkte noch lebt, d.h. den Schenker überlebt. Dies wird man nur vereinbaren, wenn der Erblasser Wert darauf legt, dass das Geschenk dem Beschenkten persönlich zukommen soll und nicht etwa bei vorzeitigem Ableben des Beschenkten dessen Erben (so bei einer normalen Schenkung). Es ist daher ggf. durch Auslegung zu ermitteln, ob die persönliche Belohnung des Beschenkten das entscheidende Motiv war. Indizien werden die persönliche Beziehung sowie der Wert des Geschenks sein. Handelt es sich also um kleinere Geschenke oder ist dem Erblasser die persönliche Belohnung des Beschenkten nicht so wichtig, liegt eine normale Schenkung i.S.v. § 516 vor.

2. Vertrag zugunsten Dritter auf den Todesfall, § 328 i.V.m. § 331   189

Beispiel: Risikolebensversicherungsvertrag; als Begünstigter ist der Sohn eingesetzt.

Wie bei jedem Vertrag zugunsten Dritter i.S.v. § 328 ist zu unterscheiden:

- **Deckungsverhältnis: Versicherungsvertrag** zwischen Versicherungsnehmer und Lebensversicherung, welcher als Vertrag zugunsten Dritter i.S.v. § 328 die Leistung der Versicherung an den Begünstigten nach dem Tode des Versicherungsnehmers (aus § 331) deckt, richtet sich allein nach Versicherungsrecht, §§ 1 ff. VVG, und kann kein Schenkungsvertrag sein.

- **Valutaverhältnis: Innenverhältnis** zwischen Versicherungsnehmer und begünstigtem Dritten (Sohn). Da hier dem Sohn ohne Gegenleistung die Versicherungssumme zugewandt werden soll, liegt Schenkung vor. Weil die Versicherungssumme erst nach dem Tod des Schenkers zugewandt werden soll, stellt sich wiederum das Problem einer Schenkung auf den Todesfall, § 2301. Die Rspr. nimmt jedoch an, dass Verträge zugunsten Dritter auf den Todesfall eine echte Alternative zu § 2301 darstellen. Da § 331 auch nicht auf § 2301 verweist, ist diese Vorschrift also unanwendbar. Folge: Der Schenkungsvertrag zwischen Versicherungsnehmer–Sohn kann auch noch nach dem Tod geheilt werden, § 518 Abs. 2.

Ist das Valutaverhältnis, also der Schenkungsvertrag unwirksam, z.B. weil keine   190
Heilung eingetreten ist, so kann der Berechtigte, nach seinem Tod dessen Erben gemäß § 1922, das Geschenk aus § 812 Abs. 1 S. 1, 1. Var. zurückfordern. Denn der Rechtsgrund für die Leistung des Schenkers/Erblassers fehlt, wenn das Kausalverhältnis, also das Valutaverhältnis, unwirksam ist.

8. Abschnitt: Maklervertrag, §§ 652 ff.

Im 2. Examen ist Maklerrecht aufgrund der zahlreichen praktischen Probleme durchaus beliebt und gehört daher zum Standardrepertoire.

A. Anwendungsbereich

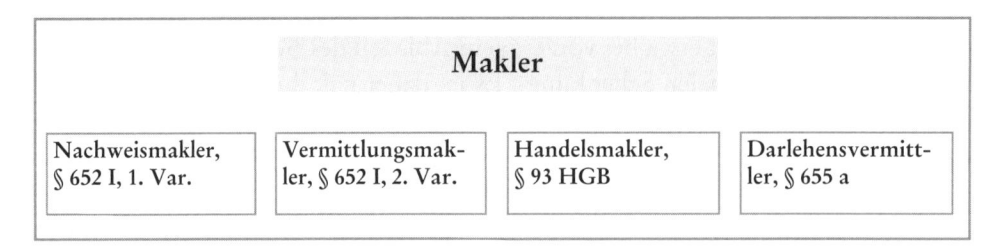

Makler			
Nachweismakler, § 652 I, 1. Var.	Vermittlungsmakler, § 652 I, 2. Var.	Handelsmakler, § 93 HGB	Darlehensvermittler, § 655 a

I. Der Nachweismakler, § 652 Abs. 1, 1. Var.

Der Nachweismakler schuldet lediglich den **Nachweis einer Gelegenheit** zum Abschluss eines Vertrags, z.B. durch Mitteilung des Maklers an seinen Kunden, durch die dieser in die Lage versetzt wird, in konkrete Verhandlungen über den von ihm angestrebten Hauptvertrag einzutreten.

II. Der Vermittlungsmakler, § 652 Abs. 1, 2. Var.

Eine **Vermittlung** liegt vor, **wenn** der Makler **aktiv auf** die Willensentschließung des Vertragspartners seines **Kunden einwirkt**, um dessen Bereitschaft zum Abschluss des beabsichtigten Hauptvertrags zu fördern. Im Unterschied zum Nachweismakler genügt die bloße Zusendung eines Exposés oder die Ermöglichung einer Objektbesichtigung i.d.R. nicht. Vielmehr ist regelmäßig ein darüber hinaus gehendes Verhandeln mit dem Interessenten erforderlich (Palandt/Sprau § 652 Rdnr. 27).

Je nach vertraglicher Vereinbarung können natürlich beide Varianten des § 652 vereinbart werden. Im Übrigen folgt aus § 652 für beide Varianten, dass der Anspruch auf Maklerlohn eben erst entsteht, wenn der Hauptvertrag kausal durch den Nachweis der Gelegenheit bzw. die Vermittlung zustande gekommen ist. Andererseits folgt hieraus aber auch, dass eine echte Verpflichtung des Maklers zum Tätigwerden nicht besteht, sofern nicht Abweichendes vereinbart ist.

III. Handelsmakler, §§ 93 ff. HGB

Für die Handelsmakler gelten die Sondervorschriften der §§ 93 ff. HGB. Die Vorschriften für den zivilen Makler i.S.v. §§ 652 ff. sind nur subsidiär anwendbar. (Näheres dazu im Abschnitt Handelsrecht.)

IV. Darlehensvermittlungsverträge, §§ 655 a ff.

Zur Darlehensvermittlung finden sich hier Sondervorschriften, insbesondere zur Form, § 655 b, zur Vergütung, § 655 c, d, sowie zur Abdingbarkeit, § 655 e, (ggf. Blick in den Palandt!).

V. Vermittlung von Wohnmietverträgen

Hier gilt in erster Linie das Wohnungsvermittlungsgesetz (in der Klausur Blick in den Palandt, § 652 Rdnr. 59–62).

B. Besonderheiten

I. Maklerlohn, § 652

Für den Anspruch auf Maklerlohn ist das nachfolgende Prüfschema klausurerprobt:

197

> **Prüfschema: Anspruch auf Maklerlohn aus § 652 Abs. 1 S. 1**
>
> 1. Wirksamer Maklervertrag, § 652
> 2. Makler hat Nachweis der **Gelegenheit** erbracht, § 652 Abs. 1, 1. Var., bzw. einen Hauptvertrag **vermittelt**, § 652 Abs. 1, 2. Var.
> 3. **Hauptvertrag** mit einem Dritten wirksam und kongruent **geschlossen**
> 4. **Kausalität** zwischen 2. und 3.
> 5. Kein Ausschlussgrund
>   - § 654: Verwirkung
>   - § 242: Sonstiges vertragswidriges Verhalten
> 6. Rechtsfolge: Anspruch auf Maklerlohn
>   - ggf. Herabsetzung gemäß § 655

1. Wirksamer Maklervertrag, § 652

a) **Grundsätzlich** kann der Maklervertrag **formfrei** geschlossen werden.

198

§ 311 b ist i.d.R. nicht auf den Maklervertrag anwendbar, weil für den Auftraggeber keine Verpflichtung zum Grundstücksverkauf oder umgekehrt zum Grundstücksankauf mit dem vom Makler benannten Vertragspartner besteht (Ausn.: wenn sich der Auftraggeber im Maklervertrag verpflichtet, ein Grundstück zu feststehenden Bedingungen an jeden vom Makler zugeführten Interessenten zu verkaufen bzw. es anzukaufen, weil dann bereits eine mittelbare Erwerbsverpflichtung begründet wird).

b) Die Rspr. ist allerdings bei konkludent geschlossenen Maklerverträgen zurückhaltend. Bloße Erstkontakte wie Telefonate, Aushändigung eines Exposés, sogar Objektbesichtigung, reichen u.U. nicht. Vielmehr ist nach allgemeinen Auslegungsgrundsätzen der Rechtsbindungswille zu ermitteln. Erforderlich ist mindestens, dass der Interessent dabei weiß oder wissen muss (potenzielles Erklärungsbewusstsein), dass der Makler von ihm bei Abschluss des beabsichtigten Hauptvertrags eine Vergütung verlangen wird (in der Klausur Blick in Palandt/Sprau § 652 Rdnr. 4, 5). Die Beweislast für den Vertragsschluss trägt naturgemäß der Makler.

c) Der **Maklervertrag endet mit** Ablauf der vereinbarten **Befristung oder** bei unbefristeten Verträgen durch **Kündigung analog § 671**, auch ohne Grund. Bei wichtigem Grund kann analog § 626 bzw. § 314 sowohl der befristete als auch der unbefristete Maklervertrag gekündigt werden.

2. Nachweis bzw. Vermittlung durch den Makler, § 652 Abs. 1

a) **Beim Nachweismakler, § 652 Abs. 1, 1. Var.** genügt der Nachweis der Gelegenheit zum Abschluss des Hauptvertrags. Hierfür ist eine Mitteilung des Maklers erforderlich, aus der sich zumindest die eindeutige Bezeichnung des Objekts und der Person ergibt, um mit dieser in substanzielle Verhandlungen über den Vertragsabschluss eintreten zu können. (In der Klausur Blick in Palandt/Sprau § 652 Rdnr. 25!)

199

b) **Beim Vermittlungsmakler, § 652 Abs. 1, 2. Var.** liegt eine Vermittlung des Hauptvertrags vor, sobald der Makler aktiv auf die Willensentschließung des Vertragspartners des Auftraggebers eingewirkt hat, um dessen Bereitschaft zum Abschluss des beabsichtigten Hauptvertrags zu fördern. In der Regel ist ein Verhandeln mit dem Interessenten erforderlich. Weitere Verhandlungen oder gar das Begleiten bis zum Abschluss des Hauptvertrags bedarf es nicht (Einzelheiten bei Palandt/Sprau § 652 Rdnr. 27).

3. Wirksamer Abschluss des Hauptvertrags mit einem Dritten

200 Wie § 652 Abs. 1 klarstellt, ist der Anspruch auf **Maklerlohn** insofern **erfolgsabhängig**, als dass ein wirksamer Hauptvertrag mit einem Dritten zustande kommen muss. Wird der Vertrag unter aufschiebender Bedingung geschlossen, so kann der Maklerlohn erst verlangt werden, wenn die Bedingung eingetreten ist, § 652 Abs. 1 S. 2.

Daher ist hier mit Sorgfalt inzidenter zu prüfen, ob ein wirksamer Hauptvertrag mit einem Dritten geschlossen wurde. Hierbei ist zu differenzieren – beliebtes Klausurthema:

a) Hauptvertrag überhaupt mit einem Dritten zustande gekommen?

Naturgemäß muss der **Dritte** vom Makler personenverschieden sein. Jede Maklertätigkeit setzt das Zusammenwirken von mindestens drei Personen voraus. Diese **fehlt** nicht nur bei echter Personenidentität, sondern auch **bei wirtschaftlicher Verflechtung**. Hier wird unterschieden:

201 ▪ Echte Verflechtung: Makler und Hauptvertragspartei sind derart wirtschaftlich identisch, dass eine selbstständige Entscheidungsbefugnis des Maklers oder der Hauptvertragspartei fehlt.

  Beispiel: Verkäufer ist die GmbH als juristische Person, ihr Alleingesellschafter ist jedoch der Makler.

202 ▪ Unechte Verflechtung: Wenn der Makler zu der Hauptvertragspartei in einer derartigen Beziehung steht, dass unabhängig vom Einzelfall zu erwarten ist, dass ein Interessenkonflikt besteht, z.B. Verkäufer ist eine Personengesellschaft, der Makler ist darin Mehrheitsgesellschafter. In der Regel auch wenn der Verkäufer der Ehegatte des Maklers ist. (In einer Klausur unbedingt die Einzelfälle in Palandt/Sprau § 652 Rdnr. 31 prüfen!)

Die vorstehende Problematik, dass der Vertrag mit einem Dritten zustande gekommen ist, darf nicht verwechselt werden mit dem Fall des § 654, welcher die Tätigkeit des Maklers auf beiden Seiten regelt. Dieser stellt einen Ausschlussgrund dar (dazu gleich).

b) Wirksamer Hauptvertrag?

203 Naturgemäß werden hier in einer Klausur gern Probleme dazu eingebaut. Nach der Rspr. ist zu unterscheiden:

aa) Ist der Hauptvertrag aufgrund **anfänglicher Nichtigkeitsgründe** unwirksam, so kann wegen der Erfolgsabhängigkeit gemäß § 652 Abs. 1 ein Makleranspruch nicht entstanden sein.

Beispiele:
Anfängliche Nichtigkeit des Hauptvertrags gemäß §§ 104 ff., 125, 134, 138. Auch Anfechtung gemäß §§ 119 ff., da diese gemäß § 142 rückwirkende Kraft hat.

Wurde der Hauptvertrag unter einer aufschiebenden Bedingung geschlossen, so entsteht gemäß § 652 Abs. 1 S. 2 der Maklerlohnanspruch erst mit Eintritt der Bedingung.

bb) Der **nachträgliche Untergang des Hauptvertrags** sowie sonstige nachträgliche Leistungsstörungen lassen hingegen den Maklerlohnanspruch unberührt. Denn § 652 setzt nur das Zustandekommen des Hauptvertrags voraus, nicht dessen Fortbestand, zumal dieser im Regelfall vom späteren Verhalten der Vertragsparteien abhängig ist. Übt daher der Käufer seine Gewährleistungsrechte aus § 437 Nr. 2 oder Nr. 3, also Rücktritt, Minderung oder Schadensersatz statt der Leistung aus, so lässt dies den Maklerlohnanspruch unberührt.

Vorsicht allerdings, wenn im Hauptvertrag ein vertragliches Rücktrittsrecht vereinbart wurde. Dann ist nach der Rspr. durch Auslegung zu ermitteln, was hierfür die Motivation war, sodass u.U. wegen einer „anfänglichen Unvollkommenheit" das Rücktrittsrecht wie ein anfänglicher Untergangsgrund zu behandeln ist (Einzelheiten bei Palandt/Sprau § 652 Rdnr. 40)!

cc) Kongruenz

Kongruenz bedeutet, dass der **Hauptvertrag**, dessen Abschluss der Makler nachweisen oder vermitteln sollte, **inhaltlich** sowie hinsichtlich der Vertragsparteien **nicht wesentlich von den seitens des Maklers avisierten Vertragsbedingungen** (welche sich z.B. aus dem Exposé ergeben) **abweichen** darf.

Beispiel: Kongruenz fehlt, wenn statt des avisierten Kaufvertrags ein – wenn auch langfristiger – Mietvertrag geschlossen wird. (Zahlreiche weitere Beispiele bei Palandt/Sprau § 652 Rdnr. 42–45 – in einer Klausur unbedingt lesen!)

dd) Zeitliche Grenzen

Während die Maklerleistung des Maklers vor Beendigung des Maklervertrags erbracht sein muss, also der Nachweis oder die Vermittlung, muss der dann mit dem Dritten geschlossene Hauptvertrag nicht während der Dauer des Maklervertrags geschlossen werden, solange er hierauf kausal beruht!

4. Kausalität Maklerleistung–Hauptvertrag

Der vom Makler erbrachte Nachweis oder die entwickelte Vermittlungstätigkeit muss für den Abschluss des Hauptvertrags kausal sein. Es genügt aber eine Mitursächlichkeit, wofür der Makler beweispflichtig ist (Anwaltsklausur!).

Beispiel: Behauptet der Beklagte, er habe bereits Vorkenntnis vom Objekt und der Verkaufsbereitschaft des Eigentümers gehabt, ist Kausalität grundsätzlich zu verneinen. Ausnahme: Wenn der Makler wesentliche neue Informationen zu dem Objekt oder zu den Verkaufsbedingungen geliefert hat.

5. Kein Ausschlussgrund

a) Gemäß § 654 ist der Anspruch auf Maklerlohn ausgeschlossen, **wenn der Makler vertragswidrig auch für den anderen Teil tätig geworden ist**. Denn eine Tätigkeit des Maklers für beide Seiten ist treuwidrig, sofern nicht im Vertrag als Doppeltätigkeit ausdrücklich oder konkludent gestattet; der Makler kann dann von beiden Seiten volle Provision fordern. Die Doppeltätigkeit ist aber pflichtwidrig i.S.v. § 654, wenn der Makler mit ihr das Vertrauen und die Interessen seines Auftraggebers verletzt, was insbesondere bei Verletzung der Unparteilichkeit, insbesondere hinsichtlich der Vertragsbedingungen des Hauptvertrags anzunehmen ist (in der Klausur Einzelfälle bei Palandt/Sprau § 654 Rdnr. 4–6 nachlesen!).

b) Sonstiges vertragswidriges Verhalten des Maklers führt jedenfalls i.V.m. § 242 zum Ausschluss des Maklerlohnanspruchs. (Einzelfälle bei Palandt/Sprau § 654 Rdnr. 7)

6. Rechtsfolge

207 a) Sofern keine Ausschlussgründe greifen, hat der Makler **gemäß § 652 Abs. 1 einen Anspruch auf Maklerlohn**. Die Höhe richtet sich nach der Vereinbarung im Maklervertrag, i.d.R. nach einem bestimmten Prozentsatz des Kaufpreises aus dem vermittelten Hauptvertrag. Darin ist die Umsatzsteuer bereits enthalten, wenn im Vertrag nicht besonderes bestimmt ist.[5] **Aufwendungen** des Maklers, z.B. für Inserate, sind mangels gesonderter Vereinbarung darin **mit enthalten, vgl. § 652 Abs. 2 S. 1.**

Wurde die Höhe nicht konkret vereinbart, so richtet sie sich gemäß § 653 Abs. 2 nach dem üblichen Maklerlohn.

b) Unter den Voraussetzungen des **§ 655** kann ggf. **Herabsetzung** des Maklerlohns durch Urteil auf einen angemessenen Betrag beantragt werden (Parallele zur Vertragsstrafe, § 343!).

II. Ansprüche des Maklerkunden

208 1. **Bestand kein Anspruch des Maklers auf Maklerlohn**, weil die vorstehenden Voraussetzungen fehlten, hat dies aber der **Kunde** verkannt und gleichwohl den Maklerlohn bezahlt, so **kann** er **aus § 812 Abs. 1 S. 1, 1. Var.** diesen **zurückfordern**.

2. Beliebt ist auch in Klausuren, dass der Maklerlohnanspruch zwar entstanden ist, aber der Kunde mit Gegenansprüchen auf Schadensersatz wegen angeblicher Pflichtverletzungen des Maklers aufrechnet. Ein **aufrechnungsfähiger Gegenanspruch auf Schadensersatz aus § 280 Abs. 1** setzt allerdings eine Pflichtverletzung des Maklers voraus. Da der Makler aber keine über den Nachweis oder die Vermittlungstätigkeit als solche hinausgehenden Pflichten hat, scheidet eine Pflichtverletzung grundsätzlich aus. Der Makler schuldet also weder die Entwicklung einer Tätigkeit als solche noch die Überprüfung der Angaben des Verkäufers/Vermieters. Allerdings entstehen aus dem Maklervertrag allgemeine Rücksichtnahmepflichten, § 241 Abs. 2. Daher geht die Rspr. davon aus, dass bei evident unrichtigen Angaben des Verkäufers/Vermieters im Exposé der Makler diese nicht ungeprüft an seinen Kunden weitergeben darf. Quadratmeterzahlen, die nur geringfügig abweichen vom Exposé, sind hingegen kein Evidenzfall; der Makler ist nicht zum Nachmessen der Fläche verpflichtet!

III. Sonderfälle im Maklerrecht

1. Kauf-/Mietvertrag mit Maklerklausel als Vertrag zugunsten Dritter, § 328

209 Hat der Verkäufer/Vermieter einen Makler beauftragt, so kann er die ihn treffende Zahlungspflicht faktisch dadurch abwälzen, dass er im Kaufvertrag/Mietvertrag mit dem Käufer/Mieter einfach vereinbart, dass dieser an den Makler zu zahlen hat. Derartige Maklerklauseln sind auszulegen, dahingehend, ob es sich um eine rein interne Absprache i.S.e. Erfüllungsübernahme i.S.v. § 329 handelt – dann hat der Makler hieraus keinen eigenen Anspruch gegen den Käufer/Mieter. Gleiches gilt,

---

5 Palandt/Sprau § 652 Rdnr. 53 mit Verweis auf § 157 Rdnr. 13!

wenn die Klausel so auszulegen ist, dass der Käufer lediglich ein Schuldanerkenntnis oder Schuldversprechen gegenüber dem Verkäufer/Vermieter abgegeben hat, §§ 780, 781. Nur wenn die Klausel dahingehend auslegbar ist, dass hieraus der Makler als am Kauf-/Mietvertrag nicht beteiligter Dritter einen eigenen Erfüllungsanspruch haben soll, ist die Vertragsklausel zugunsten Dritter i.S.v. § 328 anzunehmen.

2. Makleralleinvertrag

Grundsätzlich kann der Auftraggeber mehrere Makler nebeneinander beauftragen. Anders beim Alleinauftrag. Dort bindet sich der Auftraggeber an einen Makler, in praxi i.d.R. für einen bestimmten Zeitraum unter **Verzicht auf sein jederzeitiges Kündigungsrecht aus § 671 analog**. Da damit das Schicksal des Auftraggebers von allein diesem Makler abhängig ist, nimmt die Rspr. an, dass nunmehr der Makler auch verpflichtet ist, tätig zu werden. Insofern handelt es sich um eine Mischung zwischen Maklervertrag und Dienstvertrag, § 611. Die übrigen Rechtsfolgen richten sich jedoch wiederum nach Maklerrecht, §§ 652 ff.

210

Umgekehrt ist aber auch beim Alleinmaklervertrag der Auftraggeber nicht verpflichtet, bei Nachweis der Gelegenheit oder Vermittlung eines Interessenten den Hauptvertrag abzuschließen. Denn nach dem Grundsatz der Vertragsfreiheit kann er nach wie vor ihm vom Makler angediente Interessenten ablehnen (bei indirektem Verkaufszwang wäre wiederum auch der Maklervertrag nach §§ 311 b, 125 formnichtig, s.o.).

3. Ehevermittlung, Partnerschaftsvermittlung, § 656

§ 656 Abs. 1 stellt klar, dass Verträge über den Nachweis der Gelegenheit oder die Vermittlung des Zustandekommens einer Ehe **keine Zahlungsverpflichtung** gegenüber dem Makler begründen. Nach § 656 Abs. 1 S. 2 kann das dennoch Geleistete jedoch nicht zurückgefordert werden.

211

Auf Partnervermittlungsverträge wird § 656 analog angewandt. Allerdings gibt es in der Praxis verschiedene Erscheinungsformen, sodass hier die Vergleichbarkeit der Interessenlage sorgfältig zu prüfen ist (in der Klausur unbedingt Kommentierung der Einzelfälle in Palandt/Sprau § 656 Rdnr. 1 a und 7–9 lesen!).

Werden derartige Verträge per Internet geschlossen, ist zu berücksichtigen, dass dann ein Fernabsatzvertrag i.S.v. § 312 b vorliegen kann und sich hierdurch die Problematik von Informationspflichten i.S.v. § 312 c sowie das Widerrufsrecht nach § 312 d ergibt.

9. Abschnitt: Darlehensverträge, §§ 488 ff.

A. Anwendungsbereich

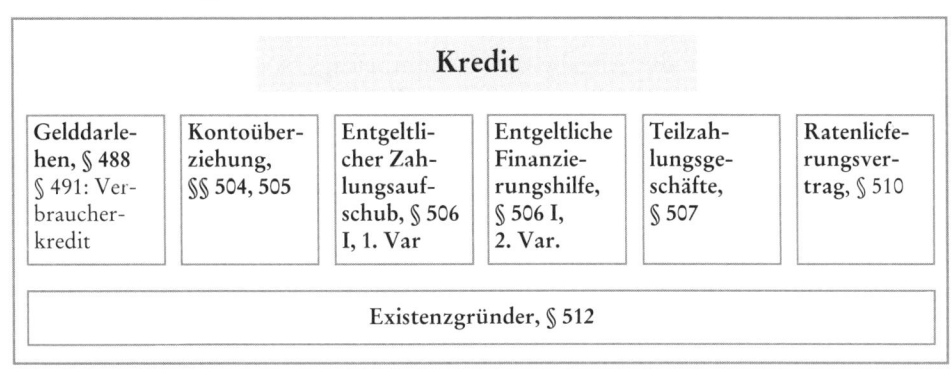

Kredit					
Gelddarlehen, § 488 § 491: Verbraucherkredit	Kontoüberziehung, §§ 504, 505	Entgeltlicher Zahlungsaufschub, § 506 I, 1. Var	Entgeltliche Finanzierungshilfe, § 506 I, 2. Var.	Teilzahlungsgeschäfte, § 507	Ratenlieferungsvertrag, § 510
Existenzgründer, § 512					

212 Da das Sachdarlehen, § 607, examensmäßig keine Rolle spielt, wird hier nur das Gelddarlehen, §§ 488 ff., sowie die weiteren Formen der Kreditierung i.S.v. §§ 506 ff. dargestellt. Es handelt sich um eine recht überschaubare Materie, weswegen in Klausuren das Darlehensrecht stets mit anderen Problemen, insbesondere Sicherheiten, kombiniert wird. Beliebt ist auch die Problematik, dass mit dem Darlehen ein anderer Vertrag finanziert wird, sog. verbundenes Geschäft, §§ 358, 359.

213

> **Prüfschema: Rückzahlungsanspruch aus Darlehen, § 488 Abs. 1 S. 2**
>
> 1. **Wirksamer Darlehensvertrag**
>   a) **Einigung** i.S.v. § 488
>   b) **Wirksamkeit**
>   - Bei Verbraucherdarlehen, § 491: **Schriftform**, §§ 492, 494
>   - Keine Sittenwidrigkeit, § 138
> 2. **Fälligkeit** des Rückzahlungsanspruchs
>   a) **Vertraglich vereinbart**
>   b) **Sonst** Kündigung gemäß § 488 Abs. 3 oder § 490, §§ 498, 499, 500
> 3. **Kein Untergang** des Rückzahlungsanspruchs
>   - Bei Verbraucherdarlehen: **Widerrufsrecht gemäß § 495 i.V.m. § 355**
>   - Bei Kombination Darlehensvertrag mit anderem Vertrag als verbundenes Geschäft i.S.v. § 358 Abs. 3: **Widerrufsdurchgriff gemäß § 358 Abs. 1**
> 4. **Durchsetzbarkeit** des Darlehensanspruchs
>   - Keine nachträgliche **Stundungsvereinbarung**
>   - Bei verbundenen Geschäften i.S.v. § 358 Abs. 3 kein **Einwendungsdurchgriff** i.S.v. § 359

B. Besonderheiten

I. Wirksamkeit des Darlehensvertrags

Der Darlehensvertrag bedarf nur im Falle des **Verbraucherdarlehens i.S.v. § 491** der **Schriftform gemäß § 492**.

214 1. Gemäß § 492 Abs. 1 S. 2 können Angebot und Annahme getrennt schriftlich erklärt werden. Ferner müssen die Pflichtinformationen gemäß **§ 492 Abs. 2** i.V.m. Art. 247 EGBGB enthalten sein, sog. **Preisklarheit**. Bei Nichteinhaltung der Form ist der Verbraucherdarlehensvertrag gemäß § 494 Abs. 1 grundsätzlich nichtig. Jedoch tritt Heilung gemäß § 494 Abs. 2 ein, wenn der Darlehensnehmer das Darlehen empfangen hat. Fehlt im Vertrag die Angabe des Sollzinssatzes oder des effektiven Jahreszinses oder die Angabe des Gesamtbetrags, so ermäßigt sich gemäß § 494 Abs. 2 S. 2 der Zins auf den gesetzlichen Zinssatz, also gemäß § 246 auf 4%. Zu den weiteren Rechtsfolgen siehe § 494 Abs. 4–7.

In praxi wird häufig statt der Schriftform notarielle Beurkundung gewählt, um in der Urkunde dann auch eine Klausel bezüglich der Unterwerfung in die sofortige Zwangsvollstreckung aufzunehmen. Dann besteht von vornherein ein Vollstreckungstitel gemäß § 794 Abs. 1 Nr. 5 ZPO. Dementsprechend fehlt für eine später erhobene Klage auf Rückzahlung des Darlehens das Rechtsschutzbedürfnis.

2. Für die **Wirksamkeit der Einigung** gelten **im Übrigen** die allgemeinen Vorschriften, **§§ 104 ff.** Klausurrelevant ist hier insbesondere eine etwaige Sittenwidrigkeit des Darlehensvertrags wegen Wuchers oder wucherähnlicher Zinssätze (s. hierzu bereits 1. Teil, Rdnr. 18, wenn mehr als das Doppelte der üblichen Zinsen vereinbart ist).

Klausurproblem: Die Klage der Bank auf Rückzahlung ist dann zwar aus § 488 Abs. 1 S. 2 nicht begründet, jedoch aus § 812 Abs. 1 S. 1, 1. Var. Gemäß § 817 S. 2, welcher analog auch für § 812 gilt, sind dann nur die Zinsen ausgeschlossen, nicht die Darlehensnettosumme, weil das Gewähren eines Darlehens als solches nicht sittenwidrig ist. Also: Stattgeben der Klage bezüglich der Nettosumme, Klageabweisung im Übrigen (bezüglich der Zinsen). Ein kompletter Ausschluss ergibt sich nur aus § 814, 1. Var., welcher allerdings aufseiten der Bank eine positive Rechtskenntnis von der Nichtigkeit des Darlehensvertrags voraussetzt, was i.d.R. vom Beklagten (Darlehensnehmer) nicht bewiesen werden kann. Während der Rückzahlungsanspruch aus § 812 normalerweise sofort fällig ist, nimmt die Rspr. in diesen Fällen jedoch an, dass sich die Rückzahlung nach den Modalitäten des sittenwidrigen Vertrags richtet, also ggf. Ratenzahlung!

II. Fälligkeit des Rückzahlungsanspruchs aus § 488 Abs. 1 S. 2

1. Die Fälligkeit des Rückzahlungsanspruchs ergibt sich **grundsätzlich aus den Vereinbarungen** im Darlehensvertrag. Beim Verbraucherdarlehen gehört dies auch zu den Informationspflichten i.S.v. § 492 Abs. 2 i.V.m. Art. 247 EGBGB.

2. Ist für die Rückzahlung des Darlehens keine Zeit bestimmt, so muss gemäß **§ 488 Abs. 3** die Fälligkeit erst durch **Kündigung** herbeigeführt werden, wobei die Kündigungsfrist drei Monate beträgt.

Ein **Sonderkündigungsrecht** besteht gemäß **§ 490**, wenn eine wesentliche Verschlechterung aufseiten des Darlehensnehmers droht.

Weitere Kündigungsrechte finden sich in § 489. Ein vorzeitiges Kündigungsrecht für den Darlehensnehmer ergibt sich aus § 500. Er schuldet dann aber eine Vorfälligkeitsentschädigung, § 502.

III. Widerruf des Darlehensnehmers, §§ 495, 355

Der Verbraucher ist an den Darlehensvertrag nicht mehr gebunden, wenn er gemäß **§ 495 i.V.m. § 355** fristgerecht widerruft. Die hierfür einzuhaltende Frist von 14 Tagen gilt nur bei ordnungsgemäßer Belehrung. Anderenfalls hat der Verbraucher gemäß § 355 Abs. 4 S. 3 ein unbefristetes Widerrufsrecht. Im Falle des Widerrufs ist ggf. gemäß § 357 entsprechend §§ 346 ff. rückabzuwickeln.

Gleiches gilt beim sog. **Widerrufsdurchgriff des § 358 Abs. 1:** Diente der Darlehensvertrag zur Finanzierung eines anderen Vertrags und bildete mit diesem eine wirtschaftliche Einheit i.S.v. § 358 Abs. 3, so kann auch der andere Vertrag ein Widerrufsrecht erzeugen, z.B. wenn er an der Haustür (§ 312 Abs. 1 Nr. 1) oder per Internet (§ 312 b, d) geschlossen wurde. Widerruft der Kunde in diesem Fall den anderen Vertrag, so schlägt dies als Widerrufsdurchgriff auch auf den Darlehensvertrag durch, § 358 Abs. 1.

§ 358 Abs. 2 regelt den umgekehrten Fall: Widerruf des Darlehensvertrags gemäß § 495 schlägt auf den anderen Vertrag durch. Einzelheiten zum verbundenen Geschäft i.S.v. § 358 Abs. 3 s. Rdnr. 227.

IV. Durchsetzbarkeit des Rückzahlungsanspruchs

218 Die Durchsetzbarkeit des Rückzahlungsanspruchs aus § 488 Abs. 1 S. 2 fehlt nach allgemeinen Grundsätzen, wenn der Darlehensschuldner Einreden entgegensetzen kann.

1. Im Falle der **nachträglichen Stundungsvereinbarung** kann der Schuldner somit die Stundungseinrede erheben, mit der weiteren Folge der Verjährungshemmung, § 205.

219 2. Hat der Darlehensvertrag einen anderen Vertrag in wirtschaftlicher Einheit finanziert, sodass ein **verbundenes Geschäft i.S.v. § 358 Abs. 3** vorliegt, kann der Darlehensschuldner den **Einwendungsdurchgriff gemäß § 359** geltend machen: Wenn nämlich der Darlehensnehmer aus dem anderen verbundenen Vertrag Einwendungen oder Einreden hat, so kann er dies gemäß § 359 Abs. 1 auch dem Darlehensgeber entgegenhalten, weil beide Verträge wirtschaftlich verbunden sind.

Beispiel: Der Darlehensnehmer wendet ein, die finanzierte Kaufsache sei mangelhaft. Hier ist jedoch § 359 S. 3 zu beachten: Wegen des Vorrangs der Nacherfüllung kann der Darlehensnehmer den Einwand gegenüber dem Darlehensgeber nur erheben, wenn die Nacherfüllung durch den Verkäufer fehlgeschlagen ist. Wegen §§ 440, 636 sind die Ablehnung der Nacherfüllung und ihre Unzumutbarkeit dem Fehlschlagen gleichzustellen. Ansonsten folgt aber hieraus, dass der Einwendungsdurchgriff nur subsidiär ist.

Klausurproblem: Während § 359 nur ein Leistungsverweigerungsrecht bezüglich der noch ausstehenden Darlehensraten gibt, stellt sich die Frage, ob der Darlehensnehmer auch bereits gezahlte Darlehensraten zurückfordern kann, weil schließlich die Kaufsache von Anfang an mangelhaft war. Da § 359 nur eine Einrede darstellt, kann die Vorschrift nicht als Anspruchsgrundlage auf Rückerstattung angesehen werden. Ein Rückforderungsanspruch aus § 813 i.V.m. § 812 setzt voraus, dass zum Zeitpunkt der Leistung die Einrede bereits bestand. Wegen der Subsidiarität des Einwendungsdurchgriffs (§ 359 S. 3) bestand dieser Einwand jedoch nicht von Anfang an, da zunächst das Fehlschlagen der Nacherfüllung abgewartet werden musste. Damit passt § 813 ebenfalls nicht. Die h.M. lehnt daher eine Rückforderung ab (str.).

Anders, wenn der Darlehensnehmer bei Leistung seiner Darlehensraten verkannt hat, dass der verbundene Kaufvertrag von Anfang an unwirksam war, denn dann hätte er diesen Einwand von Anfang an gegenüber dem Darlehensgeber geltend machen können, sodass nunmehr § 813 einschlägig ist (Palandt/Grüneberg § 359 Rdnr. 7).

C. Kreditierungsformen

I. Überziehungsmöglichkeiten, §§ 504, 505

220 Werden bei einem Girokonto Abreden über Überziehungskredit/Dispo getroffen, so gelten die §§ 504, 505. Diese werden im Zusammenhang mit dem Zahlungsdienstevertrag, §§ 675 c. ff. (s. Rdnr. 268 ff.) erläutert.

II. Entgeltlicher Zahlungsaufschub, § 506 Abs. 1, 1. Var.

221 Für Verträge, die durch einen Unternehmer an einen Verbraucher dadurch kreditiert werden, dass sie einen entgeltlichen Zahlungsaufschub gewähren, gelten gemäß § 506 Abs. 1, 1. Var. die Vorschriften über den Darlehensvertrag im Wesentlichen entsprechend. Gemäß § 491 Abs. 2 darf der Betrag aber nicht weniger als 200 € betragen und der Finanzierungszeitraum muss länger als drei Monate sein.

Beispiel: „Heute den Pkw kaufen und in sechs Monaten (gegen Aufschlag) bezahlen."

III. Entgeltliche Finanzierungshilfen, § 506 Abs. 1, 2. Var.

Das Gleiche gilt gemäß § 506 Abs. 1, 2. Alt. für sonstige entgeltliche Finanzierungshilfen. Die Formulierung ist bewusst offen gewählt, da die Praxis hier sehr kreativ ist. Ein Unterfall ist, wie bereits dargestellt, das Finanzierungsleasing, was in § 506 Abs. 2 präzisiert wird (hierzu bereits oben unter Rdnr. 165 ff.). 222

IV. Teilzahlungsgeschäfte, § 507

Bei Teilzahlungsgeschäften wird der Kaufpreis in Raten abgezahlt, hingegen beim Zahlungsaufschub nur einmal aufgeschoben, um dann im Ganzen bezahlt zu werden. Beim Teilzahlungsgeschäft sind die besonderen Vorgaben zur Schriftform und Preisklarheit gemäß § 507 Abs. 2 zu beachten. 223

Gemäß § 508 kann bei Teilzahlungsgeschäften das über § 507 i.V.m. § 495, § 355 bestehende Widerrufsrecht durch ein Rückgaberecht nach § 356 ersetzt werden.

Der Unternehmer kann bei Zahlungsverzug gemäß § 508 Abs. 2 i.V.m. § 498 zurücktreten. § 508 Abs. 2 S. 5 fingiert die Rücktrittserklärung bei Wiederansichnahme der Sache!

V. Ratenlieferungsverträge, § 510

Ratenlieferungsverträge sind Verträge mit einem Verbraucher, bei dem der Unternehmer die Lieferung mehrerer zusammengehörender Sachen in Teilleistung erbringt oder eine regelmäßige Lieferung von Sachen gleicher Art. Dann besteht gemäß § 510 Abs. 1 ebenfalls ein Widerrufsrecht gemäß § 355. § 510 Abs. 1 S. 3 stellt klar, dass für die Bagatellgrenze des § 491 Abs. 2 Nr. 1 von 200 € auf die Summe aller vom Verbraucher bis zum frühestmöglichen Kündigungszeitpunkt zu entrichtenden Teilzahlungen abzustellen ist. 224

VI. Erweiterung auf Existenzgründer, § 512

Gemäß § 512 gelten die Verbraucherschutzvorschriften der §§ 491 ff. auch für Existenzgründer bis zum Nettodarlehensbetrag bzw. Barzahlungspreis von **75.000 €**. 225

VII. Unabdingbarkeit, § 511

Gemäß § 511 **kann** bei den vorgenannten Vertragsarten **nicht** von den verbraucherschützenden Vorschriften **zum Nachteil des Verbrauchers abgewichen werden**! Es darf auch keine Umgehung stattfinden (z.B. Aufspalten in Einzelverträge, jeweils unter der Bagatellsumme von 200 € i.S.v. § 491 Abs. 2 Nr. 1). 226

VIII. Fremdfinanziertes, verbundenes Geschäft, § 358

1. Da viele kleinere Händler es sich finanziell nicht leisten können, Verträge selbst zu kreditieren (über Einräumung von Ratenzahlungsaufschub, Ratenzahlung etc.), wurde das **fremdfinanzierte, verbundene Geschäft i.S.v. § 358 Abs. 3** entwickelt: Verkäufer und Käufer schließen einen regulären Kaufvertrag ohne Ratenzahlung. Finanziert wird der Kaufpreis über einen Darlehensvertrag, § 488, welchen der Kunde mit der Hausbank des Händlers abschließt und der über den Händler vermittelt wird. Anschließend zahlt die Bank das Darlehen direkt an den Händler aus. In praxi wird vielfach dann der Kaufgegenstand der Bank zur Sicherheit übereignet. Sodann zahlt der Kunde in Raten das Darlehen an die Bank zurück, hat aber den Vorteil, dass er die Sache gleich benutzen kann, da bei der Sicherungsübereignung nach § 930 verfahren wird, sodass der Kunde den Besitz behält. 227

Ein verbundenes Geschäft i.S.v. § 358 Abs. 3 liegt jedoch nicht vor, wenn der Käufer zunächst auf eigene Faust ein Darlehen, z.B. bei seiner Hausbank aufnimmt, sich das Darlehen auszahlen lässt und mit diesem Darlehen die Kaufsache erwirbt. Dann liegen schlicht zwei getrennte Vertragsverhältnisse vor.

2. Da beim verbundenen Geschäft i.S.v. § 358 Abs. 3 eine wirtschaftliche Einheit besteht, soll der Kunde, wenn er Verbraucher ist, aus der juristischen Trennung der beiden Verträge keine Nachteile haben. Daher gibt es **gemäß § 359** den **Einwendungsdurchgriff**: hiernach kann der Kunde bestehende Einwendungen und Einreden aus dem Kaufvertrag gegen den Darlehensvertrag durchgreifen lassen, sodass er dann auch keine Darlehensrückzahlung schuldet. Hierzu bereits die Ausführungen oben Rdnr. 219. Beachte nochmals, dass der Einwendungsdurchgriff gemäß § 359 S. 3 subsidiär ist, d.h. erst wenn die Nacherfüllung fehlgeschlagen ist.

10. Abschnitt: Schuldrechtliche Sicherheiten, insbesondere Bürgschaft, §§ 765 ff.

A. Anwendungsbereich

228 Während die sog. Realsicherheiten im Sachenrecht geregelt sind (dazu noch später im 8. Teil), sind **im Schuldrecht die sog. Personalsicherheiten** geregelt. Generell unterscheidet man bei Sicherheiten die **abstrakten Sicherheiten**, die eine losgelöste, von der zu sichernden Forderung unabhängige Verbindlichkeit begründen, von den **akzessorischen Sicherheiten**, die eng mit der zu sichernden Forderung verknüpft sind.

I. Erfüllungsübernahme, § 329 – Befreiende Schuldübernahme, §§ 414 ff.

229 **1.** Die **Erfüllungsübernahme** begründet **gemäß § 329** lediglich eine Verpflichtung zwischen dem eigentlichen Schuldner und dem übernehmenden Dritten, der sich **nur intern verpflichtet**, den Gläubiger zu befriedigen, ohne dass der Gläubiger hieraus einen eigenen Anspruch erhalten soll.

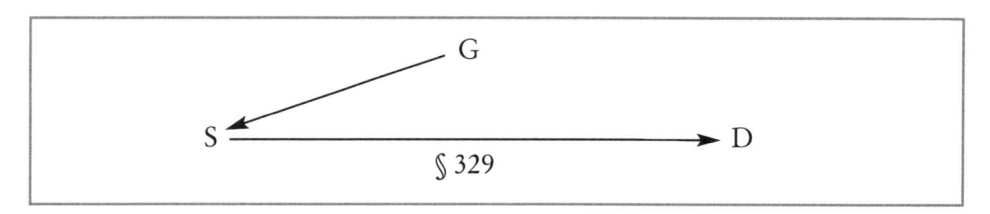

```
            G
           ↙
    S ←─────────────→ D
           § 329
```

230 **2.** Hingegen hat die **befreiende Schuldübernahme gemäß § 414** Außenwirkung in der Weise, dass durch Auswechselung des Schuldners der Gläubiger nunmehr einen Anspruch gegen den Übernehmenden erhält, während der ursprüngliche Schuldner frei wird. Dies muss **stets mit Zustimmung des Gläubigers** geschehen, § 415!

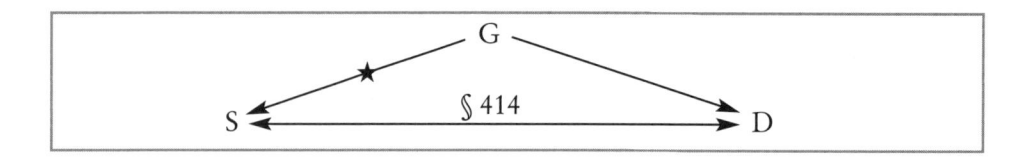

```
            G
           ★
    S ←─────────────→ D
           § 414
```

II. Abstraktes Schuldversprechen/Anerkenntnis, §§ 780, 781

231 Abstraktes Schuldversprechen und Schuldanerkenntnis, §§ 780, 781 begründen eine vom Schuldgrund losgelöste, unabhängige neue Verbindlichkeit. Diese kann

durch einen Dritten oder durch den Schuldner selbst abgegeben werden. Anders das bloß deklaratorische Schuldanerkenntnis, welches nicht geregelt ist, da es lediglich eine bestehende Anspruchsgrundlage verstärken soll, indem z.B. auf Einwendungen und Einreden verzichtet wird.

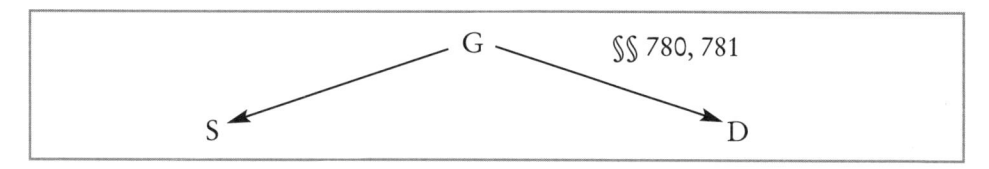

```
            G          §§ 780, 781
          ╱   ╲
         ↙     ↘
        S       D
```

Die Abgrenzung erfolgt durch Auslegung. Indiz: Wird auf den eigentlichen Schuldgrund Bezug genommen, so liegt i.d.R. ein bloß deklaratorisches Schuldanerkenntnis vor, während das abstrakte Schuldversprechen einfach losgelöst abgegeben wird. Soll daher im Rahmen einer anwaltlichen Kautelarklausul ein abstraktes Schuldanerkenntnis begründet werden, sollte jegliche Bezugnahme vermieden werden.

Formulierung: „ ... erkennt der Schuldner an, 10.000 € dem Gläubiger zu schulden."

III. Schuldbeitritt

Der **vertragliche Schuldbeitritt** ist als solcher nicht geregelt, aber nach der Vertragsfreiheit zulässig, § 311 Abs. 1. Der Schuldbeitritt weist insofern eine gewisse Akzessorietät auf, als dass er bei Entstehung von der Schuld des Schuldners abhängig ist. Denn es kann nur einer Schuld beigetreten werden, die existiert. Tritt ein Verbraucher, z.B. die Ehefrau dem Verbraucherdarlehensvertrag, den ihr Mann geschlossen hat, bei, so gelten insofern auch wieder die Verbraucherschutzvorschriften der §§ 491 ff. Zu beachten ist, dass durch den Schuldbeitritt eine Gesamtschuld i.S.d. § 421 entsteht: Daher Akzessorietät zur Hauptschuld nur bezüglich Erfüllung und Erfüllungssurrogate nach Maßgabe der §§ 422 ff. Andere Ereignisse schlagen jedoch grundsätzlich nicht akzessorisch auf den Schuldbeitretenden durch, da gemäß § 425 Gesamtschuldner ein Einzelschicksal haben. (Genauer zur Gesamtschuld im 7. Teil, Rdnr. 358 ff.

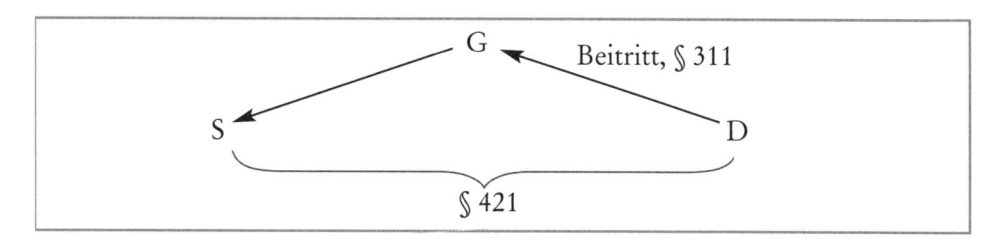

```
            G  ←  Beitritt, § 311
          ╱   
         ↙     
        S       D
         ⌣⌣⌣⌣⌣⌣⌣
            § 421
```

Fälle des gesetzlichen Schuldbeitritts finden sich in §§ 25, 28, 130 HGB (genauer dazu im Handelsrecht).

IV. Bürgschaft, §§ 765 ff.

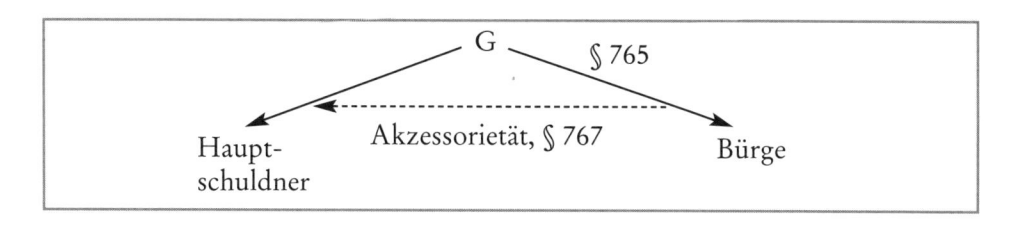

```
              G        § 765
            ╱   ╲
           ↙  ←----------
       Haupt-   Akzessorietät, § 767   Bürge
       schuldner
```

Die **Bürgschaft** ist die einzige **Personalsicherheit, die akzessorisch zur Hauptschuld ist** (und deswegen aus der Sicht des Bürgen ungefährlicher, weil hier Mängel der Hauptforderung auf die Bürgschaft durchschlagen, vgl. § 767).

234 Für die **Abgrenzung von Bürgschaft zum Schuldbeitritt** gilt folgende Faustformel:

- **Schuldbeitritt**, wenn der Beitretende ein eigenes wirtschaftliches oder rechtliches Interesse an dem fremden Vertrag hat, dem er beitritt.

- **Bürgschaft**, wenn lediglich eine fremde Schuld ohne sachliches Eigeninteresse gesichert werden soll („der Bürge als Freund").

Daher kann eine Bürgschaft bei fehlender Form (§ 766) auch nicht in einen formlos möglichen Schuldbeitritt umgedeutet werden!

Sollte die zu sichernde Forderung nicht bestehen, so schlägt dies also bei der akzessorischen Bürgschaft automatisch durch, § 767. Bei den abstrakten Sicherheiten hingegen nicht. Allerdings kann der Sicherungsgeber entweder aus der zugrundeliegenden Sicherungsabrede oder sonst aus § 812 Abs. 1 S. 2, 2. Alt. wegen Zweckverfehlung die Sicherheit wieder zurückfordern, vgl. auch § 812 Abs. 2. Nachteil: Der Sicherungsgeber trägt für die Voraussetzungen des § 812 die volle Beweislast.

- Beachte die **gesetzliche Anordnung in § 566 Abs. 2:** Erfüllt der Erwerber des Mietobjekts seine Pflichten aus § 566 Abs. 1 („Kauf bricht nicht Miete") gegenüber dem Mieter nicht, so haftet der **bisherige Vermieter** gemäß § 566 Abs. 2 S. 1 **wie ein selbstschuldnerischer Bürge**. Ausnahme: § 566 Abs. 2 S. 2 (Anwaltsklausur!)

B. Besonderheiten bei der Bürgschaft

Wegen der akzessorischen Verknüpfung der Bürgschaft zur Hauptschuld ist auf jeder Ebene der Bürgschaft, also bei Entstehen, Untergang sowie Durchsetzbarkeit jeweils inzidenter zu prüfen, ob die Hauptforderung besteht, untergegangen ist oder auch durchsetzbar ist. Im Rahmen der Durchsetzbarkeit der Bürgschaft sind auch die gesonderten Einreden des Bürgen gemäß §§ 770 f. zu berücksichtigen.

I. Prüfschema:

> **Prüfschema: Anspruch Gläubiger gegen Bürgen aus § 765**
>
> 1. **Anspruch entstanden**
>   a) **Einigung** i.S.v. § 765
>   - ggf. Abgrenzung zu den anderen Personalsicherheiten
>   - Bestimmbarkeit bezüglich zu sichernder Forderung
>
>   b) **Wirksamkeit**
>   - §§ 104 ff.
>   - Form, § 766 (Ausnahme: § 350 HGB)
>
>   c) **Zu sichernde Hauptforderung entstanden**
>   (Inzidentprüfung wegen Akzessorietät!)
>
> 2. **Kein Untergang der Bürgschaft**
>   a) Direkte **Untergangsgründe für die Bürgschaft**, z.B. §§ 362 ff.
>   b) **Untergang der Hauptforderung** (wegen Akzessorietät, § 767!)
>
> 3. **Durchsetzbarkeit der Bürgschaft**
>   a) **Eigene Einreden des Bürgen** aus dem Bürgschaftsvertrag, z.B. Stundung
>   b) **Einreden des Hauptschuldners** aus der Hauptschuld, § 768
>   (Akzessorietät der Bürgschaft!)
>   c) **Besondere Einreden des Bürgen**
>   - Einrede der Vorausklage, § 771
>   in praxi i.d.R. (–) wegen § 773 Nr. 1 oder
>   § 349 HGB
>   - § 770: Einrede der Anfechtbarkeit etc.
>
> 4. **Sonderfall: Freiwerden** des Bürgen gemäß § 776

235

1. Bürgschaft entstanden

a) Die **Einigung** i.S.v. § 765 ist ggf. durch Auslegung zu ermitteln. Hierbei ist zu den vorgenannten anderen Personalsicherheiten abzugrenzen. Für die Abgrenzung zum Schuldbeitritt ist das Eigeninteresse am Vertrag maßgeblich (s.o. Rdnr. 234). Bezüglich der rein abstrakten Sicherheiten ist grundsätzlich anzunehmen, dass diese Seitens des Sicherungsgebers nicht gewollt sind, sondern die aus seiner Sicht ungefährlichere Bürgschaft, weil diese akzessorisch ist.

236

b) **Wirksamkeit**

aa) Bezüglich der Wirksamkeit der Bürgschaft gelten die **allgemeinen Nichtigkeitsgründe** mit folgenden Besonderheiten:

(1) Eine **Anfechtung des Bürgen gemäß § 119 Abs. 2** mit dem Argument, er habe sich über die Bonität des Hauptschuldners geirrt, ist ausgeschlossen, weil dies das typische Absicherungsrisiko des Bürgen ist.

(2) **Sittenwidrigkeit der Bürgschaft, § 138**

- § 138 Abs. 2 wird i.d.R. daran scheitern, dass das dort geforderte Ausnutzen einer besonderen Schwächesituation des Bürgen durch den Gläubiger nicht beweisbar ist (Beweislast beim Bürgen!).

- § 138 Abs. 1 kommt **bei krasser finanzieller Überforderung des Bürgen** in Betracht. Da der Bürge seine finanziellen Verhältnisse jedoch kennt, müssen für die Sittenwidrigkeit **weitere Umstände** hinzukommen, **die dem Vertrag ein sittenwidriges Gepräge geben**, z.B. übt der Gläubiger Druck aus, um ein enges Angehörigenverhältnis des Bürgen zum Hauptschuldner z.B. Ehegatte auszunutzen. Allerdings kann dies wieder kompensiert werden, wenn ein Interesse des Gläubigers besteht, z.B. um eine drohende Vermögensübertragung des Hauptschuldners auf den Bürgen aufzufangen. Die Möglichkeit einer Anfechtung nach Anfechtungsgesetz schließt diese Kompensation nicht aus, sodass dann keine Sittenwidrigkeit vorliegen kann.

Hier empfiehlt sich in der Klausur unbedingt das Lesen der Kommentierung in Palandt/Ellenberger § 138 Rdnr. 37–39!

(3) Sonderfall Globalbürgschaft:

237 *„Der Bürge verbürgt sich global für alle Forderungen des Gläubigers gegen den Hauptschuldner aus Vergangenheit, Gegenwart und Zukunft."*

Bei einer solchen Globalbürgschaft ist das finanzielle Risiko für den Bürgen nicht mehr überschaubar und steuerbar und wegen der Verbürgung auch für zukünftige Forderungen wird der Gedanke der akzessorischen Verknüpfung verlassen. Daher ist im Falle von AGB eine derartige Klausel gemäß § 307 Abs. 1 i.V.m. § 306 Abs. 1 unwirksam, bei Individualverträgen wegen Sittenwidrigkeit gemäß § 138 Abs. 1. Dies gilt auch dann, wenn der Bürge sich auf einen Maximalbetrag verbürgt hat, sog. Höchstbetragsbürgschaft, weil durch die Verbürgung auch für künftige Verbindlichkeiten der Maximalbetrag dann jeweils neu ausgeschöpft werden kann. Nach der eigenwilligen **Anlassrechtsprechung** des BGH ist die Bürgschaft jedoch i.H.d. konkreten Anlasses der Verbürgung wirksam, weil der konkrete Anlass für den Bürgen überschaubar war. Umgekehrt nimmt der BGH eine wirksame Globalbürgschaft an, wenn der Bürge auf die Ausweitung der Hauptschuld Einfluss nehmen kann, z.B. weil der Bürge Alleingesellschafter des Hauptschuldners (z.B. GmbH) ist.

Zu diesen Fällen in einer Klausur unbedingt die Kommentierung in Palandt/Sprau § 765 Rdnr. 19–22 lesen!

238 **bb)** Die **Formvorschrift des § 766** erfordert lediglich schriftliche Erteilung der Willenserklärung des Bürgen (Warnfunktion); elektronische Form ist ausgeschlossen, § 766 Abs. 1 S. 2. Bei Nichteinhaltung der Form **Heilung gemäß § 766 S. 3**, wenn der Bürge die Hauptverbindlichkeit erfüllt.

Gemäß **§ 350 HGB** können Kaufleute i.S.v. §§ 1 ff. HGB die Bürgschaft formfrei abgeben, sofern diese für ihr Handelsgeschäft erfolgt; Vermutung gemäß § 344 HGB. Gemäß § 6 Abs. 1 HGB gilt dies auch für Handelsgesellschaften sowie über § 6 Abs. 2 HGB auch für Vereine und Körperschaften und sonstige körperschaftlich strukturierte Gesellschaften, z.B. Kapitalgesellschaften. Dies gilt jedoch nur, wenn die Gesellschaft Bürge wird. Anders hingegen, wenn ein Gesellschafter sich persönlich verbürgt (weil die Gesellschaft selbst der Hauptschuldner, z.B. Darlehensnehmer, ist). Gesellschafter selbst sind kein Kaufmann i.S.d. §§ 1 f. HGB!

Ein Standardklausurthema ist die Blankobürgschaft mit Ausfüllermächtigung. Die Blankounterschrift des Bürgen erfüllt die Warnfunktion nicht, weil das wichtigste, die Summe, noch fehlt. Also geht der BGH davon aus, dass – als Ausnahme zu § 167 Abs. 2 – analog § 766 die Ausfüllermächtigung der Schriftform bedarf. Eine mündlich erteilte Ausfüllermächtigung ist demnach formnichtig. Allerdings rechnet der BGH das anschließende Ausfüllen gleichwohl dem Bürgen analog § 172

Abs. 2 zu, also nach Rechtscheinsgesichtspunkten (§ 173), und zwar auch dann, wenn die Ausfüllungsermächtigung überschritten wird (Palandt/Ellenberger § 172 Rdnr. 5).

239 (1) Die besonderen Formvorschriften der **§§ 492, 494**, die direkt nur für den Verbraucherkreditvertrag (§ 491) gelten, sind **nach h.M. auf den Bürgen nicht analog** anwendbar, da eine planwidrige Regelungslücke fehlt (str.).

> **Wichtige Konsequenz:** Es besteht daher kein Widerrufsrecht für den Bürgen gemäß § 495 i.V.m. § 355!

240 (2) Wird allerdings die Bürgschaft in einer Privatwohnung abgegeben, so könnte sich ein **Widerrufsrecht aus § 312 Abs. 1 Nr. 1 i.V.m. § 355** ergeben. Dagegen spricht an sich die Überschrift im Untertitel 2 vor § 312 „Besondere Vertriebsformen". Ferner der Umstand, dass § 312 einen entgeltlichen Vertrag vorsieht. Bei der Bürgschaft wird aber kein Entgelt i.S.e. Gegenleistung bezahlt. Andererseits ist die dem § 312 zugrundeliegende EU-Richtlinie nicht auf entgeltliche Geschäfte beschränkt und der Bürge erscheint als Verbraucher schutzwürdig. Daher wird überwiegend angenommen, dass § 312 zumindest auf die Bürgschaft analog anzuwenden ist. Umstritten ist dabei allerdings, ob Hauptschuldner und Bürge beide Verbraucher sein müssen und beide in einer Haustürsituation den jeweiligen Vertrag geschlossen haben müssen, sog. doppeltes Erfordernis (so EuGH[6]). Der BGH lässt hingegen ausreichen, dass der Bürge Verbraucher ist und in einer Haustürsituation die Bürgschaft begründet hat, denn die EU-Richtlinie stelle nur einen Mindeststandard dar, über den das nationale Recht (hier § 312) hinausgehen könne.[7] Dann kann sich der Bürge über das Widerrufsrecht gemäß § 312 i.V.m. § 355 ohne Weiteres vom Vertrag lösen. Weil i.d.R. nicht hierüber belehrt worden ist, hat der Bürge dann sogar gemäß § 355 Abs. 4 S. 3 ein unbefristetes Widerrufsrecht (Anwaltsklausur!).

241 c) Wegen der Akzessorietät der Bürgschaft muss auch die **Hauptforderung wirksam entstanden** sein. Hier also sorgfältige Inzidentprüfung bezüglich der Hauptforderung!

2. Untergang der Bürgschaft

242 a) Hier kommen zunächst **eigene Untergangsgründe für den Bürgen** in Betracht, z.B. indem er durch Erfüllung, § 362, oder Erfüllungssurrogate, z.B. §§ 387 ff., die Bürgschaft zum Untergang bringt.

Hingegen ist ein Rücktritt des Bürgen vom Bürgschaftsvertrag gemäß **§ 313 Abs. 3 S. 1** mit dem Argument, die Geschäftsgrundlage sei wegen fehlender Bonität des Hauptschuldners weggefallen, ausgeschlossen. Denn dies ist das typische Risiko eines Bürgen.

b) **Erfüllt der Hauptschuldner die Hauptschuld**, z.B. durch Rückzahlung des Darlehens, so führt dies wegen der akzessorischen Verknüpfung gemäß **§ 767** auch zum Untergang der Bürgschaft. Gleiches gilt für sonstige Untergangsgründe z.B. Widerruf, Rücktritt, Kündigung bezüglich der Hauptschuld.

---

[6] EuGH NJW 1998, 1295.
[7] Palandt/Grüneberg § 312 Rdnr. 8 m.w.N.

3. Durchsetzbarkeit des Bürgschaftsanspruchs

243 a) Der Bürge kann **eigene Einreden aus dem Bürgschaftsvertrag**, z.B. Stundungsvereinbarung mit dem Gläubiger geltend machen.

244 b) Wegen der Akzessorietät kann der Bürge **auch gemäß § 768 die dem Hauptschuldner** gegenüber der Hauptschuld **zustehenden Einreden** geltend machen, z.B. Einrede der Verjährung der Hauptschuld, Stundung, Zurückbehaltungsrecht etc. Verzichtet der Hauptschuldner auf diese Einreden, so wirkt dies gemäß § 768 Abs. 2 nicht zulasten des Bürgen.

c) Im Übrigen hat der Bürge die **besonderen Einreden gemäß §§ 770 ff.**

245 aa) Die **Einrede der Vorausklage, § 771** (die dann auch als einfachste Einrede zuerst zu prüfen wäre), greift in praxi regelmäßig nicht, da i.d.R. eine selbstschuldnerische Bürgschaft gemäß § 773 Abs. 1 Nr. 1 vereinbart wird oder der Bürge selbst Kaufmann ist, § 349 HGB.

246 bb) Klausurrelevant ist jedoch die **Einrede der Anfechtbarkeit aus § 770 Abs. 1**. Hiernach kann der Bürge die Zahlung allein deswegen verweigern, weil der Hauptschuldner ein Anfechtungsrecht bezüglich der Hauptforderung hat. Grund: Wegen der rückwirkenden Kraft der Anfechtung soll zunächst abgewartet werden, bis der Hauptschuldner die Anfechtung erklärt, was dann wegen der Akzessorietät auch zum Untergang der Bürgschaft führen würde. Hier ist dann inzident zu prüfen, ob der Hauptschuldner wirklich ein Anfechtungsrecht aus §§ 119 ff. hat, fehlen darf lediglich die Anfechtungserklärung, sofern die Anfechtungsfrist noch nicht verstrichen ist.

- § 770 Abs. 1 ist **analog** anwendbar auf **alle übrigen, noch nicht vom Hauptschuldner ausgeübten Gestaltungsrechte**, also: Rücktritt, Kündigung, Minderung, Widerruf!

cc) Gemäß **§ 770 Abs. 2** besteht die Einrede der Aufrechenbarkeit: Der Bürge kann auch die Zahlung verweigern, wenn der Gläubiger sich durch Aufrechnung gegenüber dem Hauptschuldner befriedigen kann. Denn dann besteht für den Gläubiger ein einfacherer Weg, sodass er den Bürgen nicht belasten soll.

Klausurklassiker: Kann der Gläubiger wegen Aufrechnungsverbot gemäß § 393 nicht aufrechnen, sondern nur der Schuldner, so passt der Wortlaut des § 770 Abs. 2, der auf die „Aufrechnungsmöglichkeit des Gläubigers" abstellt, nicht. Streitig ist dann, ob analog § 770 Abs. 2 oder analog § 770 Abs. 1 der Bürge doch eine Einrede hat.

4. Sonderfall: Freiwerden gemäß § 776

247 Einen Sonderfall bildet § 776: Gibt der Gläubiger eine weitere Sicherheit gegenüber einem anderen Sicherungsgeber auf, demgegenüber der Bürge einen Ausgleichsanspruch hätte, so wird dementsprechend der Bürge von seiner Bürgschaftsverpflichtung befreit.

Tipp für die Anwaltsklausur: Deswegen ggf. zuerst Auskunft vom Gläubiger über etwaige andere Sicherheiten verlangen!

II. Übertragung der Hauptforderung

248 Tritt der Gläubiger die Hauptforderung gemäß § 398 an einen anderen Gläubiger ab, so geht wegen der akzessorischen Verknüpfung die Bürgschaft nach **§ 401** automatisch mit über. Wie bei jeder Abtretung behält der Bürge seine Einreden ge-

mäß § 404. Gemäß § 412 gilt das Gleiche, wenn die Hauptforderung per Gesetz übergegangen ist (cessio legis).

III. Rechtsfolgen der Zahlung

1. Bezahlt der Hauptschuldner die Hauptschuld, so geht diese durch Erfüllung gemäß § 362 unter und wegen der akzessorischen Verknüpfung auch die Bürgschaft, § 767.

249

2. Zahlt der Bürge (auf die Bürgschaft!), so geht diese durch Erfüllung gemäß § 362 unter. Gemäß § 774 Abs. 1 geht dann die Forderung des Gläubigers gegen den Hauptschuldner, z.B. aus § 488, auf den Bürgen in dieser Höhe über, sog. cessio legis. Dann kann der Bürge aus übergegangenem Recht gemäß § 488 Abs. 1 S. 2 beim Hauptschuldner Regress nehmen. Daneben kommen weitere Ausgleichansprüche aus dem Innenverhältnis Bürge–Hauptschuldner, z.B. bei Auftrag aus § 662 i.V.m. § 670, oder im Falle der GoA aus §§ 677, 683 i.V.m. § 670 in Betracht.

3. Bestand eine Mitbürgschaft i.S.v. § 769 und **hat ein Mitbürge die gesamte Forderung bezahlt,** so gilt zunächst dieselbe Rechtsfolge. Gemäß § 774 Abs. 2 i.V.m. § 426 Abs. 1 hat der zahlende Mitbürge noch einen anteiligen Ausgleichsanspruch gegen den anderen Mitbürgen.

250

Zum Sonderfall Wettlauf der Sicherungsgeber beim Vorliegen verschiedener Sicherheiten noch später im 7. Teil unter Regress, Rdnr. 365.

C. Besondere Vertragsarten

I. Besondere Vertriebsformen, §§ 312 f.

1. Wirksamkeitsvoraussetzungen

a) Für **Haustürgeschäfte** i.S.v. § 312 Abs. 1 sind besondere Wirksamkeitsvoraussetzungen nicht vorgesehen.

251

b) Für **Fernabsatzverträge** i.S.v. § 312 b sind grundsätzlich auch keine besonderen Wirksamkeitsvoraussetzungen für den Vertragsschluss vorgesehen. Kommt jedoch der Fernabsatzvertrag durch elektronischen Geschäftsverkehr zustande (Internet), so besteht aufgrund Gesetz zum Schutz des Verbrauchers gegen Kostenfallen im Internet seit 01.08.2012 der **besondere Unwirksamkeitsgrund** aus § 312 g Abs. 4: Hiernach ist der Vertrag von Anfang an unwirksam, wenn der Unternehmer den Verbraucher bei entgeltlichen Leistungen nicht vor Abschluss des Vertrags deutlich sichtbar auf seine Zahlungspflicht gemäß § 312 g Abs. 3 hingewiesen hat! Erfolgt die Bestellung über eine Schaltfläche, so muss diese gut lesbar und mit nichts anderem als den Wörtern „zahlungspflichtig bestellen" oder mit einer entsprechenden eindeutigen Formulierung beschriftet sein, § 312 g Abs. 3 S. 2!

252

2. Widerrufsrecht i.S.v. § 355

a) Für **Haustürgeschäfte** wird in § 312 Abs. 1 auf das Widerrufsrecht aus § 355 verwiesen.

253

Beachte den weiten Anwendungsbereich der „Haustürgeschäfte":

- § 312 Abs. 1 Nr. 1: Mündliche Verhandlung am Arbeitsplatz/Privatwohnung
- § 312 Abs. 1 Nr. 2: Freizeitveranstaltung

- § 312 Abs. 1 Nr. 3: Ansprechen in Verkehrsmitteln/auf öffentlichen Verkehrsflächen

Ein **Widerrufsrecht** ist jedoch **gemäß § 312 Abs. 3** in folgenden Fällen **ausgeschlossen:**

- Bei Versicherungsverträgen (Widerrufsrecht dann aber nach § 8 VVG!)
- Nr. 1: Mündliche Verhandlung auf vorherige Bestellung des Verbrauchers
- Nr. 2: Verträge bis 40 € und Leistung sofort erbracht
- Nr. 3: Notarielle Beurkundung

Ferner ist § 312 a zu beachten: Steht dem Verbraucher bereits ein Widerrufs- oder Rückgaberecht nach anderen Vorschriften zu, z.B. weil es sich um einen Darlehensvertrag handelt, § 495, oder finanzierte sonstige Geschäfte i.S.d. §§ 506 ff., so haben diese Vorschriften Vorrang.

254 b) Bei einem **Fernabsatzvertrag** i.S.v. § 312 b verweist § 312 d Abs. 1 auf das Widerrufsrecht i.S.v. § 355. Zu beachten sind jedoch die **Ausschlussgründe:**

- § 312 b Abs. 3: Fernabsatzrecht findet von vornherein keine Anwendung
- § 312 d Abs. 3: Widerrufsrecht erloschen
- § 312 d Abs. 4: Widerrufsrecht ausgeschlossen

Beachte § 312 d Abs. 5, wenn Widerrufsrechte nach spezielleren Vorschriften, z.B. § 495, §§ 506 ff. besteht.

255 c) Die **Anforderung** an den Widerruf sowie dessen **Rechtsfolgen** sind einheitlich in §§ 355 ff. geregelt; jedoch ist das komplizierte Zusammenspiel mit den §§ 312 ff. zu beachten (s. bereits das Prüfschema Rdnr. 41):

256 aa) Widerrufserklärung, § 355

(1) Gemäß § 355 Abs. 1 S. 2 ist der Widerruf in **Textform** (§ 126 b), bzw. durch Rücksendung der Sache zu erklären.

(2) Beginn der Widerrufsfrist, § 355 Abs. 2–4

(a) Beginn **grundsätzlich gemäß § 355 Abs. 3 mit formgerechter Belehrung** über das Widerrufsrecht

(b) **Besonderheiten bei Fernabsatzverträgen:** Erst mit Unterrichtung des Verbrauchers gemäß § 312 d Abs. 2, § 312 c Abs. 1 und erst ab Eingang der Ware beim Empfänger

Bei Verträgen **im elektronischen Geschäftsverkehr** gemäß § 312 g Abs. 6 S. 2 erst mit Erfüllung der Pflichten aus § 312 g Abs. 1 S. 1.

257 bb) Widerrufsfrist

- § 355 Abs. 2 S. 1: Grundsätzlich 14 Tage
- Gemäß § 355 Abs. 2 S. 3: Bei Belehrung erst nach Vertragsschluss ein Monat (Rückausnahme § 355 Abs. 2 S. 2 bei Fernabsatzverträgen, wenn Belehrung unverzüglich nach Vertragsschluss)

Zur Fristwahrung reicht Absendung des Widerrufs, § 355 Abs. 1 S. 2!

258 cc) Erlöschen des Widerrufsrechts

- **Erlöschen sechs Monate** nach Vertragsschluss, wenn Voraussetzungen für den Fristbeginn nicht vorliegen, **§ 355 Abs. 4 S. 1**

- **Ausnahme:** § 355 Abs. 4 S. 3: Ohne ordnungsgemäße Belehrung kein Erlöschen des Widerrufsrechts („ewiges Widerrufsrecht").

dd) Rechtsfolgen bei wirksamem Widerruf, § 355 i.V.m. § 357

- **Grundsatz: Rückabwicklung in Natur gemäß § 357 Abs. 1 i.V.m. § 346 Abs. 1, § 348**
  - **Frist:** 30 Tage, § 357 Abs. 1 S. 2, § 286 Abs. 3
  - **Rücksendepflicht** des Verbrauchers bei paketversandfähigen Waren, § 357 Abs. 2 S. 1, Kosten-/Gefahrtragung durch Unternehmer, § 357 Abs. 2 S. 2, abdingbar bei Fernabsatzgeschäft bis 40 €, § 357 Abs. 2 S. 3.
  - Sind dem Verbraucher **Hinsendekosten** entstanden, kann er bei Widerruf Erstattung verlangen (EuGH).
- **Wertersatzpflicht des Verbrauchers in den Fällen des § 346 Abs. 2:**
  - **Nr. 1:** Herausgabe nicht möglich, insbesondere bei Nutzungen

  Beachte: Bloßes Ausprobieren der Sache bei Fernabsatzvertrag ist keine Nutzung, § 312 e Abs. 1!
  - **Nr. 2:** Verbrauch, Veräußerung, Verarbeitung oder Umgestaltung der Sache
  - **Nr. 3:** Untergang, Verschlechterung der Sache; nicht: bestimmungsgemäße Ingebrauchnahme

  Beachte, dass bloßes Ausprobieren bei Fernabsatzverträgen keine Wertersatzpflicht begründet, § 357 Abs. 3!
  - **Entfallen der Wertersatzpflicht gemäß § 346 Abs. 3**

  Das Privileg aus § 346 Abs. 3 S. 1 Nr. 3 gilt bei Fernabsätzen nicht, wenn Verbraucher ordnungsgemäß über sein Widerrufsrecht belehrt worden ist oder anderweitig Kenntnis hatte, § 357 Abs. 3 S. 3!
- **Weitergehende Ansprüche** sind gemäß § 357 Abs. 4 ausgeschlossen.

Hinweis: Die vorgenannten Widerrufsrechte bestehen auch bei Verbraucherkreditverträgen sowie sonstigen finanzierten Verträgen, welche wir bereits oben in 9. Abschnitt dargestellt haben (Rdnr. 212 ff.).

Prozessual ist zu beachten, dass bei Unterlassungsklagen das **UklaG** gilt, vgl. § 2 Abs. 2 UKlaG (Kommentierung mit im Palandt).

II. Vergleichsvertrag, § 779

Probleme zum Vergleich gehören zu den Standardproblemen im 2. Examen!

Der materielle **Vergleichsvertrag** ist in § 779 geregelt. Es handelt sich um einen schuldrechtlichen Vertrag, der lediglich schuldrechtliche Pflichten begründet, also anders als der Prozessvergleich nicht vollstreckbar ist. Hierin können die Parteien bezüglich des bisher zwischen ihnen bestehenden Streits oder der Ungewissheit lediglich deklaratorische Regelungen aufnehmen. In der Regel wird jedoch ein Teilerlass (§ 397) erfolgen, wodurch das bisherige Rechtsverhältnis umgestaltet wird, sog. innovative bzw. konstitutive Wirkung.

1. Für diesen schuldrechtlichen Vergleichsvertrag gelten die allgemeinen Vorschriften, §§ 104 ff., jedoch mit folgenden Besonderheiten:

- Eine **Anfechtung des Vergleichs** wegen Irrtums gemäß § 119 ist ausgeschlossen, wenn er sich auf einen Umstand bezieht, der gerade durch den Vergleich aufgrund umstrittener oder ungewisser Ausgangslage erledigt werden sollte.[8] Also Anfechtung nur zulässig, wenn Irrtum über einen anderen Punkt.

- Gleiches gilt für Berufung auf Störung der Geschäftsgrundlage, § 313.
- Ferner ist zu beachten, dass § 779 Abs. 1, 2. Halbs. einen Spezialfall der Störung der Geschäftsgrundlage enthält: Entspricht der von den Parteien zugrunde gelegte Sachverhalt nicht der Wirklichkeit **und** wäre der Streit oder die Ungewissheit in Kenntnis der wahren Sachlage nicht entstanden, dann ist der Vergleich gemäß § 779 Abs. 1, 2. Halbs. (weil sinnlos) von vornherein unwirksam. Es bedarf in diesen Fällen daher auch keiner Anfechtung bzw. Berufung auf Störung der Geschäftsgrundlage.

2. Der Vergleichsabschluss ist **grundsätzlich formfrei** möglich; Ausnahme, wenn er formbedürftige Rechtsgeschäfte enthält, z.B. Verpflichtung zur Grundstücksübertragung, § 311 b Abs. 1.

III. Prozessvergleich, § 794 Abs. 1 Nr. 1 ZPO

261 Aufgrund seiner Doppelnatur enthält der Prozessvergleich prozessuale Erklärungen i.S.v. § 794 Abs. 1 Nr. 1 ZPO sowie einen materiellen Vergleichsvertrag i.S.v. § 779.

1. Daraus resultiert dann folgendes Prüfschema:

262

Prüfschema: Prozessvergleich, § 794 Abs. 1 Nr. 1 ZPO

1. Voraussetzungen des Prozessvergleichs
   a) Prozessual, § 794 Abs. 1 Nr. 1 ZPO
   - Abschluss vor (irgendeinem) deutschen Gericht/Gütestelle
   - Wirksame Prozesshandlungen der Parteien
   - Protokolliert (§ 160 Abs. 3 Nr. 1 ZPO)

   b) Materiell, § 779
   - Materiell gelten die Voraussetzungen für den schuldrechtlichen Vergleichsvertrag i.S.v. § 779, s.o.
   - Beachte § 127 a, wonach der Prozessvergleich eine etwaige notarielle Beurkundung gemäß § 311 b ersetzt; für Auflassung: § 925 Abs. 1 S. 3!

   c) Die **Prozessvollmacht des Anwalts** umfasst von vornherein auch Vertretungsmacht zum Abschluss eines Prozessvergleichs, vgl. § 81 ZPO.

2. Rechtsfolgen des Prozessvergleichs:
   a) Prozessual
   - Der **Prozess** wird **beendet**
   - **Vollstreckungstitel**, § 794 Abs. 1 Nr. 1 ZPO.

   b) Materiell
   - Es bestehen **nur noch die vereinbarten Ansprüche** (innovative Wirkung).
   - Es können **auch nicht rechtshängig gemachte Ansprüche einbezogen werden**, z.B. durch umfassende Erledigungsklausel:

---
8 Palandt/Sprau § 779 Rdnr. 26.

> *„Mit diesem Vergleich sind sämtliche Ansprüche zwischen den Parteien aus dem Unfallfallereignis vom ... aus Vergangenheit, Gegenwart und Zukunft abgegolten."*

2. Ansonsten ist der Umfang durch Auslegung zu ermitteln.

Bei Mängeln des Prozessvergleichs ist zu unterscheiden:

a) **Prozessuale Mängel** führen zur Unwirksamkeit des Prozessvergleichs. Folge: Der Prozess wurde nie beendet. Also kann der bisherige Prozess durch schlichten Antrag auf Fortsetzung und Terminsanberaumung weitergeführt werden. Erhebt hingegen der Kläger neue Klage, so steht dieser die anderweitige Rechtshängigkeit entgegen, § 261 Abs. 3 Nr. 1 ZPO (Anwaltsklausur!). 263

b) **Materiell-rechtliche Mängel:** Hier ist nach der Rspr. zeitlich zu differenzieren 264

aa) **Anfängliche materiell-rechtliche Mängel:** Hierzu zählen auch Ausüben eines etwaigen Widerrufsvorbehalts, Anfechtung (wegen der rückwirkenden Kraft). Diese führen nicht nur zur Unwirksamkeit des materiellen Teils, sondern auch des prozessualen Teils. Daher gilt Vorstehendes entsprechend.

bb) **Bei nachträglichen Mängeln**, wie Rücktritt, z.B. gemäß § 313 Abs. 3, Aufhebungsvertrag etc. wird nur der materielle Teil des Vergleichs beseitigt. Der prozessuale Teil bleibt nach der Rspr. des BGH bestehen, sodass der alte Prozess beendet bleibt. Daher ist ein Streit über die materielle Einwendung im Rahmen einer neuen Klage zu klären (Anwaltsklausur!). 265

Wurde in diesem Fall fälschlicher Weise bloßer Antrag auf Fortsetzung des bisherigen Verfahrens gestellt, so lässt sich dieser nicht in eine neue Klageerhebung auslegen, weil zum einen die Formalien einer Klageschrift fehlen, § 253 ZPO, sowie der für eine neue Klage erforderliche Gerichtskostenvorschuss.

3. Beachte folgende – in einer Klausur häufig übersehene – **Sonderfälle:** 266

- **§ 278 Abs. 6 ZPO:** Ein gerichtlicher Vergleich kann auch dadurch geschlossen werden, dass die Parteien dem Gericht im schriftlichen Verfahren einen Vergleichsvorschlag unterbreiten oder einen schriftlichen Vergleichsvorschlag des Gerichts durch bloßen Schriftsatz gegenüber dem Gericht annehmen. Das Gericht stellt dann das Zustandekommen des Vergleichs und den Inhalt durch Beschluss fest (schnelle Variante im Rahmen der Zweckmäßigkeitserwägung der Anwaltsklausur!).

- **Anwaltsvergleiche**, die **gemäß § 796 a ZPO** für vollstreckbar erklärt worden sind; Ausnahme § 796 a Abs. 2 ZPO: Abgabe einer Willenserklärung oder Wohnraummiete!

- **§ 492 Abs. 3 ZPO:** Vergleiche im selbstständigen Beweisverfahren i.S.v. §§ 485 ff. ZPO.

D. Factoring

Factoring Verträge sind im BGB nicht gesondert geregelt. Es ergeben sich aber keine großen Besonderheiten. Jedoch ist das Abstraktionsprinzip zu berücksichtigen: 267

I. Schuldrechtlich liegt jedenfalls **beim echten Factoring** ein **Forderungskauf** als Rechtskauf i.S.v. § 453 vor. Hierüber gelten zwar die allgemeinen Gewährleistungsvorschriften der §§ 434 ff. Jedoch ist zu beachten, dass der Verkäufer nur für die Existenz der Forderung einstandspflichtig ist (sog. Verität). Hingegen trägt der Factor (Käufer) beim echten Factoring das Bonitäts- und Durchsetzungsrisiko.

Hier liegt nämlich der Unterschied zum **unechten Factoring**, wo der Factor bei Nichtzahlung durch den Schuldner den Verkäufer der Forderung rückbelasten kann. Insofern kann das unechte Factoring nicht als echter Kaufvertrag angesehen werden.

II. Das **Erfüllungsgeschäft** beim Factoring erfolgt durch **Abtretung gemäß § 398**, also durch Vertrag zwischen dem Verkäufer der Forderung und dem Factor gemäß § 398 S. 1. Hier liegt der Unterschied **zur bloßen Inkassoermächtigung:** Der Gläubiger kann Inhaber der Forderung bleiben und dem Inkassobüro eine bloße Einzugsermächtigung entsprechend § 185 Abs. 1 geben. (Zahlt der Schuldner an das Inkassobüro, wird er gemäß § 362 Abs. 2 i.V.m. § 185 frei).

E. Zahlungsdienste und elektronisches Geld, §§ 675 c ff.

268 Derartige besondere Geschäftsbesorgungsverträge, zu denen auch der bislang sog. Girovertrag fällt, sind aufgrund der Verbraucherkreditrichtlinie umfassend und unübersichtlich neu in den §§ 675 c–z, § 676–676 c geregelt. Die dort geregelten, umfangreichen Detailprobleme sind in einer Klausur schlecht darstellbar, weswegen die Prüfungsämter hier bislang Zurückhaltung geübt haben. Daher nachfolgend nur ein kleiner Überblick über die Struktur:

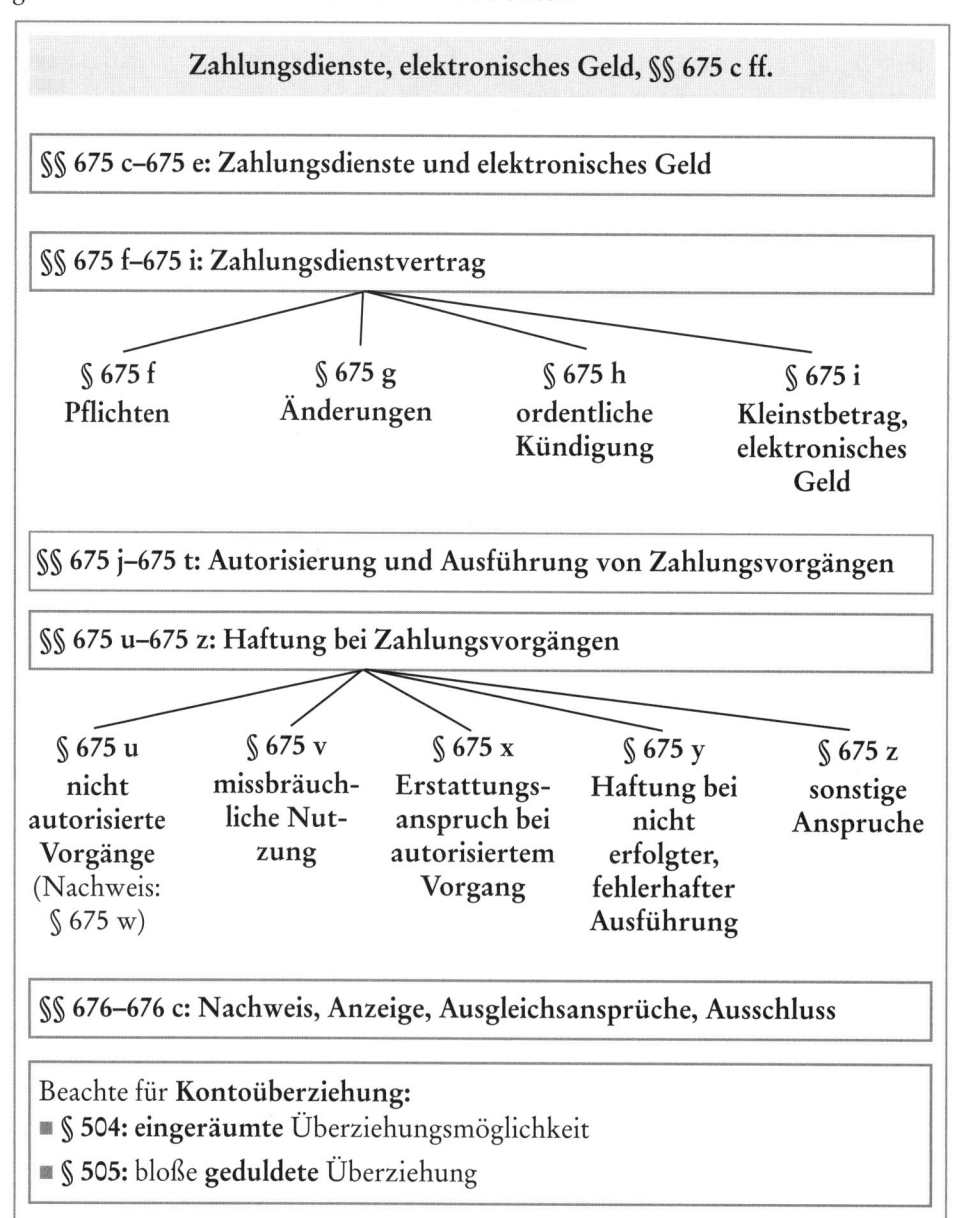

Zahlungsdienste, elektronisches Geld, §§ 675 c ff.

§§ 675 c–675 e: Zahlungsdienste und elektronisches Geld

§§ 675 f–675 i: Zahlungsdienstvertrag
- § 675 f Pflichten
- § 675 g Änderungen
- § 675 h ordentliche Kündigung
- § 675 i Kleinstbetrag, elektronisches Geld

§§ 675 j–675 t: Autorisierung und Ausführung von Zahlungsvorgängen

§§ 675 u–675 z: Haftung bei Zahlungsvorgängen
- § 675 u nicht autorisierte Vorgänge (Nachweis: § 675 w)
- § 675 v missbräuchliche Nutzung
- § 675 x Erstattungsanspruch bei autorisiertem Vorgang
- § 675 y Haftung bei nicht erfolgter, fehlerhafter Ausführung
- § 675 z sonstige Ansprüche

§§ 676–676 c: Nachweis, Anzeige, Ausgleichsansprüche, Ausschluss

Beachte für **Kontoüberziehung:**
- § 504: **eingeräumte** Überziehungsmöglichkeit
- § 505: bloße **geduldete** Überziehung

5. Teil: Schadensersatzansprüche aus Deliktsrecht (i.w.S.)

1. Abschnitt: Haftungstatbestände

Gerade in einer Klausur zum 2. Examen ist die erleichterte Haftung aus StVG oder ProdHG als verschuldensunabhängige Gefährdungshaftung oder Haftung wegen vermutetem Verschulden vor § 823 zu prüfen.

A. Ansprüche bei Verkehrsunfall aus StVG

269

> **Prüfschema: Ansprüche bei Verkehrsunfall aus StVG**
>
> I. Voraussetzungen aus § 7 Abs. 1 StVG (Halterhaftung) oder § 18 StVG (Fahrerhaftung)
>   1. **Rechtgutverletzung** beim Anspruchsteller eingetreten
>   2. **Bei Betrieb eines Kfz**
>   3. **Anspruchsgegner** ist
>   - **Halter** i.S.v. § 7 StVG
>   - **Fahrer** i.S.v. § 18 StVG
>   4. **Keine höhere Gewalt** für Anspruchsgegner, § 7 Abs. 2 (i.V.m. § 18 Abs. 1 S. 1 StVG)
>   - bei **Fahrerhaftung: Keine Exkulpation**, § 18 Abs. 1 S. 2
>   - Keine unverschuldete Drittnutzung, § 7 Abs. 3
>   5. **Kein Ausschluss** nach §§ 8, 8 a, 15 StVG
>
> II. Rechtsfolge: Schadensersatz
>   1. **Umfang**, §§ 10 ff. StVG (i.V.m. §§ 249 ff.)
>   2. **Kürzung** des Anspruchs
>   a) Wenn Anspruchsteller auch Halter/Fahrer eines Kfz
>   - **Quote** gemäß § 17 Abs. 2 StVG
>   - **Ausnahme: Keine Quote:**
>   - § 17 Abs. 3: unabwendbares Ereignis
>   - oder **grobes Verschulden** aufseiten des Anspruchsgegners (Sanktionsgedanke)
>   b) Hat **Anspruchsteller kein Kfz geführt**, kann **gemäß § 254** nur sein (echtes) Mitverschulden berücksichtigt werden.
>   - **Beachte** Erweiterung in § 9 StVG: Zurechnung des Mitverschuldens Dritter

I. Voraussetzungen aus §§ 7, 18 StVG

1. Beim Anspruchsteller muss eine **Rechtsgutverletzung eingetreten** sein. Hier gelten die gleichen Grundsätze wie bei § 823, also Eigentumsverletzung, Gesundheit etc. Zu beachten sind jedoch zwei Besonderheiten:

270

- Rechtsgutverletzter muss ein **Dritter** sein. Daher haftet der Halter des Kfz nicht aus § 7 StVG gegenüber dem Fahrer des Kfz, weil Letzter selbst aus § 18 StVG grundsätzlich haftbar ist.
- Nach allgemeinen Grundsätzen müssen **Rechtsgutverletzter und Anspruchsteller grundsätzlich personengleich** sein. **Ausnahme im Falle der Tötung:**
  - Hat das Opfer zunächst nach dem Unfall noch gelebt und selbst Schäden erlitten, so geht der hierdurch entstandene Anspruch gemäß **§ 1922** auf die Erben über.
  - Sonstige Schäden, die nicht beim Getöteten eintreten können, sondern nur bei Dritten, wie Beerdigungskosten (§ 1968!), entgangener Unterhalt, sind nach der Sonderregel des **§ 10 StVG** ersatzfähig.

  § 10 StVG ist aber keine selbstständige Anspruchsgrundlage, sondern setzt wiederum die übrigen Voraussetzungen des § 7 bzw. § 18 StVG voraus.

271 **2. Bei Betrieb eines Kfz** setzt zunächst ein Kfz **i.S.v. § 1 Abs. 2 StVG** voraus, das bauartbedingt schneller als 20 km/h fahren kann, § 8 Nr. 1 StVG! Gemäß **§ 7 Abs. 1, 2. Var. StVG** ist auch ein **Anhänger**, der dazu bestimmt ist, von einem Kfz mitgeführt zu werden, erfasst. In Betrieb ist ein Kfz, solange **verkehrstechnisch noch eine Betriebsgefahr** von ihm ausgeht (sog. verkehrstechnische Auffassung). Also auch (ungeschickt) geparkte Pkw, Folgeschäden durch verunfallte Fahrzeuge etc. Nur wenn das Kfz nicht mehr am öffentlichen Verkehr teilnimmt (Abmeldung und Dereliktion) scheidet ein Betrieb aus. Allerdings muss sich die **typische Betriebsgefahr** eines Kfz i.S.e. Fortbewegungsmittels realisiert haben. Anders daher, wenn nur Funktion als reine Arbeitsmaschine: z.B. Tank-Lkw steht vor dem Haus, Fahrer pumpt Öl in den Tank des Hauseigentümers. Infolge des unsachgemäßen Aufschraubens des Tankstutzens läuft Öl in den Keller. Hier hat sich lediglich die „Pumpgefahr" realisiert, also keine Haftung aus § 7 bzw. § 18 StVG.

Ferner erfordert „bei Betrieb" eine **Kausalität**. Nach der conditio-Formel reicht eine Mitursächlichkeit, solange sich die Betriebsgefahr im vorgenannten Sinne realisiert hat.

3. Der Anspruchsgegner muss Halter oder Fahrer sein.

272 a) **Halter i.S.v. § 7 StVG** ist die Person, die das Kfz in eigener Regie auf eigene Rechnung nutzt. Eigentum am Kfz ist nicht relevant, sodass Leasingnehmer, Eigentumsvorbehaltskäufer und Sicherungsgeber bei Sicherungsübereignung Halter sind. Kurzfristige Miete reicht nicht, da die vorgenannten Eigenschaften für gewisse Dauer bestehen müssen.

273 b) **Fahrer i.S.v. § 18 StVG** ist der, der das Kfz in Betrieb gesetzt hat und während der Fahrt führt.

274 4. Ein **Verschulden des Halters ist nicht erforderlich**; er haftet gemäß § 7 Abs. 1 StVG aufgrund der zugerechneten Betriebsgefahr verschuldensunabhängig. **Anders beim Fahrer gemäß § 18 StVG**. Die Haftung ist verschuldensabhängig. Jedoch folgt aus dem Wortlaut des § 18 Abs. 1 S. 2 StVG, dass das Verschulden bis zu seiner Exkulpation vermutet wird (Unterschied zu § 823 Abs. 1). Eine Exkulpation wird regelmäßig ausscheiden, da gemäß § 1 StVO sich jeder Fahrer so zu verhalten hat, dass andere weder gefährdet noch geschädigt werden. Sind Fahrer und Halter personengleich, hat § 18 StVG keine Bedeutung. Die Haftung wird nur relevant, wenn der Fahrer eine andere Person als der Halter ist. Folge: Gesamtschuldnerische Haftung von Fahrer und Halter analog § 840 Abs. 1.

a) Halter und Fahrer **haften gemäß § 7 Abs. 1 (i.V.m. § 18 Abs. 1 StVG) nicht**, wenn der Unfall auf **höhere Gewalt** i.S.v. § 7 Abs. 2 StVG zurückzuführen ist. Die Vorschrift ist eng auszulegen: Erforderlich ist ein von außen kommendes Ereignis, das nicht im Zusammenhang mit der Betriebsgefahr des Kfz steht und weder vorhersehbar noch vermeidbar war.

275

Beispiel: „Bochumer Loch": Urplötzlich bricht unter dem Bus die Straßendecke ein, verursacht durch Bergbauschäden, die bislang nicht bekannt waren.

b) **Sonderfall § 7 Abs. 3 StVG**: Hier muss der Halter nachweisen, dass ihn bei rechtswidriger Nutzung des Kfz durch Dritte keinerlei Verschulden trifft.

276

Beispiel: Nicht zu verhindernder Diebstahl und Dieb verursacht mit dem gestohlenen Kfz einen Unfall.

5. Die Haftung ist **ausgeschlossen in den Fällen des § 8 StVG**.

277

- **1.:** Kfz bauartbedingt nicht schneller als 20 km/h
- **2.:** Verletzte bei Betrieb des Kfz/Anhängers tätig (Arbeitnehmer)
- **3.:** Beschädigte Sache durch Kfz/Anhänger befördert (Transportgut)

Ausschlüsse gegenüber **Insassen** des Fahrzeugs richten sich nach § 8 a StVG.

- Bei **geschäftsmäßiger, entgeltlicher Personenbeförderung**, also Taxi, Bus ist ein Ausschluss der Haftung wegen Tötung/Verletzung nicht möglich.
- Bei **sonstigen Beförderungen** ist ein Ausschluss der Personenschäden bis auf Vorsatz möglich, § 276 Abs. 3. Jedoch bei Ausschluss durch AGB **generell** unwirksam gemäß § 309 Nr. 7 a!

Ferner kann sich ein Ausschlussgrund aus § 15 StVG wegen schuldhafter Verletzung der Anzeigepflicht ergeben. Nur relevant, falls Ersatzpflichtiger noch keine Kenntnis vom Unfall hat, z.B. weil Halter nicht selbst gefahren ist.

II. Rechtsfolge

Die Halter- bzw. Fahrerhaftung löst zunächst eine Schadensersatzpflicht nach den allgemeinen Grundsätzen der §§ 249 ff. aus. Genauer hierzu im Schadensrecht, 2. Abschnitt, Rdnr. 300 ff.

278

1. **Ergänzungen** zum Umfang der Schadensersatzpflicht bzw. Begrenzungen ergeben sich aus **§§ 10 ff. StVG**.

- **§ 10 StVG:** Umfang bei Tötung (s. hierzu Rdnr. 320)
- **§ 11 StVG:** Umfang bei Verletzung; auch Schmerzensgeld!
- **§ 12 StVG:** Höchstbeträge
  Ausnahme: §§ 12 a, b StVG
- **§ 13 StVG:** Geldrente

2. Anschließend ist eine Klausur unbedingt dahingehend zu untersuchen, ob der Anspruch **wegen Mitverursachung des Anspruchstellers zu kürzen** ist.

a) **Ist der Anspruchsteller selbst Halter oder Fahrer eines Kfz**, so ist zu beachten, dass er dann i.d.R. selbst aus § 7 bzw. § 18 StVG haftet. Daher bestimmt § **17 Abs. 2 StVG**, dass die **gegenseitigen Verursachungsbeiträge** sowie ggf. ein vorliegendes Verschulden gegeneinander abzuwägen sind.

Hier muss also inzident geprüft werden, ob der Anspruchsteller zunächst selbst aus § 7 oder § 18 StVG haftet, um dann umfassend die objektiven Mitverursachungsbeiträge (gefahrene Geschwindigkeit, Stärke des Kfz etc.) sowie ein etwaiges echtes Verschulden gegeneinander abzuwägen. § 17 StVG ist hierbei lex specialis zu § 254 Abs. 1 BGB, nach dem nur echtes Mitverschulden abzuwägen wäre!

Sind keine besonderen Mitverursachungsbeiträge des Anspruchstellers i.S.v. § 17 Abs. 2 StVG feststellbar, verbleibt ihm die **reine Betriebsgefahr seines Kfz**. Diese wird im Regelfall mit ca. 10% als Abzugsposten zu veranschlagen sein. Andererseits entfällt dieser Abzug aus Sanktionsgründen dann, wenn umgekehrt dem Anspruchsgegner ein grobes Verschulden zur Last zu legen ist (Trunkenheit im Verkehr, Stoppschild übersehen etc.). Dann tritt die reine Betriebsgefahr beim Anspruchsteller hinter diesem groben Verschulden zurück, sodass der Anspruchsteller 100% Schadensersatz verlangen kann.

Liegt hingegen für den **Anspruchsteller** ein **unabwendbares Ereignis gemäß § 17 Abs. 3 StVG** vor, so ist sein objektiver Verursachungsbeitrag nicht zu berücksichtigen. Die Vorschrift ist eng auszulegen, abzustellen ist darauf, ob ein **gedachter Idealfahrer** bei Ausschöpfung sämtlicher Erkenntnisse und Sorgfaltspflichten das Unfallereignis nicht hätte abwenden können. Also ist zur Gesamtabwägung in den Urteilsgründen umfassend auszuführen.

b) Ist der **Anspruchsteller selbst nicht Halter oder Fahrer eines** am Unfall beteiligten **Kfz**, sondern z.B. reiner Fußgänger oder Radfahrer, so beurteilt sich die etwaige Kürzung des Anspruchs nicht nach § 17 StVG, sondern nach § 254 BGB, sodass nur echtes Mitverschulden relevant wird. § 9 StVG stellt hierbei klar, dass ein Mitverschulden Dritter, die zum Unfallzeitpunkt die tatsächliche Sachherrschaft über die geschädigte Sache ausgeübt haben, dem Anspruchsteller als geschädigten Eigentümer zuzurechnen ist.

Beispiel: Eigentümer hatte sein Fahrrad verliehen. Den Entleiher trifft ein Mitverschulden an der Kollision mit dem Kfz des Anspruchsgegners.

Kollidiert der Fahrradfahrer mit zwei Kfz, z.B. im Kreisverkehr, so haften die beiden Kfz-Fahrer/Halter gegenüber dem geschädigten Fahrradeigentümer gesamtschuldnerisch (§ 840 Abs. 1 analog). Zahlt einer der beiden und will nun gegenüber dem anderen **gemäß § 426 Abs. 1 internen Ausgleich**, so ist als „andere Bestimmung" **§ 17 Abs. 1 StVG** heranzuziehen und wiederum alle Mitverursachungsbeiträge sowie etwaiges echtes Verschulden abzuwägen.

Beachte daher bei **Schadensverursachung durch mehrere Kfz**:

- **§ 17 Abs. 1 StVG**: Quote für Innenausgleich i.S.v. § 426 bei gesamtschuldnerischer Haftung gegenüber Drittgeschädigten
- **§ 17 Abs. 2 StVG**: Quote für eigene Kfz-Schäden/Körperschäden

B. Weitere Ansprüche bei Verkehrsunfall

279 **I. Ansprüche gegen den Halter oder Fahrer des Kfz** kommen weiterhin **aus § 823 Abs. 1 und § 823 Abs. 2 i.V.m. StVO oder StGB** als Schutzgesetz in Betracht. Diese haben jedoch in praxi nur dann Bedeutung, wenn sie (z.B. wegen der Haftungshöchstsummen des § 12 StVG) hierüber hinausgehen sollen. Daher sind diese in einer Urteilsklausur nur bei entsprechender Relevanz zu erörtern. Hierbei sind folgende Punkte zu berücksichtigen:

280 **1.** Beachte den **Vorrang des E-B-V!** Lag zum Unfallzeitpunkt ein E-B-V zwischen Anspruchsteller (Eigentümer) und Anspruchsgegner (rechtswidriger Besitzer) vor, so sind die Schadensersatzansprüche aus §§ 989 ff. wegen Beschädigung/Zerstörung der Sache grundsätzlich vorrangig und verdrängen das Deliktsrecht, sog. **Sperrwirkung, § 993 Abs. 1, 2. Halbs.** (näheres dazu noch im Sachenrecht).

Beispiel: Besitzer, der aufgrund eines unwirksamen Vertrags besitzt (also kein Recht zum Besitz), führt mit dem Kfz einen Unfall herbei. Kein Anspruch des Eigentümers des beschädigten Pkw aus § 18 StVG, da dieser Anspruch im Verhältnis zum Halter dieses Fahrzeugs unanwendbar ist, s.o. Da jedoch zum Unfallzeitpunkt ein E-B-V vorlag, Schadensersatzansprüche aus §§ 989 ff., wenn deren Voraussetzungen Rechtshängigkeit, Bösgläubigkeit etc. erfüllt sind. Ansonsten kein Anspruch aus § 823 wegen Sperrwirkung gemäß § 993 Abs. 1, 2. Halbs!

2. **Schutzgesetze i.S.v. § 823 Abs. 2** können nur Normen sein, die für sich genommen keine Anspruchsgrundlage darstellen, also StVO-Normen und – je nach Fall – StGB-Normen, z.B. § 229 StGB. Nie hingegen § 7 oder § 18 StVG, da diese ja bereits eigenständige Anspruchsgrundlagen sind! 281

3. Für eine **Kürzung der Ansprüche aus §§ 823 ff.** ist wieder **§ 17 StVG** heranzuziehen, welcher § 254 verdrängt. Grund: Es soll sich keine andere Quote als bei den StVG-Ansprüchen ergeben; würde man hingegen § 254 anwenden, dürfte nur auf echtes Mitverschulden abgestellt werden, die objektiven Mitverursachungsbeiträge (Größe der Betriebsgefahr etc.) blieben unberücksichtigt. 282

II. Neben dem Halter/Fahrer haftet noch die **Kfz-Haftpflichtversicherung gemäß § 115 Abs. 1 VVG** als Gesamtschuldner, vgl. § 115 Abs. 1 S. 4 VVG. Wie stets im Versicherungsrecht darf Innen- und Außenverhältnis nicht verwechselt werden: Ist die Versicherung im Innenverhältnis gegenüber ihrem Versicherungsnehmer leistungsfrei, z.B. gemäß § 103 VVG, weil der Versicherungsnehmer vorsätzlich den Unfall herbeigeführt hat, so haftet sie im Außenverhältnis gegenüber dem Geschädigten (Anspruchsteller) nach Maßgabe des § 117 VVG dennoch. 283

III. Prozessuale Konsequenzen: 284

- Der Geschädigte kann Halter, Fahrer und Kfz-Versicherung zusammen als Gesamtschuldner verklagen: **einfache Streitgenossen i.S.v. §§ 59, 60 ZPO**. Neben dem allgemeinen Gerichtsstand gemäß §§ 12, 13 ZPO, der regelmäßig nicht für alle Gesamtschuldner einheitlich sein wird, kommt dann wahlweise (§ 35 ZPO) der besondere Gerichtsstand des Unfallorts gemäß § 20 StVG, § 32 ZPO in Betracht (Anwaltsklausur!).

In einer **Anwaltsklausur** sind in den Zweckmäßigkeitserwägungen ggf. noch folgende **taktische Ansätze** zu erörtern: 285

- **Unbezifferter Klageantrag** bei Schmerzensgeld, weil dies gemäß § 253 Abs. 2 im Ermessen des Gerichts steht. Allerdings muss die Größenordnung in etwa angegeben sein.

- Auf Schadensersatz und Schmerzensgeld kann auch **Verzugszins gemäß § 288** bzw. Rechtshängigkeitszins, § 291, beantragt werden, da es sich hierbei um normale schuldrechtliche Zahlungsansprüche handelt, sodass § 286 mit seinen Verzugsvoraussetzungen anwendbar ist. Dies gilt auch bei unbeziffertem Schmerzensgeldantrag! (Näheres zur prozessualen Lage bei Verkehrsunfall s. AS-Assessor-Skript Zivilprozessrecht).

- Ggf. neben der Leistungsklage auf die bezifferbaren Schäden zusätzlich **Feststellungsantrag** gemäß § 256 Abs. 1 ZPO bezüglich der Haftung dem Grunde nach **für künftige Schäden**, weil weiteres Abwarten wegen Gefahr der Verjährung (§§ 195, 199 Abs. 1) nicht zumutbar ist. Zur Verjährungsproblematik bei Gesamtschuldnern s. bereits Rdnr. 48!

C. Produkthaftungsgesetz

Gemäß **§ 1 Abs. 1 ProdHG** haftet der Produzent eines fehlerhaften Produkts verschuldensunabhängig. Daher ist dieser Anspruch vor § 823 zu prüfen. Das 286

ProdHG ist klar gegliedert und definiert seine Tatbestandsmerkmale selbst. Daher nachfolgend nur ein kurzes Aufbauschema. Für Einzelprobleme in der Klausur lohnt sich der Blick in die Kommentierung im Palandt.

> **Prüfschema: Anspruch aus § 1 Abs. 1 ProdHaftG**
>
> I. Voraussetzungen
>   1. **Rechtsgutverletzung** beim Anspruchsteller, § 1 Abs. 1
>   2. **Durch ein fehlerhaftes Produkt** i.S.v. §§ 2, 3
>   3. Anspruchsgegner ist **Hersteller i.S.v. § 4**
>   4. **Kein Ausschluss** der Haftung gemäß § 1 Abs. 2, § 13, § 15 Abs. 1 (Arzneimittel)
>
> II. Rechtsfolge: Schadensersatz/Schmerzensgeld
>   1. **Umfang bei Tötung/Verletzung**, §§ 7–10
>   - Beachte die Höchstbeträge in § 10
>   2. **Umfang bei Sachschäden**
>   - **Nur andere Sachen** als das fehlerhafte Produkt, § 1 Abs. 1 S. 2
>   - und nur, falls privater Ge-/Verbrauch, § 1 Abs. 1 S. 2
>   - **Selbstbeteiligung** von 500 €, § 11
>   3. **Haftungsminderung/Mitverschulden:** § 6
>
> III. Verjährung, § 12

D. Schadensersatzhaftung aus §§ 823 ff.

I. Haftung aus § 823 Abs. 1

287 Die Schadensersatzhaftung aus §§ 823 ff. hat in der Klausur insbesondere außerhalb der vorgenannten erleichterten Haftung Bedeutung. Nochmals sei auf den **Vorrang des E-B-V** verwiesen, welches gemäß § 993 Abs. 1, 2. Halbs. grundsätzlich die allgemeinen Schadensersatzansprüche aus §§ 823 ff. sperrt. Gerade im Deliktsrecht gibt es eine Einzelfallkasuistik, deren Darstellung naturgemäß den hier vorgegebenen Rahmen sprengen würde. Daher nachfolgend nur ein kurzer Überblick. Detailprobleme sollten in einer Klausur unbedingt durch Blick in die Kommentierung bei Palandt/Sprau zu § 823 (Gliederung vor Rdnr. 1!) sowie ggf. Einführung vor § 823 (Gliederung hierzu auch vor Rdnr. 1!) geklärt werden.

Beachte, dass bei hoheitlichem Handeln die Amtshaftung aus § 839 greift und wegen **Art. 34 GG** der Amtsträger nicht persönlich haftet! Also bei Unfall mit Polizeifahrzeug ist auch die Fahrerhaftung aus § 18 StVG ausgeschlossen. Eine Halterhaftung des Landes aus § 7 StVG bleibt hingegen durch Art. 34 S. 1 GG unberührt. Für **gerichtlich** bestellte Sachverständige gilt § 839 a!

Haftungstatbestände | **1. Abschnitt**

> **Prüfschema: Schadensersatzanspruch aus § 823 Abs. 1**
>
> 1. **Rechtsgutverletzung** beim Anspruchsteller
>   - bei Tötung: §§ 843, 844
> 2. **Durch ein Verhalten des Anspruchsgegners**
>   - aktives Tun oder Unterlassen bei Garantenstellung
>   - **Mittäter**, § 830 Abs. 1 S. 1
>   - **Teilnehmer**, § 830 Abs. 2
>   a) **Haftungsbegründende Kausalität**: adäquat kausal
>   b) Kausalitätszweifel: ggf. § 830 Abs. 1 S. 2
>   c) bei mittelbarer Verletzung: objektive Zurechenbarkeit/Schutzzweck der Norm
> 3. **Rechtswidrigkeit** ist indiziert, ggf. Rechtfertigungsgründe:
>   - §§ 227 ff.
>   - **§ 904 S. 1, beachte aber Anspruch aus § 904 S. 2!**
>   - rechtfertigende Einwilligung
> 4. **Verschulden** beim Anspruchsgegner
>   a) **Schuldfähigkeit**, §§ 827, 828
>   - falls (–), ggf. Billigkeitshaftung, § 829
>   b) **Maßstab**: § 276; Ausnahme: Haftungsprivileg per Vertrag oder Gesetz
> 5. **Rechtsfolge**: Schadensersatz gemäß §§ 249 ff.
>   a) **Haftungsausfüllende Kausalität** zwischen Rechtsgutverletzung und eingetretenem Schaden
>   b) Ggf. Kürzung wegen Mitverschulden, § 254
>   - bei beidseitigem Kfz-Unfall: § 17 StVG lex specialis!
>   - § 9 StVG; § 254 Abs. 2 S. 2 bei Zurechnung Dritter
>   c) Gemäß § 253 Abs. 2 auch Schmerzensgeld
> 6. **Verjährung**
>   a) **Grundsatz**: §§ 195, 199 Abs. 1
>   - falls keine Kenntnis/grob fahrlässige Unkenntnis
>   - § 199 Abs. 2 für Leben/Körper/Freiheit
>   - sonst § 199 Abs. 3
>   b) **Ausn.**: § 548 Abs. 1 für Beschädigung durch Mieter!

1. Rechtsgutverletzung

Beim Anspruchsteller muss eine Rechtsgutverletzung eingetreten sein bezüglich der in § 823 Abs. 1 aufgeführten Rechtsgüter/Rechte. Das Vermögen als solches stellt kein von Abs. 1 geschütztes Rechtsgut dar. Ggf. aber § 823 Abs. 2 i.V.m. Schutzgesetz, das das Vermögen schützt, z.B. Vermögensdelikte wie in §§ 263, 266 StGB (dann auch Anspruch aus § 826).

288

a) Eigentumsverletzung bei weiterfressendem Mangel

Die bloße Auslieferung einer mangelhaften Sache stellt keine Eigentumsverletzung dar, da der Kunde nie mangelfreies Eigentum erworben hat. Frisst sich jedoch der Mangel durch die Sache weiter und zerstört andere Bereiche der Sache, so ist insofern das **Integritätsinteresse** verletzt und – nur – insofern eine Eigentumsverletzung anzunehmen (also Schadensersatz aus § 823 abzüglich des ursprünglichen Mangelunwerts).

Beispiel: Schwimmschalter-Fall

Bleibt hingegen der ursprüngliche Mangel mit dem jetzigen Schaden **in etwa stoffgleich**, so ist bloß das **Äquivalenzinteresse** verletzt, welches über das Gewährleistungsrecht erfasst ist, jedoch keine Eigentumsverletzung i.S.v. § 823 Abs. 1 darstellt, sondern nur einen bloßen Vermögensschaden. Also dann: Kein Schadensersatz aus § 823 Abs. 1. Aber bei Arglist des Verkäufers ggf. Anspruch aus § 823 Abs. 2 i.V.m. § 263 StGB und § 826.

b) Körper-/Gesundheitsverletzung: Schockschäden

289 Es muss ein **echter pathologischer Zustand** vorliegen, bloßes Schockiertsein genügt nicht. Sind **Dritte nur mittelbar betroffen**, so ist dies nach dem Schutzzweck der Norm nur dann dem Täter zurechenbar, **wenn** es sich um **nahe Angehörige** handelt.

c) Allgemeines Persönlichkeitsrecht als sonstiges Recht

290 Es handelt sich um ein sog. **Rahmenrecht**, sodass eine umfassende Abwägung vorzunehmen ist, ob im Einzelfall eine rechtswidrige Verletzung vorliegt. Die Rechtswidrigkeit ist nicht indiziert. Bezüglich der zahlreichen Einzelfälle in der Klausur daher Blick in den Palandt/Sprau § 823 BGB Rdnr. 83 ff. und dann nicht einfach zitieren, sondern umfassende Argumentation zum konkreten Fall! Beachte den vorrangigen § 824! Wird § 823 Abs. 1 wegen rechtswidriger Verletzung des Persönlichkeitsrechts bejaht, so ist noch an § 823 Abs. 2 i.V.m. §§ 185 ff. StGB zu denken. Beachte, dass der Rechtfertigungsgrund **Wahrnehmung berechtigter Interessen, § 193 StGB**, auch für § 823 Abs. 1 gilt, dort aber in die umfassende Gesamtabwägung einzubauen ist!

Für die **Rechtsfolge** gelten nach der Rspr. folgende Besonderheiten:

- Über **§ 249 Abs. 1: Naturalrestitution = Widerruf** der getätigten Äußerungen;

- aber **nur bezüglich der Tatsachenbehauptungen**, nicht bezüglich geäußerter Werturteile!

- Und **nur, falls Tatsachenbehauptung erweislich unwahr. Falls nicht** voller Beweis durch den Anspruchsteller, andererseits nicht **ernsthaft** wahr, dann nur **eingeschränkter Widerruf**:

    „halte ich die Äußerung vom ... in der Zeitschrift ..., der Kläger habe ein Verhältnis mit ... nicht weiter aufrecht."

- Nicht zu verwechseln mit dem **Gegendarstellungsanspruch**, der sich **aus** dem jeweiligen **LandespresseG** ergibt; danach hat das Opfer – auch ohne Beweis der Unwahrheit – einen bloßen Anspruch auf Veröffentlichung seiner Version, aber nur bezüglich Tatsachenbehauptungen, nicht bezüglich Werturteile.

- Liegt eine besonders schwere Verletzung des Persönlichkeitsrechts vor und ist Genugtuung nicht anders zu erreichen, dann spricht der BGH analog § 253 Abs. 2 i.V.m. Art. 1 GG ein angemessenes Schmerzensgeld zu.

d) Eingerichteter und ausgeübter Gewerbebetrieb als sonstiges Recht

Es handelt sich ebenfalls um ein **Rahmenrecht**, sodass wiederum eine Gesamtabwägung zu erfolgen hat. Zu beachten ist, dass ein **betriebsbezogener Eingriff**, d.h. gegen die betriebliche Organisation als solche, vorliegen muss. Werden nur einzelne, ablösbare Aspekte des Gewerbebetriebs als Nebenfolge betroffen, so ist dies nicht erfasst (Stromkabel-Fall).

Klausurproblem: Sowohl beim allgemeinen Persönlichkeitsrecht als auch beim eingerichteten und ausgeübten Gewerbebetrieb ist in der Klausur, insbesondere Anwaltsklausur, häufig nicht nur Schadensersatz eingebaut, sondern auch Unterlassen für die Zukunft: § 1004 Abs. 1 S. 2 analog auf alle Rechtsgüter/Rechte i.S.v. § 823 außerhalb des Eigentums (quasi negatorischer Unterlassungsanspruch). In Betracht kommt ggf. auch eine Wertabschöpfung beim Täter über Nichtleistungskondiktion, § 812 Abs. 1 S. 1, 2. Var. i.V.m. § 818 Abs. 2 (z.B. Paparazzo schießt Promiintimfoto und veräußert dies an eine Zeitschrift).

2. Durch ein Verhalten des Anspruchsgegners

a) Die Abgrenzung aktives Tun/Unterlassen erfolgt nach dem Schwerpunkt der Vorwerfbarkeit, kann aber offenbleiben, wenn ohnehin eine Garantenstellung des Anspruchsgegners gegenüber dem Anspruchsteller besteht. Neben den allgemeinen Garantenstellungen, wie der Ingerenz etc., hat im Zivilrecht die Verkehrssicherungspflicht die Funktion einer Generalgarantenstellung.

Fallgruppen der Verkehrssicherungspflicht:

- Eröffnung einer Gefahrenquelle (Öffnung eines Geschäfts, Baustelle etc.)
- Gefährliche Tätigkeit in der Öffentlichkeit (Dackdecken an belebter Straße)
- Haftung für gefährliche Sachen
- Haftung kraft beruflicher Verantwortung (Arzt)

> Jeweils ist kritisch zu prüfen, wie weit die Verkehrssicherungspflicht inhaltlich reicht (Schutzzweckerwägung). Vielfach wird in Klausurfällen die Verkehrssicherungspflicht auf Dritte übertragen, was zivilrechtlich möglich ist. Jedoch verbleibt nach der Rspr. eine stichprobenhafte Aufsichtspflicht beim Übertragenden zurück. D.h., ggf. hat der Anspruchsteller zwei Anspruchsgegner (**Anwaltsklausur**)!

b) Ferner muss **haftungsbegründende Kausalität** zwischen dem Verhalten des Anspruchsgegners und der zuvor bejahten Rechtsgutverletzung bestehen. Das Verhalten muss adäquat kausal sein. Nach der **conditio-Formel** genügt hierfür grundsätzlich jedes mitursächliche Verhalten. Daher haften nicht nur Mittäter, § 830 Abs. 1 S. 1, sondern auch Teilnehmer, § 830 Abs. 2 und zwar als Gesamtschuldner, § 840 Abs. 1.

Bei **bloß mittelbarer Verursachung** ist zusätzlich zu prüfen, ob die eingetretene Rechtsgutverletzung **nach dem Schutzzweck der Norm objektiv zurechenbar** ist. Gibt es konkrete Verhaltensnormen für den Anspruchsgegner, z.B. die Pflichten im Straßenverkehr in §§ 1 ff. StVO, so ist auf deren Schutzzweck abzustellen. Existieren hingegen keine speziell geregelten Verhaltensnormen, so ist auf die allgemeine **Nothilfe-, Rettungs- und Herausforderungsformel** abzustellen.

Beispiel: Der gehörnte Ehemann (E) will seinen Nebenbuhler (N), den er in flagranti im Ehebett erwischt hat, mit einer Axt den Schädel spalten. Aus Panik springt N aus dem Fenster der im ersten Stock gelegenen Wohnung und verletzt sich beim Aufprall. Als N Schadensersatz und Schmerzensgeld verlangt, verweigert E mit der Begründung, schließlich habe N sich durch den Sprung selbst verletzt. Dennoch ist dies dem E, der immerhin eine mittelbare Ursache hierfür gesetzt hat, zuzurechnen, wenn die **Herausforderungsformel** erfüllt ist, d.h. wenn:

- ein **nachvollziehbarer Anlass** für den Sprung des N bestand,
- ein **angemessenes Verhältnis** zwischen den erkennbaren Risiken und dem Zweck der Handlung des N,
- und sich nicht bloß das allgemeine Lebensrisiko, sondern das **gesteigerte Risiko** der herausgeforderten Handlung verwirklicht hat.

Hier wird man diese Voraussetzung bejahen müssen, zumal der Sprung aus dem ersten Stock nicht von vornherein völlig unangemessen ist. Damit Zurechnung an E und Haftung des E. Unberührt bleibt, den Anspruch wegen eines etwaigen Mitverschuldens des N gemäß § 254 Abs. 1 zu kürzen.

c) Ist bei **mehreren Beteiligten die Kausalität** des Einzelnen **nicht feststellbar**, so hilft ggf. **§ 830 Abs. 1 S. 2!** Die Vorschrift gilt nach der Rspr. auch für die Ansprüche aus §§ 7, 18 StVG

3. Verschulden

294 **a) Bei Bedarf ist die Schuldfähigkeit gemäß § 827 zu erörtern.** Beachte, dass dort der Fall der actio libera in causa (im Gegensatz zum Strafrecht) geregelt ist! Bei **Minderjährigen** ist § 828 zu erörtern. Die besondere Altersgrenze von zehn Jahren i.S.v. § 828 Abs. 2 gilt nur, wenn die unerlaubte Handlung des Minderjährigen mit den Gefahren des Verkehrs zusammenhängt und der Minderjährige nicht vorsätzlich gehandelt hat. **§ 828 Abs. 2** setzt nämlich **eine typische Überforderungssituation voraus.** Bei Minderjährigen über sieben bzw. 10 Jahren wird gemäß § 828 Abs. 3 die Einsichtsfähigkeit vermutet. Wird Schuldfähigkeit verneint, ist ggf. an eine Billigkeitshaftung gemäß § 829 zu denken!

b) Der **Verschuldensmaßstab** ergibt sich aus § 276, sodass leichte Fahrlässigkeit genügt. Sind im Gesetz oder im Vertrag besondere Haftungsmaßstäbe vorgesehen, z.B. Haftung für eigenübliche Sorgfalt i.S.v. § 277, so ist ggf. durch Auslegung vom Schutzzweck her zu ermitteln, ob diese auch für deliktische Haftung gelten sollen (dann Blick in den Palandt: z.B. gilt bei Annahmeverzug der Haftungsmaßstab für den Schuldner aus § 300 Abs. 1 nicht nur für die vertraglichen Schadensersatzansprüche, sondern auch für § 823, s. Palandt § 300 Rdnr. 2). Wird ein Hersteller aus § 823 in Anspruch genommen, so wird grundsätzlich das Verschulden nach den Grundsätzen der Produzentenhaftung vermutet (s. dazu Palandt/Sprau § 823 Rdnr. 183). Dass damit die Haftung aus § 823 bejaht werden kann ist wichtig, da das ProdHG nicht alle Schäden umfasst, s.o. Rdnr. 286 (Anwaltsklausur!).

Beweislastumkehr auch in Arzthaftungsprozessen, wenn objektiv ein grober Behandlungsfehler feststeht.

c) Verschuldenszurechnung

Für die Verschuldenszurechnung ist § 278 im Deliktsrecht nicht anwendbar, sondern wird durch § 831 (der gleichzeitig Anspruchsgrundlage ist) verdrängt. Hingegen gilt § 31 (ggf. i.V.m. §§ 86, 89) auch im Deliktsrecht, sodass das Fehlverhalten von Vorstandsmitgliedern dem Verein, der ja als solcher keine unerlaubte Handlung begehen kann, im Rahmen des § 823 zugerechnet werden kann. Die eigentliche Bedeutung besteht in der **analogen Anwendung des § 31 auf Gesellschafter.** Die Rspr. wendet § 31 analog sowohl auf die Zurechnung an Personengesellschaften (GbR, Handelsgesellschaften) als auch Kapitalgesellschaften (GmbH, AG etc.)

an. Grund: Eine Gesellschaft selbst kann nicht schuldhaft handeln und im Gesellschaftsrecht fehlen spezielle Zurechnungsnormen. Andererseits scheidet § 831 mangels Weisungsgebundenheit der Gesellschafter aus.

II. § 823 Abs. 2 i.V.m. Schutzgesetz

Der Anspruch wird vor allem dann relevant, wenn § 823 Abs. 1 mangels Rechtsgutverletzung nicht greift, z.B. weil lediglich ein Vermögensschaden vorliegt. Liegt ein Vermögensdelikt, z.B. § 263 StGB oder § 266 StGB als Schutzgesetz vor, gelangt man dann dennoch zu einem Anspruch. 295

Nochmals sei darauf hingewiesen, dass Normen, die selber Anspruchsgrundlagen sind, wie z.B. § 1 ProdHaftG, kein Schutzgesetz darstellen. Im Übrigen empfiehlt sich der Blick in den Kommentar, s. Palandt/Sprau § 823 Rdnr. 61 ff.

III. § 826

§ 826 erfasst die vorsätzliche Schädigung und liegt sicherlich vor, wenn Vermögensdelikte i.S.d. §§ 263 ff. StGB verwirklicht wurden. Ferner hat § 826 Bedeutung bei der Durchbrechung der Rechtskraft, wenn zuvor der Titel in sittenwidriger Weise erschlichen wurde (s. dazu Palandt/Sprau § 826 Rdnr. 52 ff.). 296

IV. § 831

§ 831 ist eigenständige Anspruchsgrundlage, innerhalb derer die unerlaubte Handlung des Verrichtungsgehilfen dem Geschäftsherrn zugerechnet wird. Der Verrichtungsgehilfe muss strikt weisungsgebunden handeln, ein Verschulden ist bei ihm nicht erforderlich, denn der Geschäftsherr haftet gemäß § 831 Abs. 1 S. 2 für eigenes vermutetes Verschulden bis zur Exkulpation. Für Großbetriebe reicht dabei der sog. **dezentralisierte Entlastungsbeweis**. Neben dem Geschäftsherrn (Arbeitgeber) kann gemäß § 831 Abs. 2 auch derjenige in Anspruch genommen werden, der die Auswahl oder Überwachung übernommen hat. 297

V. § 832

Eltern haften für die unerlaubte Handlung ihrer Kinder aufgrund vermuteten Verschuldens, solange sie sich nicht gemäß § 832 Abs. 1 S. 2 exkulpieren.

VI. Haftung für Tiere, §§ 833 ff.

1. Der Tierhalter haftet gemäß § 833

Standardproblem ist hier zum einen, dass sich die **spezifische Tiergefahr** realisiert haben muss (in der Klausur: Blick in Palandt/Sprau § 833 Rdnr. 7). Zum anderen kann sich der Tierhalter nur exkulpieren bei beruflich genutzten Tieren. Umgekehrt ist bei sog. Luxustieren eine Exkulpation ausgeschlossen, § 833 S. 2. 298

2. Der **Tieraufseher haftet** hingegen **nach § 834** nur, wenn er die Aufsicht durch (wirksamen!) Vertrag übernommen hat. Eine Exkulpation ist gemäß § 834 S. 2 sowohl bei Luxus- als auch bei Nutztieren möglich.

VII. Haftung für Gebäude, §§ 836–838

1. Hier besteht eine **Haftung des Grundstücksbesitzers** für vermutetes Verschulden bis zu Exkulpation, vgl. § 836 Abs. 1 S. 2. 299

2. Der **Gebäudebesitzer** (z.B. Mieter, Pächter) **haftet nach § 837** in gleicher Weise.

3. Der **Gebäudeunterhaltspflichtige** (z.B. Hausverwalter) haftet **gemäß § 838**.

2. Abschnitt: Rechtsfolgen der Schadensersatzhaftung, §§ 249 ff.

A. Prüfschema

300 Die §§ 249 ff. stellen das allgemeine Schadensrecht dar und gelten grundsätzlich für alle vorgenannten Anspruchsgrundlagen. In den Fällen der Gefährdungshaftung gibt es ergänzende Sonderregelungen, z.B. §§ 10 ff. StVG sowie §§ 7 ff. ProdHaftG (s. bereits oben Rdnr. 278).

Das Prüfschema ist stets gleich:

Prüfschema: Schadensersatz gemäß §§ 249 ff.

1. **Grundsatz: Naturalrestitution gemäß § 249**
   a) **Abs. 1: Naturalrestitution i.e.S.:** der Schädiger muss wiederherstellen (lassen)
   b) **Abs. 2: Wahlweise Ersatz der erforderlichen Kosten**
      - Abstrakte Abrechnung ohne Durchführung der Reparatur zulässig, jedoch ohne MwSt., § 249 Abs. 2 S. 2
      - Auch bei Reparatur keine MwSt. zu ersetzen, falls Geschädigter vorsteuerabzugsberechtigt!
2. **Sonst Schadenskompensation gemäß §§ 251, 252**
   a) § 251 Abs. 1: Falls **Reparatur** der Sache
      - **unmöglich** (echter Totalschaden) oder
      - **ungenügend** (merkantiler Minderwert)
      ist insofern Wertersatz zu leisten.
   b) § 251 Abs. 2: Wertersatz, falls Wiederherstellung zwar möglich, aber **unverhältnismäßig** teuer (130%-Grenze)
   c) § 252: Entgangener Gewinn
   ⇨ **Schadenskompensation nur bei Vermögensschäden:** Umkehrschluss aus § 253 Abs. 1!
3. **Schadenkorrektur/Schutzweck der Norm**
   a) **Vorteilsanrechnung** (auch bei Abzug Neu für Alt)
   b) **Normative Wertung**/normativer Schadensbegriff
   c) Mitverschulden, § 254
      aa) § 254 Abs. 1: Mitverschulden **vor/bei** dem Schadensereignis
      bb) § 254 Abs. 2 S. 1: Mitverschulden **danach** (Schadensminderung)
      cc) § 254 Abs. 2 S. 2 i.V.m. § 278: Zurechnung Mitverschulden gesetzlicher Vertreter/ Erfüllungsgehilfen
         - gilt **auch für Abs. 1**
         - Aber: **Rechtsgrundverweis**, daher Schuldverhältnis zwischen Schädiger und Geschädigtem erforderlich, also in reinen Deliktsfällen (–) (h.M.)
         - Beachte **bei Verkehrsunfall: §§ 17 und 9 StVG** sind lex specialis
4. **Schmerzensgeld = immaterieller Schaden gemäß § 253 Abs. 2**
   - nur bei Verletzung von Körper/Gesundheit/sexueller Selbstbestimmung/Freiheit
   - analog bei schwerwiegender Verletzung des Persönlichkeitsrechts

B. Überblick

Naturgemäß würde es den Rahmen dieser Darstellung sprengen, hier alle schadensrechtlichen Positionen zu erörtern. Daher ist generell in der Klausur eine Absicherung durch Blick in den Palandt geboten: Vorb. v. § 249 und §§ 249 ff. mit dort jeweils vorangestellter Gliederung! Wichtig ist hierbei in einer Klausur nicht einfach Textstellen aus dem Palandt zu übernehmen, sondern die dogmatische Anknüpfung an die §§ 249 ff. zu bringen und entsprechende Argumentation. Nachfolgend ein kleiner Überblick über die wichtigsten Positionen.

301

I. Konkrete Abrechnung auf Reparaturkostenbasis

1. Gemäß § 249 Abs. 2 S. 1 können die konkret **angefallenen Reparaturkosten** abgerechnet werden. Hierzu gehört grundsätzlich auch die ausgewiesene Mehrwertsteuer. Eine Ausnahme gilt nur, wenn der Geschädigte, z.B. weil es sich um einen Geschäftswagen handelt, zum **Vorsteuerabzug** berechtigt ist. Denn dann hat er insofern keinen Schaden, weil er durch den Vorsteuerabzug die Mehrwertsteuer neutralisiert.

302

Die neuere Rspr. geht davon aus, dass es bei der **Erforderlichkeit der Kosten** i.S.v. § 249 Abs. 2 bzw. bei der Schadensminderungspflicht des Geschädigten aus § 254 Abs. 2 S. 1 relevant wird, wenn die gegnerische Versicherung Werkstätten nachweist, die als **freie Werkstätten** gegenüber Markenwerkstätten günstigere Tarife berechnen. Denn bei Gleichwertigkeit der Werkstatt hat der Geschädigte kein Anrecht auf Durchführung der Reparatur in Markenwerkstätten.

Fallen die Reparaturkosten entgegen dem Kostenanschlag/Gutachten höher aus, so trägt das **Prognoserisiko** nach der Rspr. der Schädiger.

Gegebenenfalls ist ein **Abzug** der Reparaturkosten unter dem Aspekt „Neu für Alt" zu berücksichtigen, insbesondere bei älteren Sachen, wenn in erheblichem Umfang neue Teile eingebaut werden (vgl. Palandt/Grüneberg § 249 Rdnr. 20).

2. Bei erheblichen Schäden wäre allerdings der bloße Ersatz der Reparaturkosten nicht genügend i.S.v. **§ 251 Abs. 1, 2. Var.** Daher ist der trotz ordnungsgemäßer Reparatur verbleibende **merkantile Minderwert** durch eine entsprechende Geldzahlung gemäß § 251 Abs. 1, 2. Var. zu kompensieren (Fallgruppe der Schadenskompensation). Der entsprechende Betrag wird vom Sachverständigen in seinem Gutachten ausgewiesen.

303

Nach der Rspr. entfällt ein merkantiler Minderwert bei älteren Pkw (ab fünf Jahren) oder bereits hoher Fahrleistung, ab 100.000 km (Palandt/Grüneberg § 251 Rdnr. 16). Eine Ausnahme kommt nur bei echten Oldtimern in Betracht. Von vornherein entfällt ein merkantiler Minderwert bei geringen Reparaturkosten. Hier werden von Ihnen keine Einzelheiten verlangt, vielmehr ergibt sich der merkantile Minderwert aus dem dann in der Akte zugrunde gelegten Sachverständigengutachten.

3. Angefallene Gutachterkosten werden grundsätzlich auch gemäß **§ 249 Abs. 2 S. 1** ersetzt. Denn sie sind grundsätzlich erforderlich, weil der Laie sie nicht einschätzen und auch nicht auf den Gutachter der gegnerischen Versicherung verwiesen werden kann. Eine Ausnahme gilt nur bei Bagatellschäden (bis ca. 700 €); hier genügt ein Kostenanschlag der Werkstatt i.S.v. § 650.

304

4. Eine Abrechnung auf Reparaturkostenbasis kann vom Schädiger gemäß **§ 251 Abs. 2** verweigert werden, **wenn sie unverhältnismäßig teuer ist**. Dies wird von der Rspr. angenommen, wenn die Kosten der Reparatur und des merkantilen Minderwerts um mehr als 30% über dem Wiederbeschaffungswert liegen (Palandt/Grüneberg § 249 Rdnr. 25). Dann erhält der Geschädigte nur eine Schadenskom-

305

pensation in der Weise, dass ihm der Wiederbeschaffungswert ersetzt wird, s. dazu Rdnr. 308.

Will hingegen der Geschädigte auf Reparaturkostenbasis abrechnen, so dürfen die Reparaturkosten inkl. MwSt. und merkantilem Minderwert die 130%-Grenze nicht übersteigen. Natürlich muss der Geschädigte sein **Integritätsinteresse** auch realisieren, d.h. er muss jetzt die Reparatur tatsächlich durchführen lassen und das Kfz nach der BGH-Rspr. mindestens sechs Monate weiternutzen.

II. Fiktive Abrechnung auf Reparaturkostenbasis

306 Wegen der Dispositionsbefugnis muss der Eigentümer nicht reparieren lassen, sondern kann fiktiv abrechnen. Jedoch stellt **§ 249 Abs. 2 S. 2** klar, dass **dann keine** im Kostenanschlag/Gutachten ausgewiesene **Mehrwertsteuer** ersetzt wird.

III. Abrechnung auf Neuwagenbasis

307 Hatte das Fahrzeug zum Zeitpunkt des Unfalls noch den „Schmelz der Neuwertigkeit", so kann sich der Geschädigte auf den Standpunkt stellen, dass eine Reparatur für ihn nicht genügend ist. Dann kann er **gemäß § 251 Abs. 1, 2. Var.** statt der Reparaturkosten den Wiederbeschaffungswert für ein entsprechend neues Fahrzeug abrechnen. Die **Grenze der Neuwertigkeit** liegt beim Alter des Fahrzeugs von ein bis drei Monaten bei einer Fahrleistung von 1.000 bis maximal 3.000 km. Erforderlich ist jeweils ein erheblicher Schaden, der insbesondere tragende oder sicherheitsrelevante Teile betrifft (Palandt/Grüneberg § 249 Rdnr. 18).

IV. Abrechnung des Wiederbeschaffungsaufwandes, § 251

308 Der Geschädigte kann den Wiederbeschaffungsaufwand für eine vergleichbare Sache gemäß § 251 im Wege der Schadenskompensation in Rechnung stellen, wenn:

- eine **Wiederherstellung** der ursprünglichen Sache **unmöglich** ist, § 251 Abs. 1, 1. Var., echter Totalschaden,
- eine bloße **Reparatur ungenügend** erscheint, § 251 Abs. 1, 2. Var.

  Hier ist, wie vorstehend ausgeführt, die Abrechnung auf Neuwagenbasis zuzuordnen (dogmatisch im Einzelnen streitig) sowie der merkantile Minderwert.

- Wenn eine Reparatur zwar technisch möglich, aber unverhältnismäßig teuer ist, **§ 251 Abs. 2, sog. unechter Totalschaden.** Die Rspr. nimmt dies an, wenn die Reparaturkosten und der merkantile Minderwert den Wert des Pkw zum Zeitpunkt des Unfalls um 30% übersteigen. Achtung: Diese Grenze kann nicht schematisch auf andere Sachen übertragen werden, s. die Fälle in Palandt § 251 Rdnr. 6, 7!

Bei der vorgenannten Schadenskompensation ist der Restwert der verunfallten Sache zu berücksichtigen, indem entweder der Geschädigte die Sache dem Schädiger herausgibt oder sich den Wert anrechnen lässt. Restwert ist der Preis, den der Geschädigte z.B. bei Inzahlunggabe des Kfz beim Gebrauchtwagenhändler erzielen kann; ein etwaiger Mehrerlös, den der Geschädigte erzielt, ist nicht zu berücksichtigen (Einzelheiten streitig, s. Palandt/Grüneberg § 249 Rdnr. 19).

V. Mietwagenkosten

309 Um die Reparaturzeit oder die Zeit einer Ersatzbeschaffung zu überbrücken, kann der Geschädigte eine Ersatzsache anmieten. Gemäß **§ 249 Abs. 2 S. 1** sind daher die **erforderlichen Kosten** zu ersetzen. Hierbei ist auch die aus § 254 Abs. 2 S. 1 folgende allgemeine Schadensminderungspflicht zu berücksichtigen:

Rechtsfolgen der Schadensersatzhaftung, §§ 249 ff. **2. Abschnitt**

- Fährt der Geschädigte **ohnehin nur einige Kilometer** pro Tag, so sind Mietwagenkosten nicht erforderlich. Günstiger wäre es dann Bus oder Taxi konkret abzurechnen.

- Bei **längerer Mietzeit** (z.B. wegen langer Lieferzeit für Ersatzfahrzeug) gebietet es die Schadensminderungspflicht, u.U. ein Interimsfahrzeug zu kaufen, wenn dies günstiger ist.

- Der Geschädigte muss auch **Preisvergleiche** zwischen den Anbietern vornehmen. Der vielfach von Autovermietern angebotene, wesentlich überhöhte Unfallersatzwagentarif wird daher grundsätzlich nicht ersetzt, sondern nur der Normaltarif.

    Hat der Autovermieter jedoch hierüber nicht aufgeklärt, so kommt bezüglich der Differenz ein Schadensersatzanspruch des Geschädigten gegen den Autovermieter aus §§ 280 Abs. 1, 311 Abs. 2 Nr. 1, 241 Abs. 2 wegen c.i.c. in Betracht (Anwaltsklausur)!

- **Vorteilsanrechnung:** Da der Geschädigte während der Mietzeit sein eigenes Fahrzeug schont, ist wegen **erspartem Verschleiß** eine Vorteilsanrechnung vorzunehmen. Diese erfolgt in der Praxis pauschal in Höhe von ca. 10% der Mietwagenkosten. Dies kann jedoch dadurch aufgefangen werden, dass der Geschädigte ein Fahrzeug eine Klasse tiefer anmietet (Palandt/Grüneberg § 249 Rdnr. 36).

VI. Abstrakte Nutzungsausfallentschädigung, § 251 Abs. 1, 1. Var.

Mietet der Geschädigte keine Ersatzsache an, so wird eine Nutzung während der Reparaturzeit oder Lieferzeit für eine Ersatzsache unmöglich i.S.v. § 251 Abs. 1, 1. Var. Zu beachten ist jedoch, dass Schadenskompensation gemäß § 251 nur möglich ist, wenn es sich hierbei um einen **Vermögensschaden** handelt (Umkehrschluss aus § 253 Abs. 1). 310

1. Die Rspr. nimmt bei dem Verlust der **Nutzungsmöglichkeit einer privat genutzten Sache** nur dann einen Vermögensschaden an, **wenn** es sich um eine **Sache** handelt, die **für die tägliche Lebensführung unverzichtbar** ist. Dies wird im Wesentlichen nur in folgenden Fällen angenommen: 311

- Kfz-Nutzung
- Nutzung eines Hauses/Wohnung
- Nutzung eines Fahrrades
- Blindenhund

In diesen Fällen ist eine abstrakte Nutzungsausfallentschädigung pro Tag gemäß § 251 Abs. 1, 1. Var. geschuldet. Die Höhe folgt für Pkw aus den Tabellen von Sanden/Danner/Küppersbusch und ist je nach Pkw-Typ in Gruppen gestaffelt (Beträge sind in der Klausur angegeben). Zu beachten ist, dass bei Pkw, die älter als fünf Jahre sind eine Abstufung um eine Gruppe und bei Pkw, die älter als zehn Jahre sind um zwei Gruppen vorzunehmen ist.

- Umgekehrt wird bei Sachen, die dem Bereich **Freizeit/Luxus** zuzurechnen sind, keine Nutzungsausfallentschädigung gewährt. Daher gibt es für Wohnmobile, Motorräder, die nur zu Freizeitzwecken genutzt werden, keine abstrakte Entschädigung. Wird jedoch ein Ersatzwohnmobil/Motorrad gemietet, so sind diese Mietkosten als Kosten der Naturalrestitution gemäß § 249 Abs. 2 durchaus ersatzfähig!

312 2. Bei **gewerblich genutzten Kraftfahrzeugen** ist eine **abstrakte Nutzungsausfallentschädigung unzulässig**. **Vielmehr** muss der **konkret** verursachte Schaden, z.B. durch Gewinn, der wegen Nutzungsausfall entgangen ist, **§ 252**, berechnet werden. Wegen der Schadensminderungspflicht wird hier jedoch grundsätzlich die Miete eines Ersatzfahrzeuges geboten gewesen sein. Entfällt diese, weil ohnehin Reservefahrzeuge vorhanden sind, so können entsprechende **Vorhaltekosten** angesetzt werden (vgl. Palandt/Grüneberg § 249 Rdnr. 47).

VII. Sonstige (Folge-)Schäden

313 1. **Steuerliche Nachteile** und höhere **Versicherungsprämien** sind grundsätzlich gemäß § 249 Abs. 2 als Folgeschäden zu ersetzen (vgl. Palandt/Grüneberg § 249 Rdnr. 54, 55).

314 2. **Rechtsverfolgungskosten**

Hier sind **zwei Fälle** zu unterscheiden:

a) Der Geschädigte kann bei ihm **aufgrund eines Unfalls** angefallene Anwaltskosten, die zur Durchsetzung seiner Schadensersatzansprüche aus § 823 und aus StVG erforderlich waren, geltend machen. Dies wird noch der Naturalrestitution i.S.v. § 249 Abs. 2 zugerechnet. Erforderlichkeit besteht jedoch nur, wenn die Einschaltung eines Rechtsanwalts erforderlich und zweckmäßig war, was jedenfalls bei juristischen Laien grundsätzlich der Fall ist (Palandt/Grüneberg § 249 Rdnr. 57).

b) Sonderfall: Einschaltung eines Rechtsanwalts zur **Abwehr von ungerechtfertigt geltend gemachten, angeblichen Forderungen Dritter**.

Macht ein Dritter angebliche sonstige Forderungen, z.B. auf Kaufpreiszahlung etc. unberechtigter Weise geltend, so stellt sich das Problem, ob der Inanspruchgenommene, der sich zur Abwehr anwaltlich vertreten lässt, diese Kosten erstattet bekommt:

- Werden **Ansprüche gerichtlich geltend gemacht**, reguliert sich dieses Problem von selbst durch die Kostenregelungen in §§ 91 ff. ZPO und der damit verbundenen Tenorierung im (klageabweisenden) Urteil.

- Problematisch ist allerdings, ob bei bloß **außergerichtlicher Geltendmachung unberechtigter Forderungen** mangels Anwendbarkeit der §§ 91 ff. ZPO nun auf einen Schadensersatzanspruch aus § 280 Abs. 1 ausgewichen werden kann. Auch hier ist wiederum zu differenzieren:

    - **Besteht zwischen den beiden Beteiligten zumindest ein Schuldverhältnis** und wird lediglich ein einzelner, konkreter Anspruch zu Unrecht geltend gemacht, so kann dies eine Pflichtverletzung i.S.v. **§ 241 Abs. 2** bedeuten, welche zum Schadensersatz aus **§ 280 Abs. 1** führt. Allerdings kann die Geltendmachung eines angeblichen Anspruchs auch eine Wahrnehmung berechtigter Interessen bedeuten. Die Rspr. sieht daher in dem unberechtigten Geltendmachen grundsätzlich keine Pflichtverletzung. Eine Ausnahme gilt nur, wenn ersichtlich ist, dass durch das unberechtigte Geltendmachen erhebliche Kosten auf der anderen Seite entstehen. Dann ist nach der Rspr. kritisch vom Anspruchsteller zu prüfen, ob seine Position berechtigt ist.

        Aktuelle Fälle aus der BGH-Rspr. hierzu sind das unberechtigte Geltendmachen von angeblichen Mängelbeseitigungsansprüchen durch einen Käufer, Mieter, Reisenden etc., obwohl objektiv kein Mangel besteht.

    - **Besteht hingegen kein Schuldverhältnis**, so ist § 280 Abs. 1 nicht anwendbar. Behauptet jemand gleichwohl, er hätte vertragliche Ansprüche, so kommt nur ein Schadensersatzanspruch aus § 823 Abs. 2 i.V.m. § 263 StGB und § 826 in Betracht, was aber Vorsatz erfordert.

3. Zeitaufwand des Geschädigten

Dies ist grundsätzlich nicht ersatzfähig. Denn Zeitaufwand stellt grundsätzlich keinen Vermögensschaden dar. Allenfalls kann Zeitaufwand als entgangener Gewinn konkret gemäß § 252 abgerechnet werden, wenn z.B. der Geschädigte durch das Unfallereignis an der Ausübung seines Berufs gehindert war (dazu sogleich bei Personenschäden, Rdnr. 319).

4. Verlust an Urlaubszeit

Auch der Verlust an Urlaubszeit ist grundsätzlich nicht ersatzfähig. Dies ergibt der Umkehrschluss aus § 651 f Abs. 2, wonach nur im Reiserecht eine (immaterielle) Entschädigung geschuldet ist.

5. Allgemeine Schadenspauschale

Für Telefon, Portkosten etc., welche in der Regel nicht konkret belegt werden können, ist eine allgemeine Schadenspauschale in Höhe von ca. 20–25 € zulässig.

6. Zufallsschäden, § 848

§ 848 stellt klar, dass der Deliktstäter, der eine Sache durch unerlaubte Handlung entzogen hat und dementsprechend zur Herausgabe verpflichtet ist, für den nachfolgenden zufälligen Untergang auch verantwortlich ist, es sei denn, die Unmöglichkeit der Herausgabe bzw. Verschlechterung wäre ohnehin eingetreten (Parallele zu § 287 im Verzug).

VIII. Personenschäden

Bei Personenschäden ist zu differenzieren je nach Art der Schäden:

1. Materielle Schäden

a) Kosten der Heilbehandlung sind gemäß **§ 249 Abs. 2** ersatzfähig. Hier ist allerdings zu beachten, dass **in der Regel der Anspruch bereits auf die Krankenversicherung übergegangen** ist gemäß § 116 SGB X bzw. für Privatpatienten gemäß § 86 VVG, sodass der Anspruch dem Verletzten selbst nicht mehr zusteht. Für Beamte gilt § 87 BBG. Also verbleibt für den Verletzten nur der Anspruch bezüglich der Kosten, die seine Krankenversicherung nicht übernommen hat.

b) Verdienstausfallschäden, § 842

Die Vorschrift des § 842 stellt keine Anspruchsgrundlage dar. Vielmehr muss der Verdienstausfall als entgangener Gewinn gemäß § 252 konkret nachgewiesen werden. Hier ist **zu differenzieren:**

- **Arbeitnehmer, die gemäß § 3 EFZG den Lohn von ihrem Arbeitgeber fortgezahlt bekommen,** haben dementsprechend keinen Ersatzanspruch. Vielmehr geht dieser gemäß § 6 EFZG auf den zahlenden Arbeitgeber über. Ist allerdings der Sechswochenzeitraum aus § 3 EFZG abgelaufen und erhält der Arbeitnehmer lediglich das geringere Krankengeld von der Krankenkasse, kann er die Differenz als eigenen Schaden abrechnen.

- Ist ein **Selbstständiger verletzt,** so muss er konkret den hierdurch entgangenen Gewinn gemäß **§ 252** abrechnen **oder** die **Kosten** für den Einsatz **einer Ersatzkraft** gemäß § 249 Abs. 2.

    Der **Haushaltsführungsschaden** ist als Vermögensschaden abrechenbar (Palandt/Grüneberg § 249 Rdnr. 66).

c) Bei **dauerhafter Beeinträchtigung** besteht gemäß § 843 ein Wahlrecht des Verletzten zwischen **Geldrente oder** einmaliger **Kapitalabfindung**. § 843 Abs. 4 stellt klar, dass der Anspruch nicht dadurch ausgeschlossen ist, dass ein Verwandter dem Verletzten Unterhalt zu gewähren hat (normativer Schadensbegriff).

2. Ersatzansprüche Dritter

Bei dieser beliebten Klausurproblematik ist zu differenzieren:

a) Grundsätzlich müssen Rechtsgutverletzter und Geschädigter identisch sein. Der Gesetzgeber macht naturgemäß **bei Tötung des Opfers** eine Ausnahme in §§ **844, 845** und nahezu inhaltsgleich in § **10 StVG**. Hiernach sind nur die folgenden Schadenspositionen abrechnungsfähig:

- § 844 Abs. 1 (§ 10 Abs. 1 StVG): **Beerdigungskosten** für denjenigen, der sie zu tragen hat, § 1968,

- § 844 Abs. 2 (§ 10 Abs. 2 StVG): **Entgangener Unterhalt**, z.B. für die Witwe,

- § 845: **Ersatz entgangener Dienste:** Hierunter fällt nicht die entgangene Haushaltstätigkeit, da diese bereits bei entgangenem Unterhalt i.S.v. § 844 Abs. 2 zu berücksichtigen ist! Anwendungsbereich heutzutage nur noch für die gesetzliche Dienstleistungspflicht der (getöteten) Kinder i.S.v. § 1619!

- § 846 stellt klar, dass in diesen Fällen ein etwaiges **Mitverschulden des Getöteten** anspruchsmindernd zu berücksichtigen ist. Die Vorschrift wird analog für die Ansprüche aus § 10 StVG angewandt, damit die Quote gleich bleibt.

b) **Besuchskosten naher Angehöriger**

Liegt das Opfer schwerverletzt im Krankenhaus, so ist oft der Besuch naher Angehöriger medizinisch zur (schnelleren) Genesung indiziert. Da Rechtsgutverletzter und Geschädigter identisch sein müssen, hat der Angehörige bezüglich der ihm entstandenen Besuchskosten keinen Anspruch aus § 823 Abs. 1; die Sondervorschriften der §§ 844 ff. gelten nur bei Tötung und auch nur bezüglich der dort genannten Schäden. Allerdings fallen nach der Rspr. Besuchskosten naher Angehöriger als Heilungskosten unter § 249 Abs. 2, sodass der Verletzte diesbezüglich aus § 823 seinen Anspruch hat. Dass der Verletzte insofern eigentlich keinen Schaden hat, ist unerheblich, Rechtsgedanke aus § 843 Abs. 4. (Palandt/Grüneberg § 249 Rdnr. 9). Diesen Anspruch kann er ggf. an den Angehörigen abtreten (Anwaltsklausur!). Dem Angehörigen steht aber u.U. ein Ersatzanspruch aus GoA §§ 677, 683/684 oder § 812 zu.

3. Entgangener Urlaub

Während konkret angefallene, nicht mehr stornierbare Buchungskosten ersatzfähig sind, ist der Urlaubsverlust als bloßer Verlust an Freizeit kein Vermögenswert. Dieser ist dabei grundsätzlich nicht ersatzfähig, Argument aus § 253 Abs. 1.

Lediglich im Reisevertragsrecht kann vom Reiseveranstalter gemäß § **651 f Abs. 2** Ersatz verlangt werden, wenn eine erhebliche Beeinträchtigung vorliegt.

IX. Vorsorgekosten

- **Rein präventive Vorbeugemaßnahmen,** wie Überwachungs- und Sicherungsmaßnahmen, also Kosten des Einbaus einer Alarmanlage, Detektivkosten zur Verhinderung von Schadensfällen, werden im eigenen Interesse getätigt und sind daher kein ersatzfähiger Schaden.

- **Fangprämien, die im konkreten Schadensfall** entstehen, z.B. für den vorläufig festnehmenden Privatdetektiv, sind, wenn sie nicht unverhältnismäßig sind, hingegen ersatzfähig (Einzelheiten streitig, Palandt/Grüneberg § 249 Rdnr. 63).

X. Vorteilsanrechnung

323

Sofern im Zusammenhang mit dem Schadensereignis adäquat kausal beim Geschädigten ein Vorteil entstanden ist (z.B. beim älteren Pkw werden Lichtmaschine und Batterie ersetzt), so ist der Vorteil vom Schaden abzuziehen sog. „**Abzug Neu für Alt**". Dies gilt aber nur, wenn eine echte Wertsteigerung eintritt. Dies wird in einer Klausur i.d.R. im Sachverständigengutachten angegeben sein.

Allerdings ist stets unter dem Aspekt **Schutzweck der Norm/Wertungsgesichtspunkte** wertend zu betrachten, ob der Vorteil wirklich anrechnungsfähig ist.

Beispiel: Hat der Geschädigte durch überproportionale Ausgleichsarbeiten einen sonst entgangenen Gewinn i.S.v. § 252 abgewandt, so ist dieser Vorteil nicht zu berücksichtigen, weil er über seine allgemeine Schadensminderungspflicht aus § 254 Abs. 2 hinausgegangen ist (vgl. Palandt/Grüneberg vor § 249 Rdnr. 70).

Freigiebige Leistungen Dritter sind nicht als Vorteil abzurechnen, wenn sie, wie in der Regel, nicht den Schädiger entlasten, sondern dem Geschädigten allein zugute kommen sollen (Rechtsgedanke aus § 843 Abs. 4 = normativer Schadensbegriff, vgl. Palandt/Grüneberg vor § 249 Rdnr. 83).

XI. Schmerzensgeld, § 253 Abs. 2

1. Diese immaterielle Entschädigung wird **nur in den in § 253 Abs. 2 genannten Fällen** geschuldet, § 253 Abs. 2 stellt natürlich keine selbstständige Anspruchsgrundlage dar, sondern ist i.V.m. § 280 Abs. 1 oder § 823 Abs. 1, Abs. 2 zu sehen: **Also** nur bei **Verletzung des Körpers/Gesundheit, der Freiheit oder der sexuellen Selbstbestimmung. Gleichgestellt** wird von der Rspr. der Fall einer **erheblichen Verletzung des Persönlichkeitsrechts**, wenn das Opfer nicht auf andere Art und Weise Genugtuung erlangen kann (z.B. durch Widerruf oder Gegendarstellung) und es sich um eine besonders schwere Verletzung des Persönlichkeitsrechts handelt (s. bereits Rdnr. 290).

324

2. Da das Schmerzensgeld im Ermessen des Gerichts steht und die Schmerzensgeldtabellen keine echte Bindung erzeugen, sind hier die **Bemessungsfaktoren** argumentativ aus der Akte zu entnehmen:

- **Art und Ausmaß der Verletzungen**, Länge der Behandlungsdauer, Länge des Zeitraums der Arbeitsunfähigkeit, Einbuße in der Lebensführung und Lebensqualität, Folgeschäden
- **Person des Schädigers:** Art der Begehung, Größe des Verschuldens (hier kommt es also ausnahmsweise auf die Kategorie Vorsatz, grobe – mittelbare – leichte Fahrlässigkeit an!)
- **Beziehung** zwischen Verletzten und Schädiger
- **Mitverschulden des Verletzten.** Dies ist ein wichtiger Bewertungsfaktor, führt aber nach der Rspr. nicht zu einer quotenmäßigen Begrenzung i.S.v. § 254, sondern wird gleich bei der Bestimmung der Schmerzensgeldhöhe berücksichtigt!
- Weitere Kriterien s. Palandt/Grüneberg § 253 Rdnr. 16 ff. In einer Klausur unbedingt lesen!

3. Zu beachten ist, dass ein Schmerzensgeldanspruch trotz der Sühne- und Genugtuungsfunktion **abtretbar, vererblich und pfändbar** (§§ 829, 835 ZPO) ist, da es sich lediglich um einen Geldanspruch handelt.

6. Teil: Bereicherungsrecht

1. Abschnitt: Anwendungsbereich

325 Zu beachten ist, dass es im BGB nur **zwei große Rückabwicklungssysteme** gibt: **Einerseits** das **Rücktrittsrecht**, das zu einem Rückgewährschuldverhältnis gemäß §§ 346 ff. führt, und **andererseits** das **Bereicherungsrecht, §§ 812 ff.** Beide Rückabwicklungssysteme schließen sich gegenseitig aus. Wird daher ein Rücktritt erklärt, kann nicht über § 812 Abs. 1 S. 2, 1. Var. (späterer Wegfall des Rechtsgrundes) gelöst werden. Somit führen Rücktritt, ebenso ein Widerruf gemäß § 355, § 357 zur Rückabwicklung gemäß §§ 346 ff. (s. bereits oben Rdnr. 258). Wird in einem Dauerschuldverhältnis gekündigt, so können in der Vergangenheit erbrachte Leistungen nicht über § 812 Abs. 1 S. 2, 1. Var. gelöst werden, da eine Kündigung nur ex nunc wirkt und damit keine Rückabwicklung auslösen soll. Gibt es allerdings noch zurückzugewährende Leistungen, so ist dies i.d.R. in der jeweiligen Vertragsart speziell geregelt, z.B. Rückgabeanspruch aus § 546 bei Kündigung eines Mietvertrags (analog auf den Leasingvertrag). Ggf. auch dann Herausgabeanspruch aus § 985 („Nicht-Mehr-Berechtigter", str. Näheres im Sachenrecht).

Somit verbleiben für den Anwendungsbereich der §§ 812 ff. in erster Linie die Anfechtungsfälle, weil dann rückwirkend der Rechtsgrund beseitigt wird, also § 812 Abs. 1 S. 1, 1. Var. (Rechtsgrund fehlt von Anfang an). Ferner die Fälle des von Anfang an fehlenden oder nichtigen Vertrags sowie die Sonderfälle der Zweckverfehlung von § 812 Abs. 1 S. 2, 2. Var. oder Gesetzes- oder Sittenverstoß, § 817.

Gerade in Klausuren zum 2. Examen wird häufig die Bedeutung des Bereicherungsrechts verkannt, da die Kandidaten das Abstraktionsprinzip verdrängt haben. Wurde ein wirksames dingliches Verfügungsgeschäft vorgenommen und stellt sich hinterher heraus, dass das zugrunde liegende schuldrechte Rechtsgeschäft (also das Kausalverhältnis) nichtig ist, so gewinnt dies für die Falllösung Bedeutung: Dingliche Ansprüche, z.B. aus §§ 985 ff., müssen abgelehnt werden, da aufgrund der wirksamen Verfügung der Anspruchsteller das Eigentum nicht mehr hat. Denn bekanntlich hat die Unwirksamkeit des schuldrechtlichen Vertrags hierauf keinen Einfluss. Allerdings hat der Anspruchsteller dann das Eigentum ohne Rechtsgrund übertragen, weil das Kausalgeschäft nichtig ist. Damit hat er einen Rückgewähranspruch aus § 812 Abs. 1 S. 1, 1. Var. auf Rückgewähr, präzise: auf Rückübereignung. Dies ist dann auch für die Formulierung des Klageantrags zu berücksichtigen (Anwaltsklausur!)

2. Abschnitt: Leistungskondiktion

A. Überblick

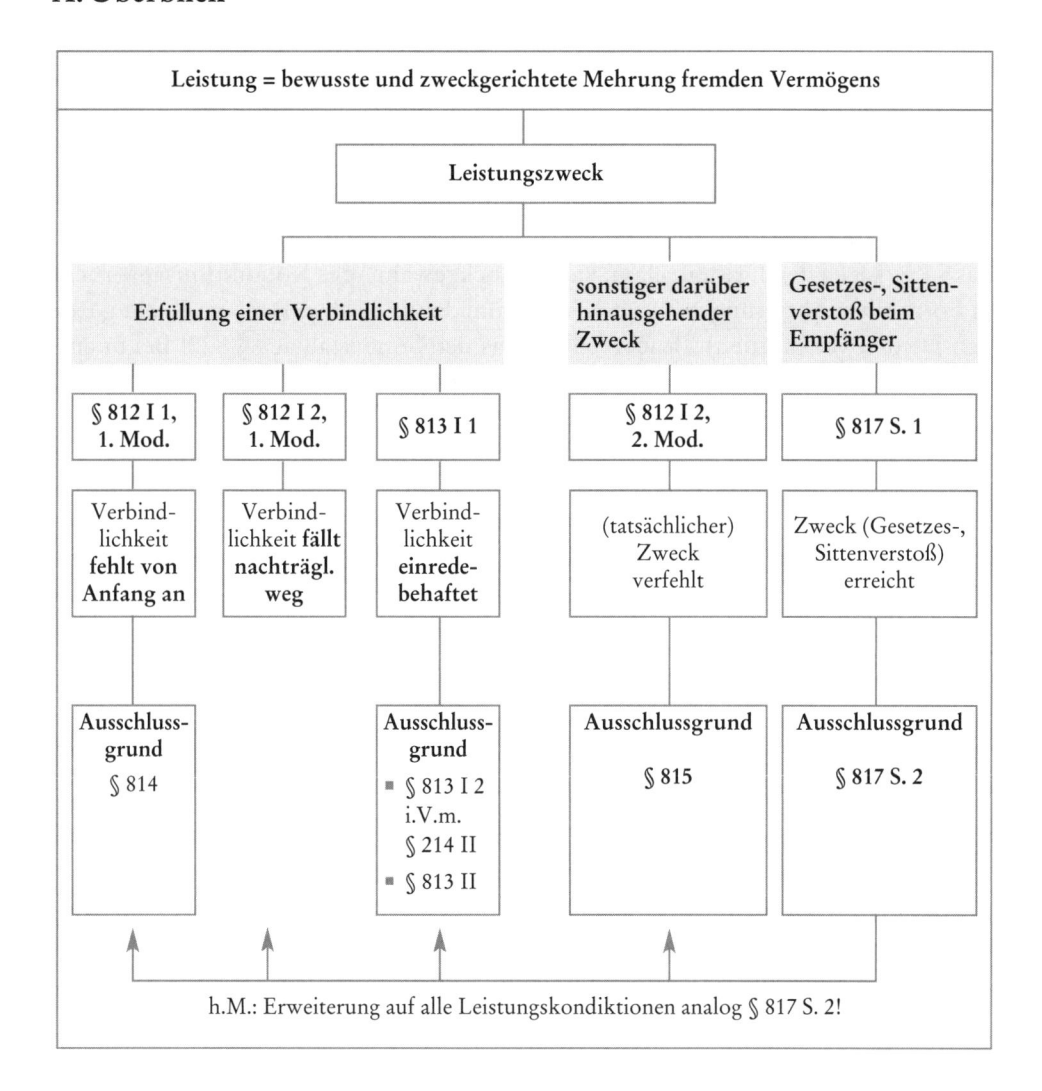

```
Leistung = bewusste und zweckgerichtete Mehrung fremden Vermögens
                              │
                       Leistungszweck
     ┌────────────────────────┼────────────────────────┐
  Erfüllung einer      sonstiger darüber       Gesetzes-, Sitten-
  Verbindlichkeit      hinausgehender           verstoß beim
                       Zweck                    Empfänger
  ┌──────┬──────┐              │                      │
§ 812 I 1, § 812 I 2, § 813 I 1  § 812 I 2,          § 817 S. 1
1. Mod.    1. Mod.               2. Mod.

Verbind-   Verbind-   Verbind-   (tatsächlicher)    Zweck (Gesetzes-,
lichkeit   lichkeit   lichkeit   Zweck              Sittenverstoß)
fehlt von  fällt      einrede-   verfehlt           erreicht
Anfang an  nachträgl. behaftet
           weg

Ausschluss-           Ausschluss- Ausschlussgrund   Ausschlussgrund
grund                 grund       § 815             § 817 S. 2
§ 814                 ▪ § 813 I 2
                      i.V.m.
                      § 214 II
                      ▪ § 813 II
```

h.M.: Erweiterung auf alle Leistungskondiktionen analog § 817 S. 2!

B. Voraussetzungen

I. Der Anspruchsgegner muss **Etwas**, also irgendeine vermögenswerte Position erlangt haben.

1. Das erlangte **Etwas ist präzise anzugeben**, also nicht „das Auto", sondern Eigentum und Besitz an dem Pkw. Grund: Hiermit korrespondiert die Rechtsfolge: Bei bloßer Besitzerlangung ist Rechtsfolge Rückgewähr = Rückgabe. Bei Eigentumserwerb ist Rechtsfolge Rückgewähr = Rückübereignung!

Daher ist in einer Anwaltsklausur auf den richtigen Klageantrag zu achten, denn es macht einen Unterschied, ob Rückgabe oder Rückübereignung beantragt wird, auch wegen § 308 ZPO!

2. Bei „**Geld auf dem Konto**" erlangt der Empfänger einen Auszahlungsanspruch gegen seine Hausbank. Wichtig auch hier wieder der Blick auf die Rechtsfolge: Da diese Position gegenständlich nicht zurückgewährt werden kann, ist Wertersatz in Geld gemäß § 818 Abs. 2 geschuldet.

3. Sonderfall: Hinterlegung auf einem Sperrkonto: Der Gegner erlangt hier als Etwas eine sog. **Blockierstellung**. Auch diese hat Vermögenswert, weil ohne seine Zustimmung nicht ausgezahlt werden kann. Rechtsfolge daher: Erteilung der Zustimmung zur Auszahlung.

Klausurklassiker: Stellt sich im Prozess heraus, dass der Kläger kein Vorrecht am hinterlegten Betrag hat, sondern der Beklagte, so sollte sich der Beklagtenanwalt nicht auf einen Klageabweisungsantrag beschränken, sondern Widerklage auf Zustimmung erheben, weil sonst sein Mandant nicht an das hinterlegte Geld gelangt!

Beachte, dass bei **öffentlich-rechtlicher Hinterlegung** durch den Gerichtsvollzieher die §§ 872 ff. ZPO spezieller sind: also dann **Widerspruchsklage gemäß § 878 ZPO**!

330   4. Sofern der Bereicherungsempfänger das **Etwas an einen Dritten weiter überträgt** und dies ohne Rechtsgrund geschieht, erlangt er als Etwas einen Anspruch aus § 812 gegen den Dritten. Dann kann „Rückgewähr" des Kondiktionsanspruchs in Form einer Abtretung verlangt werden (um dann aus abgetretenem Recht gegen den Dritten vorzugehen). Beachte allerdings den Sonderfall aus § 822: Bei unentgeltlicher Weitergabe besteht hier ein Direktanspruch gegen den unentgeltlichen Empfänger, weil dieser nicht schutzwürdig ist.

II. Durch Leistung

331   Der Anspruchsgegner muss das Etwas **durch Leistung des Anspruchstellers** erlangt haben. Neben der Grunddefinition Leistung = die ziel- und zweckgerichtete Mehrung fremden Vermögens, ist je nach Anspruchsgrundlage der Leistungszweck zu berücksichtigen:

332   **1. Erfüllung einer vermeintlichen Verbindlichkeit:**

- dann **§ 812 Abs. 1 S. 1, 1. Var.**, wenn Verbindlichkeit von Anfang an fehlt oder

- **§ 812 Abs. 1 S. 2, 1. Var.**, wenn Rechtsgrund später weggefallen oder

- **§ 813 Abs. 1**, wenn Vertrag wirksam entstanden und auch nicht später weggefallen, jedoch die Verbindlichkeit zum Zeitpunkt der Leistung **wegen einer dauerhaften Einrede nicht durchsetzbar** war. Beachte, dass der wichtigste Fall, nämlich die Verjährungseinrede gemäß § 813 Abs. 1 S. 2 i.V.m. § 214 Abs. 2, nicht hierunter fällt, d.h. Verjährtes kann nicht zurückgefordert werden!

333   **2. Sonstiger (tatsächlicher) Leistungszweck**

- **§ 812 Abs. 1 S. 2, 2. Var.** ist dann anwendbar, wenn der Leistungszweck nicht in der Erfüllung einer Verbindlichkeit besteht, weil sich sonst die Vorschrift überschneiden würde mit der normalen Leistungskondiktion aus § 812 Abs. 1 S. 1, 1. Var.

Beispiele: Geldgewährung mit dem erkennbaren Zweck einer Eheschließung, Belohnung für ein angeblich bestandenes Abitur etc. Zu beachten ist, dass § 812 Abs. 1 S. 2, 2. Var. schon vom Wortlaut her eine Zweckvereinbarung voraussetzt (ggf. Auslegung!). Eine einseitige Motivation des Leistenden reicht nicht.

Klassischer Praxisfall: Schwarzkauf bei einem Grundstück. Der Käufer gibt dem Verkäufer die nicht beurkundete Restsumme in bar. Dennoch übereignet der Verkäufer nicht, sodass eine Heilung gemäß § 311 b Abs. 1 S. 2 ausbleibt. Der Käufer verlangt vom Verkäufer das Geld zurück: Kein Anspruch aus § 812 Abs. 1 S. 1, 1. Var. wenn Leistender Kenntnis von der Formnichtigkeit des Vertrags hatte, § 814, 1. Var. Jedoch Rückzahlungsanspruch aus § 812 Abs. 1 S. 2, 2. Var., da der Zweck = Heilung des Kaufvertrags zu erreichen, verfehlt wurde. Zweck der Zahlung war auch für den Verkäufer ersichtlich, sodass eine konkludente Zweckvereinbarung vorliegt.

Lässt sich eine Zweckvereinbarung nicht beweisen, so kommt noch **Störung der Geschäftsgrundlage, § 313**, in Betracht, da die Geschäftsgrundlage nicht vereinbart sein muss, sondern es genügt, dass die Motivation für den Vertragspartner erkennbar war. Liegen die übrigen Voraussetzungen des § 313 Abs. 1 oder Abs. 2 vor, so gilt für die Rechtsfolge: Entweder Anspruch aus § 313 Abs. 1 auf Vertragsanpassung (der auch eine Rückzahlung begründen kann) oder Rücktritt gemäß § 313 Abs. 3 S. 1, dann Rückzahlungsanspruch i.V.m. § 346 Abs. 1.

3. Leistungszweck: Empfänger soll gegen Gesetze/gute Sitten verstoßen. 334

- § 817 S. 1 erfasst diesen Sonderfall. Führt der Gesetzes- oder Sittenverstoß allerdings zur Nichtigkeit des Vertrags, sodass der Rechtsgrund von Anfang an fehlte, besteht bereits ein Anspruch aus § 812 Abs. 1 S. 1, 1. Var. Einseitige Verstöße, nur auf Empfängerseite, können jedoch die Wirksamkeit des Vertrags u.U. unberührt lassen. Dann kein Anspruch aus § 812, jedoch aus § 817 S. 1.

III. Ohne Rechtsgrund 335

Hier ist je nach Anspruchsgrundlage die oben erörterte Differenzierung wieder aufzugreifen:

1. Bei § 812 Abs. 1 S. 1, 1. Var. fehlt der Rechtsgrund von Anfang an.

Beispiel: Anfängliche Nichtigkeitsgründe i.S.v. §§ 104 ff.; Anfechtung, §§ 119 ff. wegen § 142

2. § 812 Abs. 1 S. 2, 1. Var.: Späterer Wegfall des Rechtsgrundes, bei Instituten, die nur ex nunc wirken. Beachte nochmals die Besonderheit, dass bei Rücktritt hingegen §§ 346 ff. gelten sowie über § 357 auch bei Widerruf. Auch für Kündigung existieren i.d.R. Sondervorschriften, z.B. § 546.

3. § 813: Verbindlichkeit entstanden, nicht untergegangen, aber lediglich **dauerhaft einredebehaftet**, bis auf Verjährung, § 813 Abs. 1 S. 2.

IV. Ausschlussgründe für die Leistungskondiktion 336

Hier zeigt sich, wie wichtig das Erkennen der genauen Anspruchsgrundlage ist, da **jede Kondiktionsart eigene Ausschlussgründe hat:**

1. Eine Ausnahme gilt nur bei **§ 817 S. 2:** Der Leistende hat seinerseits gegen Gesetze/gute Sitten verstoßen. Hierin sieht die h.M. einen allgemeinen Rechtsgedanken und wendet die Vorschrift nicht nur auf die Anspruchsgrundlage des § 817 S. 1 an, sondern **analog auf die anderen Fälle der Leistungskondiktion.**

2. Für **§ 812 Abs. 1 S. 1, 1. Var. ist Ausschlussgrund: § 814** (Kenntnis von der Nichtschuld oder Anstand/sittliche Pflicht); beachte, dass für § 814 1. Var. positive Rechtskenntnis beim Leistenden vom fehlenden Rechtsgrund erforderlich ist. Ferner § 817 S. 2 analog, s.o.

3. Bei § 812 Abs. 1 S. 2, 1. Var.: Kein spezieller Ausschlussgrund, **nur § 817 S. 2 analog.**

4. Bei § 812 Abs. 1 S. 2, 2. Var.: Ausschlussgrund § 815 (Zweckerreichung erkennbar aussichtslos/selbst Zweckerreichung treuwidrig vereitelt). Ferner § 817 S. 2 analog.

5. Bei § 817 S. 1: Ausschluss gemäß § 817 S. 2

Bei dem Ausschlussgrund § 817 S. 2 ist zu beachten, dass die Vorschrift restriktiv auszulegen ist, um unbillige Ergebnisse zu vermeiden.

Beispiel: Sittenwidrigkeit des Darlehensvertrag wegen wucherähnlichem Zinssatz. Bank verlangt Rückzahlung des Darlehens: Vertraglicher Anspruch aus § 488 Abs. 1 S. 2 nicht gegeben, wegen Nichtigkeit des Vertrags, § 138 Abs. 1. Anspruch aus § 812 Abs. 1 S. 1, 1. Var.: Kein Ausschluss gemäß § 814, 1. Alt., wenn beim Leistenden = Bank keine positive Rechtskenntnis von der Nichtigkeit des Vertrags. Ausschluss analog § 817 S. 2, da Bank gegen gute Sitten verstoßen hat. Jedoch ist das Gewähren eines Darlehens als solches nicht sittenwidrig. Lediglich der krasse Zinssatz begründet Sittenwidrigkeit, daher nur Rückforderung bezüglich des Zinsbetrags ausgeschlossen.

Das Nettodarlehen muss zurückgezahlt werden (allerdings in den Raten des nichtigen Vertrags, s. hierzu bereits oben Rdnr. 215).

3. Abschnitt: Nichtleistungskondiktion

A. Anwendungsbereich

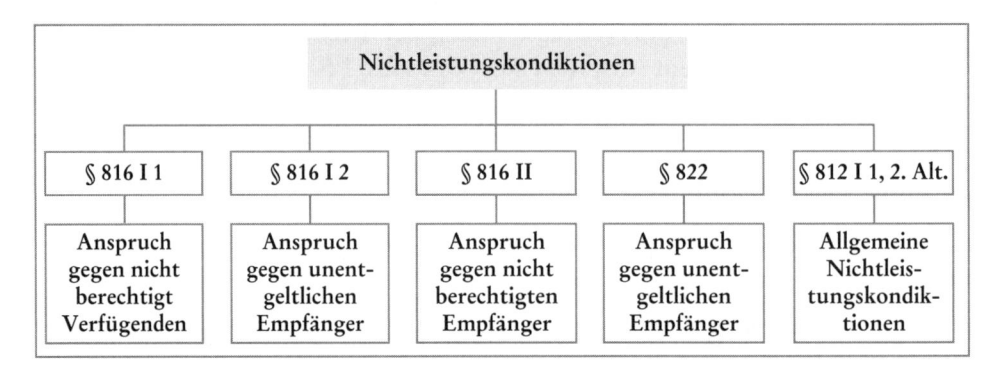

337

```
                        Nichtleistungskondiktionen
   ┌──────────────┬──────────────┬──────────────┬──────────────┬──────────────┐
   § 816 I 1      § 816 I 2      § 816 II       § 822          § 812 I 1, 2. Alt.
   Anspruch       Anspruch       Anspruch       Anspruch       Allgemeine
   gegen nicht    gegen unent-   gegen nicht    gegen unent-   Nichtleis-
   berechtigt     geltlichen     berechtigten   geltlichen     tungskondik-
   Verfügenden    Empfänger      Empfänger      Empfänger      tionen
```

338 **I. Der Generaltatbestand zur Nichtleistungskondiktion** ist § 812 Abs. 1 S. 1, 2. Var. „in sonstiger Weise auf Kosten des Anspruchstellers erlangt". Der Paradefall hierzu ist die Situation der Eingriffskondiktion: Der Bereicherungsempfänger hat sich das Etwas selbst, eben durch Eingriff, auf Kosten des Anspruchstellers verschafft.

Beispiel: A ist Eigentümer eines alten Fachwerkhauses. B hat dieses fotografiert und in einem Bildband über Fachwerkhäuser wirtschaftlich für seine Zwecke genutzt, ohne dies mit A abzusprechen. A, der zufällig diesen Bildband sieht, verlangt Herausgabe der Fotos sowie Wertersatz für die hieraus resultierenden finanziellen Vorteile: Mangels Leistung des A an B kommt nur Eingriffskondiktion, § 812 Abs. 1 S. 1, 2. Var., in Betracht. Da B einfach die Fotos erstellt hat, hat er in sonstiger Weise das vermögenswerte Etwas erlangt. Jedoch ist weiter erforderlich, wie auch das Merkmal „auf Kosten" zeigt, dass ein Eingriff in den Rechtskreis des Anspruchstellers erfolgt. Dies setzt voraus, dass es sich um ein absolutes Recht handelt (ähnlich wie bei § 823 Abs. 1) und dieses Vermögenswert hat. Dies ist bei einem Haus, das von der öffentlichen Straße einsehbar ist, abzulehnen.

Gegenbeispiel: Paparazzo schießt Intimfoto von einem Prominenten.

> Die bereicherungsrechtliche Problematik darf nicht verwechselt werden mit der anders gelagerten Problematik, ob Unterlassungsansprüche aus § 1004 Abs. 1 S. 2 analog sowie ggf. Schadensersatzansprüche aus §§ 823, 249, wegen Verletzung des Persönlichkeitsrechts, bestehen.

II. Spezialfälle der Nichtleistungskondiktion finden sich in § 822 und § 816 (dazu sogleich).

B. Nichtleistungskondiktion in Mehrpersonenverhältnissen

I. Grundsatz: Subsidiarität der Nichtleistungskondiktion

339 Allein bei diesem Stichwort werden bei vielen wieder Traumata aus dem 1. Examen erweckt. Derartige, von Professoren ausgedachte Fälle mit einer Vielzahl von Personen und unterschiedlichen Wertungen, kommen jedoch im 2. Examen nicht. Daher sollten Sie sich hier ganz auf die eigentliche Systematik und Problematik beschränken: Bei Mehrpersonenverhältnissen ist für die allgemeine Nichtleistungskondiktion gemäß § 812 Abs. 1 S. 1, 2. Var. zu beachten, dass das Merkmal „in sonstiger Weise" eng ausgelegt wird: Es genügt nicht, festzustellen, dass der Anspruchsteller keine Leistung erbracht hat, vielmehr heißt „in sonstiger Weise" **nicht durch**

irgendeine Leistung. Ist also eine anderweitige Leistungsbeziehung festzustellen, so ist dort über Leistungskondiktion abzuwickeln (natürlich nur, wenn dort der Rechtsgrund fehlt) sog. **Vorrang der Leistungsbeziehung bzw. Subsidiarität der Nichtleistungskondiktion**. Dies hat den Vorteil, dass dann jeder im Rahmen der Rückabwicklung nur mit demjenigen zu tun hat, mit dem er die Hinabwicklung vorgenommen hat. Hierdurch verschieben sich dann auch nicht Insolvenzrisiken. Deswegen die Kurzfassung „rück wie hin".

Insofern ist also hier inzidenter zu prüfen, ob nicht ein Anderer geleistet hat. Hierbei wird wiederum die Definition der Leistung relevant, i.S.e. ziel- und zweckgerichteten Mehrung fremden Vermögens. Hierbei kommt es nach h.M. jedoch nicht darauf an, was der Zuwendende sich gedacht hat. Vielmehr ist die Frage der anderweitigen **Leistungsbeziehung aus Sicht des Empfängers** des „Etwas" zu bestimmen (Empfängerhorizont, Rechtsgedanke aus § 157).

Beispiel: Führt die Bank einen Überweisungsauftrag des Kontoinhabers aus und überweist den Betrag an die Empfängerbank, so liegt keine Leistung Hausbank an Empfängerbank vor. Aus Sicht des Empfängers (dies ist der Kontoinhaber auf der anderen Seite) lag erkennbar eine Leistung des Überweisenden vor, welcher seine Bank praktisch wie einen Geldboten einsetzt.

II. Ausnahmen von der Subsidiarität

Besteht eine anderweitige Leistungsbeziehung, so ist wegen der Subsidiarität die Nichtleistungskondiktion zwischen den anderen Personen grundsätzlich gesperrt. Jedoch lässt der BGH hiervon Ausnahmen zu („es verbietet sich jede schematische Lösung"). Hier prüft die Rspr., ob im Einzelfall aufgrund besonderer Wertung eine Durchbrechung der Subsidiarität möglich ist. Natürlich können Sie nicht die unzähligen Ausnahmefälle auswendig lernen. Ausreichend ist, das Grundprinzip zu kennen, sog. **Wertungsmodelle:** 340

- **Wenn der Bereicherungsempfänger nicht schutzwürdig ist, weil:**
  - er **bösgläubig** ist (Wertung aus § 932, § 892),
  - er **gutgläubig** ist, aber Abhandenkommen vorliegt (Wertung aus § 935),
  - er **unentgeltlich** erlangt (Wertung aus § 816 Abs. 1 S. 2, § 822).
- **Umgekehrt, wenn der Vermögensbetroffene besonders schutzwürdig ist, weil:**
  - er die Zuwendung nicht zurechenbar veranlasst hat,
  - er nicht oder nur beschränkt geschäftsfähig ist (Wertung aus §§ 104 ff.).

Hier empfiehlt es sich natürlich in der Klausur, akzentuiert in die Kommentierung bei Palandt/Sprau § 812 Rdnr. 47 ff. zu schauen.

III. Spezialfälle der Nichtleistungskondiktion in § 816

Klausurtechnisch ist zu beachten, dass § 816 Spezialfälle der Nichtleistungskondiktion enthält, aber im Gegensatz zur allgemeinen Nichtleistungskondiktion in § 812 Abs. 1 S. 1, 2. Var. **keine Subsidiarität** enthält! Liegen also die Voraussetzungen des § 816 vor, so ist unerheblich, ob es anderweitige Leistungsbeziehungen gibt. 341

1. Verfügung durch einen Nichtberechtigten, § 816 Abs. 1 342

a) § 816 Abs. 1 gilt **nur für sachenrechtliche Verfügungsgeschäfte** durch einen Nichtberechtigten.

Klassiker: Kontobewegungen sind keine sachenrechtlichen Verfügungen, da hier nicht gegenständlich Geld bewegt wird; dieses sog. Giralgeld ist keine Sache! Also dann Lösung nur über § 812 Abs. 1 S. 1, 2. Var.

343 b) Weiter ist zu beachten, dass schon nach dem Wortlaut des § 816 Abs. 1 S. 1 die **Verfügung wirksam** sein muss. Sofern dies nicht bereits zuvor in der Falllösung (z.B. aufgrund vorrangig zu prüfender dinglicher Ansprüche aus § 985) erörtert wurde, ist dies an dieser Stelle inzidenter zu prüfen. Da ein Nichtberechtigter verfügt, gibt es **zwei Möglichkeiten, zur Wirksamkeit der Verfügung zu gelangen:**

- entweder hat sein Vertragspartner gutgläubig erworben, §§ 932 ff. bzw. § 892, oder

- **der wahre Berechtigte hat genehmigt, § 185 Abs. 2 S. 1, 1. Var.** Anders hingegen, wenn der wahre Berechtigte von Anfang an eine Ermächtigung i.S.v. § 185 Abs. 1 erteilt hat: Dann kann der Verfügende aufgrund der von Anfang an vorliegenden Erlaubnis kein Nichtberechtigter sein. Der Wortlaut des § 185 Abs. 1 ist insofern falsch!

Klassiker: Klagt der Berechtigte aus § 816 Abs. 1 S. 1 und liegt bislang keine wirksame Verfügung mangels Gutglaubenserwerbs vor, so liegt in der Klage aus § 816 Abs. 1 S. 1 eine konkludente Genehmigung i.S.v. § 185 Abs. 2.

344 c) Gern werden hierzu auch **Probleme in vollstreckungsrechtlichen Klausuren** gebracht: Gerichtsvollzieher hat schuldnerfremde Sache gepfändet und versteigert. Hier ist je nach Fall zu differenzieren:

- **Hinterlegt der Gerichtsvollzieher den Erlös beim Verteilungsgericht, §§ 872 f. ZPO,** kommen Ansprüche aus Bereicherungsrecht von vornherein nicht zum Zuge: da die Drittwiderspruchsklage, § 771 ZPO, für den wahren Eigentümer wegen der dinglichen Surrogation, § 1247 BGB analog, lex specialis ist, setzt sich sein Eigentum an der Pfandsache am Erlös fort!

- **Hat hingegen der Gerichtsvollzieher den Erlös bereits an den Vollstreckungsgläubiger ausgekehrt,** ist das Versteigerungsverfahren beendet und § 771 ZPO unanwendbar. § 816 ist dann nicht einschlägig, weil keine sachenrechtliche Verfügung vorliegt, denn die Auskehr des Erlöses ist VA. Also hat Vollstreckungsgläubiger in sonstiger Weise i.S.v. § 812 Abs. 1 S. 1, 2. Var. erlangt und ohne Rechtsgrund, da an schuldnerfremden Sachen kein Pfändungspfandrecht und damit kein Befriedigungsrecht entsteht.

d) **Die Rechtsfolge des § 816 Abs. 1 S. 1,** nämlich Herausgabe des durch die Verfügung Erlangten wird nach der Rspr. weit gesehen, daher hat der nichtberechtigt Verfügende den kompletten Erlös herauszugeben, auch wenn dieser über dem objektiven Wert der verfügten Sache liegt (str.).

345 e) War die **Verfügung unentgeltlich** erfolgt, hat der Nichtberechtigte nichts erlangt. Dann richtet sich der **Anspruch gemäß § 816 Abs. 1 S. 2 gegen den Bereicherungsempfänger.** Dieser muss dann den erlangten Gegenstand zurückgewähren. Grund: Der unentgeltliche Empfänger ist nicht schutzwürdig.

Dies könnte der Empfänger versuchen dadurch zu umgehen, dass er einen symbolischen Kaufpreis vereinbart (1 €), um dann zu argumentieren, dass nun wieder § 816 Abs. 1 S. 1 anwendbar sei. Jedoch liegt in solchen Fällen eine gemischte Schenkung vor. Diese fällt, um Umgehungsgeschäfte zu vermeiden, doch unter § 816 Abs. 1 S. 2.

> **Unterschied § 816 Abs. 1 S. 2 zu § 822:**
>
> - **§ 816 Abs. 1 S. 2** setzt eine unentgeltliche Verfügung, also ein sachenrechtliches, wirksames Rechtsgeschäft über Sachen voraus.
> - **§ 822** erfasst alle sonstigen Fälle einer unentgeltlichen Weiterverschiebung des Etwas (das ja jeder Vermögenswert sein kann).

2. Empfang durch einen Nichtberechtigten, § 816 Abs. 2

Obwohl diese Vorschrift von einer Leistung spricht, ist sie ein Fall der Nichtleistungskondiktion, da der Wortlaut so gemeint ist, dass nicht der Anspruchsteller an den Anspruchsgegner geleistet hat, sondern ein Dritter! Hat nämlich ein Dritter unberechtigt an den Bereicherungsempfänger geleistet und ist diese gleichwohl gegenüber dem wahren Berechtigten = Anspruchsteller wirksam, so soll dieser gemäß § 816 Abs. 2 Rückgewähr verlangen können. 346

Hierzu der wichtigste Fall: Die objektiv gegen den Schuldner bestehende Forderung wurde vom Zedenten an den Zessionar abgetreten, § 398. Da dem Schuldner jedoch keine Abtretungsanzeige erteilt wurde, zahlt dieser nichts ahnend noch an den Zedenten und wird, weil gutgläubig, gemäß § 407 Abs. 1, 1. Var. gegenüber dem wahren Gläubiger = Zessionar frei. Nun kann der Zessionar vom Zedenten aus § 816 Abs. 2 Herausgabe des durch die Leistung des Schuldners Erlangten verlangen.

C. Rechtsfolgen der Bereicherungsansprüche

Im Bereicherungsrecht sind, ähnlich wie bei den anderen Ansprüchen, neben Primärrechtsfolgen auch Sekundärfolgen erfasst. 347

I. Gemäß § 812 bzw. § 817 S. 1 ist das jeweils erlangte Etwas rückzugewähren. Nochmals sei darauf hingewiesen, dass dies zuvor bei der Anspruchsprüfung präzisiert werden muss, weil damit die Rechtsfolge korrespondiert.

II. Die weiteren Rechtsfolgen ergeben sich aus § 818.

1. Gemäß § 818 Abs. 1 sind auch **gezogene Nutzungen** herauszugeben; ferner die erlangten Surrogate für das ursprünglich erlangte Etwas.

2. Ist die Herausgabe des erlangten Etwas bzw. die Herausgabe der gezogenen Nutzungen gegenständlich nicht möglich, so ist **gemäß § 818 Abs. 2 Wertersatz** geschuldet. Anders als bei den Schadensersatzansprüchen, bei denen der Verkehrswert nur den Mindestschaden darstellt, ist her allein der Wert zu ersetzen. Probleme ergeben sich bei aufgedrängter Bereicherung. Hier ist nach der Rspr. entscheidend, ob diese für den Bereicherungsempfänger zumutbar verwendbar ist. 348

3. Der Anspruch auf Rückgewähr und Wertersatz **entfällt jedoch bei Entreicherung, § 818 Abs. 3**. Hier wird der Sinn des Bereicherungsrechts deutlich: Aufgabe ist es nur, die Bereicherung abzuschöpfen; ist diese nicht mehr vorhanden, entfällt die Pflicht. Leider definiert § 818 Abs. 3 nicht, was zu einer Entreicherung führt, daher ist dies ggf. durch Wertung und Blick in die Kommentierung bei Palandt § 818 Rdnr. 26 ff. zu ermitteln. 349

a) Die Frage der **Entreicherung i.S.v. § 818 Abs. 3** ist grundsätzlich **objektiv und rein wirtschaftlich** zu ermitteln. 350

- **Untergang** des rechtsgrundlos erlangten Pkw durch Unfall: Entreicherung nur bei ersatzlosem Untergang, d.h. nicht, wenn Ersatzansprüche gegen den Unfallgegner oder Vollkasko.

- **Das erlangte Etwas wurde verbraucht:** Grundsätzlich keine Entreicherung, da hierdurch Aufwendungen erspart; Ausnahme nur bei Luxusaufwendungen, die der Bereicherungsempfänger sich sonst nicht hätte leisten können (Student hat aufgrund nichtigem Schenkungsvertrag 5 kg Beluga-Kaviar erlangt und tapfer aufgegessen).

b) Entreicherung bei nichtigen gegenseitigen Verträgen

351 Hier greift die **Saldo-Theorie**, die nach dem Rechtsgedanken der §§ 348, 320, 322 davon ausgeht, dass bei der Rückabwicklung eines nichtigen gegenseitigen Vertrags ein Synallagma auch für die Rückabwicklung vorliegt, d.h.:

- **Rückabwicklungsansprüche auf beiden Seiten** werden nur **Zug um Zug** abgewickelt (z.B. Pkw gegen Rückgewähr des Kaufpreises).

- **Stehen auf beiden Seiten Geldansprüche**, z.B. Pkw untergegangen, aber stattdessen Ersatzanspruch aus § 818 Abs. 2, so wird automatisch verrechnet („saldiert"). D.h. einer Aufrechnung bedarf es nicht.

- **Pendelblick auf die Gegenleistung:** Ist der Pkw ersatzlos untergegangen und deswegen der Käufer entreichert, § 818 Abs. 3, so kann der Käufer nicht Rückgewähr der Gegenleistung (Kaufpreis) verlangen, weil der Verkäufer in Höhe des Wertes des Pkw ebenfalls entreichert ist, da er diesen nicht mehr zurückbekommt. Folge damit: Der Verkäufer kann den erlangten Kaufpreis jedenfalls in Höhe des Wertes des Pkw behalten. Damit trägt das Untergangsrisiko der Käufer, der eben nichts zurückerhält. Dies ist grundsätzlich gerecht, da schließlich der Käufer den Untergang des Pkw herbeigeführt hat.

- Das vorgenannte Ergebnis kann jedoch im Einzelfall ungerecht erscheinen, sodass sich die Saldo-Theorie eine **Korrektur** vorbehält, wenn der Käufer zuvor arglistig getäuscht worden ist, geschäftsunfähig oder beschränkt geschäftsfähig ist oder wenn der Untergang des erlangten Pkw auf Sachmängeln beruht, da dies wiederum aus der Sphäre des Verkäufers stammt (ähnlich auch beim Rücktritt die Wertung in § 346 Abs. 3 Nr. 2).

- Nach der Saldo-Theorie sind im Übrigen alle durch den Bereicherungsvorgang erlangten **Vor- und Nachteile auf beiden Seiten zu saldieren**, also auch Nutzungen oder Restwerte (z.B. Schrottwert des verunfallten Fahrzeugs) in die Gesamtberechnung einzustellen.

4. Verschärfte Haftung, §§ 818 Abs. 4, 819, 820

352 Der Bereicherungsempfänger **kann sich von vornherein nicht auf Entreicherung berufen, wenn er verschärft haftet**. Denn § 818 Abs. 4 ordnet an, dass der bereits **rechtshängig Verklagte** nach den allgemeinen Vorschriften haftet. Gemeint ist hiermit Schuldrecht AT, welches keine Entreicherung vorsieht. Ferner anwendbar über § 292 die Schadensersatzpflicht aus E-B-V, § 989. **Gleiches gilt gemäß § 819 Abs. 1 für den bösgläubigen Empfänger**, der den Mangel des Rechtsgrundes (vor Untergang des Etwas) kannte. Zu beachten ist, dass bei § 819 nur positive Kenntnis schadet, Fahrlässigkeit ist unbeachtlich.

Gern gebrachte **Klausurfälle zu § 819 Abs. 1** sind:

- Rechtsgrund durch Anfechtung entfallen, Untergang der Sache bereits vor Anfechtung. Gemäß **§ 142 Abs. 2** reicht bereits die bloße Kenntnis der Anfechtbarkeit beim Bereicherungsempfänger aus, um ihn als bösgläubig anzusehen.

- Bereicherungsempfänger gutgläubig, aber sein Stellvertreter bösgläubig. Zurechnung der Bösgläubigkeit gemäß **§ 166 Abs. 1**.

- Bereicherungsempfänger ist eine **Gesellschaft**. Diese kann nicht bösgläubig sein. Jedoch Zurechnung des Wissens der Stellvertreter, also Gesellschafter/Geschäftsführer gemäß § 166 Abs. 1.

- Stellvertreter ist gutgläubig, aber der Vertretene (= Bereicherungsempfänger) ist bösgläubig. Gemäß **§ 166 Abs. 2** ist auf den Vertretenen abzustellen, falls der Stellvertreter weisungsgebunden war.

- Hält der Bereicherungsempfänger irrig den Vertrag für wirksam, so fehlt ihm an sich die Kenntnis vom Mangel des Rechtsgrundes. Wäre jedoch auch bei wirksamem Vertrag sowieso zurückzugewähren, z.B. gemäß § 488 Abs. 1 S. 2, so gilt **§ 819 Abs. 1 analog**, da der Empfänger dann auch weiß, dass er das erlangte Etwas nicht behalten darf (Palandt/Sprau § 819 Rdnr. 2).

Verschärfte Haftung gilt auch gemäß **§ 819 Abs. 2**, falls der Empfänger gegen Gesetze/gute Sitten verstoßen hat (§ 817 S. 1) und gemäß **§ 820** bei ungewissem Erfolgseintritt.

D. Die Bereicherungseinrede aus § 821

Ist der Schuldner eine Verbindlichkeit eingegangen und wird vom Gläubiger hieraus verklagt, so kann der Schuldner sich mit der Bereicherungseinrede gemäß § 821 verteidigen, wenn dies ohne Rechtsgrund geschehen ist (Spezialfall der dolo agit-Einrede).

Beispiel: Schuldner hat ein abstraktes Schuldanerkenntnis i.S.v. § 781 abgegeben; auch dies ist die Leistung eines Etwas, wie § 812 Abs. 2 klarstellt. Fehlt der hierfür angenommene Rechtsgrund, weil das Kausalgeschäft sich als nichtig herausstellt, so hat der Schuldner die Einrede aus § 821. Hiermit werden also die abstrakten Sicherheiten „entschärft"; die Beweislast trägt jedoch der Schuldner.

7. Teil: Regress (Ausgleichsansprüche)

354 Gerade im 2. Examen sind Regresssituationen beliebt: Jemand ist wirtschaftlich in Vorleistung getreten und möchte dies von einem anderen erstattet haben. Hierzu kommen zwei Ansätze in Betracht: Zum einen Ansprüche aus eigenem Recht, zum anderen Ansprüche aus übergegangenem Recht.

1. Abschnitt: Ansprüche aus eigenem Recht

355 Hier denken viele Kandidaten nur an GoA. Zu beachten ist jedoch, dass es vielfach speziellere Ansätze gibt; die GoA hat somit nur Auffangcharakter. Es empfiehlt sich folgende Prüfungsreihenfolge:

Prüfschema: Regress/Ausgleichsansprüche

1. **Vertraglicher Anspruch aus fremdnützigen Vertrag**
   - z.B. §§ 598, 611, 631, 662, 670, 675
   - Auslegung: Wurde vielleicht konkludent ein Vertrag geschlossen?
   - Kein direktes Vertragsverhältnis: Kommt Vertrag zugunsten Dritter, § 328, oder Vertrag mit Schutzwirkung zugunsten Dritter in Betracht?

2. **Spezielle gesetzliche Regressregeln**
   - §§ 478, 479: Unternehmerregress (s.o. Rdnr. 109 ff.)
   - §§ 713, 670 Aufwendungsersatzanspruch gegen GbR (s. Rdnr. 542)
   - § 110 (i.V.m. § 161 Abs. 2) HGB: Aufwendungsersatzanspruch gegen OHG/KG (s. Rdnr. 542)

3. **Ausgleichsanspruch aus § 426 Abs. 1: Gesamtschuldnerausgleich**

4. **Bei Vorliegen einer GoA:**
   - §§ 677, 683, 670: Aufwendungsersatz bei berechtigter GoA
   - §§ 677, 684, 812: Bereicherungsausgleich bei unberechtigter GoA
   - §§ 687 Abs. 2 S. 2 i.V.m. §§ 684, 812: Angemaßte GoA

5. **Ggf. Ansprüche direkt aus § 812 Abs. 1 S. 1, § 818 Abs. 2**
   - Verhältnis zur GoA umstritten

A. Gesamtschuldausgleich, § 426

356 **Gesamtschuld schließt GoA aus:** Erbringt ein Schuldner an den Gläubiger Erfüllung oder Erfüllungssurrogate, so erfüllt er seine eigene Verpflichtung. Obwohl dies gemäß §§ 421 ff. auch den anderen Gesamtschuldnern zugute kommt, tätigt er kein fremdes Geschäft. Deswegen gibt es aber den Ausgleichsanspruch aus § 426 Abs. 1. Da die Gesamtschuld sehr weit gesehen wird, lassen sich eben die meisten Fälle über Gesamtschuld lösen.

I. Fallgruppen der Gesamtschuld 357

```
                          Gesamtschuld
        ┌──────────────────────┼──────────────────────┐
  Gesetzl. Anordnung, z.B.:  Vereinbart        Sonst: Vorauss. § 421
```

- **Gesetzl. Anordnung, z.B.:**
  - § 769 Mitbürgen
  - § 840 I Täter/Teilnehmer
  - § 2058 Miterben
  - § 128 HGB: OHG-Gesellschafter
  - § 128, § 161 II HGB: Komplementär
  - § 128 HGB analog: GbR-Gesellschafter
  - § 115 I 4 VVG: Versicherung – Versicherungsnehmer
  - § 11 II GmbHG: Handelnde

- **Vereinbart**
  - ausdrücklich
  - Auslegungsregel: § 427

- **Sonst: Vorauss. § 421**
  1. Mehrere Schuldner
  2. Schulden gleiche Leistung
  3. Jeder auf's Ganze
     - Keine Teilschuld, § 420
     - Keine gemeinschaftl. Schuld
  4. Gläubiger nur einmal forderungsberechtigt
     - Keine kumulative Schuld
  5. **Gleichstufige Mitverursachung** des Gläubigerinteresses
     - Kein Stufenverhältnis i.S.v. § 255

II. Rechtsfolgen der Gesamtschuld 358

1. Im Außenverhältnis gegenüber dem Gläubiger

- Der Gläubiger kann gemäß § 421 nach Belieben einen Schuldner aussuchen.
- **Erfüllung und Erfüllungssurrogate** wirken gemäß §§ 422–424 für alle Gesamtschuldner, damit der Gläubiger nicht mehrfach kassiert.
- **Sonstige Tatsachen** wirken gemäß § 425 nur für den Gesamtschuldner, der sie herbeigeführt hat. Hieraus folgt, dass Gesamtschuldner **Einzelkämpfer** sind, weswegen sie prozessual auch nur einfache Streitgenossen i.S.v. § 59 ZPO sind. Rechtsfolge: Getrennte Behandlung im Prozess, § 61 ZPO!

2. Im Innenverhältnis der Schuldner 359

a) Der Gesamtschuldner, der an den Gläubiger erfüllt hat/Erfüllungssurrogate erbracht hat, kann aus § 426 Abs. 1 im Innenverhältnis von den übrigen Gesamtschuldnern seinen **anteiligen Ausgleich verlangen**. Zu beachten ist, dass § 426 Abs. 1 eine eigenständige Anspruchsgrundlage auf Ausgleichszahlung ist.

Der Ausgleich erfolgt grundsätzlich zu gleichen Anteilen, sofern nicht „etwas anderes bestimmt ist". **Anderweitige Bestimmungen** können sie sich ergeben:

- Aus **vertraglicher Vereinbarung** im Innenverhältnis der Schuldner
- **Aus Gesetz**

  z.B. **§ 840 Abs. 2** (Verrichtungsgehilfe, der unerlaubte Handlung begangen hat, trägt alles; Rückausnahme: falls Arbeitnehmer, dann Grundsätze zum innerbetrieblichen Schadensausgleich! Näheres im Arbeitsrecht, Rdnr. 565.

- **§ 116 Abs. 1 VVG:** Pflichtversicherung haftet im Innenverhältnis zum Versicherungsnehmer grundsätzlich allein (kann auch als selbstständige Anspruchsgrundlage genommen werden).

- Als andere Bestimmung i.S.v. § 426 Abs. 1 wird auch **§ 254 analog** angewandt, sodass in Schadensfällen je nach Mitverschuldensgrad eine gerechte Quotelung unter den Gesamtschuldnern erreicht wird.

- Das Innenverhältnis zwischen Fahrer/Halter von Kraftfahrzeugen reguliert sich jedoch nach dem spezielleren § 17 StVG (s. bereits Rdnr. 278, 282).

b) Will ein Schuldner es jedoch nicht soweit kommen lassen, dass der Gläubiger ihn in Anspruch nimmt, so kann er bereits im Vorfeld ab Entstehen der Gesamtschuld von den übrigen Gesamtschuldnern **aus § 426 Abs. 1 anteilige Freistellung** verlangen: Dann muss jeder Schuldner seinen Anteil an den Gläubiger erbringen, sodass dieser erst gar nicht auf die Idee kommt, einen Schuldner in voller Höhe in Anspruch zu nehmen. Zu beachten ist allerdings, dass dieser sog. **Befreiungsanspruch nur im Innenverhältnis der Gesamtschuldner** wirkt, sodass der Gläubiger nicht gehalten ist, abzuwarten, bis dies intern geklärt ist.

Der **Freistellungsanspruch** des Versicherungsnehmers **gegen** seine **Haftpflichtversicherung** ist speziell in § 100 VVG geregelt.

360 **c)** Kurios ist die **Rspr. zur Verjährung des Anspruchs aus § 426 Abs. 1:**

Weil bereits im Vorfeld der Zahlung ein Befreiungsanspruch besteht, geht der BGH davon aus, dass bereits mit Entstehen der Gesamtschuld der Anspruch existiert und sich allenfalls später bei Zahlung vom Befreiungsanspruch in einen Ausgleichsanspruch umwandelt. Deswegen beginnt die Verjährung gemäß § 195 i.V.m. § 199 Abs. 1 mit Ablauf des Jahres, in dem die Gesamtschuld entstanden ist (bei Kenntnis hiervon). Nimmt also der Gläubiger erst kurz vor Ablauf der 3-Jahresfrist einen Gesamtschuldner in Anspruch, so muss dieser den Ausgleichsanspruch aus § 426 Abs. 1 noch vor Ablauf der 3-Jahresfrist gerichtlich geltend machen, um Hemmung gemäß § 204 Abs. 1 Nr. 1 herbeizuführen, wenn er nicht bereits zuvor den Befreiungsanspruch gerichtlich geltend gemacht hatte!

Anders ist die **Verjährung für die Ausgleichsansprüche Versicherungsnehmer – Pflichtversicherung in § 116 Abs. 2 VVG geregelt:** Die Frist beginnt erst mit Ende des Jahres, in dem der Anspruch des geschädigten Dritten erfüllt wurde.

d) Zu beachten ist, dass neben dem Ausgleichsanspruch aus § 426 Abs. 1 noch in **§ 426 Abs. 2** eine weitere Möglichkeit geschaffen wird, bei den anderen Gesamtschuldnern Ausgleich zu finden. § 426 Abs. 2 ist jedoch keine Anspruchsgrundlage, sondern ordnet an, dass der Anspruch des Gläubigers gegen die übrigen Gesamtschuldner per Gesetz übergeht, sog. **cessio legis**. Der Vorteil dieser zusätzlichen Anspruchsmöglichkeit kann darin bestehen, dass der übergegangene Anspruch ggf. andere Verjährungsfristen erzeugt oder, falls der übergegangene Anspruch durch akzessorische Sicherheiten gesichert ist, nunmehr diese gemäß §§ **401, 412** auch übergehen (z.B. Übergang einer Bürgschaft, Hypothek oder eines Pfandrechts).

Zu beachten ist, dass der Umfang der cessio legis sich aber nach der **Quote**, die im Rahmen des Ausgleichsanspruchs nach § 426 Abs. 1 ermittelt wurde, richtet, weil § 426 Abs. 2 auf Abs. 1 insofern Bezug nimmt.

III. Sonderfall: Gestörte Gesamtschuld

361 Von einer gestörten Gesamtschuld spricht man, wenn an sich zwei Schuldner vorhanden sind, von denen aber einer nicht haftet oder nicht im vollen Umfang, weil er aufgrund von Sondervorschriften (z.B. §§ 300 Abs. 1, 521, 599, 680, 690, 708, 1359, 1664) privilegiert ist oder aufgrund einer besonderen Vereinbarung mit dem Gläubiger. Dann ist zu überlegen, ob man eine Gesamtschuld und deswegen auch einen Gesamtschuldausgleich ablehnt oder eine gestörte Gesamtschuld bejaht, indem sich das Privileg nur im Innenverhältnis zwischen Gläubiger und konkretem Schuldner auswirkt, aber nicht intern zwischen den Schuldnern. Zur **gestörten Gesamtschuld** werden **vier Lösungsmöglichkeiten** vertreten:

- **Meinung 1:** Man lehnt eine Gesamtschuld ab, da der Privilegierte konkret nicht haftet. Dann erfolgt auch kein Gesamtschuldausgleich, § 426, sodass der nicht privilegierte Schuldner den Schaden allein trägt.

- **Meinung 2:** Man bejaht eine gestörte Gesamtschuld mit der Begründung, dass der privilegierte Schuldner ja prinzipiell haftet und sich das Privileg nur im Verhältnis Schuldner–Gläubiger auswirken soll. Dann kann zwischen den beiden Schuldnern doch ein Gesamtschuldausgleich gemäß § 426 erfolgen.

- **Meinung 3:** Lösung zulasten des Gläubigers: Man kürzt den Anspruch des Gläubigers gegen den nicht privilegierten Schuldner um dasjenige ein, was sich der nicht privilegierte Schuldner aus § 426 sonst von dem privilegierten Schuldner wiederholen müsste.

- **Meinung 4:** Regresskreisel: Man bejaht einen ungekürzten Anspruch des Gläubigers gegen den nicht privilegierten Schuldner. Dieser kann dann aufgrund gestörter Gesamtschuld aus § 426 beim privilegierten Schuldner Regress nehmen. Dieser hat anschließend einen Erstattungsanspruch gegen den Gläubiger. Hierdurch wird dann letztlich dasselbe Ergebnis wie bei Meinung 3 erreicht. Der Nachteil des Regresskreisels besteht jedoch darin, dass dieser zu umständlich und zu prozesskostenintensiv ist.

Somit ist ernsthaft nur zwischen den ersten drei Meinungen Stellung zu beziehen. Hierbei ist vor allem entscheidend, wer im Endeffekt belastet werden soll. Dafür maßgeblich ist der Schutzzweck der (störenden) Sondernorm, sodass sich kein für alle Fälle gleich lautendes Ergebnis erzielen lässt. Vielmehr ist im Einzelfall durch Wertung zu ermitteln, welches Ergebnis gerecht erscheint (Hierzu natürlich in einer Klausur unbedingt Blick in die Kommentierung bei Palandt zu der jeweiligen Sondernorm; hilfreich ist auch die Auflistung in Palandt § 426 Rdnr. 18 ff.).

B. Geschäftsführung ohne Auftrag

Wegen der Auffangfunktion kommt der GoA in Klausuren eine recht geringe Bedeutung zu. Wir beschränken uns daher in der Darstellung auf das nachfolgende Prüfschema und die typischen Klausurfälle.

Prüfschema: Ansprüche bei GoA

I. **Kein spezieller Anspruch**
   1. **Aus fremdnützigen Vertrag** (ggf. konkludent; durch Auslegung zu ermitteln!)
      ⇨ z.B. §§ 598, 611, 631, 670, 675
   2. **Sekundäransprüche aus Vertragsrecht**
      ⇨ z.B. §§ 347, 536 a II, 637, 651 c III, 693, 713; § 110 HGB
   3. **E-B-V**
      ⇨ §§ 994, 996: Verwendungen
   4. **Gesamtschuldnerausgleich**, § 426
   5. **Cessio legis**, § 116 SGB X; § 86 VVG, § 6 EFZG; § 268 Abs. 3, § 774, § 1143, § 1225

II. **Voraussetzungen der GoA**
   1. **Grundvoraussetzungen des § 677**
      a) **Fremdes Geschäft**
         - nur oder auch fremd
         - neutral, falls Fremdgeschäftsführungswille ersichtlich
      b) **Fremdgeschäftsführungswille**, vgl. § 687 Abs. 1
         - wird grundsätzlich vermutet, ggf. Wertung
         - bei neutralen Geschäften: Erkennbarkeit
      c) **ohne Auftrag**
         - wenn keine spez. Verpflichtung (vgl. oben I.)

   2. **Voraussetzungen des § 683**   2. **Voraussetzungen des § 684**
      = berechtigte GoA   – unberechtigte GoA
      Übernahme des Geschäfts
      (also „ob")
      a) im **Interesse** des Geschäfts-
         herrn
         falls obj. nützlich
      b) mit **Willen** des Geschäfts-   } falls (–)
         herrn
         - Vorrang des geäußerten
           Willens; Ausn.: § 679
         - sonst mutmaßl. Wille

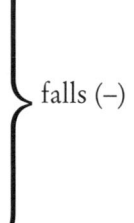

   3. **Rechtsfolge**   3. **Rechtsfolge**
      a) **Aufwendungsersatzan-**   a) Herausgabe des Erlangten,
         spruch für Geschäftsführer   § 812 bzw. Wertersatz, § 818 II;
         aus § 670   (–), falls Geschäftsherr entrei-
         - freiwillige Vermögensopfer   chert, § 818 III
         - risikotyp. Schäden
         - Tätigkeitsvergütung nur,
           falls Profi, § 1835 III analog
         - Befreiungsanspruch, § 257
      b) **Anspruch des Geschäftsherrn**   b) **Anspruch des Geschäftsherrn**
         - § 681 ggf. i.V.m. §§ 666–668   - § 681 i.V.m. §§ 666–668
         - § 280 I SchE falls GoA   - § 678 SchE
           schlecht durchgeführt;
           beachte § 680 I

Zu beachten ist, dass der Geschäftsführer, sofern er zur **Gefahrenabwehr** tätig wird, **gemäß § 680 privilegiert** ist, und demnach nur bei grober Fahrlässigkeit und Vorsatz für verursachte Schäden haftet. Diese Vorschrift wird konsequenterweise analog auf eine etwaige Haftung aus §§ 823 ff. angewandt. Gibt es daneben einen anderen Schädiger, der nicht privilegiert ist, entsteht wieder die vorgenannte Problematik einer gestörten Gesamtschuld.

Beliebte Klausurprobleme:

- **Selbstaufopferung im Straßenverkehr** 362

  Halter H reißt das Lenkrad seines Pkw herum, um nicht mit dem die Straße überquerenden achtjährigen K zu kollidieren. H gerät hierdurch von der Straße ab und das Fahrzeug wird beschädigt. Ansprüche H gegen K?

  - K hat keinen Anspruch aus § 823 Abs. 1, Abs. 2, da K schuldunfähig ist, § 828 Abs. 2.
  - Aufwendungsersatz aus GoA, §§ 677, 683, 670? Zwar werden nach h.M. risikotypische Schäden den Aufwendungen i.S.v. § 670 gleichgestellt. Problematisch ist jedoch, ob H ein fremdes Geschäft vorgenommen hat. Die Rspr. differenziert:
    - Grundsätzlich keine GoA, da eigenes Geschäft: H wollte lediglich seine Halterhaftung aus § 7 Abs. 1 StVG vermeiden bzw. sein eigenes Auto vor einer Kollision bewahren, daher auch kein „auch-fremdes" Geschäft.
    - (Auch) fremdes Geschäft nur, wenn H im Falle einer Kollision mit F ausnahmsweise nicht haften würde, weil höhere Gewalt, § 7 Abs. 2 StVG.

- **Detektive/Erbensucher** 363

  Ein Detektiv oder Erbensucher, welcher nicht beauftragt wurde, ermittelt auf eigene Faust und will anschließend Aufwendungsersatz vom Begünstigten:

  - Kein vertraglicher Anspruch aus § 631 bzw. § 675, da Vertrag nicht zustande gekommen.
  - Kein Anspruch aus § 812 Abs. 1 S. 1, 1. Var., da Kenntnis von der Nichtschuld, § 814, 1. Var.
  - Aufwendungsersatzanspruch aus GoA, §§ 677, 683, 670? Die Rspr. lehnt dies aufgrund der Wertung des § 814, 1. Var. ab: Das Risiko, dass ein Vertrag nicht zustande kommt, kann nicht durch GoA umgangen werden (gleiche Wertung bei § 241 a).

- **Bestattungsfälle** 364

  Das Bestattungsunternehmen bestattet, obwohl Witwe W, die nicht geerbt hat, einen Vertrag abgelehnt hat.

  - § 1968 regelt nur Kostentragungspflicht für die Erben; außerdem hat W nicht geerbt.
  - Aufwendungsersatzanspruch aus §§ 677, 683, 670, 1835 Abs. 3 analog, da die Landesbestattungsgesetze nur subsidiäre Regelungen enthalten. Entgegenstehender Wille der Witwe gemäß § 679 unerheblich, da besonderes öffentliches Interesse.

2. Abschnitt: Ansprüche aus übergegangenem Recht

Bestehen keine eigenen Regressansprüche, so ist zu überlegen, ob Ansprüche aus übergegangenem Recht realisiert werden können. Hierzu gibt es zwei Ansätze. Am einfachsten ist die Lösung, wenn ein Anspruch automatisch per Gesetz bereits übergegangen ist. Ist dies nicht der Fall, so ist zu überlegen, ob ein Anspruch auf Abtretung besteht, um dann nach vorgenommener Abtretung i.S.v. § 398 S. 1, aus abgetretenem Recht Regress zu nehmen. Der letztere Weg ist naturgemäß umständlicher, denn wenn sich der Schuldner weigert, abzutreten, müsste dies erst eingeklagt werden; unter Umständen aber einfacherer Weg durch Ausüben eines Zurückbehaltungsrechts bis zur Abtretung (Anwaltsklausur!).

A. Automatischer Übergang per Gesetz, sog. cessio legis

I. Klausurrelevant sind folgende Fälle:

- **§ 268 Abs. 3:** Ablösungsberechtigter Dritter
- **§ 426 Abs. 2:** Gesamtschuldner hat an den Gläubiger geleistet
- **§ 774 Abs. 1:** Bürge hat an den Gläubiger bezahlt
- **§ 1143:** Hypothekenbesteller hat an den Gläubiger bezahlt
- **§ 1225:** Pfandrechtsbesteller hat an den Gläubiger bezahlt
- **§ 86 VVG:** Versicherung hat an den Geschädigten bezahlt (Ausnahme: § 86 Abs. 3: Familienprivileg!)
- **§ 6 EFZG:** Arbeitgeber hat Entgelt fortgezahlt

II. Sonderfall: Wettlauf der Sicherungsgeber

365 Die Problematik entsteht, wenn einer von mehreren akzessorischen Sicherungsgebern an den Gläubiger zahlt und nunmehr Regress nehmen will:

Beispiel: G hat seinen Darlehensanspruch gegen S durch Bürgschaft des B und Hypothek des H absichern lassen.

- Zahlt B an G, so geht gemäß § 774 Abs. 1 die Darlehensforderung G gegen S auf B über (cessio legis). Gemäß § 401 i.V.m. § 412 würde an sich auch die mit der Darlehensforderung akzessorisch verknüpfte Hypothek übergehen. Folge wäre: B könnte bei H aus § 1147 vollen Regress nehmen.
- Zahlt umgekehrt H an G gemäß § 1142, so geht gemäß § 1143 die Darlehensforderung G gegen S auf ihn über (cessio legis). An sich würde gemäß § 401 i.V.m. § 412 auch die mit der Darlehensforderung akzessorisch verknüpfte Bürgschaft auf H übergehen. Folge wäre nun: H könnte aus §§ 765, 412, 413 bei B vollen Regress nehmen.
- Fazit: Der Sicherungsgeber, der zuerst zahlt, erwirbt jeweils die volle Sicherheit, was einen Wettlauf der Sicherungsgeber produzieren würde.
- Daher löst die h.M. zwischen den Sicherungsgebern über § 426 Abs. 1 (Rechtsgedanke aus § 774 Abs. 2!). Das hat den Vorteil, dass – egal wer zuerst zahlt – dieser nur einen anteiligen Ausgleichsanspruch hat. Da die Quote auch für § 426 Abs. 2 gilt, geht hiernach dann auch nur anteilig die Sicherheit über.

B. Zessionsregress

Greift keine automatische cessio legis, so ist ein Zessionsregress zu überlegen. Dieser funktioniert umständlich nur in **drei Stufen:**

1. Stufe: Anspruch auf Abtretung

Anspruchsgrundlagen finden sich in:

- § 285, 2. Var.: Bei Unmöglichkeitsfällen, falls der abzutretende Anspruch das stellvertretende commodum ist (ggf. i.V.m. Drittschadensliquidation)

- § 255: Falls ein Sekundärschädiger an den Gläubiger (Geschädigten) zahlt

  Achtung: Um unsinnige Ergebnisse zu vermeiden, kann umgekehrt der Primärschädiger keine Abtretung verlangen! **Teleologische Reduktion:** insofern setzt § 255 ein Stufenverhältnis voraus (Unterschied zur Gleichstufigkeit bei der Gesamtschuld, § 426, welche aber weit ausgelegt wird, s.o.); nur der Sekundärschädiger kann aus § 255 vorgehen!

- § 812: Falls erlangtes „Etwas" ein Anspruch ist

- Notfalls Anspruch auf Abtretung **aus** § 242 i.V.m. besonders engem Rechtsverhältnis (z.B. Familienverhältnis)

  Der BGH trickst auch gern mit ergänzender Vertragsauslegung und „kreiert" damit dann notfalls einen Anspruch auf Abtretung.

2. Stufe: Vornahme der Abtretung gemäß § 398 S. 1

Falls trotz Urteil über die 1. Stufe verweigert: Zwangsvollstreckung gemäß § 894 ZPO. Endete die 1. Stufe durch Prozessvergleich, sollte die Abtretungsvereinbarung gleich mit in den Vergleich aufgenommen werden, um eine nun umständliche Vollstreckung gemäß §§ 794 Abs. 1 Nr. 1, 888 ZPO zu vermeiden (Anwaltsklausur!)

3. Stufe: Regress aus abgetretenem Recht gegen den Dritten = Schädiger

> **Achtung:** Haben 1. und 2. Stufe lange gedauert, entsteht für die 3. Stufe ein Verjährungsproblem! Also im Prozess über die 1. Stufe: Streitverkündung gemäß § 72 ZPO, um Hemmung gemäß § 204 Abs. 1 Nr. 6 auszulösen (**Anwaltsklausur!**).

8. Teil: Sachenrecht

1. Abschnitt: Dingliche Ansprüche

366 Auch im Sachenrecht unterscheidet man bei den dinglichen **Ansprüchen** zwischen **Primäransprüchen** (auf Herausgabe, Grundbuchberichtigung, Duldung der Zwangsvollstreckung etc.) **und Sekundäransprüchen** (Nutzungsersatz, Schadensersatz wegen Unmöglichkeit oder Verzug).

Sollten sich keine geregelten Sekundäransprüche im Sachenrecht finden, ist zu erwägen, ob ein gesetzliches Schuldverhältnis besteht, sodass dann hilfsweise über Ansprüche aus Schuldrecht AT zu lösen ist:

Beispiel: Zustimmung zur Grundbuchberichtigung wird nicht gemäß § 894 erteilt. Deswegen kann die fälschlicherweise im Grundbuch stehende Grundschuld nicht gelöscht werden. Hierdurch entstehen dem Eigentümer Verzögerungsschäden, weil er das Grundstück nicht veräußern kann.

Dann Anspruch auf Ersatz der Verzögerungsschäden gegen den Zustimmungspflichtigen aus § 280 Abs. 1, Abs. 2 i.V.m. § 286.

Vorsicht jedoch im E-B-V: Dort sind die Sekundäransprüche grundsätzlich in den §§ 987 ff. abschließend geregelt und § 993 Abs. 1, 2. Halbs. sperrt grundsätzlich allgemeine Nutzungsherausgabeansprüche sowie Schadensersatzansprüche! Allerdings erklärt § 990 Abs. 2 für den bösgläubigen Besitzer das Verzugsrecht für anwendbar.

Daher **unbedingt einzuhaltender Aufbautipp:** Werden nach (abgelehnten) vertraglichen und quasivertraglichen Ansprüchen gesetzliche Sekundäransprüche geprüft, so ist stets E-B-V vor §§ 823 f. und §§ 812, 818 zu prüfen! Umgekehrt ist zu beachten, dass die Primäransprüche auf Herausgabe aus § 985 und § 823 i.V.m. § 249 Abs. 1 sowie § 812 nebeneinander stehen. Die Sperrvorschrift des § 993 Abs. 1, 2. Halbs. bezieht sich schon vom Wortlaut her nur auf Nutzungsherausgabe und Schadensersatz!

A. Herausgabeansprüche

367 I. Sind **Herausgabeansprüche** zu prüfen, so ergeben sich folgende Ansätze:

1. Die klassischen drei aus dem Sachenrecht:

- § 985
- § 861
- § 1007 Abs. 1 oder Abs. 2

2. Ggf. § 823 i.V.m. § 249 Abs. 1 (Naturalrestitution)

3. §§ 812, 817 S. 1

II. Petitorische – possessorische Ansprüche

368 Beachte die klassische Unterteilung in **petitorische Ansprüche, die auf ein Recht an der Sache abstellen**, so § 985 und § 1007, welcher in Abs. 3 wieder auf § 986 verweist. Anders die **possessorischen Ansprüche**, die nur vorläufig Recht schaffen sollen und deswegen grundsätzlich von einem Recht an der Sache unabhängig sind, z.B. § 861, vgl. § 863.

Dingliche Ansprüche — 1. Abschnitt

Prüfschema: Besitzschutzansprüche

Possessorische Besitzansprüche

Herausgabe bei Besitzentzug, § 861

1. Anspruchsteller = Ehemaliger Besitzer (auch mittelbarer Besitzer, § 869 S. 1)
2. Anspruchsgegner = Fehlerhafter Besitzer
   a) § 858 I 1: selbst verbotene Eigenmacht begangen
   b) § 858 II 2: Besitznachfolger, wenn Erbe/Vorsatz
3. Kein Ausschluss des Anspruchs
   a) Erlaubte Besitzkehr, § 859 II u. III
   b) Entzogener Besitz war fehlerhaft, § 861 II
   c) Erlöschen ein Jahr nach verbotener Eigenmacht, § 864
   ⇨ Andere Einwendungen sind ausgeschlossen, § 863!

Unterlassung bei Besitzstörung, § 862

1. Anspruchsteller = Besitzer (auch mittelbarer Besitzer, § 869 S. 1)
2. Anspruchsgegner = Störer durch verbotene Eigenmacht, § 858
3. Kein Ausschluss des Anspruchs
   a) Erlaubte Besitzwehr, § 859 I
   b) Gestörter Besitz war fehlerhaft, § 862 II
   c) Erlöschen ein Jahr nach verbotener Eigenmacht, § 864
   ⇨ Andere Einwendungen sind ausgeschlossen, § 863!

Selbsthilferechte

Besitzkehr, § 859 II und III

1. Besitzentziehung durch verbotene Eigenmacht, § 858
2. Einhaltung der zeitlichen Grenzen
   a) bewegliche Sachen, § 859 II, nur wenn
      - Täter auf frischer Tat betroffen oder
      - Täter unmittelbar verfolgt (Nacheile)
   b) Grundstücke, § 859 III nur durch sofortige „Entsetzung" des Täters

Besitzwehr, § 859 I

1. Drohende Besitzentziehung oder drohende/andauernde Besitzstörung durch verbotene Eigenmacht, § 858 I
2. Abwehr durch Gewalt, die das erforderliche Maß nicht überschreiten darf

Petitorische Besitzschutzansprüche

Bösgläubiger Besitzer, § 1007 I und II

1. Anspruchsteller = früherer Besitzer
2. Anspruchsgegner = gegenwärtiger Besitzer
3. Anspruchsgegner bei Besitzerwerb bösgläubig bezüglich fehlendem Besitzrecht

Gutgläubiger Besitzer, § 1007 II

1. Anspruchsteller = früherer Besitzer
2. Anspruchsgegner = gegenwärtiger Besitzer
3. Anspruchsteller ist die Sache abhanden gekommen.
4. Anspruchsgegner ist gutgläubig bezüglich fehlendem Besitzrecht

4. Ausschlussgründe, § 1007 II, III
   a) Anspruchsgegner ist Eigentümer, § 1007 II, 2. Halbs. (gilt auch für Abs. 1!)
   b) Anspruchsteller war selbst bei Besitzerwerb bösgläubig
   c) Anspruchsteller hatte Besitz freiwillig aufgegeben
   d) Gemäß § 1007 III i.V.m. § 986, wenn der gegenwärtige Besitzer ein Recht zum Besitz hat

369 Possessorische Ansprüche sind daher in erster Linie relevant bei **einstweiligem Rechtsschutz, §§ 936 ff. ZPO,** um die bisherige Besitzlage schnell wieder herzustellen.

Die Besitzschutzansprüche aus § 861 und § 1007 sind relevant, wenn der Anspruchsteller nicht Eigentümer der Sache ist, sondern lediglich zuvor Besitzer war. Hierfür reicht grundsätzlich aus, dass der Anspruchsteller zuvor mittelbarer Besitzer war.

In diesem Zusammenhang stellt sich häufig noch der prozessuale Klassiker: Klage aus possessorischem Anspruch, § 861, wird touchiert mit einer Widerklage, gestützt auf petitorisches Recht, weil der Beklagte geltend macht, er sei der wahre Berechtigte (s. hierzu AS-Assessor-Skript Zivilprozessrecht).

B. Ansprüche aus dem E-B-V

I. Primäranspruch aus § 985

370 Zu beachten ist, dass für der Herausgabeanspruch des § 985 alle **Voraussetzungen im Jetzt-Zeitpunkt** vorliegen müssen.

1. Also muss der **Anspruchsteller** im Jetzt-Zeitpunkt (letzte mündliche Verhandlung) **Eigentümer** sein.

Hier wird dann inzidenter die Eigentumslage zu prüfen sein (dazu im Anschluss Rdnr. 373 ff.).

2. Der **Anspruchsgegner** muss im Jetzt-Zeitpunkt **Besitzer** sein, wobei mittelbarer Besitz reicht (beachte § 986 Abs. 1 S. 2!). Ist Anspruchsgegner eine Gesellschaft, z.B. eine GmbH, kann diese keinen Besitz als tatsächliche Sachherrschaft i.S.v. § 854 ausüben, jedoch ihre Organe, die dann der GmbH zugerechnet werden als sog. **Organbesitz**. Arbeitnehmer sind als bloße Besitzdiener keine Besitzer, § 855.

3. Der Anspruchsgegner darf im Jetzt-Zeitpunkt **kein Recht zum Besitz haben,** § 986. Da § 986 nicht definiert, was ein Recht zum Besitz gibt, richtet sich dies nach allgemeinen Grundsätzen:

a) Recht zum Besitz geben alle **dinglichen Rechte**, z.B. Pfandrechte, da sie absolut, d.h. gegen jedermann, also auch gegenüber dem Eigentümer wirken. **Streitig** ist, ob das **Anwartschaftsrecht** hierzu gehört, da es kein echtes dingliches Recht ist, andererseits aber ein wesensgleiches Minus. Der Streit ist regelmäßig unerheblich, wenn man auf den zugrunde liegenden Kaufvertrag als Recht zum Besitz abstellt.

b) Ferner geben **schuldrechtliche Positionen** ein Recht zum Besitz, sofern sie ein Besitz- oder Nutzungsrecht an der Sache gewähren, z.B. aus Miete, § 535, oder einen Verschaffungsanspruch aus § 433 Abs. 1. Wegen der relativen Wirkung muss der schuldrechtliche Vertrag zwischen Eigentümer und Besitzer geschlossen sein. Wurde hingegen der schuldrechtliche Vertrag mit einem Dritten geschlossen, so wirkt er grundsätzlich nicht gegenüber dem Eigentümer, kann also ihm gegenüber auch kein Recht zum Besitz geben. Eine Ausnahme gilt nur, falls der Eigentümer hiermit einverstanden war, sog. abgeleitetes Besitzrecht, § 986 Abs. 1 S. 1, 2. Var.

c) Streitig ist, ob ein **Zurückbehaltungsrecht** ein Recht zum Besitz gibt. Der BGH bejaht dies, aber gelangt dann nicht zur Klageabweisung, sondern zur Zug-um-Zug-Verurteilung, § 274.

§ 986 ist entgegen seinem Wortlaut keine Einrede, sondern eine Einwendung, s. die amtliche Überschrift. Ansonsten muss man sich klarmachen, dass ein E-B-V eben nur besteht, wenn der Besitzer kein Recht zum Besitz hat. Beachte hierzu den Sonderfall in § 986 Abs. 2.

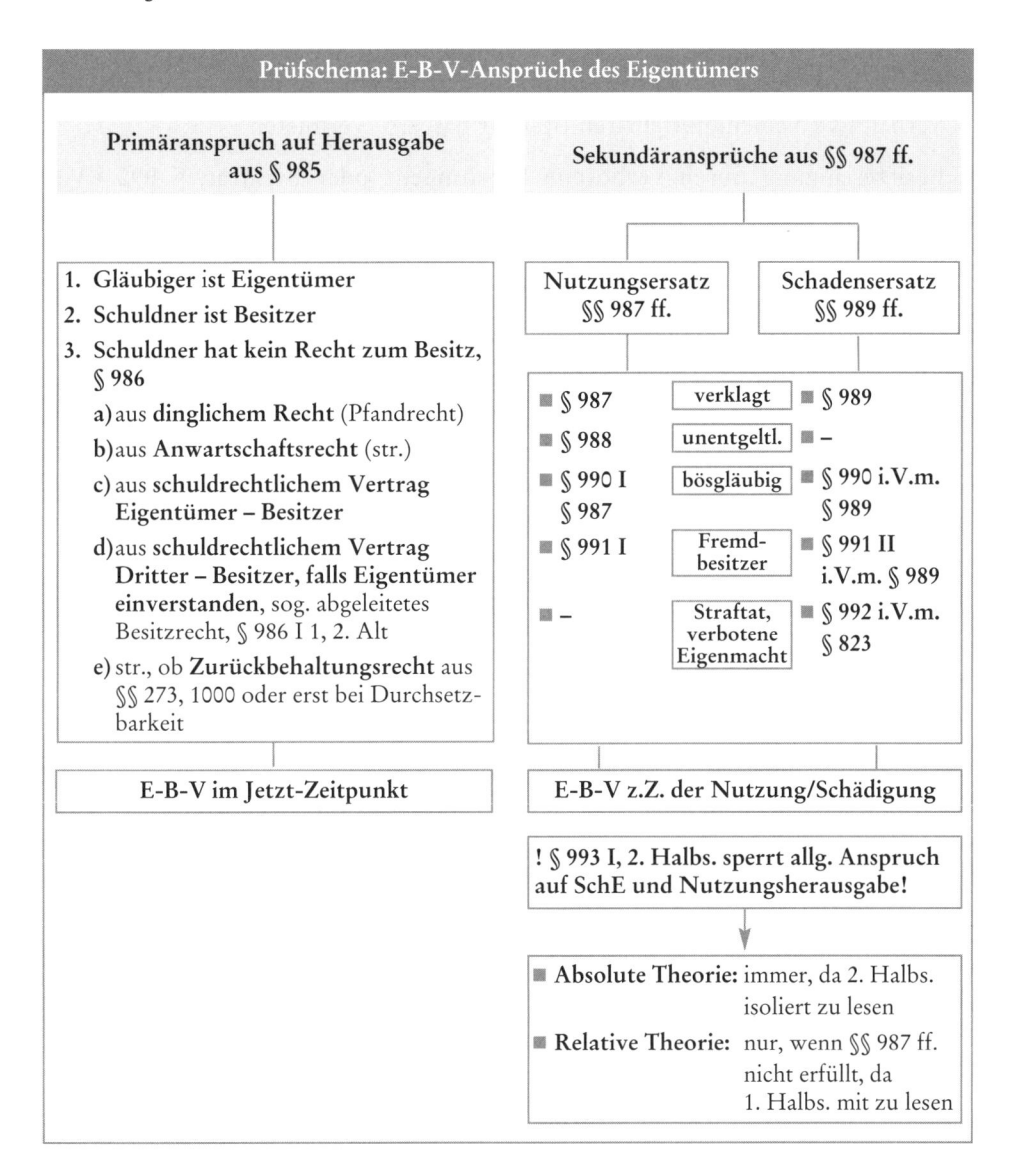

Prüfschema: E-B-V-Ansprüche des Eigentümers

Primäranspruch auf Herausgabe aus § 985

1. Gläubiger ist Eigentümer
2. Schuldner ist Besitzer
3. Schuldner hat kein Recht zum Besitz, § 986
   a) aus **dinglichem Recht** (Pfandrecht)
   b) aus **Anwartschaftsrecht** (str.)
   c) aus **schuldrechtlichem Vertrag** Eigentümer – Besitzer
   d) aus **schuldrechtlichem Vertrag** Dritter – Besitzer, falls Eigentümer einverstanden, sog. abgeleitetes Besitzrecht, § 986 I 1, 2. Alt
   e) str., ob **Zurückbehaltungsrecht** aus §§ 273, 1000 oder erst bei Durchsetzbarkeit

E-B-V im Jetzt-Zeitpunkt

Sekundäransprüche aus §§ 987 ff.

- **Nutzungsersatz §§ 987 ff.**
  - § 987 — verklagt
  - § 988 — unentgeltl.
  - § 990 I / § 987 — bösgläubig
  - § 991 I — Fremdbesitzer
  - — Straftat, verbotene Eigenmacht

- **Schadensersatz §§ 989 ff.**
  - § 989 — verklagt
  - – — unentgeltl.
  - § 990 i.V.m. § 989 — bösgläubig
  - § 991 II i.V.m. § 989 — Fremdbesitzer
  - § 992 i.V.m. § 823 — Straftat, verbotene Eigenmacht

E-B-V z.Z. der Nutzung/Schädigung

! § 993 I, 2. Halbs. sperrt allg. Anspruch auf SchE und Nutzungsherausgabe!

- **Absolute Theorie:** immer, da 2. Halbs. isoliert zu lesen
- **Relative Theorie:** nur, wenn §§ 987 ff. nicht erfüllt, da 1. Halbs. mit zu lesen

---

II. Die Sekundäransprüche, §§ 987 ff.

Die Sekundäransprüche aus §§ 987 ff. setzen zunächst das Bestehen eines E-B-V voraus, weil sie andernfalls nicht anwendbar sind. Zu beachten ist allerdings der unterschiedliche Zeitpunkt: Während für den Primäranspruch aus § 985 das E-B-V im Jetzt-Zeitpunkt vorliegen muss, ist Voraussetzung für die Sekundäransprüche, dass das **E-B-V im Zeitpunkt der haftungsauslösenden Handlung**, also Ziehen der Nutzung bei §§ 987 ff. oder Verschlechterung, Zerstörung bei §§ 989 ff. oder Vornahme der Verwendung bei §§ 994 ff. vorliegt.

1. Nutzungsersatz- und Schadensersatzansprüche

Sekundäransprüche gemäß §§ 987 ff. bestehen nur gegen solche E-B-V-Besitzer, die – abgesehen davon, dass sie unrechtmäßige **Besitzer** i.S.v. § 986 sind – **nicht schutzwürdig erscheinen**. Dies sind:

- **verklagte Besitzer, § 987:** Nutzungsersatz und § 989: Schadensersatz

- **unentgeltliche Besitzer, § 988:** Nutzungsersatz; str., ob rechtsgrundlose Besitzer gleichzustellen analog § 988

- **Bösgläubige, § 990:** Schadensersatz und Nutzungsersatz
- **Fremdbesitzer, § 991:** Nutzungsersatz und Schadensersatz

  Bei § 991 ist zu beachten, dass schon vom Wortlaut her ein Drei-Personen-Verhältnis vorausgesetzt wird: Eigentümer – unmittelbarer Besitzer, welcher ein Verhältnis zu einem mittelbaren Besitzer hat, z.B. Vermieter.

- Besitzerlangung durch **verbotene Eigenmacht oder Straftat, § 992 i.V.m. § 823:** Schadensersatz. Nach h.M. muss die verbotene Eigenmacht schuldhaft erfolgt sein!

2. Besonderheiten

Die **Bösgläubigkeit i.S.v. § 990** kann bei Stellvertretern **analog § 166** dem Besitzer zugerechnet werden. Ferner ist zu beachten, dass der Bezugspunkt für die Bösgläubigkeit nicht das (fehlende) Eigentum ist, sondern das fehlende Recht zum Besitz i.S.v. § 986! Fällt das Recht zum Besitz aus Vertrag später durch rückwirkende Anfechtung weg, so gilt **§ 142 Abs. 2:** Kenntnis der bloßen Anfechtbarkeit reicht für Bösgläubigkeit!

Soll hingegen ein **Verschulden**, z.B. bezüglich der Verschlechterung der Sache i.S.v. § 989 zugerechnet werden, so geschieht dies über § 278, da das E-B-V ein gesetzliches Schuldverhältnis begründet. Bei Vereinen, Gesellschaften wird das Verschulden über **§ 31 (analog)** zugerechnet.

Schadensersatz gemäß §§ 989 ff. erfasst bei Unmöglichkeit der Herausgabe den Verkehrswert der Sache oder den Verschlechterungswert. Verzögerungsschäden sind jedoch gemäß § 990 Abs. 2 i.V.m. § 280 Abs. 1, Abs. 2 i.V.m. § 286 ersatzfähig; Rechtsgrundverweis, daher müssen die Verzugsvoraussetzungen bezüglich der Herausgabepflicht aus § 985 gemäß § 286 vorliegen!

Umgekehrt sind Personen, die nicht unter §§ 987 ff. fallen, also unverklagte, gutgläubige Eigenbesitzer schutzwürdig. Deswegen **sperrt § 993 Abs. 1, 2. Halbs.** dann **die allgemeinen Nutzungsherausgabeansprüche** (z.B. aus § 812 i.V.m. § 818 Abs. 1).

Allerdings ist in **§ 993 Abs. 1, 1. Halbs.** noch ein **besonderer Anspruch bezüglich der sog. Übermaßnutzungen** geregelt.

Ferner sind gemäß § 993 Abs. 1, 2. Halbs. die **allgemeinen Schadensersatzansprüche**, z.B. aus §§ 823 ff. gesperrt.

Daher nochmals der **Klausurtipp:** Prüfe nie §§ 823 ff. vor §§ 987 ff.!

3. Verwendungsersatz, §§ 994 ff.

Während die §§ 985–993 die Ansprüche des Eigentümers regeln, sind in §§ 994 ff. umgekehrt die Ansprüche des Besitzers auf Verwendungsersatz geregelt.

Prüfschema: Verwendungsersatz im E-B-V, §§ 994 ff.

1. **Vorliegen eines EBV z.Z. der Verwendung**
   - BGH: beim Nicht-Mehr-Berechtigten reicht E-B-V im Jetzt-Zeitpunkt, damit er nicht schlechter steht, als ein von Anfang an rechtswidriger Besitzer (str.)
   - bei Rechtsnachfolge beachte § 999!

2. **Verwendung**
   - str., ob auch bei grundlegender Veränderung
   - auch bei fremdnützigen ist auf den tatsächlichen Verwender (Unternehmer) abzustellen, nicht auf Besteller (h.M.)

3. **Notwendig, § 994**

   a) durch unverklagten, gutgläubigen Besitzer: § 994 Abs. 1
      - Ausnahme: gewöhnliche Erhaltungskosten (Fütterung, Benzin)

   b) durch verklagten oder bösgläubigen Besitzer: § 994 Abs. 2 i.V.m. GoA
      - §§ 683, 670: voller Ersatz, falls im Interesse des Eigentümers
      - sonst §§ 684, 812: nur Ersatz der (vorhandenen) Bereicherung (§ 818 Abs. 3!)

4. **Bloß nützlich, § 996**
   - nur für unverklagt gutgläubigen Besitzer
   - nur falls Wertsteigerung noch vorhanden

5. **Realisierung des Anspruchs**

§ 1000	§ 1001	§ 1003	§ 997
Zurückbehaltungsrecht gegenüber § 985	Selbstständiger Anspruch	Befriedigungsrecht	Wegnahmerecht

- **Erlöschen** des Verwendungsersatzanspruchs gemäß § 1002

Klausurschwerpunkt in E-B-V-Klausuren ist naturgemäß die Frage, ob der Kläger Eigentümer ist. Es gibt **drei Arten des Eigentumserwerbs:** Der rechtsgeschäftliche Erwerb gemäß §§ 873, 925 bzw. §§ 929 ff., der gesetzliche Erwerb, §§ 937 ff., sowie der hoheitliche Eigentumserwerb, per VA im Rahmen einer Zwangsversteigerung (s. hierzu das AS-Assessor-Skript Zwangsvollstreckungsrecht).

Für den rechtsgeschäftlichen Erwerb muss man sich vorab klar machen, dass das Prüfschema für Verfügungsgeschäfte bezüglich aller dinglichen Rechte, egal ob bewegliche Sachen oder Grundstücke oder Grundstücksrechte, stets gleich ist.

373

> **Prüfschema: Verfügungsgeschäfte**
>
> **1. Dingliche Einigung i.S.v. § 929 bzw. § 873 Abs. 1**
>   - formfrei; Ausnahme: § 925
>
> **2. Vollzugsmoment**
>   - **bei beweglichen Sachen:** Übergabe oder Übergabesurrogat, §§ 930, 931
>   - **bei Grundstücken/Grundstücksrechten:** Eintragung im Grundbuch, § 873 Abs. 1
>   - Lediglich bei der **Abtretung**, § 398, die als Übertragungsgeschäft auch ein Verfügungsgeschäft darstellt, entfällt ein Vollzugsmoment.
>
> **3. Einigsein,** d.h. kein Widerruf bis zum Vollzug (Ausnahme: § 873 Abs. 2!)
>
> **4. Berechtigung des Verfügenden**
>
>   **a) Bei beweglichen/unbeweglichen Sachen:**
>   - Verfügungsbefugter Eigentümer
>   - oder gesetzlich befugter Nichteigentümer (z.B. § 80 InsO)
>   - oder ermächtigter Nichteigentümer, § 185 Abs. 1
>
>   **b) Bei Forderungen Berechtigung des Abtretenden**
>   - Inhaber der Forderung
>   - und kein Abtretungsverbot, § 399 (Ausnahme § 354 a HGB)
>
> **5. Andernfalls: Erwerb vom Nichtberechtigten**
>
>   a) Fälle des § 185 Abs. 2
>
>   b) § 878 bei Grundstücksrechten
>
>   c) Sonst: Gutglaubenserwerb
>   - bei beweglichen Sachen: §§ 932 ff.
>   - bei Grundstücksrechten §§ 892, 893
>   - im Abtretungsrecht kein Gutglaubenserwerb vorgesehen (gewisse Ausnahme: § 405)

2. Abschnitt: Rechtsgeschäftlicher Erwerb an beweglichen Sachen, §§ 929 ff.

A. Voraussetzungen des Verfügungsgeschäfts

I. Dingliche Einigung

374 1. Aufgrund des Abstraktionsprinzips ist die dingliche Einigung strikt von der schuldrechtlichen zu trennen, vermeiden Sie daher Begriffe wie „Kaufvertrag", „Schenkungsvertrag". Da der Laie das Abstraktionsprinzip nicht kennt, ist, sofern äußerlich nur eine Einigung erzielt wurde, durch Auslegung zu ermitteln, ob neben der schuldrechtlichen auch gleichzeitig eine dingliche Einigung erfolgt ist. Wird nämlich gleichzeitig die Sache übergeben, so dokumentiert i.d.R. der Laie, dass er hierdurch übereignen will.

Die dingliche Einigung muss so **ausreichend bestimmt** sein, dass hieraus zu entnehmen ist, welche Sache gemeint ist.

Problemfälle:

- **Gattungskauf:** Gattungsmäßige Bezeichnung reicht nicht, jedoch wird die dingliche Einigung ausreichend bestimmt zum Zeitpunkt der Aussonderung/Übergabe.

- Bei **Sicherungsübereignung** von Sachgesamtheiten/Lagerbeständen: Allklausel („alle Gegenstände in der Lagerhalle A") ist ausreichend bestimmt, nicht dagegen: „alle Gegenstände außer die, die unter Eigentumsvorbehalt stehen". Diese müssen dann gesondert gestellt oder sichtbar gemacht werden (sog. Markierungsvertrag).

- Ist die Übereignung bezüglich der Person zu unbestimmt, so kann bei Bargeschäften des täglichen Lebens über **Geschäft für den, den es angeht**, gelöst werden.

- Eine dingliche Einigung kann auch zeitlich weit vor der Übergabe erfolgen, sog. **antizipierte Einigung** (ggf. durch Auslegung zu ermitteln).

- Ob eine dingliche Einigung **bedingt** sein soll (Eigentumsvorbehalt!), muss ebenfalls hinreichend angeklungen sein. Allein der Umstand, dass die Gegenleistung, der Kaufpreis, noch nicht erbracht worden ist, genügt nicht für die Annahme, dass ein Eigentumsvorbehalt gewollt sei.

2. Im Übrigen gelten für die dingliche Einigung die §§ 104 ff.:

a) **Anfechtung** der schuldrechtlichen Willenserklärung erfasst wegen des Abstraktionsprinzips nicht automatisch die dingliche Willenserklärung. Bei Irrtumsidentität kann der Irrende jedoch sowohl die schuldrechtliche als auch die dingliche Willenserklärung anfechten. Die erforderlichen zwei Anfechtungserklärungen können aber durch Auslegung ermittelt werden, wenn dies seiner Interessenlage entspricht.

b) Beachte den **Unterschied** zwischen:

- Einigung durch **Stellvertreter, § 164**, welcher im fremden Namen auftritt, daher in der dinglichen Einigung zu prüfen, insbesondere ob Vertretungsmacht besteht.

- Anders der **Ermächtigte i.S.v. § 185 Abs. 1**: Dieser einigt sich im eigenen Namen, daher dingliche Einigung unproblematisch. Aber bei Berechtigung des Verfügenden wird relevant, dass er über eine fremde Sache verfügt. Jedoch ist er dennoch berechtigt, weil er eine Ermächtigung des wahren Eigentümers hat (beachte nochmals, dass der Wortlaut des § 185 Abs. 1, der von einem „Nichtberechtigten" spricht, insofern falsch ist; anders bei § 185 Abs. 2!).

II. Vollzugsmoment

1. Übergabe, § 929 S. 1

Während im Sonderfall des § 929 S. 2 die dingliche Einigung genügt, ist das Vollzugsmoment normalerweise die Übergabe der Sache, § 929 S. 1. Hierzu muss ein vollständiger Besitzverlust aufseiten des Verfügenden und eine Besitzerlangung auf Erwerberseite vorliegen. Die Übergabe muss nicht persönlich zwischen Veräußerer und Erwerber erfolgen. Vielmehr können auf beiden Seiten **Hilfspersonen eingeschaltet** werden:

- **Besitzdiener**, welche ohnehin keinen eigenen Besitz haben, § 855

- **Besitzmittler** i.S.v. § 868: z.B. der Veräußerer gibt dem Verwahrer die Order, dieser möge an den Erwerber übergeben

375

- **Stellvertreter:** Die Zurechnung der Übergabe erfolgt **analog § 164**, weil die Übergabe keine Willenserklärung, sondern lediglich ein Realakt ist (str.).

- **Sonstige Personen**, die auf Geheiß des Veräußerers übergeben oder auf Geheiß des Erwerbers übernehmen, sind **Geheißpersonen** (gesetzlich nicht geregelt): derjenige, der weder Besitzdiener noch Besitzmittler noch Stellvertreter ist, also ein selbstständiger Unternehmer, der z.B. als Transporteur, Frachtführer die Übergabe realisiert. Fehlt objektiv ein Geheiß des Eigentümers, reicht es nach h.M. aus, dass aus Sicht des Empfängers der Anschein einer Geheißperson vorliegt, sog. **Scheingeheißperson**.

376 Erforderlich ist grundsätzlich die Übergabe der konkreten Sache. Lediglich die Übergabe der **Traditionspapiere i.S.d. §§ 407 ff. HGB ersetzt die Übergabe der Sache**, z.B. Frachtbrief, § 409 Abs. 1 HGB oder Lagerschein. Hingegen ersetzt die Übergabe des Kfz-Briefs nicht die Übergabe des Pkw! Jedoch kann ggf. eine Auslegung dahingehend erfolgen, dass – falls das Kfz im Besitz eines Dritten ist – hierdurch konkludent der Herausgabeanspruch i.S.v. § 931 abgetreten wurde.

Dies darf nicht mit dem umgekehrten Problem verwechselt werden: Wer Eigentümer des Pkw geworden ist erwirbt analog § 952 BGB automatisch per Gesetz auch Eigentum am Kfz-Brief (präzise: „Zulassungsbescheinigung Teil II").

2. Besitzkonstitut, § 930

377 Die Übergabe kann gemäß § 930 durch Vereinbarung eines **Besitzmittlungsverhältnisses i.S.v. § 868** ersetzt werden. Dann behält der Verfügende den unmittelbaren Besitz, besitzt aber nunmehr als Fremdbesitzer, z.B. als Verwahrer oder Mieter für den neuen Eigentümer. Zu beachten ist, dass die Aufzählung in § 868 nicht abschließend ist, weswegen z.B. auch die Leihe ein Besitzmittlungsverhältnis begründet (relevant bei Sicherungsübereignungen, s. dort Rdnr. 399 ff.). Beachte, dass die Anforderungen an ein Besitzmittlungsverhältnis nicht groß sind. Hier kann vielfach großzügig ausgelegt werden. Nach der Rspr. können nicht mehrere Besitzmittlungsverhältnisse nebeneinander begründet werden: in den §§ 854 ff. ist kein mittelbarer Nebenbesitz vorgesehen, daher zählt das **letzte Besitzmittlungsverhältnis** (Winterhallenfall).

3. Übergabesurrogat, § 931

378 Ist hingegen der Veräußerer nicht im Besitz der Sache, sondern befindet sich die Sache bei einem Dritten, so muss die (für den Veräußerer nicht mögliche) Übergabe gemäß § 931 dadurch ersetzt werden, dass der **Veräußerer dem Erwerber seinen Herausgabeanspruch gegen den Besitzer abtritt.** Hier ist stets inzidenter zu prüfen, ob eine wirksame Abtretung des gegen den Dritten bestehenden Herausgabeanspruchs gemäß §§ 398 ff. erfolgt ist. Nach h.M. ist der Herausgabeanspruch aus § 985 nicht abtretbar, da er untrennbar mit dem Eigentum verbunden ist. Jedoch können andere Herausgabeansprüche, z.B. aus Vertrag (z.B. § 695) oder § 812 unzweifelhaft abgetreten werden.

Liegt keine wirksame Abtretung vor, so kann dieser Mangel gemäß § 934, 2. Var. im Rahmen des Gutglaubenserwerbs überwunden werden, s.u. Rdnr. 390.

III. Einigsein

379 Bis zum Vollzug der dinglichen Einigung (also bis zu Übergabe bzw. Übergabesurrogat gemäß §§ 930, 931) kann der Veräußerer die dingliche Einigung noch widerrufen.

Beachte auch hier das Abstraktionsprinzip: Aufgrund des Widerrufs ist die Übereignung gescheitert, jedoch macht sich der Veräußerer schuldrechtlich schadensersatzpflichtig gemäß § 280 Abs. 1, Abs. 3 i.Vm. § 281.

Bietet der Sachverhalt für einen Widerruf keine Anhaltspunkte, so ist auf das Merkmal Einigsein nicht einzugehen.

IV. Berechtigung des Verfügenden

1. Berechtigter ist der **verfügungsbefugte Eigentümer**. Dem Eigentümer fehlt die Verfügungsmacht, bei Insolvenz, § 80 InsO, oder wenn verheiratet im gesetzlichen Güterstand und eine Verfügung über nahezu gesamtes Vermögen (§ 1365) oder Verfügung über Hausratsgegenstände, § 1369 erfolgte!

2. Ferner ist derjenige, der zwar kein Eigentümer ist, aber **per Gesetz Verfügungsmacht** besitzt, z.B. Insolvenzverwalter, **§ 80 InsO**, Berechtigter.

3. Berechtigt ist gemäß **§ 185 Abs. 1** auch derjenige, der zwar kein Eigentum hat, jedoch eine Ermächtigung des wahren Eigentümers vorweisen kann und deswegen im eigenen Namen verfügen darf.

- Ein Unterfall des Ermächtigten i.S.v. § 185 ist auch der Kommissionär, da dieser gemäß § 383 HGB im eigenen Namen auftritt.

V. Erwerb vom Nichtberechtigten

Sollte die Berechtigung des Verfügenden nach dem Vorstehenden fehlen, so bestehen **zwei Möglichkeiten**, dies zu überwinden:

1. Die drei Fälle des § 185 Abs. 2 S. 1:

- **1. Var.: Genehmigung** des wahren Eigentümers
- **2. Var.: Verfügender erwirbt nachträglich** noch das Eigentum an dieser Sache z.B. als Erbe des mittlerweile verstorbenen wahren Eigentümers.
- **3. Var.:** Der wahre Berechtigte beerbt den Verfügenden, sodass nunmehr die Person des Verfügenden und des Eigentümers identisch ist.

Beachte das Prioritätsprinzip: Wurden in der Zwischenzeit mehrere Verfügungen vom Nichtberechtigten getroffen, so wird gemäß **§ 185 Abs. 2 S. 2** in den vorgenannten Fällen nur die erste Verfügung wirksam.

2. Gutglaubenserwerb, §§ 932 ff.:

Ist die fehlende Berechtigung des Verfügenden nicht gemäß § 185 Abs. 2 überwindbar, so kommt Gutglaubenserwerb in Betracht.

a) Zu beachten ist der **Bezugspunkt** der Gutglaubensvorschriften: **§§ 932 ff. schützen nur den guten Glauben an das Eigentum** des Veräußerers.

b) Sollen **andere Mängel** beim Verfügenden überwunden werden, so **bedarf es Sondervorschriften:**

aa) Einen **Sonderfall** bildet § 936: Der Veräußerer ist Eigentümer, jedoch belastet (z.B. mit einem Pfandrecht). Hier erwirbt der Erwerber ohnehin das Eigentum, jedoch regelt § 936 die Frage, ob belastet mit dem Pfandrecht oder lastenfrei.

bb) Gemäß § 135 Abs. 2, § 136 sind **relative Veräußerungsverbote** durch Gutgläubigkeit überwindbar.

Hauptansatz hier in vollstreckungsrechtlichen Klausuren: Vollstreckungsschuldner knibbelt nach der Pfändung das Pfandsiegel ab und veräußert die Sache an einen gutgläubigen Dritten.

Der Schuldner bleibt trotz der Pfändung Eigentümer. Jedoch entsteht durch die Pfändung ein behördliches Veräußerungsverbot i.S.v. § 136 (Gerichtsvollzieher als Vollstreckungsbehörde), sodass gemäß § 136 i.V.m. § 135 Abs. 2 der Dritte entsprechend § 932 gutgläubig das Veräußerungsverbot überwinden kann.

384 cc) Gutglaubensschutz findet sich auch in **§ 161 Abs. 3 für den Zweiterwerber, wenn zuvor** eine **aufschiebend bedingte erste Übereignung** stattgefunden hat. Achtung: Hat die aufschiebend bedingte Erstübereignung jedoch bereits zu einem Anwartschaftsrecht des Ersterwerbers geführt und wurde an den Zweiterwerber gemäß § 931 übertragen, so wendet die h.M. **§ 936 Abs. 3** an mit der Folge, dass das **Anwartschaftsrecht** des ersten Erwerbers bestehen bleibt. Klassiker: Erstübertragung unter Eigentumsvorbehalt und während der Schwebezeit der Bedingung unbedingte Übereignung an einen Zweiterwerber.

385 dd) Erwerb vom **Scheinerben** ist in **§ 2365** geregelt. Beachte: § 2365 überwindet nur die fehlende Erbenstellung. Wäre der echte Erbe jedoch auch nicht Eigentümer der veräußerten Sache, weil der Erblasser gar kein Eigentümer dieser Sache war, so ist wieder das fehlende Eigentum zu überwinden und daher insofern zusätzlich §§ 932 ff. zu prüfen (sog. Doppelmangel, s. auch Rdnr. 489 f.).

386 ee) Der **gute Glaube** an die **Verfügungsmacht des Verfügenden** i.S.v. § 185 Abs. 1 ist grundsätzlich nicht geschützt. Eine Ausnahme gilt bei Kaufleuten gemäß **§ 366 Abs. 1, Abs. 2 HGB.**

Beispiel: Kaufmann weiß, dass der Verfügende kein Eigentümer ist, glaubt aber, er habe eine Ermächtigung i.S.v. § 185 Abs. 1

387 c) **Ungeschriebene Voraussetzung der §§ 932 ff.** ist das **Vorliegen eines Verkehrsgeschäfts.**

aa) Dies **bedeutet** zum einen, dass ein **rechtsgeschäftlicher Erwerb** gegeben ist. Daher kein Gutglaubenserwerb bei gesetzlichem (§§ 937 ff., 1922) oder hoheitlichem Erwerb (Zwangsversteigerung nach ZPO). Die **vorweggenommene Erbfolge** erfolgt zwar aufgrund Vertrag unter Lebenden, stellt also formal ein Rechtsgeschäft dar. Da die vorweggenommene Erbfolge jedoch nur zeitlich das Ergebnis einer echten Erbfolge vorwegnehmen will, wird sie daher genau wie die echte Erbfolge als gesetzlicher Erwerb (§ 1922) behandelt. Folge: bei vorweggenommener Erbfolge ist kein Gutglaubenerwerb möglich!

Nicht jede Übertragung auf Familienmitglieder bedeutet vorweggenommene Erbfolge. Vielmehr ist durch Auslegung zur ermitteln, ob nicht eine normale schenkweise Übertragung vorliegt, sodass dann auch ein Gutglaubenserwerb möglich ist. Indizien für vorweggenommene Erbfolge sind einmal die zeitliche Nähe zum (u.U. absehbaren) Todeszeitpunkt, z.B. bei Schwerkranken. Ferner erfordert die vorweggenommene Erbfolge, dass das, was zu Lebzeiten bereits übertragen wird, auf die spätere Erbquote angerechnet wird (Indiz bei der Auslegung ist hier insbesondere der Wert des Gegenstands).

bb) Ferner muss für ein Verkehrsgeschäft ein echter **wirtschaftlicher Rechtssubjektwechsel** stattgefunden haben.

Klausurproblem: A überträgt eine Sache auf seine Ein-Mann-GmbH. Später stellt sich heraus, dass A nicht Eigentümer war. Zwar ist die GmbH eine selbstständige juristische Person. Jedoch ist sie als solche nicht handlungsfähig und wird daher von ihrem Ein-Mann-Gesellschafter/Geschäftsführer vertreten, sodass letztlich

Personenidentität vorliegt. Zwar ist die dingliche Einigung trotz In-Sich-Geschäft wirksam, da nach der Gründungssatzung ein Geschäftsführer von den Beschränkungen des § 181 (§ 35 Abs. 3 GmbHG) befreit ist (= gestattet i.S.v. § 181, 1. Halbs.). Jedoch reicht diese Einigung mangels Verkehrsgeschäft nicht für einen Gutglaubenserwerb!

d) Die einzelnen Gutglaubenstatbestände der §§ 932 ff.

Für jede Übereignungsart gibt es eine gesonderte Gutglaubensnorm nach der Rechenformel: „Ausgangsvorschrift plus 3". Wegen der Rechtsscheinwirkung des Besitzes (vgl. § 1006) knüpfen sämtliche Gutglaubensvorschriften hieran an: **388**

aa) Bei Übereignung gemäß § 929 erfordert § 932 eine Übergabe an den Erwerber.

bb) Für Übereignungen gemäß § 930 (Besitzkonstitut) verlangt § 933 ebenfalls eine Übergabe. Diese wird aber regelmäßig nicht vorliegen, da die Parteien gemäß § 930 von einer Übergabe abgesehen haben. Paradefall ist die Sicherungsübereignung, die in praxi i.d.R. gemäß §§ 929, 930 erfolgt, weil z.B. die Bank als Sicherungsnehmer gar kein Interesse daran hat, dass ihr ein Lkw übergeben wird. Sollte aber später der Sicherungsfall eintreten und der Lkw der Bank zu Verwertungszwecken übergeben werden, so kann diese, sofern zu diesem Zeitpunkt noch Gutgläubigkeit aufseiten der Bank (§ 166!) vorliegt, gemäß § 933 gutgläubig erwerben. **389**

Klassiker: Ist hingegen mangels Übergabe ein Gutglaubenserwerb der Bank gescheitert, so besteht noch eine Chance: Hatte nämlich der verfügende Sicherungsgeber zumindest ein Anwartschaftsrecht, z.B. weil zuvor unter Eigentumsvorbehalt erworben, so kann er dieses als wesensgleiches Minus an die Bank übertragen, da er ja insofern Berechtigter ist. Die Übertragung erfolgt dann analog §§ 929, 930 als sog. Sicherungsanwartschaftsrecht. Haben die Parteien hierüber keine Vereinbarung oder Hilfsregelung getroffen, so ist dennoch eine Einigung durch ergänzende Auslegung anzunehmen: Ehe nichts übertragen wird, soll zumindest das Minus übertragen werden. Daher der Spruch: **„In jeder fehlgeschlagenen Sicherungsübereignung steckt als Minus die Übertragung eines bestehenden Anwartschaftsrechts."** Wird dann später beim Eigentumsvorbehalt die Bedingung herbeigeführt, d.h. der Kaufpreis vollständig bezahlt, so erstarkt das Anwartschaftsrecht der Bank zum Vollrecht Eigentum (nach h.M. im Wege des Direkterwerbs, kein Durchgangserwerb beim Vorbehaltskäufer).

cc) Für eine Übereignung nach § 931 bestehen **gemäß § 934 zwei Möglichkeiten** des Gutglaubenserwerbs: **390**

- **Gemäß § 934, 1. Alt.** tritt Gutglaubenserwerb ein, wenn der Veräußerer mittelbarer Besitzer war und einen Herausgabeanspruch gegen den Dritten hatte und diesen wirksam abgetreten hat. Das dann lediglich fehlende Eigentum wird durch Gutgläubigkeit überwunden. § 934, 1. Alt. ist bezüglich der Anknüpfung an den Rechtsschein Besitz schwächer, da sich die Vorschrift mit der bloßen Abtretung und damit mit der Übertragung des bloß mittelbaren Besitzes begnügt, vgl. § 870.

- Sollte der Veräußerer kein mittelbarer Besitzer sein bzw. keinen Herausgabeanspruch gegen den Dritten haben, so verlangt **§ 934, 2. Alt.**, dass der Besitz der Sache von dem Dritten, der die Sache aktuell besitzt, auf den Erwerber übertragen wird. Auch hier erfolgt wiederum die Anknüpfung an die Besitzübertragung aus Rechtsscheinsgesichtspunkten. Nach h.M. muss nicht unbedingt der unmittelbare Besitz übertragen werden, es **genügt die Einräumung des mittelbaren Besitzes** an den Erwerber. Verhält sich der Dritte, also der unmittelbare Besitzer, jedoch mehrdeutig und schließt mehrere Miet- oder Leihverträge, so erlangt nach der Literatur der Erwerber nur mittelbaren Nebenbesitz was für einen Gutglaubenserwerb nicht genüge. Denn die Wertung der Gutglaubensvorschriften bedingt, dass aufgrund der Übertragung des (mittelbaren) Besitzes nur derjenige gutgläubig erwerben kann, der besitzmäßig besser dasteht als der ursprüngliche Berechtigte. Daher sei der bloße mittelbare Nebenbesitz eine zu schwache Rechtsposition. Die **Rspr.** (Winterhallenfall) löst hingegen anders: **Es gibt keinen mittelbaren Nebenbesitz**, da in §§ 854 ff. nicht vorgesehen. Also ist nur das zuletzt begründete Miet-, Leihverhältnis entscheidend. Denn durch den letzten Miet-, Leihvertrag bringt der unmittelbare Besitzer zum Ausdruck, dass er seinen ursprünglichen Besitzmittlerwillen aufgibt und nur noch für den letzten Vermieter/Verleiher besitzen will. Daher gutgläubiger Erwerb des letzten mittelbaren Besitzers zu bejahen!

e) Maßstab und Zeitpunkt der Gutgläubigkeit

391 aa) Der **Maßstab der Gutgläubigkeit** ist für alle Gutglaubenstatbestände aus **§ 932 Abs. 2** zu entnehmen.

Hiernach schaden lediglich Vorsatz (dolus eventualis reicht) bezüglich der fehlenden Berechtigung des Verfügenden sowie grob fahrlässige Unkenntnis hiervon. Grob fahrlässig handelt, wer die im Verkehr erforderliche Sorgfalt in ungewöhnlich hohem Maße außer Acht lässt („grob schwachsinnig"), z.B. wer sich keinen Kfz-Brief zeigen lässt.

Hieraus kann aber nicht umgekehrt geschlossen werden, dass bei Vorlage des Kfz-Briefs (Zulassungsbescheinigung Teil II) zwingend Gutgläubigkeit anzunehmen ist. Denn es können sonstige evidente Verdachtsmomente bestehen, dahingehend, dass der Verfügende doch kein Eigentümer ist z.B. Aufkleber der Autovermietung auf dem Pkw. Hinzukommt, dass im Kfz-Brief nur der Halter eingetragen ist. Der Halter muss nicht zwingend der Eigentümer sein, s.o. Rdnr. 272.

Beachte zur **Beweislast**: Aus dem Wortlaut des § 932 Abs. 1 folgt, dass die Gutgläubigkeit vermutet wird.

392 bb) **Zeitpunkt der Gutgläubigkeit** ist jeweils die Vollendung des Rechtserwerbs, d.h. bei Übergabe i.S.d. §§ 929, 933 bzw. bei der Abtretung gemäß § 934, 1. Alt., bzw. bei Besitzerwerb gemäß § 934, 2. Var.

393 ### f) Negative Voraussetzung: Kein Abhandenkommen, § 935 Abs. 1

Alle Gutglaubenserwerbsarten der §§ 932–933 sind ausgeschlossen, wenn die Sache zuvor abhanden gekommen war, § 935 Abs. 1.

aa) **Abhandenkommen bedeutet** gemäß § 935 Abs. 1 S. 1 grundsätzlich, dass dem Eigentümer die Sache gestohlen wurde, verloren gegangen ist oder in sonstiger Form gegen oder ohne seinen Willen weggekommen ist. Täuschungsbedingte Weggabe durch den Eigentümer selber genügt nicht!

- Hatte allerdings der **Eigentümer** den **Besitz freiwillig auf einen Dritten übertragen**, z.B. verliehen, so ist unbedingt § 935 Abs. 1 S. 2 zu **beachten**: Nunmehr ist für die Frage des Abhandenkommens nicht mehr auf den Eigentümer abzustellen, sondern auf die Person des unmittelbaren Besitzers (z.B. Entleihers)!

- In diesem Zusammenhang wird auch § 855 relevant, **wonach** der Besitzdiener nicht **Besitzer** ist, sondern der **Geschäftsherr**. Dann ist für die Frage des Abhandenkommens auf den Geschäftsherrn abzustellen.

- Ferner § 857, wonach der **Besitz per Fiktion mit dem Erbfall auf den Erben übergeht**. Ab da ist für Abhandenkommen nur noch auf ihn abzustellen.

bb) Ausnahmsweise ist das Abhandenkommen unerheblich, d.h. Gutglaubenserwerb doch möglich, wenn ein Fall des **§ 935 Abs. 2** vorliegt: Aus Gründen der Verkehrsfähigkeit ist bei Geld, Inhaberpapieren (z.B. Aktien, Schecks) sowie öffentlicher Versteigerungen ein Abhandenkommen unbeachtlich.

Beachte den Unterschied:

- Die **in § 935 Abs. 2 gemeinte öffentliche Versteigerung** i.S.v. § 383 ist zivilrechtlich.

- **Anders** die **öffentlich-rechtliche Zwangsversteigerung nach ZPO**, welche per VA erfolgt, sodass von vornherein die §§ 929 ff., also auch § 935, keine Anwendung finden. Dann erwirbt der Meistbietende stets das Eigentum per VA des Gerichtsvollziehers. Näheres s. AS-Assessor-Skript Zwangsvollstreckungsrecht.

B. Sicherheiten an beweglichen Sachen

I. Eigentumsvorbehalt

Der Eigentumsvorbehalt ist die Sicherheit für den Verkäufer, so lange Eigentümer zu bleiben, bis der Kaufpreis vollständig bezahlt ist. Dies wird dadurch erreicht, dass die dingliche Einigung i.S.v. § 929 unter der aufschiebenden Bedingung i.S.v. § 158 Abs. 1 steht. Die Auslegungsregel des § 449 Abs. 1, die kurioserweise im Schuldrecht steht, lässt man besser weg! 394

1. Varianten des Eigentumsvorbehalts sind: 395

- **Normaler Eigentumsvorbehalt:** Sichert nur die konkrete Kaufpreisforderung aus dem konkreten Kaufvertrag.

- **Erweiterter Eigentumsvorbehalt:** Jetzt wird die Bedingung auf die Bezahlung aller Forderungen aus der gesamten Geschäftsbeziehung erweitert.

  Unterfall: **Kontokorrentvorbehalt:** Sichert alle Forderungen aus dem Kontokorrentsaldo i.S.v. § 355 HGB.

- **Verlängerter Eigentumsvorbehalt:** Sichert die konkrete Forderung aus dem konkreten Kaufvertrag. Jedoch gibt der Veräußerer dem Vorbehaltskäufer die Ermächtigung gemäß § 185 Abs. 1, im ordentlichen Geschäftsgang weiter zu verfügen. Im Gegenzug tritt der Vorbehaltskäufer seine künftige Kaufpreisforderung gegen den Abkäufer an den Vorbehaltsverkäufer ab (Vorausabtretung, § 398 S. 1).

Ferner wird beim verlängerten Eigentumsvorbehalt im Regelfall vereinbart, dass trotz der Abtretung der Vorbehaltskäufer rückermächtigt wird, die Kaufpreisforderung gegen seinen Abkäufer zu realisieren. Klagt er gegen diesen, so klagt er aufgrund der Abtretung eine fremde Forderung ein, also Fall der gewillkürten Prozessstandschaft!

2. In der Schwebezeit, während derer die Bedingung noch nicht eingetreten ist, aber eintreten kann, hat der Käufer das wesensgleiche Minus zum Eigentum, das **Anwartschaftsrecht**. Dieses kann er analog §§ 929 f. auf Dritte übertragen, auch als Sicherungsanwartschaftsrecht (s.o. Rdnr. 389).

3. Zu beachten ist, dass aufgrund der aufschiebenden **Bedingung** die Übereignung (trotz des Abstraktionsprinzips) **akzessorisch zum schuldrechtlichen Kaufpreisanspruch** verknüpft wird: Tritt aufgrund vollständiger Zahlung Erfüllung ein, ist die Bedingung i.S.v. § 158 Abs. 1 für den Eigentumserwerb eingetreten. Erlischt hingegen der Kaufvertrag, z.B. durch Rücktritt des Verkäufers wegen Zahlungsver- 396 zugs des Käufers gemäß § 323 (auf den § 449 Abs. 2 nur deklaratorisch verweist), so kann die Bedingung Kaufpreiszahlung nie mehr eintreten. Dann erlischt auch das Anwartschaftsrecht des Käufers.

Beachte, dass der EV-Verkäufer selbst dann noch gemäß § 323 zurücktreten kann, wenn die Kaufpreisforderung verjährt ist, § 216 Abs. 2 S. 2!

4. Schutz des Anwartschaftsberechtigten

397 Sofern der Verkäufer während der Schwebezeit der Bedingung ein weiteres Mal verfügt, gilt § 161:

a) Gemäß § 161 Abs. 1 ist die Verfügung zwar wirksam, jedoch wird sie im nachhinein unwirksam, sobald der Eigentumsvorbehaltskäufer die Bedingung herbeiführt, also die letzte Rate bezahlt.

b) Eine **Ausnahme** gilt gemäß § 161 Abs. 3 i.V.m. §§ 932 ff., sofern der zweite Erwerber **gutgläubig rechtsbeständiges Eigentum** erworben hat. Dies würde jedoch dazu führen, dass dann der Eigentumsvorbehaltskäufer seine unzerstörbare Rechtsposition i.S.e. Anwartschaftsrechts verliert. Dies verhindert die h.M. über eine **analoge** Anwendung des § 936 Abs. 3, sodass im Endeffekt der **Anwartschaftsberechtigte** trotz Gutgläubigkeit des zweiten Erwerbers sein Anwartschaftsrecht behält. Führt daher anschließend der Anwartschaftsberechtigte die Bedingung durch Restzahlung herbei, so erstarkt sein Anwartschaftsrecht wieder zum Vollrecht Eigentum (Bedingungseintritt i.S.v. § 158 Abs. 1).

c) **Im Übrigen** ist das **Anwartschaftsrecht** als wesensgleiches Minus **so wie das Eigentum geschützt**, daher Anspruch aus § 985 analog gegen Dritte (str.) sowie § 1004 analog bei Störung und aus § 823 Abs. 1, weil das Anwartschaftsrecht ein sonstiges Recht darstellt.

5. Anwartschaftsrecht in der Vollstreckung

398 a) Als wesensgleiches Minus gibt das Anwartschaftsrecht nach h.M. bei Einzelzwangsvollstreckung ein **Interventionsrecht** zur Drittwiderspruchsklage i.S.v. § 771 ZPO (näheres im AS-Assessor-Skript Zwangsvollstreckungsrecht).

b) Im Insolvenzverfahren des Verkäufers fällt das Anwartschaftsrecht des Käufers unter § 47 InsO (str.). Hier ist jedoch Folgendes zu beachten: Befindet sich der (Noch-)Eigentümer im Insolvenzverfahren, so geht gemäß § 80 InsO die Verfügungsbefugnis auf den Insolvenzverwalter über. Gemäß § 103 InsO hat der Insolvenzverwalter ein Wahlrecht bei noch nicht vollständig erfüllten Verträgen dahingehend, ob er noch Erfüllung verlangt oder eine Erfüllung gegenüber dem Käufer ablehnt. Hierdurch ginge allerdings der Kaufvertrag und das akzessorische Anwartschaftsrecht unter. Dann wäre aber das Anwartschaftsrecht keine unzerstörbare Rechtsposition. Daher ist dieses Problem in § **107 InsO** geregelt: Hiernach kann der Eigentumsvorbehaltskäufer vom Insolvenzverwalter noch die Erfüllung des Kaufvertrags verlangen. Damit ist das Anwartschaftsrecht insolvenzfest.

II. Sicherungsübereignung

399 Die Sicherungsübereignung ist die Alternative zur Verpfändung, §§ 1204 ff.: Die Verpfändung setzt neben einer entsprechenden Verpfändungsvereinbarung gemäß § 1205 zwingend als Vollzugsmoment die Übergabe an den Pfandgläubiger voraus (deswegen Faustpfandrecht genannt). Deshalb ist dies für die Praxis im gewerblichen Bereich uninteressant. Welche Bank hätte ein Interesse daran, dass ihr ein Bagger zwecks Verpfändung übergeben wird?

Deswegen wurde in der Praxis die Sicherungsübereignung entwickelt, da dann gemäß § 930 die Übergabe durch Vereinbarung eines Besitzmittlungsverhältnisses ersetzt werden kann. Daher gilt grundsätzlich für die Sicherungsübereignung das normale Aufbauschema i.S.d. §§ 929 ff. Zu beachten sind jedoch folgende **Besonderheiten:**

1. Auch bei der Sicherungsübereignung ist die **Bestimmtheit der dinglichen Einigung** zu beachten: Die übereigneten Gegenstände müssen so hinreichend bestimmt sein, dass ein Außenstehender allein anhand der dinglichen Einigung sagen kann, welche Gegenstände gemeint sind. Unproblematisch bei der sog. **Allklausel** „alle Waren in der Lagerhalle". Sollen bestimmte Gegenstände, z.B. die die unter Eigentumsvorbehalt stehen, ausgenommen sein, müssen diese konkret bezeichnet werden. Dies gilt auch bei Warenlagern mit wechselndem Bestand (sog. **revolvierende Sicherheiten**).

2. **Übersicherung** liegt vor, **wenn der realisierbare Wert** der Sicherungsgegenstände 110% der gesicherten Forderung übersteigt. Ist der realisierbare Wert der Sicherungsgegenstände nicht genau feststellbar, so ist **spätestens** dann Übersicherung eingetreten, **wenn der Nennwert der Sicherheit 150%** der gesicherten Forderung übersteigt.

- In diesen Fällen kommt **Nichtigkeit gemäß § 138 Abs. 1 aber nur bei anfänglicher Übersicherung** in Betracht.
- Im Falle der **nachträglichen Übersicherung** besteht nach der Rspr. **lediglich** ein **Anspruch auf Freigabe**. Ist ein solcher Anspruch nicht ausdrücklich vereinbart, so ist dieser im Wege der ergänzenden Auslegung der Sicherungsabrede zu begründen.

3. Da die Sicherungsübereignung **keine akzessorische Sicherheit** ist, kann eine Verknüpfung mit der gesicherten Forderung nur dadurch erreicht werden, dass die dingliche Einigung gemäß § 158 Abs. 2 auflösend bedingt durch die Erfüllung der gesicherten Forderung vereinbart wird. Naturgemäß haben Banken an einer derartigen Bedingung kein Interesse. Eine konkludent vereinbarte Bedingung ist nur bei hinreichenden Anhaltspunkten anzunehmen. Andererseits kann es nicht angehen, dass bei vollständiger Bezahlung der gesicherten Forderung die Bank weiterhin Eigentümer bleibt. Daher wird in der **schuldrechtlichen Sicherungsabrede**, die die causa, den Rechtsgrund, für die dingliche Sicherungsübereignung bildet, in der Regel vereinbart, dass der Sicherungsgeber einen schuldrechtlichen Rückübereignungsanspruch hat, sobald er die gesicherte Forderung erfüllt. Die Rückübereignung der Bank an den Sicherungsgeber erfolgt dann gemäß § 929 S. 2.

4. Die schuldrechtliche **Sicherungsabrede** wird von Banken auch „**Zweckerklärung**" genannt. Sollte eine Sicherungsabrede nicht ausdrücklich vereinbart sein, so ist diese als konkludent vereinbart anzusehen (Auslegung). Ferner ergibt die Auslegung auch, dass im Fall der Erfüllung der gesicherten Forderung der vorgenannte Anspruch auf Rückübertragung vereinbart sein soll (ergänzende Vertragsauslegung).

5. Die **Übergabe** der Sicherungssache wird **gemäß § 930** durch Vereinbarung eines Besitzmittlungsverhältnisses **ersetzt**. In praxi wird von den Banken hier ein Leihverhältnis vereinbart, damit der Sicherungsgeber die Sache weiter unentgeltlich benutzen kann. Wurde über das Besitzmittlungsverhältnis keine ausdrückliche Abrede getroffen, so kann entweder eine konkludent vereinbarte Leihe angenommen werden oder man nimmt die Sicherungsabrede als Besitzmittlungsverhältnis, weil die Aufzählung in § 868 nicht abschließend ist.

405 6. Ist der Sicherungsgeber kein Eigentümer, so wird ein **Gutglaubenserwerb des Sicherungsnehmers gemäß § 933,** der zwingend eine Übergabe voraussetzt, nur stattfinden, wenn der Sicherungsfall eingetreten ist und die Sache zu Verwertungszwecken übergeben wird und der Sicherungsnehmer zu diesem Zeitpunkt noch gutgläubig ist. Ansonsten erfolgt keine Übergabe, sodass ein Gutglaubenserwerb gescheitert ist. Dann kann die fehlgeschlagene Sicherungsübereignung ausgelegt werden in die Übertragung eines ggf. beim Sicherungsgeber bestehenden Anwartschaftsrechts (s.o. Rdnr. 389).

III. Pfandrechte

406 1. Die **gesetzlichen Pfandrechte** entstehen, wie bereits oben in der jeweiligen Vertragsart dargestellt, automatisch per Vertrag.

- **§ 647: Werkunternehmerpfandrecht,** das aber eine Übergabe an den Unternehmer voraussetzt. Daher Erlöschen durch Rückgabe, § 1253 i.V.m. § 1257.

- **§ 562: Vermieterpfandrecht,** welches die Einbringung der Sache in die Mietwohnung voraussetzt. Daher Erlöschen mit Entfernung, § 562 a, beachte § 562 b!

- **§ 704: Gastwirt- und Hotelierspfandrecht,** was die Einbringung der Sache durch den Kunden erfordert. Daher Erlöschen mit Entfernung, § 704 S. 2 i.V.m. §§ 562 a, b.

Gemäß § 1257 gelten für die kraft Gesetz entstandenen Pfandrechte die Vorschriften über das vertraglich vereinbarte Pfandrecht entsprechend, also: Akzessorietät, § 1252!

407 2. Das **vertraglich vereinbarte Pfandrecht, §§ 1204 ff.**

Wie bereits dargestellt, hat das vertraglich vereinbarte Pfandrecht im gewerblichen Bereich kaum praktische Bedeutung, da es durch die Sicherungsübereignung ersetzt wird. Eine Verpfändung erfolgt aber an Pfandleihhäuser sowie unter Privatpersonen. Wir beschränken uns daher auf das nachfolgende Prüfschema.

Prüfschema: Vertragliches Pfandrecht, §§ 1204 ff.

1. **Dingliche Einigung**, § 1205, Inhalt: § 1204
2. **Bestehen der zu sichernden Forderung** (auch bedingt/künftig, § 1204 Abs. 2) – Akzessorietät, § 1252!
3. **Übergabe oder Surrogat**, §§ 1205, 1206
   - § 1205 Abs. 1:
     - S. 1: Übergabe (≈ § 929 S. 1)
     - S. 2: Pfandgläubiger hat schon Besitz (≈ § 929 S. 2)
   - § 1205 Abs. 2:
     - Übertragung des mittelbaren Besitzes (≈ 931, aber:)
     - und Verpfändungsanzeige
   - § 1206, 1. Alt.:
     - Mitverschluss (qualifizierter Mitbesitz)
       z.B. zwei Schlüssel erforderlich, um an die Perlenkette im Safe zu gelangen; dann reicht Übergabe eines Schlüssels.
   - § 1206, 2. Alt:
     - Besitz eines Dritten
     - Herausgabe kann nur an Eigentümer und Pfandgläubiger gemeinschaftlich erfolgen
4. **ggf. Einigsein**, d.h. kein Widerruf bis zur Übergabe/Surrogat
5. **Berechtigung des Pfandrechtbestellers**
   - Verpfänder ist **verfügungsbefugter Eigentümer**
   - oder nach § 185 Abs. 1 Ermächtigter; sonst:
6. **Erwerb vom Nichtberechtigten**
   a) Gutgläubiger Erwerb des Pfandrechts, § 1207: entspr. §§ 932, 934, 935
      - bei Kaufleuten beachte § 366 HGB
   b) § 185 Abs. 2: Genehmigung/nachträglicher Eigentumserwerb

Rechtsfolgen des Pfandrechts

I. Sicherungsphase
- Verwahrungspflicht des Pfandgläubigers, § 1215 (ggf. Rückgabe, § 1223)
- Verwendungsersatz, § 1216 i.V.m. GoA, §§ 683 ff.
- Schutz des Pfandrechts gemäß § 1227 entsprechend Eigentum; also:
  - Herausgabe an Pfandgläubiger entsprechend § 985 (ggf. § 1231)
  - Sekundäransprüche entsprechend §§ 987 ff., 1227
  - § 823 Abs. 1 (Pfandrecht als sonstiges Recht)

II. Sicherungsfall eingetreten
1. öffentliche Versteigerung, § 1228 i.V.m. §§ 1233 ff.
   - Rechtmäßigkeitsvoraussetzungen in § 1243 geregelt
     ⇨ insbesondere Pfandreife, § 1228 Abs. 2
   - bei rechtswidriger Verwertung: **gutgläubiger Erwerb** des Erstehers gemäß § 1244 möglich
2. öffentlich-rechtliche Zwangsversteigerung nach ZPO erst möglich, wenn Gläubiger Vollstreckungstitel hat, § 1233 Abs. 2

408 3. Die **Verwertung** bei Pfandreife erfolgt **nach Wahl des Pfandgläubigers**:

- ohne Vollstreckungstitel durch privatrechtlichen Pfandverkauf gemäß § 1233 Abs. 1 i.V.m. §§ 1234 ff.
  - **Rechtfolge, § 1243**
    - Hatte der Gläubiger in Wirklichkeit kein Pfandrecht erlangt oder war die Veräußerung rechtswidrig (§ 1243), so **kann** der **Erwerber** der Sache **gemäß § 1244** noch **gutgläubig** das Eigentum erwerben.
- Bei **Vorliegen eines Vollstreckungstitels gegen den Eigentümer der Pfandsache** auf Duldung des Pfandverkaufs kann der Gläubiger **wahlweise**
  - durch **privatrechtlichen Pfandverkauf gemäß §§ 1233 ff.**
  - oder **öffentlich-rechtlich gemäß § 1233 Abs. 2 nach §§ 814 ff. ZPO** verwerten.
- **Aus der gesicherten (Darlehens-)Forderung** gegen den Schuldner kann dagegen der Gläubiger nur nach allgemeinen Grundsätzen bei Vorliegen eines Titels nach ZPO vollstrecken.

IV. Verhältnis der dinglichen Sicherheiten zur Forderung

Bei den dinglichen Sicherheiten ist – genauso wie bei den schuldrechtlichen – zwischen den akzessorischen, die mit der gesicherten Forderung verknüpft sind (vgl. z.B. Pfandrecht, § 1252) und den losgelösten, abstrakten Sicherheiten (z.B. Sicherungsübereignung, Grundschuld) zu unterscheiden.

409 1. Für die **akzessorischen Sicherheiten** ist hilfreich die **Auflistung in § 401**: Hypothek, §§ 1113 ff., Pfandrecht, §§ 1204 ff. Obwohl die Vormerkung in § 401 nicht aufgeführt ist, ist sie ebenfalls akzessorisch.

410 2. Umgekehrt sind **abstrakte Sicherheiten**: die Grundschuld, §§ 1191, 1192, die Sicherungsübereignung, §§ 929, 930 und die Sicherungsabtretung, § 398. Hier besteht keine Verknüpfung mit der zu sichernden Forderung.

Die Abstraktheit wird jedoch dadurch entschärft, dass sich aus dem zugrunde liegenden Kausalverhältnis, der sog. Sicherungsabrede ein schuldrechtlicher Anspruch auf Rückübertragung der Sicherheit ergibt, sofern ein Forderungsmangel besteht. Der verbleibende Unterschied ist dann, dass bei den akzessorischen Sicherheiten der Forderungsmangel automatisch durchschlägt, sodass die Sicherheit untergeht (§ 1252), während eben bei abstrakten Sicherheiten bloß ein schuldrechtlicher Anspruch auf Rückübertragung besteht.

3. Abschnitt: Erwerb von Grundstücksrechten

A. Der rechtsgeschäftliche Eigentumserwerb am Grundstück gemäß §§ 873, 925

I. Verfügungen über Grundstücke erfolgen **nach dem allgemeinen Prüfschema**, s. Rdnr. 373, **mit folgenden Besonderheiten:**

1. Dingliche Einigung, §§ 873 Abs. 1, 925

411 Zu beachten ist, dass § 873 Abs. 1 den Generaltatbestand für die Entstehung eines dinglichen Rechts an Grundstücken darstellt, d.h. nicht nur für Übereignungen gilt, sondern auch für dingliche Belastungen (z.B. mit einer Hypothek oder Grundschuld). Bei Übereignungen ist für die Form § 925 hinzuzuziehen. Zu beachten ist, dass für die sog. Auflassung gemäß § 925 Abs. 1 eigentlich keine notarielle Beurkundung erforderlich ist, sondern nur „gleichzeitige Anwesenheit" vor dem Notar.

Jedoch erfolgt in praxi dennoch eine Beurkundung, da zum einen der schuldrechtliche Vertrag, z.B. der Kaufvertrag, § 433, gemäß § 311 b ohnehin notariell beurkundet werden muss. Zudem hat die Beurkundung auch der dinglichen Einigung den Vorteil, dass diese dann nicht mehr widerrufen werden kann, § 873 Abs. 2, 1. Var. Die Auflassung kann gemäß § 925 Abs. 1 auch in einem Prozessvergleich erfolgen.

> **Anwaltsklausur:** Also ist es taktisch klug, in einem Prozessvergleich nicht nur die schuldrechtliche Einigung, sondern auch die dingliche Einigung mit aufzunehmen. Dies spart nicht nur Beurkundungskosten, sondern macht eine Zwangsvollstreckung, die umständlich gemäß § 888 ZPO erfolgen würde (§ 894 ZPO gilt nur für Urteile!) überflüssig.

2. Eintragung ins Grundbuch

Das Vollzugselement ist die Eintragung im Grundbuch, § 873 Abs. 1. Materiellrechtlich ist für den Eigentumserwerb nur entscheidend, dass die Eintragung vorgenommen wurde. Unerheblich ist, ob die Eintragung rechtmäßig erfolgt war. D.h. die Grundbuchordnung ist hier nicht inzidenter zu prüfen. Hat der Grundbuchbeamte einen Fehler gemacht, ist allenfalls später eine Amtshaftungsklage möglich. 412

Lautet allerdings die Fragestellung z.B. in einer Anwaltsklausur, ob eine Eintragung zu erreichen ist, dann sind die Voraussetzungen der Grundbuchordnung zu prüfen, weil sonst zu erwarten steht, dass bei deren Nichtvorliegen der Grundbuchbeamte sich weigern wird. Die formellen Voraussetzungen finden Sie in §§ 13, 19, 20, 29 und § 39 GBO.

Da es einige Zeit dauert, bis die Eintragung im Grundbuch erfolgt, kann sich der Käufer gemäß §§ 883 Abs. 1, 885 eine Vormerkung eintragen lassen, um in der Zwischenzeit abgesichert zu sein (dazu gleich noch genauer, Rdnr. 417 ff.

3. Berechtigung des Veräußerers

Hier gilt das Gleiche wie bei beweglichen Sachen: 413

- **Berechtigt ist der verfügungsbefugte Eigentümer.**

  Beachte die **Sondervorschrift des § 878:** Liegt bereits eine wirksame und i.S.v. § 873 Abs. 2 bindende Auflassung (z.B. wegen notarieller Beurkundung) vor und hat der Käufer bereits seinen Antrag auf Umschreibung im Grundbuch gestellt, so sind nunmehr eintretende Verfügungsbeschränkungen beim Verkäufer unschädlich. Der Käufer erwirbt dann dennoch das Eigentum.

  Beispiel: Nach notarieller Auflassung und Antragstellung beim Grundbuchamt fällt die Verfügungsmacht des Veräußerers gemäß § 80 InsO weg.

  Zu beachten ist, dass § 878 keine Gutgläubigkeit voraussetzt, sodass der Käufer selbst dann Eigentum erwirbt, wenn ihm die Verfügungsbeschränkung bekannt ist!

- Ferner ist **Berechtigter der kraft Gesetzes Verfügungsbefugte**, z.B. der Insolvenzverwalter, § 80 InsO; Testamentsvollstrecker, § 2205.

- Des Weiteren ist der **Nichteigentümer, der mit Ermächtigung** des wahren Eigentümers **nach § 185 Abs. 1 verfügt**, ebenfalls Berechtigter (nochmals der Hinweis: insofern ist der Wortlaut des § 185 Abs. 1, der von einem Nichtberechtigten spricht, falsch!).

4. Erwerb vom Nichtberechtigten

Fehlt die Berechtigung im vorgenannten Sinne, so ist § 185 Abs. 2 oder **Gutglaubenserwerb gemäß § 892** zu prüfen. 414

Zu beachten ist, dass § 892 den Generaltatbestand für den gutgläubigen Erwerb von allen dinglichen Rechten an Grundstücken, also nicht nur für den gutgläubigen Eigentumserwerb, sondern auch gutgläubigen Hypothekenrechtserwerb etc. darstellt. Auch der gutgläubige lastenfreie Erwerb fällt hierunter.

Beispiel: Der Veräußerer ist zwar Eigentümer, aber objektiv belastet mit einer Grundschuld. Diese wurde jedoch versehentlich im Grundbuch gelöscht. Nunmehr kann ein Dritter gutgläubig lastenfreies Eigentum gemäß § 892 erwerben.

Voraussetzungen des § 892

a) **Ungeschriebene Voraussetzung ist das Vorliegen eines Verkehrsgeschäfts**, genau wie bei einem Gutglaubenserwerb beweglicher Sachen.

- D.h. es muss ein **rechtsgeschäftlicher Erwerb** gegeben sein (abzulehnen bei gesetzlichem Erwerb, wie z.B. Erbfolge, § 1922; vorweggenommene Erbfolge wird dem gleichgestellt).

- Ferner muss ein **echter Rechtssubjektwechsel** stattfinden, daher kein Gutglaubenserwerb, falls ein, wenn auch ausnahmsweise wirksames In-Sich-Geschäft i.S.v. § 181 vorliegt.

b) Im **Grundbuch** muss ein **Rechtsschein** erzeugt sein, **der den Verfügenden** als scheinbar berechtigten Eigentümer bzw. als scheinbar lastenfreien Eigentümer **legitimiert**.

c) **Gutgläubigkeit des Erwerbers.** Hier ist zu beachten, dass gemäß § 892 Abs. 1 S. 1, 2. Halbs. nur positive Rechtskenntnis von der wahren Rechtslage schadet. Anders als bei beweglichen Sachen (§ 932 Abs. 2) schadet grobe Fahrlässigkeit nicht. Grund: Der Rechtsschein des Grundbuchs ist stärker als der Besitz bei beweglichen Sachen. Zu beachten ist, dass Gutgläubigkeit nicht voraussetzt, dass der Erwerber zuvor ins Grundbuch geschaut hat. Vielmehr wird ein abstrahiertes Vertrauen geschützt. Für den **Zeitpunkt der Gutgläubigkeit ist § 892 Abs. 2 relevant**. Hiernach ist regelmäßig nur auf den Zeitpunkt der Antragstellung abzustellen, spätere Bösgläubigkeit schadet dann nicht mehr.

Klausurproblem: Hat der Käufer **zuvor eine Vormerkung gutgläubig erworben** – auch hier ist auf den Zeitpunkt der Antragstellung bezüglich der Eintragung der Vormerkung abzustellen, so soll die Vormerkung vor späteren Ereignissen schützen, vgl. § 883 Abs. 2, Abs. 3. Die h.M. nimmt daher analog § 883 Abs. 2 an, dass die spätere Bösgläubigkeit nunmehr für den Eigentumserwerb nicht mehr schadet. D.h. die Gutgläubigkeit bei Erwerb der Vormerkung wird „eingefroren". Daher kann der Dritte nunmehr gutgläubig das Eigentum am Grundstück gemäß § 892 erwerben, obwohl er zwischenzeitlich bösgläubig geworden ist.

415 d) Allerdings scheidet ein Gutglaubenserwerb generell aus, wenn im Grundbuch ein **Widerspruch** eingetragen ist, **§ 892 Abs. 1 S. 1 a.E.** Zu beachten ist, dass insofern für den Widerspruch nicht der Zeitpunkt des § 892 Abs. 2 gilt. Es ist daher nicht bloß auf den Zeitpunkt der Antragstellung abstellen, sondern jeder Widerspruch, der noch bis zur Vollendung des Rechtserwerbs, also bis zur Umschreibung des Eigentums gemäß § 899 eingetragen wird, verhindert den Eigentumserwerb.

Fazit für die Anwaltsklausur: Sobald erkannt ist, dass das Grundbuch unrichtig ist, sollte schnellstmöglich **per einstweiliger Verfügung gemäß § 899, 1. Var. ein Widerspruch erwirkt** werden, um einen Gutglaubenserwerb zu verhindern. Während normalerweise für eine einstweilige Verfügung eine ernsthafte Gefährdung und ein Eilfall dargelegt werden muss (Verfügungsgrund, § 940 ZPO) ist dies für die Eintragung des Widerspruchs nicht erforderlich, s. § 899 S. 2!

II. Der Aufbau des Grundbuchs

Das Grundbuch ist wie folgt aufgebaut: 416

- In der **ersten Abteilung** werden die Eigentumsverhältnisse eingetragen.
- In der **zweiten Abteilung** befinden sich die Lasten und Beschränkungen (z.B. Nießbrauch, Vormerkung etc.).
- In der **dritten Abteilung** sind die Verwertungsrechte wie Hypotheken, Grundschulden und Rentenschulden eingetragen.

B. Die Vormerkung, §§ 883 ff.

I. Einordnung als akzessorische Sicherheit

Obwohl die Vormerkung in § 401, der die akzessorischen Sicherheiten aufzählt, nicht genannt wird, ist die Vormerkung streng akzessorisch mit der zu sichernden Forderung verknüpft. Allerdings schafft § 883 Abs. 1 S. 2 (ebenso wie bei den anderen akzessorischen Sicherheiten) eine kleine Erweiterung: Hiernach können auch künftige Ansprüche gesichert werden. 417

Hier stellt sich in der Klausur die Frage, ab wann von einem künftigen Anspruch gesprochen werden kann. Die Rspr. verlangt, dass eine gewisse Rechtsgrundlage schon vorhanden ist, also z.B. ein verbindliches notarielles Angebot (das dann auch befristet sein kann). Oder es wurde bereits ein Vorvertrag über das Grundstück abgeschlossen. Achtung: Wegen der Warnfunktion gilt dann bereits die Formvorschrift des § 311 b, da der Vorvertrag eine mittelbare Erwerbsverpflichtung schafft!

II. Entstehungsvoraussetzungen der Vormerkung

Die Entstehungsvoraussetzungen der Vormerkung ergeben sich aus §§ 885, 883 Abs. 1. Hieraus resultiert folgendes Prüfschema, das sich wiederum am allgemeinen Prüfschema im Sachenrecht orientiert. 418

Prüfschema: Vormerkung, §§ 883 ff.

1. Bewilligung oder einstweilige Verfügung, § 885
2. Schuldrechtlicher Anspruch auf dingliche Rechtsänderung an einem Grundstück besteht (Akzessorietät!)
   - Anspruch aus § 433 Abs. 1 auf Grundstücksübereignung
   - Anspruch aus Sicherungsabrede auf Hypothek, Grundschuld etc.
3. Eintragung der Vormerkung im Grundbuch, § 885
4. **Fortbestehen der Bewilligung** bei Eintragung = kein Widerruf
5. Berechtigung des Bewilligenden
   - Verfügungsbefugter Grundstückseigentümer
   - Kraft Gesetzes Verfügungsbefugter (z.B. § 80 InsO)
   - Ermächtigter, § 185 Abs. 1
6. **Bei Nichtberechtigung des Bewilligenden**
   - § 185 Abs. 2
   - § 878 analog
   - § 892 analog bzw. § 893: Gutgläubiger Erwerb der Vormerkung

419 **1.** Eine Vormerkung entsteht gemäß § 885 Abs. 1 abweichend von den echten dinglichen Rechten nicht durch Einigung i.S.v. § 873 Abs. 1, sondern durch **Bewilligung**. Eine Form ist nicht vorgesehen. In praxi wird jedoch die Bewilligung gleich mit in den notariellen Kaufvertrag aufgenommen. **Alternativ** reicht eine **einstweilige Verfügung**, § 885 Abs. 1, 1. Var.

Anwaltsklausur: Merkt der Käufer, dass ein anderer Interessent dabei ist, ihm das Grundstück wegzuschnappen, sollte schnellstmöglich per einstweiliger Verfügung die Eintragung der Vormerkung erreicht werden. Ob eine echte Gefährdung vorliegt, ist nicht nachzuweisen, § 885 Abs. 1 S. 2!

Auch wenn, wie vielfach in der Praxis üblich, in den notariellen Kaufvertrag gleichzeitig die dingliche Einigung, also die Auflassung i.S.v. § 925 mit aufgenommen wird, sollte eine Vormerkung bezüglich des Anspruchs aus § 433 Abs. 1 eingetragen werden, denn dieser Anspruch ist erst erfüllt, wenn das Eigentum umgeschrieben wird. Da es eine Zeit dauert, bis das Eigentum umgeschrieben wird, muss die Zwischenzeit durch Vormerkung abgesichert werden!

420 **2. Aufgrund der Akzessorietät** der Vormerkung muss die **zu sichernde Forderung bestehen**, wobei künftige Forderungen reichen, § 883 Abs. 1 S. 2. Gesichert werden kann **jeder schuldrechtliche Anspruch auf Einräumung eines dinglichen Rechts** an einem Grundstück. Also nicht nur Ansprüche aus § 433 Abs. 1 auf Übereignung, sondern auch Ansprüche aus Sicherungsabreden auf Einräumung einer Hypothek oder Grundschuld.

Fehlt die zu sichernde Forderung, ist dieser Mangel nicht durch Gutglaubenserwerb überwindbar. Ohne Forderung entsteht also keine Vormerkung!

421 **3. Vollzugsmoment** ist die **Eintragung der Vormerkung, § 885**. Es zählt wiederum nur, dass die Vormerkung eintragen wurde. Die Rechtmäßigkeitsvoraussetzungen nach der Grundbuchordnung sind hier nicht zu prüfen.

422 **4.** Die **Bewilligung muss bis zur Eintragung fortbestehen**, d.h. es darf kein Widerruf vorliegen. Da für die Vormerkung keine Einigung verlangt wird, kann nicht, wie sonst, „Einigsein" formuliert werden.

423 **5.** Der B**esteller der Vormerkung muss Berechtigter sein**. Hier gelten die allgemeinen Grundsätze, sodass er entweder verfügungsbefugter Grundstückseigentümer, gesetzlich Verfügungsbefugter (§ 80 InsO) oder Ermächtigter i.S.v. § 185 Abs. 1 sein muss.

424 **6. Fehlt die Berechtigung des Bestellers der Vormerkung**, so ist dieser Mangel überwindbar nach den allgemeinen Ansätzen: Also

- **Fallgruppen des § 185 Abs. 2:**
  - Genehmigung des wahren Grundstückseigentümers
  - nachträglicher Eigentumserwerb des Bestellers der Vormerkung
  - der wahre Grundstückseigentümer wird Erbe des Bestellers der Vormerkung

- **§ 878 analog bei nachträglichen Verfügungsbeschränkungen.** Nach h.M. analog, weil die Vormerkung wegen ihrer bloß relativen Wirkung (§ 883 Abs. 2) kein echtes dingliches Recht ist.

- **Gutglaubenserwerb gemäß § 892 analog bzw. über § 893.** Auch hier passt § 892 nicht direkt, weil die Vormerkung kein echtes dingliches Recht ist.

III. Untergang der Vormerkung

Zu beachten ist, dass aufgrund der Akzessorietät die Vormerkung untergeht, falls die gesicherte Forderung untergeht.

Beispiel: Käufer gerät in Zahlungsverzug und der Verkäufer tritt deswegen gemäß § 323 Abs. 1 vom Kaufvertrag zurück.

IV. Zweiterwerb der Vormerkung, § 398 i.V.m. § 401 analog

Der Zweiterwerb ist in §§ 883 ff. nicht geregelt. Jedoch gilt das Gleiche wie bei anderen akzessorischen Sicherheiten i.S.v. § 401: Es **wird die gesicherte Forderung**, z.B. die Forderung aus § 433 Abs. 1 auf Übereignung des Grundstücks **abgetreten gemäß § 398**. Dies ist formfrei möglich. § 311 b gilt nämlich nur für schuldrechtliche Verpflichtungsverträge, während die Abtretung eine Verfügung darstellt. Die Vormerkung geht dann automatisch, weil akzessorisch, mit über, § 401 analog. Sollte allerdings die gesicherte Forderung aus § 433 Abs. 1 nicht bestehen, so ist dieser Forderungsmangel für den Zweiterwerber der Vormerkung nicht überwindbar, da eine vergleichbare Vorschrift wie § 1138 im Hypothekenrecht fehlt. Leidet umgekehrt die Vormerkung lediglich an einem dinglichen Mangel, z.B. Nichteigentümer hatte Vormerkung bestellt, so ist dieser Mangel über den Gutglaubenserwerb, § 892 analog bzw. § 893 überwindbar.

V. Rechtsfolgen der Vormerkung

1. Die **Vormerkung bewirkt keine Grundbuchsperre**, d.h. nachfolgende Verfügungen werden, obwohl den Vorgemerkten beeinträchtigend, dennoch ins Grundbuch eingetragen.

2. Allerdings sind alle **nachfolgenden Verfügungen gemäß § 883 Abs. 2 dem Vorgemerkten gegenüber relativ unwirksam**, wenn sie das Recht des Vorgemerkten beeinträchtigen. Da somit die Vormerkung keine absolute Wirkung hat, ist sie kein echtes dingliches Recht.

3. Zu beachten ist allerdings, dass § 883 Abs. 2 keine Anspruchsgrundlage darstellt.

a) Daher muss der **Vorgemerkte seinen ursprünglichen Erfüllungsanspruch**, z.B. auf Übereignung des Grundstücks aus § 433 Abs. 1 **gegenüber dem Verkäufer realisieren!** Dieser kann sich dann nicht auf Unmöglichkeit, § 275 Abs. 1 berufen, da die zwischenzeitliche Verfügung ja dem Vorgemerkten gegenüber als nicht geschehen gilt, § 883 Abs. 2. Somit kann der Käufer seinen Erfüllungsanspruch aus § 433 Abs. 1 nach wie vor gegenüber dem Verkäufer realisieren.

b) Realisiert nachfolgend der Käufer seinen Übereignungsanspruch aus § 433 Abs. 1, so muss er sich mit dem Verkäufer dinglich einigen, §§ 873, 925. Erfolgt die Einigung nicht freiwillig, kann er aus § 433 Abs. 1 hierauf Klage erheben. Ferner muss er als neuer Eigentümer eingetragen werden. Damit dies vom Grundbuchbeamten vorgenommen wird, benötigt er die Zustimmung des zuvor Eingetragenen. Zu diesem Zweck **gibt § 888 dem Vorgemerkten einen Anspruch auf Bewilligung gegen den zwischenzeitlich Eingetragenen**.

Zu beachten ist, dass § 883 Abs. 2 nur für **spätere „Verfügungen", also sachenrechtliche Rechtsgeschäfte** gilt.

- Daher ist **streitig, ob auf die einer Vormerkung nachfolgenden Vermietung** durch den Eigentümer **§ 883 Abs. 2 analog** anzuwenden ist, weil der Mietvertrag trotz seiner schuldrechtlichen Natur wegen § 566 quasi-dingliche Wirkung hat.

- Nach h.M. gilt § 883 Abs. 2 analog, falls der wahre Grundstückseigentümer sich nachfolgend **durch bloße Grundbuchberichtigung i.S.v. § 894 eintragen** lässt.

4. Geht es um die **Rangfolge von (gleichartigen) Rechten, so schützt § 883 Abs. 3** ebenfalls den Vorgemerkten.

5. Somit folgt aus § 883 Abs. 2 und Abs. 3, dass die Vormerkung, ggf. analog über die geregelten Fälle hinaus, den Vorgemerkten vor späteren Verfügungen schützt. Daher der Merksatz „die Vormerkung konserviert den Erfüllungsanspruch". War bereits die Auflassung i.S.v. § 925 erfolgt und die Vormerkung eingetragen, so begründet diese sog. Auflassungsvormerkung für den Auflassungsempfänger ein wesensgleiches, unzerstörbares Minus. Daher entsteht mit Eintragung der Vormerkung für den Auflassungsempfänger ein **Anwartschaftsrecht**.

4. Abschnitt: Gesetzlicher Erwerb

A. Die Erwerbstatbestände, §§ 937 ff.

428 Der gesetzliche Erwerb tritt von selbst ein und ist daher der einfachste Lösungsansatz zum Eigentumserwerb.

I. Die Hauptfälle finden sich neben dem Fall der Ersitzung, §§ 937 ff., in den §§ 946 ff. aufgrund Verbindung, Vermischung, Vermengung, Verarbeitung. Hierzu die nachfolgende Übersicht:

Gesetzlicher Eigentumserwerb gemäß §§ 946 ff.

1. **Verbindung mit einem Grundstück, § 946**
   - wesentlicher Bestandteil, § 94; kein Scheinbestandteil, § 95
   - Rechtsfolge: Grundstückseigentümer erwirbt Alleineigentum

2. **Verbindung, Vermischung, Vermengung, §§ 947, 948**
   - Grundsatz: es entsteht Miteigentum, §§ 947 Abs. 1, 948
   - Ausnahme: Es entsteht Alleineigentum, falls eine Hauptsache

3. **Verarbeitung zu einer neuen Sache, § 950**
   - Hersteller erwirbt Alleineigentum

4. **Besonderheiten gegenüber rechtsgeschäftlichem Erwerb**
   - **automatischer Erwerb**, daher Bösgläubigkeit/Abhandenkommen unerheblich
   - **§§ 946 ff. unabdingbar**; Ausnahme: nach h.M. Herstellereigenschaft i.S.v. § 950 ist dispositiv
   - **Wertersatzanspruch** für bisherigen Eigentümer aus § 951 i.V.m. §§ 812 ff. (h.M.: Rechtsgrundverweis)

II. Ausgleichsansprüche

429 Klausurrelevant ist dann in der Regel der **Ausgleichsanspruch des bisherigen Eigentümers aus § 951 i.V.m. §§ 812, 818 Abs. 2**. Nach h.M. handelt es sich um einen **Rechtsgrundverweis auf § 812**, sodass die Voraussetzungen vorliegen müssen. Daher folgendes Prüfschema:

> **Prüfschema: Ausgleichsanspruch aus §§ 951, 812, 818 Abs. 2**
>
> 1. Anspruchsteller hat **Rechtsverlust gemäß §§ 946 ff.** erlitten
> 2. **Voraussetzungen des § 812:**
>   a) Anspruchsgegner hat **etwas = Eigentum erlangt** gemäß §§ 946 ff.
>   b) Durch Leistung des Anspruchstellers, § 812 Abs. 1 S. 1, 1. Var.
>
>   Da gesetzlicher Erwerb, genügt es nach h.M., wenn der Anspruchsteller bis direkt an den Gesetzeserwerb herangeleistet hat:
>   - z.B. in den **Einbaufällen** des § 946 der einbauende Bauunternehmer, der durch den Einbau das Eigentum am Ziegelstein verliert
>   - anders in den **Verarbeitungsfällen**, § 950, weil sich hier der Erwerber selbst durch Verarbeitung das Eigentum verschafft, dann Nichtleistungskondiktion prüfen.
>
>   c) In sonstiger Weise auf Kosten des Anspruchstellers, § 812 Abs. 1 S. 1, 2. Var.
>
>   Wegen der **Subsidiarität** der Nichtleistungskondiktion ist diese ausgeschlossen, wenn ein anderer geleistet hat.
>   - **Jungbullen-Fall:** Landwirt L möchte gegen den Schlachter aus Nichtleistungskondiktion vorgehen: Hier liegt keine vorrangige Leistung des Diebes an den Schlachter vor, da der Dieb zwar schuldrechtlich den Jungbullen an S verkauft und auch übergeben hat, jedoch wegen § 935 kein Eigentum verschaffen konnte. Umgekehrt hat S das Eigentum sich selbst durch Verarbeitung i.S.v. § 950 verschafft. Folge: Nichtleistungskondiktion L gegen S nicht gesperrt.
>
>   d) **Ohne Rechtsgrund:** Zu beachten ist, dass die §§ 946 ff. keinen Rechtsgrund darstellen können, weil dann § 951 als Rechtsgrundverweis sinnlos wäre. Vielmehr muss sich nach allgemeinen Grundsätzen der Rechtsgrund aus einem Kausalverhältnis ergeben:
>   - z.B. Werkvertrag über Einbau/Verarbeitung
>
> 3. **Rechtsfolge gemäß § 951:** Wertersatz in Geld, § 818 Abs. 2
>
>   Hier ist der Verkehrswert der bisherigen Sache vor dem Einbau, Verbindung, Vermischung, Vermengung, Verarbeitung zu ersetzen.

2. Verhältnis des Entschädigungsanspruchs aus §§ 951, 812 zu anderen Anspruchsgrundlagen:

- Bei Verwendungen im E-B-V sind §§ 994 ff. lex specialis (streitig)
- § 816 kann nicht vorliegen, da keine rechtsgeschäftliche „Verfügung" vorliegt, sondern gesetzlicher Eigentumserwerb
- §§ 823 ff. sind daneben anwendbar; beachte aber Sperrwirkung des E-B-V, § 993 Abs. 1, 2. Halbs.

B. Gesetzlicher Erwerb an Urkunden i.S.v. § 952

I. „Das Recht am Papier folgt dem Recht aus dem Papier"

Für Hypothekenbriefe, Versicherungsscheine sowie sonstige **qualifizierte Legimationspapiere**, wie z.B. Sparbücher bestimmt § 952, dass derjenige, der die Forderung hat, auch **automatisch Eigentum an der betreffenden Urkunde** erlangt „das Recht am Papier (Eigentum) folgt dem Recht aus dem Papier (Forderung)". Nach h.M. gilt die Vorschrift analog für Kfz-Briefe (Zulassungsbescheinigung Teil II) „das Recht am Brief folgt dem Recht am Auto". Streitig ist, ob die Vorschrift wiederum analog auf Papiere für Tiere, z.B. Equidenpass, anwendbar ist, s. Kommentierung im Palandt § 952 Rdnr. 8. Da bei diesen Papieren die Forderung im Vordergrund steht, erfolgt die Übertragung durch Abtretung der Forderung gemäß § 398. Nachteil: Gutgläubiger Erwerb in §§ 398 ff. bei Nichtbestehen der Forderung nicht vorgesehen.

II. „Das Recht aus dem Papier folgt dem Recht am Papier"

Die Vorschrift des § 952 gilt nicht für **echte Wertpapiere im engeren Sinne**, wie Wechsel, Aktien, Scheck.

In den meisten Bundesländern werden Feinheiten zum Wertpapierrecht nicht mehr verlangt. Lediglich die Auswirkungen zum Zivilrecht sind relevant: Bei Wertpapieren ist zu unterscheiden zwischen **Wertpapieren im engeren Sinne, bei denen das Papier im Vordergrund steht**, weil es die Forderung verkörpert (z.B. Scheck, Aktie, Wechsel) und den Wertpapieren im weiteren Sinne, wo umgekehrt die Forderung im Vordergrund steht. Der Unterschied ist deswegen wichtig, weil bei den Wertpapieren im engeren Sinne diese als Sachen behandelt werden, weswegen juristisch die Übertragung als bewegliche Sache erfolgen muss. D.h. es wird der Scheck, der Wechsel, die Aktie rechtsgeschäftlich gemäß **§§ 929 ff.** übereignet. Vorteil: Gutgläubiger Erwerb des Papiers gemäß **§§ 932 ff.** möglich bzw. gemäß Art. 16 WG. Um die Verkehrsfähigkeit zu erhöhen, gilt dies auch bei Abhandenkommen, Art. 16 Abs. 2 WG, Art. 21 ScheckG. Die im Papier verkörperte Forderung geht dann automatisch mit über „das Recht aus dem Papier folgt dem Recht am Papier".

432
C. Weitere gesetzliche Erwerbsarten gemäß §§ 937 ff.

- **§§ 937 ff.: Ersitzung** durch gutgläubigen Besitzer

- **§§ 953 ff.:** Gesetzlicher Erwerb an **Erzeugnissen** und **Bestandteilen** bei Trennung von der Sache/Hauptsache

- **§§ 958 ff.:** Gesetzlicher Eigentumserwerb **an herrenlosen beweglichen Sachen**. Herrenlosigkeit erfordert, dass der bisherige Eigentümer sein Eigentum durch Dereliktion nach § 959 aufgegeben hat, was ggf. durch Auslegung zu ermitteln ist.

  Beispiel: Eigentümer stellt für Sperrmüll oder Spendenaufruf Sachen an den Wegesrand: Dereliktion oder Angebot auf Übereignung an den Sperrmüll/offiziellen Spendensammler.

- **§§ 965 ff.:** Gesetzlicher Erwerb an **Fundsachen**, die verloren wurden und in niemandem Besitz stehen, was problematisch ist, wenn die Sache in einer generellen Besitzsphäre verloren wird: Dann doch Besitz aufgrund generellen Herrschaftswillens?

- **§ 984:** Gesetzlicher Erwerb bei **Schatzfund:** Hier finden sich im Examen immer wieder kuriose Fälle aus der Praxis wieder. Dann unbedingt Kommentierung im Palandt zu § 984 lesen und bei Grenzfällen vertretbar hin und her argumentieren!

5. Abschnitt: Verwertungsrechte: Hypothek und Grundschuld, §§ 1113 ff.

Klausuren, deren Schwerpunkt im Hypotheken- oder Grundschuldrecht liegt, sind im 2. Examen in den meisten Bundesländern selten. Daher beschränken wir uns hier auf die Darstellung der Grundzüge.

A. Unterschied Hypothek – Grundschuld

433 Die **Hypothek ist im Unterschied zur Grundschuld akzessorisch** mit der zu sichernden Forderung verknüpft. Vgl. nochmals die Auflistung der akzessorischen Sicherheiten in § 401. Während die Grundschuld aufgrund ihrer Abstraktheit keine zu sichernde Forderung voraussetzt, vgl. § 1192 Abs. 1, muss bei der Hypothek eine Forderung bestehen. Gemäß § 1113 Abs. 2 können aber auch künftige und bedingte Forderungen hypothekarisch gesichert werden. Sollte keine gesicherte Forderung bestehen bzw. die gesicherte Forderung im Nachhinein untergehen, so entfällt die Hypothek. Allerdings folgt aus § 1163 i.V.m. § 1177 Abs. 1, dass sich die Hypothek dann in eine Grundschuld zugunsten des Grundstückseigentümers umwandelt, sog. Eigentümergrundschuld. Der Sinn liegt darin, dass dann der Grundstückseigentümer die rangwahrende Wirkung ausnutzen kann, indem er in zukünftigen Sicherungsfällen die Eigentümergrundschuld auf den neuen Gläubiger als Sicherheit überträgt. Dies spart dann auch Zeit und Geld, da eine dingliche Sicherheit bereits vorhanden ist.

B. Voraussetzungen für den Ersterwerb

I. Die Voraussetzungen für Hypothek und Grundschuld sind gleich bis auf den Umstand, dass eben die Grundschuld aufgrund ihrer Abstraktheit keine Forderung voraussetzt, § 1192 Abs. 1.

434

Daraus ergibt sich das nachfolgende **Prüfschema:**

I. Entstehungsvoraussetzungen	
Hypothek	Sicherungsgrundschuld
1. Ersterwerb, §§ 873, 1113 ff. a) Dingliche Einigung, §§ 873, 1113 (§ 1116 Abs. 2) b) Eintragung, §§ 873, 1115 c) Ggf. Briefübergabe, § 1117 d) Berechtigung des Bestellers e) Sonst: §§ 878, 185 Abs. 2 oder gutgl. Erwerb, § 892 f) Bestehen der zu sichernden Forderung: **Akzessorietät!** bei Nichtbestehen der gesicherten Forderung: ▪ keine (Fremd-)Hypothek ▪ sondern Eigentümergrundschuld; §§ 1163, 1177 Abs. 1	1. Ersterwerb, §§ 873, 1191, 1192, 1113 ff. a) Dingliche Einigung, §§ 873, 1192, 1113 (§ 1116 Abs. 2) b) Eintragung, §§ 873, 1115, 1192 c) Ggf. Briefübergabe, § 1117, 1192 d) Berechtigung des Bestellers e) Sonst: §§ 878, 185 Abs. 2 oder gutgl. Erwerb, § 892 f) Forderung hier **nicht prüfen**, da keine Akzessorietät der Grundschuld, § 1192 Abs. 1 a.E.

2. Zweiterwerb, §§ 398, 1154 ff.
a) Einigung über **Abtretung der gesicherten Forderung**, §§ 398, 1153
b) Form des § 1154
c) Berechtigung
  aa) an gesicherter Forderung; falls (–) →
  bb) an Hypothek falls (–) →
d) gutgl. Erwerb der Hypothek
  aa) §§ 1138, 892; Forderung wird aber **nicht** gutgl. erworben
  bb) §§ 892, 1155
e) RF: Hypothek geht gemäß § 1153 über
	2. Zweiterwerb, §§ 398, 1154, 1192
	a) Einigung über **Abtretung der Grundschuld**, § 398
	b) Form des § 1154 bezogen auf Abtretung der Grundschuld
	c) Berechtigung
	  aa) an gesicherter Forderung unerheblich, da keine Akzessorietät!
	  bb) an Grundschuld falls (–) →
	d) gutgl. Erwerb
	  aa) stellt sich nicht, da Grundschuld sowieso erworben
	  bb) gutgl. Erwerb der Hypothek §§ 892, 1155
	e) RF: Grundschuld geht gemäß § 398 über

II. Untergangsgründe	
▪ mit Untergang der gesicherten Forderung, da **Akzessorietät** der Hypothek –> Umwandlung in Eigentümergrundschuld, §§ 1163, 1177	▪ Untergang der Forderung hier nicht prüfen, da keine Akzessorietät

III. Durchsetzbarkeit	
1. Einreden aus der gesicherten Forderung ▪ auch gegen Hypothek wegen Akzessorietät; vgl § **1137** Ausn.: Verjährung der gesicherten Forderung, § 216 Abs. 1! ▪ aber Zweiterwerber kann gutgl. einredefrei erwerben, § 1138, 2. Alt., §§ 892, 1155 2. Einreden aus der Sicherungsabrede ▪ § 1157 S. 1 ▪ aber Zweiterwerber kann gutgl. einredefrei erwerben, § 1157 S. 2 i.V.m. §§ 892, 1155	1. entfällt, da keine Akzessorietät 2. Einreden aus der Sicherungsabrede ▪ § 1157 S. 1 i.V.m. § 1192; dto. ▪ bei Forderungsmängeln: Einrede gutgläubig einredefreier Erwerb (–), § **1192 Abs. 1 a!**

II. Besonderheiten

1. Die **dingliche Einigung** i.S.v. § 873 Abs. 1 mit dem Inhalt der §§ 1113 ff. bei der Hypothek und **§§ 1191, 1192** bei der Grundschuld ist formfrei möglich. Wird sie jedoch notariell beurkundet, hat dies dann wieder den Vorteil, dass sie nicht mehr widerrufen werden kann, § 873 Abs. 2, 1. Var.

2. Als Vollzugsmoment ist die **Eintragung der Hypothek/Grundschuld ins Grundbuch** erforderlich, § 1115 (i.V.m. § 1192 Abs. 1). Zusätzlich muss der Hypotheken-/Grundschuldbrief übergeben werden, § 1116 (i.V.m. § 1192); es sei denn, es ist ein Buchrecht vereinbart, § 1116 Abs. 2. Beachte also, dass für den Ersterwerb ein Doppelvollzugstatbestand aus Eintragung und Briefübergabe erforderlich ist. Die Übergabe des Briefes kann allerdings gemäß §§ 930, 931 ersetzt werden, vgl. § 1116 Abs. 2 S. 2. Hier ist dann ggf. durch Auslegung zu ermitteln, ob konkludent ein Übergabesurrogat vereinbart wurde.

3. Einigsein: Bis zum Vollzug, d.h. bis zur Eintragung im Grundbuch kann nach allgemeinen Grundsätzen die dingliche Einigung widerrufen werden, es sei denn, sie war notariell beurkundet, § 873 Abs. 2, 1. Var.

4. Ferner muss der Besteller der Hypothek/Grundschuld **Berechtigter** sein. Hier gelten wiederum die allgemeinen Grundsätze:

- Verfügungsbefugter Grundstückseigentümer
- kraft Gesetzes Befugter, z.B. § 80 InsO
- Ermächtigter, § 185 Abs. 1

5. Ist dies nicht der Fall, so kann die **mangelnde Berechtigung** des Bestellers der Hypothek/Grundschuld nach allgemeinen Grundsätzen **überwunden** werden:

- § 878 falls Verfügungsbeschränkung nach Antragstellung
- **gutgläubiger Erwerb** der Hypothek/Grundschuld gemäß § 892
- **Fallgruppen des § 185 Abs. 2:**
  - Genehmigung des wahren Grundstückseigentümers
  - Besteller der Hypothek/Grundschuld erwirbt doch noch das Grundstückseigentum
  - wahrer Eigentümer wird Erbe des Hypotheken-/Grundschuldbestellers

6. Weitere Entstehungsvoraussetzungen **nur für die Hypothek** ist aufgrund der akzessorischen Verknüpfung, dass **die zu sichernde Darlehensforderung** besteht. Existiert keine zu sichernde Forderung, so ist dieser Forderungsmangel für den Ersterwerb der Hypothek nicht überwindbar (§ 1138 gilt nur für den Zweiterwerb!). Allerdings wird dann die Hypothek zur Eigentümergrundschuld, § 1163 i.V.m. § 1177 Abs. 1.

7. Da die Grundschuld nicht akzessorisch ist, entsteht auch beim Forderungsmangel eine Grundschuld. Allerdings hat dann der Grundstückseigentümer **aus der Sicherungsabrede** (von Banken auch „Zweckerklärung" genannt) einen (bloßen) schuldrechtlichen Anspruch auf wahlweise Löschung oder Rückübertragung der Grundschuld. Diesen Anspruch kann er, wenn der Gläubiger ihn aus der Grundschuld gemäß § 1147 (i.V.m. § 1192) in Anspruch nimmt, einredehalber entgegensetzen, sodass der Anspruch dann nicht durchsetzbar ist.

> Beachte die Auswirkungen auf die **Beweislast**:
>
> - **Bei der Hypothek** ist das Bestehen der gesicherten Forderung Anspruchsvoraussetzung i.S.v. § 1147, sodass die Beweislast der Gläubiger dafür trägt, dass die Forderung zumindest entstanden ist (Untergang und Durchsetzbarkeit muss der Beklagte beweisen).
> - **Bei der Grundschuld** führt hingegen das Nichtentstehen, der Untergang sowie die Nichtdurchsetzbarkeit der gesicherten Forderung nur zu einer Einrede gegenüber der Grundschuld aus der Sicherungsabrede. Nach allgemeinen Grundsätzen muss daher der Schuldner = Grundstückseigentümer diese Einrede im Prozess erheben und deren Voraussetzungen beweisen.

C. Der Zweiterwerb der Hypothek/Grundschuld

I. Zweiterwerb der Hypothek, §§ 398, 1153, 1154

441 Der Zweiterwerb, d.h. die Übertragung einer bestehenden Hypothek geschieht durch **Abtretung**, § 398. Zu beachten ist jedoch, dass nicht die Hypothek abgetreten wird, sondern gemäß § 1153 die gesicherte (Darlehens-)forderung gemäß § 398. Die Hypothek geht dann, weil akzessorisch verknüpft, gemäß § 1153 **automatisch mit über**, was bereits in § 401 für alle akzessorischen Sicherheiten geregelt ist. Die Abtretung der gesicherten Forderung bedarf gemäß § 1154 der Schriftform und der Übergabe des Hypothekbriefes. Sollten die Parteien diese Technik nicht kennen und sprechen fälschlicherweise von der Abtretung „der Hypothek", so kann der richtige Weg noch durch Auslegung erreicht werden. Denn im Zweifel wollen Laien alles richtig machen.

442 ### II. Der gutgläubige Zweiterwerb der Hypothek

Hierbei sind zwei Fälle auseinanderzuhalten:

1. Dinglicher Mangel der Hypothek – überwindbar gemäß § 892

443 Sollte die Hypothek deswegen nicht bestehen, weil sie an einem dinglichen Mangel leidet, z.B. keine wirksame dingliche Einigung über die erstmalige Bestellung der Hypothek, weil Besteller der Hypothek unerkannt geisteskrank war oder wurde die dingliche Willenserklärung gemäß §§ 119 ff. angefochten, so gilt die allgemeine Gutglaubensvorschrift des § 892: Der Zweiterwerber kann diesen dinglichen Mangel überwinden, wenn das Grundbuch insofern bezüglich der Hypothek einen Rechtsschein erzeugt.

2. Forderungsmangel – überwindbar für die Hypothek gemäß § 1138

Hier sind wiederum zwei Fälle zu unterscheiden:

a) Die gesicherte Forderung besteht nicht bzw. nicht mehr

444 Besteht die zu sichernde (Darlehens-)forderung nicht (mehr), so kann sie nicht wirksam abgetreten werden. Denn in den §§ 398 ff. ist kein gutgläubiger Erwerb vorgesehen. Damit die Hypothek verkehrsfähig bleibt, ist dann dennoch gemäß § 1138, 1. Var. i.V.m. § 892 ein gutgläubiger Hypothekenerwerb möglich. Gemäß § 1138, 1. Alt. gilt § 892 „in Ansehung der Forderung für die Hypothek". D.h. ist eine angebliche existente Hypothek im Grundbuch eingetragen, so wird der gutgläubige Forderungserwerb fingiert, damit der Zweiterwerber wenigstens die

Hypothek gutgläubig erwirbt. Letztendlich wird dann nur die Hypothek gutgläubig erworben, nicht die Forderung! § 1138 führt also im Endeffekt zu dem Ergebnis, dass eine reine Hypothek ohne gesicherte Forderung erworben wurde, wodurch die Akzessorietät durchbrochen wird. Dies geschieht nur im Interesse der Verkehrsfähigkeit der Hypothek.

b) Die gesicherte Forderung ist einredebehaftet

Ist die gesicherte Forderung vorhanden, nicht untergegangen, jedoch nicht durchsetzbar, weil einredebehaftet, so kann gemäß § 404 gegenüber dem Zessionar der Darlehensforderung die Einrede geltend gemacht werden. Wegen der akzessorischen Verknüpfung kann dann der Grundstückseigentümer die Einrede auch gegenüber der Hypothek gemäß § 1137 geltend machen. Ist die Einrede jedoch nicht im Grundbuch eingetragen, so kann gemäß § 1138, 2. Var. i.V.m. § 892 die Hypothek gutgläubig einredefrei erworben werden. Auch hier gilt dies letztlich nur für die Hypothek, sodass wiederum die akzessorische Verknüpfung zur gesicherten Forderung durchbrochen ist.

445

3. Möglichkeiten zur Verhinderung des Gutglaubenserwerbs

446

Der Grundstückseigentümer hat folgende Möglichkeiten, einen gutgläubigen Erwerb der Hypothek zu verhindern (Anwaltsklausur!)

- **Widerspruch** im Grundbuch eintragen lassen, §§ 899, 892 Abs. 1 a.E.

- Mit dem ersten Gläubiger ein **Abtretungsverbot i.S.v. § 399, 2. Alt.** vereinbaren, welches allerdings ins Grundbuch eingetragen werden muss. Dann kann es nicht zu einer wirksamen Abtretung, also auch nicht zu einem gutgläubigen Zweiterwerb kommen. Beachte § 354 a Abs. 2 HGB!

- Es wird eine **Sicherungshypothek gemäß §§ 1184 ff.** ins Grundbuch eingetragen. Diese ist 100% akzessorisch und damit sicher. Deswegen ordnet § 1185 an, dass die Gutglaubensnorm des § 1138 nicht anwendbar ist!

III. Besonderheiten bei der Grundschuld

Besteht die zu sichernde Forderung nicht, so ist die Grundschuld einredebehaftet (da Gegenanspruch aus der Sicherungsabrede, s.o.). Es stellt sich dann die Frage, inwiefern der Zweiterwerber gutgläubig einredefrei erwerben kann:

447

- §§ 1137, 2. Var., 1138, 2. Var. gehen von einer **Einrede bezüglich der gesicherten Forderung** aus, welche gegenüber der Hypothek wirkt. Da dies Ausdruck der akzessorischen Verknüpfung ist, sind diese Vorschriften auf eine Grundschuld nicht über § 1192 Abs. 1 anwendbar!

- Besteht die zu sichernde Forderung nicht, hat jedoch der Grundstückseigentümer eine **Einrede aus der Sicherungsabrede**. Dieser Fall ist in § **1157 S. 1** geregelt. Da es jetzt nicht um die direkte akzessorische Verknüpfung zwischen der gesicherten Forderung und der dinglichen Sicherheit geht, ist diese Vorschrift auch auf die Grundschuld anwendbar. Damit bestünde an sich gemäß § 1157 S. 2 i.V.m. § 892 die Möglichkeit, für den Zweiterwerber, gutgläubig einredefrei zu erwerben. Durch Risikobegrenzungsgesetz wurde **jedoch § 1192 Abs. 1 a** eingefügt, wonach dies bei einer Grundschuld ausgeschlossen ist. D.h. die Grundschuld bleibt einredebehaftet, auch wenn die Einrede nicht im Grundbuch eingetragen war. Damit ist der Anspruch aus § 1147 (i.V.m. § 1192) für den Gläubiger nicht durchsetzbar.

D. Rechtsfolgen der Hypothek/Grundschuld

448 **I.** Gemäß § 1147 (i.V.m. § 1192) hat der Gläubiger keinen Zahlungsanspruch, sondern einen **Anspruch auf Duldung der Zwangsvollstreckung**.

> Gerade in der Anwaltsklausur ist dies beim Klageantrag zu berücksichtigen: *„Den Beklagten zu verurteilen, aus der im Grundbuch ... (genaue Bezeichnung) eingetragenen Hypothek i.H.v. ... € die Zwangsvollstreckung in das Grundstück (genaue Bezeichnung) zu dulden."*

Anders wenn aus der gesicherten Darlehensforderung auf Rückzahlung aus § 488 Abs. 1 S. 2 geklagt wird. Natürlich ist unter den Voraussetzungen des § 260 ZPO auch Klagehäufung beider Ansprüche möglich. Generell fehlt aber das Rechtsschutzbedürfnis für eine Klage, falls bereits für den Gläubiger ein Titel existiert, z.B. wenn von vornherein in notarieller Urkunde gemäß § 794 Abs. 1 Nr. 5 ZPO tituliert wurde.

449 **II. Rechtsfolgen der Zahlung**

1. Zahlt der Darlehensschuldner, so erlischt der Darlehensanspruch aus § 488 Abs. 1 S. 2 durch Erfüllung, § 362 Abs. 1.

a) Die **Hypothek** geht – weil akzessorisch verknüpft – für den Gläubiger ebenfalls unter. Jedoch erwirbt sie der Grundstückseigentümer als Eigentümergrundschuld, § 1163 Abs. 1 S. 2 i.Vm. § 1177 Abs. 1.

> **Beachte:** Wenn Grundstückseigentümer und Darlehensschuldner personenverschieden sind entsteht eine Eigentümerhypothek gemäß § 1177 Abs. 2!

b) Anders die Rechtsfolgen der Zahlung bei der nicht akzessorischen Grundschuld: Die **Grundschuld** geht durch Zahlung auf die Darlehensforderung nicht unter, ist allerdings einredebehaftet, da Gegenanspruch aus der Sicherungsabrede. Gutgläubiger einredefreier Zweiterwerb ist nicht möglich, § 1192 Abs. 1 a, vgl. Rdnr. 447.

450 **2. Zahlt** umgekehrt der **Grundstückseigentümer auf die Hypothek/Grundschuld** gilt Folgendes:

a) Obwohl der Anspruch aus der Hypothek/Grundschuld gemäß § 1147 auf Duldung der Zwangsvollstreckung gerichtet ist, kann der Grundstückseigentümer zur Abwendung zahlen, § 1142 (i.V.m. § 1192). Die **Hypothek/Grundschuld** erlischt dann für den Gläubiger, geht aber auf den Grundstückseigentümer über (rangwahrende Wirkung).

b) Weitere **Rechtsfolge bezüglich der gesicherten Darlehensforderung**:

- **Bei der Hypothek** geht gemäß § 1143 die gesicherte **Darlehensforderung** auf den Grundstückseigentümer über (cessio legis). Damit sind dann Darlehensforderung und die auf den Grundstückseigentümer übergegangene Eigentümerhypothek wieder vereint.

- **Bei der Grundschuld** ist § 1143 als Ausdruck der Akzessorietät nicht anwendbar. Jedoch ergibt sich eine ähnliche Rechtsfolge **aus der Sicherungsabrede:** Hierin wird regelmäßig ein **Anspruch** für den zahlenden Grundstückseigentümer gegen den Gläubiger **auf Abtretung der gesicherten Darlehensforderung** an den zahlenden Grundstückseigentümer vereinbart. Fehlt eine solche Vereinbarung, so ist diese durch ergänzende Auslegung zu begründen.

> Der einzige Unterschied besteht also darin, dass bei der Hypothek gemäß § 1143 automatisch die gesicherte Darlehensforderung übergeht, während bei der Grundschuld lediglich ein schuldrechtlicher Anspruch auf Abtretung besteht. Die Durchsetzung dieses Anspruchs erfolgt entweder durch Zurückbehaltungsrecht: Zahlung nur Zug um Zug gegen Abtretung oder es muss der Abtretungsanspruch aus der Sicherungsabrede eingeklagt werden.

3. Sind **Darlehensschuldner und Grundstückseigentümer personengleich**, so stellt sich die Frage, worauf gezahlt wird: Auf das Darlehen oder auf die Grundschuld. In den Bedingungen der Banken ist vorgesehen, dass in diesem Fall die Zahlung nur auf das Darlehen erfolgt. Fehlt diesbezüglich eine Vereinbarung, so ist durch Auslegung der Zahlungszweck zu ermitteln. 451

Zur besonderen Problematik des Wettlaufs der Sicherungsgeber bei mehreren Sicherheiten s. bereits oben Rdnr. 365.

III. Zwangsversteigerung in das Grundstück

1. Zu beachten ist, dass aus **§ 1147 (i.V.m. § 1192) nur ein Anspruch auf Duldung der Zwangsvollstreckung** besteht. Duldet der Grundstückseigentümer dies nicht, so ist nach allgemeinen Grundsätzen ein **Titel** erforderlich, also entweder ein Urteil, § 704 ZPO oder eine notarielle Urkunde i.S.v. § 794 Abs. 1 Nr. 5 ZPO. Gemäß § 1193 Abs. 1 wird das Kapital der Grundschuld erst nach vorausgegangener Kündigung mit einer Frist von sechs Monaten fällig (= Einwand i.S.v. § 767, § 795 ZPO!). 452

2. Der **Meistbietende erwirbt** dann in der nachfolgenden Zwangsversteigerung nicht nur das Eigentum am Grundstück samt wesentlicher Bestandteile (§§ 94, 946), sondern auch an sonstigen (Schein-)Bestandteilen, § 95, sowie getrennten Erzeugnissen und Zubehör. Dies ergibt sich aus der **beliebten §§-Kette: §§ 90 Abs. 1, Abs. 2 i.V.m. § 55 i.V.m. § 20 Abs. 2 ZVG i.V.m. § 1120 BGB.**

Zubehör (z.B. Traktor) wird über § 1120 nur mitersteigert, wenn es im Eigentum des Grundstückseigentümers stand. Hatte der Grundstückseigentümer bislang lediglich ein Anwartschaftsrecht an der Zubehörsache (z.B. Traktor unter Eigentumsvorbehalt erworben), so fällt nach h.M. bereits das Anwartschaftsrecht unter § 1120, da es ein wesensgleiches Minus darstellt. Der Ersteigerer erwirbt dann also ein Anwartschaftsrecht an dem Zubehörstück (Einzelheiten hierzu im AS-Assessor-Skript Zwangsvollstreckungsrecht).

E. Dienstbarkeiten

Das Grundstück kann auch durch beschränkt persönliche Dienstbarkeiten belastet werden. Gemäß § 1090 begründen diese das Recht für eine bestimmte Person, das Grundstück in bestimmtem Umfang (beschränkt) zu nutzen, z.B. Wegerechte, Nutzungsrechte etc. Da dieses als dingliches Recht im Grundbuch eingetragen wird, hat es absolute Wirkung gegenüber jedermann. Dies ist der Vorteil gegenüber bloßen schuldrechtlichen Nutzungsverträgen, welche nur gegenüber dem konkreten Vertragspartner wirken (sog. relative Wirkung); Ausnahme allerdings im Mietrecht gemäß § 566 „Kauf bricht nicht Miete"

Zu Ihrer Beruhigung: Feinheiten aus dem Recht der Dienstbarkeiten kommen im Examen nicht. Ggf. kann ja auch noch in der Kommentierung von Palandt Detailproblemen nachgegangen werden.

9. Teil: Besondere Rechtsgebiete

Wir stellen Ihnen hier die wichtigsten, examensrelevanten Probleme dar. Naturgemäß kann nicht das gesamte Rechtsgebiet vollständig dargestellt werden; für Detailprobleme empfiehlt sich ohnehin der Blick in den Kommentar.

1. Abschnitt: Familienrecht, §§ 1297 ff.

A. Anwendungsbereich

I. Verlöbnis, §§ 1297 ff.

453 Das Verlöbnis als Vorstufe zur Eheschließung ist in §§ 1297 ff. geregelt. Echte, klausurrelevante Probleme ergeben sich hieraus kaum. Praktisch relevant sind, neben den allgemeinen Ansprüchen aus dem BGB, der Anspruch aus § 1298 (Ersatzpflicht bei Rücktritt des anderen Teils vom Verlöbnis) sowie § 1299 für den umgekehrten Fall, dass der Andere den Rücktritt des Anspruchstellers schuldhaft herausgefordert hat. Ferner § 1301 Rückgabe der Verlöbnisgeschenke. Beachte die besondere Verjährungsfrist in § 1302.

II. Rechtsfolgen der Ehe – Allgemeiner Teil, §§ 1353 ff.

454 Beachte, dass über das Lebenspartnerschaftsgesetz die gleichen Wirkungen auch für gleichgeschlechtliche Lebenspartnerschaften gelten (auch kommentiert im Palandt!). Hingegen lehnt die h.M. eine analoge Anwendung des Familienrechts auf nichteheliche Lebenspartner mangels planwidriger Regelungslücke generell ab.

1. Geschäfte zur Deckung des Lebensbedarfs, § 1357

455 In vielen Klausuren taucht die Problematik des § 1357 auf: Bei Geschäften zur angemessenen Deckung des Lebensbedarfs wird der jeweils andere Ehegatte mitverpflichtet und berechtigt. Zu beachten ist, dass die Vorschrift heute weit ausgelegt wird, im unterhaltsrechtlichen Sinne, sodass alle Verträge, die unter § 1360 a fallen und angemessen sind, erfasst sind. Für die Angemessenheit ist auf den äußeren Lebenszuschnitt der Eheleute abzustellen. Beide Eheleute haften dann als Gesamtschuldner, § 421 und sind auf Gläubigerseite Gesamtgläubiger, § 428 (h.M.).

Beispiele:

Neben den klassischen Haushaltsgeschäften sämtliche Verträge, die die persönlichen Bedürfnisse der Eheleute i.S.v. § 1360 a betreffen, z.B. auch Arztverträge, Fitnessverträge, Telefonverträge, Reiseverträge. Entscheidend ist, ob nach den ehelichen Gewohnheiten ein Ehegatte diese Verträge selbstständig zu schließen pflegt. Wurden hingegen Reisen bislang stets zusammen gebucht, so ist die Anwendung des § 1357 grundsätzlich abzulehnen. Hingegen greift § 1357 grundsätzlich nicht für reine Kapitalanlagen- oder Investitionsgeschäfte sowie Darlehensverträge.

Ausschlussgründe sind Getrenntleben, § 1357 Abs. 3 i.V.m. § 1567, sowie eine abweichende Vereinbarung der Eheleute, § 1357 Abs. 2. Damit diese Außenwirkung gegenüber Dritten hat, bedarf es hierzu der Eintragung im Güterrechtsregister oder der Bekanntgabe gegenüber dem Dritten, § 1357 Abs. 2 S. 2 i.V.m. § 1412.

2. Internes Haftungsprivileg, § 1359

456 Gemäß § 1359 haben die Eheleute im Verhältnis zueinander **nur für eigenübliche Sorgfalt i.S.v.** § 277 einzustehen. Dieses interne Haftungsprivileg gilt natürlich nicht gegenüber außenstehenden Dritten.

In Klausuren wird hierzu häufig die reizvolle Problematik der gestörten Gesamtschuld eingebaut, wenn ein nicht privilegierter Zweitschädiger hinzukommt, s.o. Rdnr. 361.

Das Haftungsprivileg wird auch für **deliktische Ansprüche** bei Körperverletzung und Sachbeschädigung im häuslichen Bereich angewandt. Nach wohl h.M. jedoch nicht außerhalb des häuslichen Bereichs, wie etwa im Straßenverkehr; Argument: Gleichbehandlung aller Verkehrsteilnehmer. Die Vorschrift ist disponibel, kann also z.B. in einem Ehevertrag abbedungen werden.

3. Eigentumsvermutung des § 1362

Gemäß § 1362 Abs. 1 gilt der Ehegatte, der im konkreten Fall Schuldner ist, als Alleineigentümer. Diese spezielle Vorschrift verdrängt grundsätzlich die allgemeine Eigentumsvermutung aus § 1006. Eine Ausnahme gilt, wenn die Ehegatten getrennt leben und sich die Sachen im Besitz des anderen Ehegatten befinden, der nicht Schuldner ist, § 1362 Abs. 1 S. 2 sowie für Sachen des persönlichen Gebrauchs, Abs. 2.

Die Eigentumsvermutung wird **ergänzt durch die Gewahrsamsvermutung gemäß § 739 ZPO**, da der Gerichtsvollzieher Eigentum nicht zu berücksichtigen hat, sondern gemäß §§ 808, 809 ZPO nur Gewahrsam. (Näheres hierzu im AS-Assessor-Skript Zwangsvollstreckung).

4. Weitere Rechtsfolgen beim gesetzlichen Güterstand

Für den gesetzlichen Güterstand der Zugewinngemeinschaft gelten die §§ 1363 ff. Zu beachten ist, dass das Vermögen während der Ehe getrennt bleibt, § 1363 Abs. 2 (Unterschied zum Güterstand der Gütergemeinschaft §§ 1416 ff.). Dementsprechend verwaltet jeder Ehegatte sein Vermögen allein, § 1364.

Klausurrelevant sind die Verfügungsbeschränkungen der §§ 1365–1369:

a) Gemäß § 1365 kann ein Ehegatte über das **nahezu gesamte Vermögen** nur mit Zustimmung des anderen Ehegatten verfügen.

- Beachte das **Abstraktionsprinzip:** § 1365 Abs. 1 S. 1 gilt für die schuldrechtlichen Verpflichtungsgeschäfte. Hingegen Abs. 1 S. 2 für das Erfüllungsgeschäft, also das Verfügungsgeschäft.

- Nach der Rspr. bedeutet **nahezu gesamtes Vermögen** mehr als 90% bzw. bei kleineren Vermögensmassen mehr als 85%. Die Gegenleistung, z.B. Kaufpreis, wird hierbei grundsätzlich nicht berücksichtigt. Erfasst sind nicht nur die Übertragung des Vermögens, sondern auch die dingliche Belastung, z.B. mit einer Hypothek, wenn hierdurch die Wertgrenzen überschritten werden. Zu beachten ist die **subjektive Theorie:** Werden Verträge über Einzelgegenstände geschlossen, so muss der Dritte wissen, dass es sich hierbei um das nahezu gesamte Vermögen handelt.

- Die **Rechtsfolge ergibt sich aus § 1366:** Der Vertrag ist zunächst schwebend unwirksam, kann aber gemäß § 1366 Abs. 1 genehmigt werden. Bei Verweigerung der Genehmigung ist der Vertrag endgültig nichtig, § 1366 Abs. 4. Hingegen ist ein einseitiges Rechtsgeschäft, das ohne die erforderliche Einwilligung vorgenommen wurde, von vornherein nichtig, § 1367.

b) Vorstehendes gilt gemäß **§ 1369 auch für Haushaltsgegenstände.** § 1369 wird heute weit ausgelegt, daher fällt auch der Pkw hierunter, wenn er als „Familienkutsche" benutzt wird.

460 c) Genehmigt der andere Ehegatte das Geschäft nicht, so kann er gemäß § 1368 bzw. § 1369 Abs. 3 selbst Klage erheben, z.B. aus § 985. Da er hierbei einen fremden Anspruch (des anderen Ehegatten) im eigenen Namen geltend macht, handelt es sich um einen Fall der gesetzlichen Prozessstandschaft, sog. **revokatorische Klage** (kommt von revocare = zurückrufen, d.h. der ursprüngliche Rechtszustand wird wieder hergestellt).

> Der Klageantrag muss jedoch dahingehend gestellt werden, dass die Sache dem anderen Ehegatten, der verfügt hat, herauszugeben ist, um materiell-rechtlich falsche Ergebnisse zu vermeiden. Ausnahmen gelten jedoch, wenn der andere Ehegatte die Entgegennahme verweigert oder bereits zuvor Mitbesitz beider Ehegatten bestand (**Anwaltsklausur!**).

Macht nun im Prozess der auf Herausgabe verklagte Beklagte ein Zurückbehaltungsrecht gemäß § 1000 oder § 273 wegen Verwendungen/Aufwendungen geltend, so ist die hierfür erforderliche Konnexität zu problematisieren, weil der Beklagte Gegenansprüche nur gegen den anderen (Verfügenden) Ehegatten hat. Trotz der bloß abgeleiteten Position des gemäß § 1368 revokatorisch klagenden Ehegatten kann der Beklagte dann kein Zurückbehaltungsrecht diesem gegenüber geltend machen, weil sonst der Schutz des revokatorisch Klagenden ausgehöhlt würde.

d) Vielfach wird noch das Problem der **Konvaleszenz** eingebaut: Wird nämlich der Güterstand der Eheleute beendet, z.B. durch Tod oder Scheidung, so entfällt der Schutzzweck der §§ 1365 ff., sodass eine Heilung zu diskutieren ist (Palandt/Brudermüller § 1365 Rdnr. 19).

B. Ansprüche bei Scheitern der Ehe

Aufgrund der vielfältigen Probleme kann hier nur ein kurzer Überblick gegeben werden. Juristische Feinheiten werden hierzu in einer Klausur in der Regel ohnehin nicht verlangt.

461 **I. Bei Getrenntleben** i.S.v. § 1567 ergeben sich **Ansprüche auf Trennungsunterhalt aus § 1361**. Bereits jetzt kann gemäß § 1361 a eine Verteilung der Hausratsgegenstände verlangt werden. Die Zuweisung der Ehewohnung erfolgt – sofern die beiden Ehegatten nicht in derselben Wohnung getrennt leben (§ 1567 Abs. 1 S. 2) – gemäß § 1361 b.

Nochmals sei auf die Auswirkung des Getrenntlebens im Übrigen hingewiesen: Mitverpflichtung des anderen Ehegatten gemäß § 1357 Abs. 3 nicht mehr möglich. Eigentumsvermutung gemäß § 1362 Abs. 1 S. 2 ausgeschlossen, wenn die Sache im Besitz des anderen Ehegatten.

462 **II.** Die **Voraussetzungen der Scheidung** ergeben sich aus §§ 1564, 1565, 1566, 1567 und werfen in der Klausur regelmäßig keine Probleme auf. Beachte die Härteklausel des § 1568.

III. Zugewinnausgleich, §§ 1372 ff.

Die **Anspruchsgrundlage ist** § 1378. Die Rechenformel lautet wie folgt:

Ehegatte 1	Ehegatte 2
■ Endvermögen, §§ 1375, 1384 ■ abzgl. Anfangsvermögen, § 1374	■ Endvermögen, §§ 1375, 1384 ■ abzgl. Anfangsvermögen, § 1374
= Zugewinn	= Zugewinn

1. Sowohl beim Anfangsvermögen als auch beim Endvermögen ist das **Stichtagsprinzip** zu berücksichtigen, d.h. entscheidend für die gesamte Berechnung sind nur zwei Termine: Für das Anfangsvermögen der Tag der Eheschließung und für das Endvermögen der Tag der Rechtshängigkeit des Scheidungsantrags. Sämtliche Ausgaben, Kosten oder umgekehrt Vermögenszuwächse, die in der Zwischenzeit während der Ehe erfolgt sind, sind wegen des Stichtagsprinzips grundsätzlich irrelevant!

Verbindlichkeiten sind beim Anfangs- und beim Endvermögen ggf. auch über die Höhe des Vermögens hinaus abzuziehen, sodass sich insofern ein Negativvermögen ergeben kann, §§ 1374 Abs. 3, 1375 Abs. 1 S. 2.

2. Endvermögen, § 1375

- Das Endvermögen **kann negativ sein,** § 1375 Abs. 1 S. 2.
- Ggf. sind **beeinträchtigende Schenkungen gemäß** § 1375 Abs. 2 wieder hinzuzurechnen. Relevant sind hierbei nur Vorgänge innerhalb der letzten zehn Jahre vor Beendigung des Güterstandes, § 1375 Abs. 3.
- Ggf. sind auch **Vorausempfänge** gemäß § 1380 zu berücksichtigen.

3. Besonderheiten beim **Anfangsvermögen,** § 1374

- **Vermögenszuwächse** während der Ehe werden dem Anfangsvermögen zugerechnet, wenn sie unter § **1374 Abs. 2** fallen (Schenkungen, Erbschaften etc.).
- Je nach Zeitpunkt des Anfangsvermögens ist wegen der zwischenzeitlich eingetretenen **Inflation durch pauschalierte Erhöhung auszugleichen** (Palandt/Brudermüller § 1376 Rdnr. 25–31). In der Regel muss dies jedoch in einer Klausur nicht ausgerechnet werden.

4. Rechtsfolge: Der Zugewinnausgleichsanspruch aus § 1378 geht auf die Hälfte der Differenz der beiden Zugewinne. Er wird in Geld geschuldet. Ausnahmsweise kann jedoch unter den Voraussetzungen des § 1383 ein Ausgleich durch Übertragung von Gegenständen erfolgen.

- Eine **Stundung** kann unter den Voraussetzungen des § 1382 beantragt werden.
- Zur Vorbereitung der Ausgleichsberechnung bestehen gegenseitige **Auskunftspflichten** gemäß § 1379.

IV. Nachehelicher Unterhalt

1. Kindesunterhalt

Während der Ehegatte, bei dem das Kind lebt, den sog. Barunterhalt erbringt, muss der andere Ehegatte seinen Unterhaltsteil in Geld erbringen. Da die §§ 1601 ff. hierzu keine genaue Anordnung treffen, richtet sich dies in der Praxis nach der Unterhaltstabelle des jeweiligen OLG-Bezirks, die sich in der Regel an der Düsseldorfer

Tabelle orientiert. Entscheidend ist nach den Tabellen das Nettoeinkommen des Unterhaltspflichtigen sowie die Altersklasse sowie Anzahl der unterhaltsberechtigten Kinder.

2. Nachehelicher Ehegattenunterhalt, §§ 1569 ff.

467 Dieser ist grundsätzlich bei allen Güterständen vorgesehen, es sei denn im Ehevertrag ausgeschlossen. Dann ist eine umfassende Inhaltskontrolle zur Wirksamkeit des Ehevertrags vorzunehmen.

Wegen des Grundsatzes der Eigenverantwortung, § 1569, bedarf es jedoch für den Unterhaltsanspruch besonderer Gründe:

Prüfschema zum Unterhalt

1. Unterhaltsberechtigung aus den Gründen i.S.v. §§ 1570 ff.
2. Kein Ausschlussgrund, §§ 1577 ff.
3. Leistungsfähigkeit des Verpflichteten, §§ 1581 ff.
4. Zur Höhe:

   Auszugehen ist wiederum vom Nettoeinkommen. Kindesunterhalt ist hierbei vorweg abzuziehen. Sodann ist wie folgt zu rechnen:

   - Sind beide Ehegatten berufstätig, so ist die Hälfte der Differenz auszugleichen.
   - Ist nur ein Ehegatte berufstätig, so erhält er einen kleinen Bonus, weil er lediglich 3/7 seines Nettoeinkommens als Unterhalt gewähren muss.

V. Prozessuale Besonderheiten

- Scheidungsantrag an das Familiengericht, § 124 FamFG; Rechtsanwaltszwang, § 114 Abs. 1 FamFG. Die vorgenannten Unterhaltsansprüche können im Verbund mit der Scheidung geltend gemacht werden oder getrennt.

- Wird **gleichzeitig Unterhalt für ein minderjähriges Kind** durch den Elternteil, der das Kind betreut geltend gemacht, so handelt es sich um einen Fall der **gesetzlichen Prozessstandschaft, § 1629 Abs. 3**.

- Sollen bereits vorhandene Unterhaltstitel abgeändert werden, so gilt hierfür das Abänderungsverfahren gemäß §§ 238 ff. FamFG. Näheres im AS-Assessor-Skript Zivilprozessrecht.

C. Interne Ausgleichsansprüche

468 Ein beliebtes Klausurthema ist, weil es hierzu in der Praxis zahlreiche Fälle gibt, der **Ausgleich von Zuwendungen/Leistungen unter Ehegatten/gleichgeschlechtlichen Lebenspartner/nichtehelichen Lebenspartnern**.

Während der Gesetzgeber davon ausgeht, dass während des Bestehens einer Ehe oder einer gleichgeschlechtlichen Lebenspartnerschaft Zuwendungen und Leistungen sich im Rahmen der allgemeinen Unterhaltspflicht i.S.v. §§ 1360, 1360 a bewegen und diese daher grundsätzlich selbst dann nicht auszugleichen sind, wenn sie überproportional sind, vgl. die **Zweifelsregelung in § 1360 b**, stellt sich das Problem bei Scheitern dieser Gemeinschaften.

Beachte rechnerisch: Sofern ein Ausgleichsanspruch besteht, hat dieser wiederum Einfluss auf den Zugewinnausgleich, weil er dort als Aktivposten im Endvermögen Berücksichtigung finden kann!

Familienrecht, §§ 1297 ff. | 1. Abschnitt

Das Schöne an diesen Fällen ist, dass das Prüfungsschema für die Klausur stets gleich ist und die Ergebnisse ebenso grundsätzlich durch die Rspr. vorgegeben sind. Es empfiehlt sich daher folgendes, klausurerprobtes Prüfschema:

Prüfschema: Ausgleich von Zuwendungen

I. Ausgleichsanspruch aus spezieller Vereinbarung
   1. Von vornherein im Ehevertrag, § 1410
   2. Spezielle Ausgleichsvereinbarung über die Zuwendung während der Ehe
   3. Später: Auseinandersetzungsvertrag

II. Ansprüche aus typischen schuldrechtlichen Verträgen
   1. **Ausgleichsanspruch aus §§ 730 ff.** aufgrund **GbR, §§ 705 ff.**
   2. Aus §§ 749, 752 ff. aufgrund **Bruchteilsgemeinschaft, § 741** kann gemäß § 741 auch automatisch entstanden sein!
   3. **Lohnanspruch aus Arbeitsvertrag, §§ 611, 612**
   4. **Rückzahlungsanspruch aus Darlehen, § 488 Abs. 1 S. 2**
   5. **Rückforderungsanspruch aus §§ 530, 531, 812 Abs. 1 S. 2, 1. Var.** wegen groben Undanks des Beschenkten

   In der Regel keine Schenkung, sondern nur **unbenannte Zuwendungen!**

III. Ausgleich von unbenannten Zuwendungen
   1. **Grundsätzlich kein Ausgleich**, Wertung aus § 1360 b
   2. Ausnahme: Billigkeitsausgleich: nach BGH folgende Ansätze möglich:
      a) Aufwendungsersatz aus GoA, §§ 677, 683, 670
      b) § 812
         - § 812 Abs. 1 S. 1, 1. Alt. in der Regel (−) wegen § 814, 1. Var.
         - § 812 Abs. 1 S. 2, 2. Var., wenn zumindest konkludente Zweckvereinbarung (einseitiges Motiv reicht nicht!).
      c) Anspruch auf Vertragsanpassung aus § 313 Abs. 1 wegen SGG

Nach der Rspr. gelten zum vorgenannten Prüfschema folgende **Besonderheiten**: 469

- Eine **konkludent gegründete GbR**, die mangels Vollzug nach außen hin noch als Innen-GbR bestehen kann, setzt gemäß § 705 zumindest die Vereinbarung eines gemeinsamen Zwecks mit gemeinsamen Beiträgen voraus. Hier gilt Zurückhaltung, da dies einen besonderen Rechtsbindungswillen i.S.e. konkludenten Vertragsschlusses erfordert und Zwecke, die sich auch im Rahmen der Ehe/Lebenspartnerschaft stellen eben für einen darüber hinausgehenden Gesellschaftszweck zu wenig sind.

- Ähnliches gilt für konkludent vereinbarte **Arbeitsverträge und Darlehensverträge**. Naturgemäß trägt die Beweislast der Kläger.

- Bei Ansprüchen wegen **Schenkungswiderrufs aufgrund groben Undanks** stellt sich noch vor der Problematik, ob überhaupt grober Undank i.S.v. § 530 gegeben ist das Problem, ob überhaupt ein konkludent geschlossener Schenkungsvertrag i.S.v. § 516 vorliegt (der ohnehin bereits durch Vollzug i.S.v. § 518 Abs. 2 geheilt worden sein müsste). Auch hier erscheint es vielfach lebensfremd, einen Vertragsschluss zwischen Ehegatten über alltägliche Zuwendungen anzunehmen. Deswegen geht die Rspr. davon aus, dass es sich hier i.d.R. um sog. **unbenannte Zuwendungen** handelt, welche ein Rechtsgeschäft eigener Art darstellen, das nicht unter das Schenkungsrecht fällt. Ausnahmen können sich jedoch nicht nur bei Ehegatten, sondern auch bei Lebenspartnern, nichtehelichen Lebenspartnern für größere Zuwendungen ergeben. Dann ist der grobe Undank i.S.v. § 530 zu prüfen; die Vorschrift ist eng auszulegen.

- Liegen umgekehrt **unbenannte Zuwendungen** vor, so handelt es sich um einen **Vertrag sui generis**. Dieser unterfällt nicht dem Schenkungsrecht, sodass grober Undank irrelevant ist.

- **Jedoch** können unbenannte Zuwendungen über **GoA** zum Aufwendungsersatz führen, **§§ 677, 683, 670**. Problematisch ist, ob es sich dann um ein zumindest auch fremdes Geschäft handelt. Vielfach wird der Fremdgeschäftsführungswillen nicht erkennbar sein, sodass GoA ausscheidet.

- Bei einer dann zu prüfenden Rückabwicklung gemäß § 812 wird Leistungskondiktion, § 812 Abs. 1 S. 1, 1. Var. in der Regel an § 814, 1. Alt. (Kenntnis von der Nichtschuld) scheitern.

  Gedacht werden könnte dann an Zweckverfehlung, § 812 Abs. 1 S. 2, 2. Var., welcher jedoch eine entsprechende Zweckvereinbarung unter den Ehegatten/Partnern voraussetzt. Ist eine konkludente Vereinbarung durch Auslegung nicht zu ermitteln, reicht die einseitige Motivation des Leistenden nicht aus.

- Unter Umständen kann die unbenannte Zuwendung dann noch unter dem Aspekt **Störung der Geschäftsgrundlage** zu einem Anspruch auf Anpassung aus § 313 Abs. 1 führen. Zu problematisieren ist dann, ob die intakte Ehe/Partnerschaft Geschäftsgrundlage für die entsprechende Zuwendung war. Anders als bei § 812 Abs. 1 S. 2, 2. Var. ist hierfür eine entsprechende Vereinbarung nicht erforderlich. Andererseits reicht wiederum nicht das einseitige Motiv des Zuwendenden. Hier muss das Motiv zumindest als Geschäftsgrundlage für die andere Seite erkennbar gewesen sein. Nach der neueren Rspr. ist dies bei größeren Zuwendungen vielfach zu bejahen.

2. Abschnitt: Erbrecht, §§ 1922 ff.

470 Erbrecht wird in Klausuren zum 2. Examen Ihnen in drei Klausurtypen begegnen: Zum einen im Rahmen von sachenrechtlichen Fällen bei Ermittlung der Eigentumslage. Zum anderen muss aber auch mit reinen Erbrechtsklausuren gerechnet werden. Ferner muss in den Bundesländern, in denen eine anwaltliche Kautelarklausur gestellt werden darf, auch damit gerechnet werden, dass ein Entwurf eines Testaments, Erbvertrags verlangt wird.

A. Gewillkürte Erbfolge

Für alle Arten von Verfügungen von Todes wegen, also für **Testament, §§ 2064 ff., gemeinschaftliches Testament, §§ 2265 ff.** und **Erbvertrag, §§ 2274 ff.** gilt das gleiche, klausurerprobte Prüfschema:

> **Prüfschema: Gewillkürte Erbfolge**
>
> I. Wirksame letztwillige Verfügung
>
>   1. **Testierfähigkeit** bei Abgabe der letztwilligen Verfügung
>   - §§ 2229 ff. für Testament
>   - §§ 2275 ff. für Erbvertrag
>   2. Inhalt der letztwilligen Verfügung
>   - wohlwollende Auslegung, §§ 133, 2084
>   - Auslegungsregeln der §§ 2066 ff., 2084 ff.
>   3. Wirksamkeit der letztwilligen Verfügung
>   - Grundsatz der Höchstpersönlichkeit, §§ 2064 ff., 2274
>   - Allgemeine Regeln, §§ 134, 138
>   4. Form
>   a) Testament/gemeinschaftliches Testament
>   - notariell, § 2232
>   - eigenhändig, § 2247, § 2267
>   - Nottestament, §§ 2249 ff., § 2266
>   b) Erbvertrag
>   notariell, § 2276
>
> II. Keine nachträgliche Beseitigung der letztwilligen Verfügung
>
>   1. **Widerruf** durch Erblasser
>   - Testament: **§§ 2253 ff.**: Jederzeit
>   - gemeinschaftliches Testament: **§ 2271**: Begrenzt bei wechselbezüglichen Verfügungen
>   - Erbvertrag: **§§ 2290 ff.**
>   2. Anfechtung
>   - Testament/gemeinschaftliches Testament: **§§ 2078 ff.**
>   - Erbvertrag: **§§ 2281 ff.**

I. Typische Auslegungsprobleme bei letztwilligen Verfügungen

1. Abgrenzung (Mit-)Erbeinsetzung – Vermächtnis:

Beispiel: „Mein Sohn A soll das Haus erhalten, mein Sohn B das Aktienpaket."

471

Wegen des Prinzips der **Universalsukzession i.S.v. § 1922** können nicht einzelne Gegenstände vererbt werden. Vielmehr geht der Nachlass als Ganzes auf den oder die Erben über. Will demnach der Erblasser einzelne Gegenstände zuordnen, so muss er hierauf ein **Vermächtnis** aussetzen. Dies gibt jedoch **gemäß §§ 2147, 2174** lediglich einen schuldrechtlichen Anspruch für den Vermächtnisnehmer, welcher von den Erben durch Übereignung erst noch erfüllt werden muss. Wollte hingegen der Erblasser als juristische Laie in Unkenntnis der Gesamtrechtsnachfolge einen

Direkterwerb des Abkömmlings bezüglicher einzelner Gegenstände, so kann gemäß § 2087 durch Auslegung ermittelt werden, ob hier nicht doch eine Miterbeneinsetzung beider Söhne vorliegt mit entsprechender Teilungsanordnung für die spätere Erbauseinandersetzung, § 2048. Dies dürfte im vorliegenden Beispiel anzunehmen sein, wenn die beiden zugedachten Gegenstände die Erbmasse ausschöpfen.

2. Berliner Testament

472 **Beispiel:** „Wir setzen uns gegenseitig zu Alleinerben ein. Beim Tode des Längstlebenden soll unsere gemeinsame Tochter T erben".

Hier bestehen zwei Konstruktionsmöglichkeiten:

a) Vor-, Nacherbschaft, §§ 2100 ff.

473 **Jeder Ehegatte** setzt den anderen **zum Vorerben** ein und die **Tochter zum Nacherben**, sowie für den Fall, dass der andere Ehegatte zuerst versterben sollte, zum **Ersatzerben**. Die Konsequenz ist, dass bei dem überlebenden Ehegatten zwei getrennte Vermögensmassen zu unterscheiden sind (Trennungsprinzip):

- Das vom verstorbenen Ehegatten **erworbene Vermögen**, hinsichtlich dessen er die Stellung des Vorerben und die Tochter die Stellung des Nacherben hat. Diesbezüglich bestehen dann für den überlebenden Ehegatten als Vorerben die Beschränkungen der **§§ 2113 ff.** (bedingt Befreiung möglich, § 2136).

- Umgekehrt ist der überlebende Ehegatte hinsichtlich seines **eigenen Vermögens**, das er getrennt zu führen hat, frei in der Verfügungsmacht unter Lebenden.

Stirbt nunmehr der längstlebende Ehegatte, so erwirbt der Dritte (Tochter) den Nachlass des zuerst Verstorbenen als dessen Nacherbe und im Übrigen den Nachlass des zuletzt Verstorbenen als Ersatzerbe.

Diese Lösung wird vielfach unter Ehegatten/gleichgeschlechtlichen Lebenspartnerschaften nicht gewollt sein, da der überlebende Ehegatte wegen der Verfügungsbeschränkungen der §§ 2113 ff. eine relativ schwache Position hat.

b) Einsetzung als Vollerbe

474 Wegen der vorgenannten Bedenken bestimmt § 2269, dass im Regelfall gewollt ist, dass jeder Ehegatte den anderen zum Vollerben einsetzt und den Dritten (Tochter) lediglich als Schlusserben des längstlebenden Ehegatten.

Konsequenz ist, dass der überlebende Ehegatte aufgrund der letztwilligen Verfügung des zuerst Verstorbenen dessen **alleiniger Vollerbe** wird. Deswegen verschmilzt das geerbte Vermögen mit dem vorhandenen eigenen Vermögen (Einheitsprinzip). Daher kann der überlebende Ehegatte zu **Lebzeiten frei rechtsgeschäftlich verfügen, analog § 2286**. Der Dritte (Tochter) erbt erst, wenn der längstlebende Ehegatte seinerseits verstorben ist, und auch nur das, was dieser übrig lässt. Bei Schenkungen, die die Tochter als Schlusserbin benachteiligen, kann diese jedoch analog § 2287 i.V.m. § 812 Rückgewähr vom Beschenkten verlangen.

Dies bedeutet umgekehrt, dass die Tochter bei Versterben des ersten Elternteils enterbt ist. Ihr steht daher dann ein **Pflichtteilsanspruch gemäß § 2303** zu. Dieser kann im Ehegattentestament nicht ausgeschlossen werden, ist aber vielfach unerwünscht, weil er dem überlebenden Ehegatten Kapital entzieht. Deswegen wird vielfach in Ehegattentestamenten die sog. **Überdenkensklausel** eingebaut:

> *"Sollte T beim Tode des erstversterbenden Ehegatten ihren Pflichtteilsanspruch geltend machen, so ist sie auch für den Fall des Todes des längstlebenden Ehegatten als enterbt anzusehen."*

c) Bindungswirkung, §§ 2270 ff.

Ein weiteres Problem ist die Bindungswirkung von wechselseitigen Verfügungen gemäß §§ 2270 ff. im Ehegattentestament. Zu Lebzeiten beider Ehegatten können diese ihre eigenen wechselseitigen Verfügung nur nach **§ 2271** widerrufen. Das Verfügungsrecht erlischt mit dem Tode des ersten Ehegatten, § 2271 Abs. 2 S. 1. Jedoch kann sich der überlebende Ehegatte von der Bindungswirkung insofern lösen, als er die Erbschaft ausschlägt, § 2271 Abs. 2.

475

Relevant wird diese Bindungswirkung z.B. im Falle der Wiederheirat des überlebenden Ehegatten: Er kann nunmehr nicht das Ehegattentestament zugunsten des neu Angeheirateten ändern. Ehegatten können daher von vornherein im Ehegattentestament eine Wiederverheiratungsklausel einbauen (was in praxi eher auf psychologische Probleme stößt).

II. Auslegung und Form

Zur Einhaltung der Form wird im Regelfall der Bearbeitervermerk in der Klausur Hinweise geben. Bei Auslegung letztwilliger Verfügungen, insbesondere bei ergänzender Auslegung ist kurz die **Andeutungs- bzw. Anklangtheorie** anzusprechen: Hiernach genügt es zur Einhaltung der Form, dass das Auslegungsergebnis in der letztwilligen Verfügung „zwischen den Zeilen" Anklang gefunden hat.

476

Zu beachten ist, dass bei Nichteinhaltung der Form Heilungsvorschriften im Erbrecht für letztwillige Verfügungen nicht vorgesehen sind, d.h. die Verfügung bleibt dann formnichtig und es ist dann auf die gesetzliche Erbfolge gemäß §§ 1923 ff. umzuschwenken.

B. Gesetzliche Erbfolge

Hierzu die nachfolgende Übersicht.

A. Prüfschema: Gesetzliche Erbfolge, §§ 1924 ff.

I. **Keine gewillkürte Erbfolge** (Testament/Erbvertrag)
II. **Gesetzliche Erbfolge nach Ordnungsprinzip**
    1. **Nähere Verwandte schließen entferntere aus**, § 1930
        1. **Ordnung, § 1924:** Kinder, Enkelkinder ...
        2. **Ordnung, § 1925:** Eltern, Geschwister, Neffen, Nichten ...
        3. **Ordnung, § 1926:** Großeltern, Onkel/Tante, Vetter, Cousine
        4. **Ordnung, § 1928:** Urgroßeltern, Abkömmlinge ...
        5. **Fernere, § 1929:** Ur-, Ur-, und entferntere
    2. **Überlebender Ehegatte des Erblassers erbt gemäß § 1931**
        a) **Zugewinngemeinschaft:** § 1931 Abs. 1, Abs. 2
        b) **Gütergemeinschaft:** § 1931 Abs. 1, Abs. 2 i.V.m. § 1482 S. 2
        c) **Gütertrennung:** § 1931 Abs. 4

B. Zusätzliche Ansprüche bei gesetzlicher Erbfolge

I. **Zugewinngemeinschaft:** Zugewinnausgleich, §§ 1371, 1931 Abs. 3
II. **„Voraus", § 1932:** gesetzliches Vermächtnis, §§ 1932 Abs. 2, 2174
III. **„Dreißigste", § 1969:** gesetzliches Vermächtnis, §§ 1969 Abs. 2, 2174

C. Miterbengemeinschaft, §§ 2032 ff.

477 I. Wegen der Universalsukzession gemäß § 1922 werden alle Miterben gemeinsame Inhaber des Nachlasses, sog. **Gesamthandsvermögen, vgl. § 2032 Abs. 1**. Dies gilt bis zur Erbauseinandersetzung, welche gemäß § 2042 jeder Miterbe grundsätzlich jederzeit verlangen kann (Ausnahmen nachfolgend in §§ 2043 ff.). Die Auseinandersetzung erfolgt gemäß § 2042 Abs. 2 über die entsprechende Anwendung der Auseinandersetzungsvorschriften der Bruchteilsgemeinschaft, §§ 749 ff., unter Berücksichtigung der weiteren Anordnungen in §§ 2046 ff.

478 II. Bis zur Auseinandersetzung kann jeder Miterbe **gemäß § 2033 über seinen Miterbenanteil in notarieller Form verfügen**. Gemäß § 2033 Abs. 2 fehlt jedoch die Verfügungsmacht über den Anteil an einzelnen Nachlassgegenständen zu verfügen, da diese ja im Gesamthandseigentum aller stehen.

Verkauft ein Miterbe seinen Anteil am Nachlass an einen Dritten, so steht den übrigen Miterben gemäß §§ 2034 ff. ein Vorkaufsrecht zu.

479 III. Die **Verwaltung des Nachlasses** richtet sich nach § 2038. Die Vorschrift gilt nach der Rspr. nicht nur für tatsächliche Maßnahmen, sondern begründet auch eine entsprechende Vertretungsmacht, diesbezügliche Verträge mit Wirkung für und gegen alle Miterben mit Dritten zu schließen, sodass alle Miterben verpflichtet werden. Gemäß § 2038 Abs. 1 S. 1 steht die Verwaltungsbefugnis/Vertretungsmacht den Erben grundsätzlich nur gemeinschaftlich zu. Über § 2038 Abs. 1 S. 2 besteht ein Notgeschäftsführungsrecht für jeden Einzelnen. Im Übrigen reicht gemäß § 2038 Abs. 2 S. 1 i.V.m. § 745 bei Maßnahmen ordnungsgemäßer Verwaltung die Mehrheit der Miterben. Die Mehrheit berechnet sich nach der Größe der Anteile, § 745 Abs. 1 S. 2.

480 1. Werden dementsprechend **Verpflichtungsgeschäfte** für und gegen alle Miterben geschlossen, so **haften** diese, ebenso wie für die übrigen Nachlassverbindlichkeiten **gemäß § 2058 als Gesamtschuldner**.

2. Werden sachenrechtlich **Verfügungsgeschäfte** getätigt, so ist wie folgt zu differenzieren:

a) Eine **Verfügung über den Miterbenanteil** ist nach Maßgabe des § 2033 möglich, s.o. Rdnr. 478.

481 b) **Verfügungen über Nachlassgegenstände** können **gemäß § 2040 nur gemeinschaftlich** vorgenommen werden (Gesamthandseigentum). Dies gilt auch für Ersatzgegenstände, § 2041. Streitig ist, ob das alleinige Notgeschäftsführungsrecht aus § 2038 Abs. 1 S. 2 analog auch für Verfügungsgeschäfte gilt.

482 c) Gehören zum Nachlass noch **offene Forderungen** des Erblassers gegen seine Schuldner, so gilt **§ 2039**:

- Der Schuldner kann an alle Miterben gemeinschaftlich leisten.

- Jeder Miterbe kann allerdings allein Klage erheben, jedoch nur Leistung an alle Erben fordern, also ist dementsprechend der **Klageantrag/Tenor** des Urteils zu fassen!

D. Erbenhaftung, §§ 1967 ff., 2058 ff.

483 I. Gemäß § 1967 haften alle Erben für Nachlassverbindlichkeiten. Hierzu zählen neben den vom Erblasser zumindest dem Grunde nach begründeten Schulden auch die Schulden, die durch den Erbfall entstehen (z.B. Zugewinnausgleichsanspruch des überlebenden Ehegatten) sowie Schulden, die die Erben bezüglich Nachlassgegenstände selbst begründen. **Miterben haften** hierfür **gemäß § 2058 als Gesamtschuldner**, prozessuale Konsequenz: einfache Streitgenossen, §§ 59, 61 ZPO.

Besteht eine individuelle Schuld oder Stückschuld, die nur aus dem Nachlass durch Nachlassgegenstände erfüllt werden kann, so ist wiederum zu berücksichtigen, dass der Nachlassgegenstand allen Miterben gemeinsam gehört (Gesamthandsvermögen). Dann liegt abweichend von § 2058 keine Gesamtschuld vor, da eben nicht ein Miterbe allein die gesamte Schuld erfüllen kann. Deswegen liegt dann ein Fall der aus materiellen Gründen erforderlichen notwendigen Streitgenossenschaft i.S.v. § 62 ZPO vor (Näheres im AS-Assessor-Skript Zivilprozessrecht).

II. Umfang der Erbenhaftung

1. Grundsätzlich besteht **unbeschränkte Haftung** der Erben mit dem Nachlass(-Anteil) und dem Eigenvermögen des Erben.

484

2. Eine **Ausnahme** greift, **wenn** die Haftung **gemäß §§ 1942 ff. ausgeschlagen** wird. Die **Frist** beträgt **sechs Wochen ab Kenntnis** vom Anfall der Erbschaft, § 1944, und hat rückwirkende Kraft, § 1953.

Gleiches gilt bei **Anfechtung der Annahme, §§ 1954 ff.**

3. Eine Ausschlagung der Erbschaft sollte unterbleiben, wenn noch die Hoffnung besteht, dass nach Abwicklung der Verbindlichkeiten etwas übrig bleibt. Jedoch empfiehlt sich u.U. eine **Haftungsbeschränkung auf den Nachlass**, um wenigstens das Eigenvermögen zu retten (Anwaltsklausur!). Hierfür bestehen folgende Möglichkeiten:

485

a) Allgemeine Möglichkeiten, d.h. für Allein- und Miterben, §§ 1975 ff.

Hier kommen Nachlassverwaltung, §§ 1981 ff. oder Nachlassinsolvenz, § 1980 in Betracht. Ist hingegen der Nachlass so dürftig, dass hieraus noch nicht einmal die Kosten solcher Verfahren getragen werden können, so empfiehlt sich die Dürftigkeitseinrede, § 1990.

b) Für Miterben gibt es noch die **weitere Möglichkeit** einer Haftungsbeschränkung über die **Einrede des ungeteilten Nachlasses, § 2059 Abs. 1 S. 1.**

> Prozessual ist zu beachten, dass Erben in den vorgenannten Fällen dann zwar verurteilt werden, da die Haftung ja prinzipiell besteht. Jedoch kommt in den **Tenor** der Entscheidung zusätzlich ein Vorbehalt i.S.v. § 780 ZPO. „*Dem Beklagten bleibt die beschränkte Erbenhaftung vorbehalten*". Zu beachten ist, dass dies im Prozess nur auf Einrede des Beklagten gemäß § 780 ZPO erfolgt (Anwaltsklausur!).

c) War der Erblasser Kaufmann, so haften seine Erben für seine Geschäftsverbindlichkeiten nach den **Sondervorschriften der §§ 27 ff. HGB** (genauer dazu später im Handelsrecht, Rdnr. 512).

E. Pflichtteilsberechtigte, §§ 2303 ff.

I. Zum **pflichtteilsberechtigten Personenkreis** gehören nur die in § 2303 genannten Personen, nämlich neben dem überlebenden Ehegatten die Abkömmlinge sowie die Eltern des Erblassers.

486

Voraussetzung ist grundsätzlich, dass diese Personen durch Verfügung von Todes wegen durch den Erblasser enterbt worden sind, § 2303 Abs. 1, und kein Ausschlussgrund, §§ 2306, 2307, 2333 ff. vorliegt. Hat der überlebende Ehegatte selbst die an sich angefallene Erbschaft ausgeschlagen, so kann er gemäß § 1371 Abs. 3 im gesetzlichen Güterstand gleichwohl den Pflichtteil verlangen, § 2303 Abs. 2 S. 2.

II. Anspruchsinhalt: Der Pflichtteilsanspruch ist auf Geld gerichtet in Höhe von 1/2 des ohne die Enterbung angefallenen Erbteils. Die Berechnung des Nachlasswertes erfolgt gemäß **§ 2311**.

III. Anspruchsgegner des Pflichtteilsanspruchs sind der oder die Erben, **§ 1967 Abs. 2**. Pflichtteilsansprüche sind nicht durch den Erblasser abdingbar, weil sie das soziale Minimum darstellen.

IV. Jedoch wird vielfach vonseiten des Erblassers versucht, dies zu umgehen:

487 1. Hat er den an sich Pflichtteilsberechtigten zwar zum Erben eingesetzt, jedoch zu einer kleineren Quote, als dies der Pflichtteil ausmachen würde, besteht ein **Pflichtteilsrestanspruch aus § 2305**.

488 2. Hat der Erblasser zwar zu einer höheren Quote als Erbe eingesetzt, jedoch zu Lebzeiten Nachlassgegenstände verschenkt, um den Nachlass zu schmälern, so besteht ein **Pflichtteilsergänzungsanspruch aus § 2325**. Eine **Ausnahme** gilt nur bei Anstandsschenkung, § 2330. Zu berücksichtigen sind nur Schenkungen innerhalb der letzten zehn Jahre. Beachte den jährlichen Wertverlust gemäß **§ 2325 Abs. 3**! Um Umgehungszwecke zu vermeiden fallen unter die Vorschrift auch gemischte Schenkungen und unbenannte Zuwendungen an Ehegatten/Lebenspartner.

Zu beachten ist, dass sich der Pflichtteilsergänzungsanspruch grundsätzlich gegen die Erben richtet. Sofern diese jedoch selbst beeinträchtigt sind, richtet sich der Anspruch gemäß **§ 2329** gegen den Beschenkten.

F. Scheinerben, §§ 2365 ff.

489 I. Verfügt jemand über Nachlassgegenstände, ohne objektiv Erbe zu sein, kann jedoch einen Erbschein i.S.v. §§ 2353 ff. vorweisen, so erzeugt dies einen Rechtsschein gemäß § 2365. Ein **Dritter kann** daher **gemäß § 2366 gutgläubig** vom sog. Scheinerben **erwerben**. Zur Bösgläubigkeit führt nur Vorsatz; Fahrlässigkeit ist unbeachtlich.

490 Ein Sonderfall bildet der sog. **Doppelmangel**: Der Verfügende ist nicht Erbe und der Gegenstand gehört ohnehin nicht zur Erbmasse. Dann ist der doppelte Gutglaubenserwerb zu prüfen:

- Überwindung der fehlenden Erbenstellung durch Erbschein, **§§ 2365, 2366**

- Überwindung der fehlenden Zugehörigkeit zur Erbmasse nach den allgemeinen Gutglaubensvorschriften, also bewegliche Sachen, **§§ 932 ff.** und Grundstücke gemäß **§ 892**.

491 II. Wird umgekehrt **an einen Scheinerben eine Leistung bewirkt**, so ist diese objektiv an den Falschen erfolgt. Gleichwohl wird der Schuldner gemäß **§ 2367** frei, wenn er auf den Rechtsschein des Erbscheins vertraut hat.

Beispiel: Bank zahlt an den Scheinerben ein Kontoguthaben aus.

Der wahre Berechtigte = der wahre Erbe kann dann, weil die Bank gemäß § 2367 frei geworden ist, keine Auszahlung mehr verlangen. Jedoch Anspruch aus § 816 Abs. 2 gegen den Scheinerben.

G. Vorweggenommene Erbfolge

492 I. Werden zu Lebzeiten auf Angehörige Vermögensgegenstände übertragen, so stellt sich die Frage, ob hierin eine u.U. konkludent vereinbarte, vorweggenommene Erbfolge liegt. Die vorweggenommene Erbfolge ist schuldrechtlich in der Regel Schenkungsvertrag, §§ 516 ff. und sachenrechtlich eine normale **Übereignung unter Lebenden** gemäß §§ 929 ff. bzw. bei Grundstücken §§ 873, 925. Allerdings ergeben sich für die vorweggenommene Erbfolge einige Besonderheiten, weswegen diese abzugrenzen ist von der normalen schenkweisen Übertragung. Während die normale schenkweise Übertragung nicht **auf die spätere Erbquote angerechnet** werden soll, wird bei der vorweggenommenen Erbfolge die Abrede getroffen, dass eben nur zeitlich das Ergebnis der späteren Erbfolge vorweggenommen werden soll, mithin eine Anrechnung gewollt ist. Dies ist ebenfalls durch Auslegung zu ermitteln. Indizien sind zum einen die zeitliche Nähe zum u.U., z.B. krankheitsbedingt, absehbaren Erbfall sowie die Höhe des Wertes.

493 II. Liegt eine vorweggenommene Erbfolge vor, so hat dies folgende **Auswirkungen:**

1. Sollte sich herausstellen, dass der Übertragende kein Eigentümer ist, so ist ein **Gutglaubenserwerb nicht möglich**, da ein Verkehrsgeschäft fehlt: Verkehrsgeschäft bedeutet nämlich rechtsgeschäftlicher Erwerb. Obwohl die vorweggenommene Erbfolge formal einen rechtsgeschäftlichen Erwerb darstellt, wird sie jedoch der normalen Erbfolge, die einen gesetzlichen Erwerb darstellt, aus § 1922 gleichgestellt. Grund: Die Parteien wollen ja nur das Ergebnis einer echten Erbfolge zeitlich vorwegnehmen (s. bereits im Sachenrecht Rdnr. 387).

494 2. Es liegt **kein Fall des § 2301** vor, da bei der vorweggenommenen Erbfolge eben zu Lebzeiten des Erblassers übertragen wird.

- Hingegen erfordert § 2301 einen Schenkungsvertrag, der unter der Prämisse steht, dass das Geschenk erst nach dem Tode des Erblassers erfolgen soll und zu diesem Zeitpunkt der Beschenkte noch lebt, sog. Überlebensbedingung.

  Eine derartige Überlebensbedingung i.S.v. **§ 2301 Abs. 1 ist nur gewollt, wenn** es dem Erblasser darauf ankommt, den **Beschenkten persönlich zu belohnen**, sodass, sofern dieser doch zuerst versterben sollte, kein Geschenk gewollt ist. Dies ist ggf. durch Auslegung zu ermitteln.

- Da dieser Fall einer echten letztwilligen Verfügung gleichkommt, bestimmt § 2301 Abs. 1, dass für diesen Vertrag die erbrechtlichen Vorschriften gelten. Die h.M. legt dies so aus, dass hiermit die **Formvorschrift für den Erbvertrag, § 2276**, gemeint ist. Sollte die Form nicht eingehalten sein, so besteht die Möglichkeit einer **Heilung gemäß § 2301 Abs. 2 i.V.m. § 518 Abs. 2**, sofern der Schenker das Geschenk bewirkt. Dies würde vom Wortlaut bedeuten, dass der Schenker noch zu Lebzeiten bewirkt, also übereignet. Dies ist aber sinnwidrig, da die Parteien ja vereinbart haben, dass das Geschenk erst nach seinem Tode erfolgen soll, andernfalls läge § 2301 Abs. 1 gar nicht vor. Daher wird Abs. 2 teleologisch reduziert: Es genügt, dass der Schenker zu Lebzeiten zumindest einen gewissen dinglichen Vollzug vorgenommen hat, sodass der Bedachte ohne weiteres Zutun des Schenkers nach dessen Tod das volle Recht erwirbt. Dies ist z.B. der Fall, wenn zu Lebzeiten bereits ein Anwartschaftsrecht begründet wurde. Einzelheiten streitig siehe Palandt/Weidlich § 2301 Rdnr. 10.

495
- Zu beachten ist, dass nach h.M. die Vorschrift des § 2301 auf **Verträge zugunsten Dritter auf den Todesfall** nicht anzuwenden ist, da § 331 nicht hierauf verweist.

3. Abschnitt: Handelsrecht

A. Anwendungsbereich

496 **I.** Das HGB schafft für Kaufleute sowie Handels- und Kapitalgesellschaften teilweise **Sondernormen zum BGB**, teilweise bloße **Ergänzungen**. Da im HGB wenig Anspruchsgrundlagen zu finden sind, bleibt es in der Regel dabei, dass die Anspruchsgrundlage im BGB zu finden ist, um dann an passender Stelle am Tatbestandsmerkmal oder als Ausschlussgrund oder in der Rechtsfolge die entsprechende HGB-Norm unterzubringen.

497 **II.** Das **HGB folgt dem subjektiven System:** D.h., dass Kaufmannseigenschaft i.S.v. **§§ 1 ff. HGB** vorliegen muss oder eine Handelsgesellschaft, **§ 6 Abs. 1 HGB** oder Kapitalgesellschaften, Vereine und sonstige Körperschaften, **§ 6 Abs. 2 HGB** (der insofern weit ausgelegt wird). Natürlich muss das Rechtsgeschäft im Zusammenhang mit dem kaufmännischen Gewerbe stehen und nicht etwa ein Privatgeschäft eines Kaufmanns darstellen, vgl. § 343 HGB. Jedoch wird dies gemäß **§ 344 HGB** vermutet.

Subjektives System bedeutet, dass es für die Anwendung der HGB-Vorschriften grundsätzlich genügt, dass eine Partei kaufmännisch ist. Sofern ausnahmsweise beide Seiten Kaufleute sein müssen, ist dies in der jeweiligen Norm deutlich angesprochen, z.B. § 377 HGB.

Da gemäß § 1 Abs. 2 HGB die Kaufmannseigenschaft vermutet wird, erwarten Sie bitte keine großartigen Anhaltspunkte in der Klausur. Stets sollten dann die Vorschriften über Handelsgeschäfte gemäß § 343 HGB durchgeblättert werden, um abzugleichen, ob diese für den Fall einschlägig sind.

B. Vorschriften über Handelsgeschäfte, §§ 343 ff. HGB

498 **I.** § 343 HGB enthält eine **Kurzdefinition des Handelsgeschäfts**, das zum Betrieb des Handelsgewerbes gehören muss. Dies wird gemäß § 344 HGB vermutet.

499 **II.** In § 350 HGB finden sich **Ausnahmen von den Formvorschriften** des BGB für die Bürgschaft (§ 766 und Schuldversprechen und Schuldanerkenntnis, §§ 780, 781). Im Übrigen gelten die Formvorschriften des BGB (z.B. § 311 b).

500 **III.** § 366 HGB erweitert die Möglichkeiten des Gutglaubenserwerbs:

- Während die Gutglaubensvorschriften des BGB, §§ 932 ff. und § 892 nur den guten Glauben an das Eigentum schützen, wird in **§ 366 Abs. 1 HGB** der gute Glaube an die Verfügungsermächtigung i.S.v. § 185 Abs. 1 geschützt.

    Beispiel: Kommissionär übereignet eine fremde Sache im eigenen Namen (§ 383 HGB!). Hinterher stellt sich heraus, dass der Kommittent ihm keine wirksame Ermächtigung erteilt hat.

- Nach h.M. gilt **§ 366 Abs. 1 HGB analog** auch für den guten Glauben an die Vertretungsmacht (wichtig für den Parallelfall, dass ein Kaufmann als Stellvertreter auftritt, ihm aber die Vertretungsmacht für die Übereignung fehlt).

- § 366 Abs. 3 HGB ermöglicht schließlich den gutgläubigen Erwerb gesetzlicher Pfandrechte für den Spediteur und Lagerhalter. Zu beachten ist, dass dies für die übrigen gesetzlichen Pfandrechte, die nach h.M. nicht gutgläubig erworben werden können, nicht gilt.

501 **IV.** § 362 HGB stellt klar, dass ein Vertrag zustande kommt, wenn ein Angebot einem Kaufmann, der Geschäftsbesorgungen für andere wahrnimmt (§ 675) zugeht und dieser **schweigt**. Der Anwendungsbereich dieser Vorschrift ist auf diese Art

von Kaufleuten begrenzt. Daher ist für die übrigen Kaufleute der Ansatz Schweigen auf ein kaufmännisches Bestätigungsschreiben zu prüfen, welches ein eigenständiges, gewohnheitsrechtliches Institut darstellt und eben nicht unter § 362 HGB fällt! (s. bereits oben Rdnr. 4).

V. § 354 a HGB wird bei **vereinbarten Abtretungsverboten** relevant: Abweichend von § 399, 2. Alt. bestimmt § 354 a Abs. 1 HGB, dass eine Abtretung gleichwohl wirksam ist. § 354 a Abs. 1 S. 3 HGB stellt klar, die Vorschrift unabdingbar ist. Jedoch ist in Ergänzung zu § 407 vorgesehen, dass der Schuldner frei wird, wenn er an den bisherigen Gläubiger leistet. Eine Rückausnahme findet sich in § 354 a Abs. 2 HGB für Darlehensforderungen, wenn der Gläubiger ein Kreditinstitut ist. 502

VI. § 376 HGB regelt den **Fixhandelskauf**: Bei relativen Fixgeschäften schafft die Vorschrift ein eigenständiges Rücktrittsrecht (§ 376 Abs. 1, 1. Var. HGB) sowie einen selbstständigen Anspruch auf Schadensersatz statt der Leistung, § 376 Abs. 1, 2. Var. HGB, ohne dass es einer Fristsetzung, wie es im BGB in § 323 Abs. 1 oder § 281 Abs. 1 verlangt wird, bedarf. Zu beachten ist, dass § 376 HGB voraussetzt, dass im Vertrag deutlich gemacht wurde, dass bei Nichteinhaltung des Termins oder der Frist Interessenwegfall vorliegt. Typische kaufmännische Begriffe hierfür sind „Lieferung fix, Lieferung prompt". 503

VII. Die **kaufmännische Untersuchungs- und Rügeobliegenheit gemäß § 377 HGB** ist äußerst klausurrelevant. Daher nachfolgendes Prüfschema: 504

Prüfschema: Kaufmännische Rüge, § 377 HGB

1. **Beiderseitiger Handelskauf**
   a) Vertragsparteien sind beide **Kaufleute**, §§ 1 ff., oder **Handelsgesellschaften, Kapitalgesellschaften**, § 6 HGB
   b) **Handelskauf**, §§ 343, 344, bzw. **Werklieferungsvertrag, § 381 Abs. 2 HGB!**
2. **Ablieferung der Ware**
3. **Lieferung nicht ordnungsgemäß i.S.v. § 434 BGB**
   - Sachmangel, § 434 Abs. 1, 2 BGB
   - Falschlieferung, § 434 Abs. 3, 1. Alt. BGB
   - Zuweniglieferung, § 434 Abs. 3, 2. Alt. BGB
4. **Keine Arglist** des Verkäufers, § 377 Abs. 5 HGB
5. **Inhalt der Rüge**
   a) Inhaltlich **substantiierte** Rüge bezüglich des konkreten Mangels
   b) **Rechtzeitig:**
      - **Offene Mängel:** unverzüglich nach Ablieferung zu rügen, § 377 Abs. 1, ggf. Untersuchungs-, Stichprobenpflicht
      - **Versteckte Mängel:** unverzüglich nach Erkennbarkeit, § 377 Abs. 3
      - Jeweils **rechtzeitige Absendung reicht, § 377 Abs. 4 HGB!**
6. **Rechtsfolgen**
   a) **Bei ordnungsgemäßer Rüge:**
      - Käufer behält Gewährleistungsansprüche, § 437 (§ 651) BGB
      - Bei Zuweniglieferung kann Käufer Restmenge verlangen
   b) **Bei nicht ordnungsgemäßer Rüge:**
      Genehmigungsfiktion, § 377 Abs. 2 HGB
      - Käufer verliert alle Gewährleistungsrechte
      - aber nicht §§ 823 ff. BGB
      - Käufer muss den vereinbarten Kaufpreis zahlen (h.M.)

505 Hierbei sind folgende **Besonderheiten** zu berücksichtigen:

- **Abgrenzung offener Mangel**, welcher gemäß **§ 377 Abs. 1 HGB** unverzüglich gerügt werden muss und **verdeckter Mangel, § 377 Abs. 3 HGB**:

  Es werden 100.000 Konservendosen mit Erbsen angeliefert. Hier reicht naturgemäß keine äußere Sichtkontrolle. Vielmehr verlangt die Rspr., dass stichprobenhaft die Konservendosen geöffnet werden und deren Inhalt kontrolliert wird. Da es sich insofern nicht um einen versteckten Mangel handelt, muss dies unverzüglich gemäß § 377 Abs. 1 HGB erfolgen.

- Wegen des Schutzzwecks – schnelle Abwicklung – ist eine **substantiierte Rüge** erforderlich: D.h. der Mangel muss präzise umschrieben werden (Anwaltsklausur!).

- Zu beachten ist, dass über **§ 478 Abs. 6** die Rügeobliegenheit auch relevant wird **beim Unternehmerregress** und zwar **in der gesamten Kette, vgl. § 478 Abs. 5!**

- Die **Rechtsfolge** bei Verletzung der Rügeobliegenheit ergibt sich dann aus **§ 377 Abs. 2 HGB**: Hiernach **gilt die Ware als genehmigt**, d.h. sie gilt als mangelfrei. Damit sind Gewährleistungsansprüche aus § 437 (ggf. i.V.m. § 651 S. 1) ausgeschlossen. Prüfungsstandort daher unter „gesetzlicher Gewährleistungsausschluss" (s. bereits Rdnr. 84).

- Allerdings sind **konkurrierende gesetzliche Ansprüche**, z.B. aus § 823 Abs. 1 nicht ausgeschlossen. Beachte hier dann den Unterschied: Eigentumsverletzung an anderen Sachen als der Kaufsache als Mangelfolgeschaden unproblematisch; hingegen Schäden an der Kaufsache selbst nur bei weiterfressendem Mangel. Allerdings ist dann die Verletzung der Rügeobliegenheit im Rahmen der Rechtsfolge unter Mitverschulden, § 254 Abs. 1 zu erörtern.

Beispiel: Winzer W bekommt 10.000 Weinkorken geliefert. Ohne diese zu untersuchen, verkorkt er damit seine Weinflaschen, die hochwertige Weine enthalten. Der Kork zerbröselt, was durch stichprobenhaftes Untersuchen erkennbar gewesen wäre.

Dann sind Schadensersatzansprüche aus § 437 Nr. 3 gemäß § 377 Abs. 2 HGB ausgeschlossen. Für Schadensersatz gemäß § 823 Abs. 1 gilt: Keine Eigentumsverletzung bezüglich der Korken, da W von Anfang an mangelhaftes Eigentum erlangt hat und kein weiterfressender Mangel: der jetzige Schaden am Korken ist quasi stoffgleich mit dem ursprünglichen Mangel. Jedoch als Mangelfolgeschaden Eigentumsverletzung am (zuvor intakten) Wein. Verschulden des Zulieferers wird vermutet (Grundsätze der Produzentenhaftung!). Allerdings Kürzung des Schadensersatzanspruchs wegen erheblichem Mitverschulden des W: gerade bei hochwertigen Weinen hätte er die Korken zuvor untersuchen müssen (hier ist dann zur Quote Argumentation gefragt!).

C. Hilfspersonen der Kaufleute

506 Werden Rechtsgeschäfte durch eingesetzte Personen abgeschlossen, so ist nach der Systematik des HGB zwischen selbstständigen Hilfspersonen (die grundsätzlich selbst Kaufleute sind) und unselbstständigen (also Arbeitnehmer der Kaufleute) zu unterscheiden:

Selbstständige Hilfspersonen (i.d.R. selbst Kaufleute)			
Handelsvertreter, §§ 84 ff. HGB - auf Dauer - im fremden Namen handelnd	**Handelsmakler, §§ 93 ff. HGB** - nicht ständig - vermittelt Verträge	**Kommissionär, §§ 383 ff. HGB** - nicht ständig - im eigenen Namen	**Frachtführer, §§ 407 ff. HGB** **Spediteur, §§ 453 ff HGB** **Lagerhalter, §§ 467 ff. HGB**

Unselbstständige Hilfspersonen (i.d.R. Arbeitnehmer)		
Prokurist, §§ 48 ff. HGB - auf Dauer - im fremden Namen - umfassende Vertretungsmacht	**Handlungsbevollmächtigter, §§ 54 ff. HGB** - auf Dauer - im fremden Namen - eingeschränkte Vertretungsmacht	**Ladenangestellter, § 56 HGB** - auf Dauer - im fremden Namen - eingeschränkte (fingierte) Vertretungsmacht

D. Eintragungspflichten und Rechtsschein

I. Bezüglich **eintragungspflichtiger Tatsachen** im Handelsregister sind folgende Punkte zu berücksichtigen:

1. Nur ausnahmsweise sind Eintragungspflichten konstitutiv. Dass die Eintragung dann Wirksamkeitsvoraussetzung ist, lässt sich jeweils deutlich aus dem Gesetzestext entnehmen, vgl. z.B. den Wortlaut des § 2 HGB: „Kaufmann, wenn die Eintragung ins Handelsregister erfolgt."

2. Regelmäßig sind Eintragungspflichten im HGB nur deklaratorisch.

3. Allerdings ist dann u.U. **Rechtsschein gemäß § 15 HGB** zu prüfen:

- **§ 15 Abs. 1 HGB** regelt die **negative Publizität**, also eine eintragungspflichtige Tatsache wurde nicht eingetragen. Der Kaufmann kann sich dann gegenüber gutgläubigen Dritten nicht hierauf berufen.

- Hat umgekehrt der Kaufmann eine eintragungspflichtige Tatsache ordnungsgemäß eintragen lassen, so kann er „als Belohnung" diese Dritten nunmehr nach Maßgabe des **§ 15 Abs. 2 HGB** entgegenhalten.

- Wurde eine **eintragungspflichtige Tatsache unrichtig bekanntgemacht, so gilt § 15 Abs. 3 HGB:** Hiernach kann der gutgläubige Dritte sich dann auf diesen Rechtsschein berufen. Achtung: § 15 Abs. 3 stellt auf eine unrichtige Bekanntmachung ab! Sollten daher Eintragung und Bekanntmachung divergieren, ist eben maßgeblich die Bekanntmachung. Sollte die Bekanntmachung richtig sein, ist § 15 Abs. 3 HGB abzulehnen. Wegen der dann bloß unrichtigen Eintragung ist nach h.M. § 15 Abs. 3 HGB nicht analog anzuwenden, sondern nur der allgemeine Rechtsschein. Dies begründet dann wichtige Unterschiede für die Falllösung: Während bei § 15 HGB eine konkrete Kausalität, d.h. ein Blick in das Handelsregister nicht verlangt wird und auch nur positive Kenntnis vom Gegenteil schadet, erfordert der allgemeine Rechtsschein eine konkrete Kausalität und es schadet bereits Fahrlässigkeit.

4. Für die sonstigen Fälle, in denen ein Rechtsschein außerhalb des Handelsregisters (§§ 5, 15 HGB) erzeugt wird, gilt dann wieder nur der allgemeine Rechtsschein.

510 5. Gern wird in Klausuren in diesem Zusammenhang auch die **Problematik der Rosinentheorie** eingebaut: Kann sich der Vertragspartner wahlweise statt auf Rechtsschein auf die objektive Rechtslage berufen?

Beispiel: P, der den Vertrag als Stellvertreter geschlossen hat, steht zu Unrecht als angeblicher Prokurist im Handelsregister und dies wurde auch so bekanntgemacht.

Der gutgläubige Vertragspartner kann sich gemäß § 15 Abs. 3 HGB darauf berufen, dass Prokura bestehe, sodass dann ein Vertrag mit dem vertretenen Kaufmann zustande kommt. Ist der Kaufmann illiquide, kann der Vertragspartner sich auf die objektive Rechtslage berufen, wonach P keine Vertretungsmacht hatte, um diesen dann persönlich aus § 179 Abs. 1 in Anspruch zu nehmen (streitig).

E. Gesetzliche Haftung gemäß §§ 25 ff. HGB

Beliebtes Klausurthema ist auch die gesetzliche Haftung bei Firmenfortführung, Erbschaft, Eintritt. Diese ist in §§ 25 ff. HGB geregelt:

511 I. **Gemäß § 25 Abs. 1 HGB haftet** der rechtsgeschäftliche **Erwerber** für alle Verbindlichkeiten des bisherigen Firmeninhabers, **sofern** er das Handelsgeschäft **unter bisheriger Firmenbezeichnung fortführt**. Kleinere Änderungen der Firmenbezeichnung sind unschädlich, um Umgehungsgeschäfte zu verhindern. Allerdings kann gemäß § 25 Abs. 2 HGB die Haftung abbedungen werden, sofern dies im Handelsregister eingetragen wird oder vom Veräußerer oder Erwerber dem Dritten bekanntgemacht wurde. § 25 Abs. 2 HGB wird einschränkend ausgelegt, dass die Eintragung oder Information bei Firmenübernahme oder spätestens unverzüglich danach erfolgen muss. **Gemäß § 25 Abs. 1 S. 2 HGB** gelten umgekehrt die noch offenen Forderungen des bisherigen Geschäftsinhabers als auf den neuen Inhaber übergegangen (**Abtretungsfiktion**). Der Schuldner kann jedoch unabhängig von § 407 noch mit befreiender Wirkung an den bisherigen Inhaber leisten.

512 II. **Gemäß § 27 HGB** gilt das Gleiche, **sofern ein Erbe das geerbte Handelsgeschäft unter der bisherigen Firmenbezeichnung fortführt**. Eine Ausnahme gilt nur gemäß § 27 Abs. 2 HGB, wenn er das Geschäft binnen drei Monaten einstellt. Streitig ist, ob über diese Ausschlussmöglichkeit hinaus auch die Ausnahmen des § 25 Abs. 2 HGB gelten. Die wohl h.M. bejaht dies, da § 27 Abs. 1 HGB auf den ganzen § 25 HGB verweist. Zu beachten ist, dass der Erbe für Privatverbindlichkeiten des Erblassers nach §§ 1967 ff. haftet.

513 III. Tritt jemand in das Handelsgeschäft eines Kaufmanns ein, so **entsteht** hierdurch eine **Handelsgesellschaft**. Die Gesellschaft haftet dann gemäß **§ 28 HGB** (Ausschlussmöglichkeit gemäß § 28 Abs. 2 HGB). Daneben haften die Gesellschafter nach Maßgabe des § 128 bzw. § 171 HGB.

F. Prozessuale Besonderheiten

514 Bei handelsrechtlichen Streitigkeiten ist zu berücksichtigen, dass es die **Kammer für Handelssachen, §§ 95 ff. GVG** gibt. Da eine Kammer nur am Landgericht existieren kann, heißt dies, dass für Streitigkeiten vor dem Amtsgericht keinerlei Besonderheiten bestehen. Umgekehrt besteht für die Kammer für Handelssachen keine ausschließliche Zuständigkeit. Vielmehr ist diese wahlweise neben den normalen Zivilkammern gedacht. Gemäß § 95 Abs. 1 Nr. 1 GVG kommt diese von vornherein nur in Betracht, wenn beide Seiten Kaufleute sind. Im Übrigen ist ein entsprechender Antrag des Klägers erforderlich, § 96 GVG und unter den Voraussetzungen des § 98 GVG genügt ein Antrag des Beklagten (Näheres dazu s. im AS-Assessor-Skript Zivilprozessrecht).

4. Abschnitt: Gesellschaftsrecht

A. Überblick

I. Man unterscheidet **Personengesellschaften** und **körperschaftlich strukturierte Personenvereinigungen**, wie Vereine und Kapitalgesellschaften (GmbH, Aktiengesellschaft etc.). Heute werden praktisch alle Gesellschaften als rechtsfähig oder zumindest teilrechtsfähig angesehen: Für die Handelsgesellschaften folgt dies aus § 124 (i.V.m. § 161 Abs. 2) HGB. Für die GbR gilt § 124 HGB analog. Auch für den nicht rechtsfähigen Verein i.S.v. § 54 nimmt die h.M. mittlerweile eine gewisse Teilrechtsfähigkeit an, weswegen dieser gemäß § 50 Abs. 2 ZPO auch parteifähig ist. Die Kapitalgesellschaften sind als echte juristische Personen ohnehin rechtsfähig, vgl. § 13 Abs. 1 GmbHG und § 11 Abs. 1 AktG.

515

II. Auch die **Wohnungseigentümergemeinschaft**, die als Gesellschaft eigener Art gesehen wird, besitzt Teilrechtsfähigkeit, wie sich aus § 10 Abs. 6 WEG ergibt.

516

III. Lediglich die **Bruchteilsgemeinschaft** i.S.v. §§ 741 ff. besitzt keine Teilrechtsfähigkeit, sondern stellt nur die gedankliche Zusammenfassung der einzelnen Mitglieder dar. Daher fehlt ihr auch die Parteifähigkeit i.S.v. § 50 ZPO.

517

IV. Auswirkungen der Rechtsfähigkeit der Gesellschaften:

Gesellschaften können Kläger und Beklagter eines Prozesses sein, § 50 Abs. 1 ZPO. Haften die Gesellschafter daneben, so können diese als Streitgenossen mit Prozesspartei werden. Geschieht dies auf Beklagtenseite, so liegt trotz der akzessorischen Haftung der Gesellschafter gemäß §§ 128, 171 HGB bzw. für GbR-Gesellschafter § 128 HGB analog nur eine einfache Streitgenossenschaft i.S.d. §§ 59, 61 ZPO vor. Keine notwendige Streitgenossenschaft, weil der Prozess nicht notwendig einheitlich entschieden werden muss, denn die Gesellschafter können auch eigene Einreden und Einwendungen geltend machen, vgl. § 129 HGB.

518

V. Für die **Abgrenzung der Gesellschaftsarten** gilt:

Da bei den Kapitalgesellschaften die Eintragung im Handelsregister (Abt. B) konstitutiv ist, vgl. § 13 GmbHG, § 11 AktG ergeben sich nur Probleme bei den Handelsgesellschaften, da dort die Eintragung nicht zwingend konstitutiv ist, vgl. § 123 Abs. 2 HGB (i.V.m. § 161 Abs. 2 HGB). Ggf. ist auch die Abgrenzung zur GbR, für die es kein Register gibt, vorzunehmen. Die Abgrenzung erfolgt negativ in der Weise, dass zunächst zu prüfen ist, ob ein Handelsgewerbe betrieben wird, dann Handelsgesellschaft (beachte allerdings die Erweiterung in § 105 Abs. 3 HGB). Sonstige Gesellschaftszwecke, die unterhalb eines Handelsgewerbes stehen, führen dann zur GbR, § 705. Für Freiberufler gibt es alternativ die Partnerschaftsgesellschaft nach PartGG.

519

> Da der BGH für die GbR die Haftungsnormen aus § 124 und § 128 HGB analog anwendet, ist bei Anwendung anderer HGB-Normen eine Analogie stets kritisch zu überdenken, da der Unterschied zwischen GbR und Handelsgesellschaften vollständig verschwinden würde, wenn jede HGB-Norm analog anzuwenden wäre. Gleiches gilt für die analoge Anwendung von ZPO-Normen, die an sich für Kaufleute oder Handelsgesellschaften formuliert sind (z.B. § 38 Abs. 1 ZPO).

Zu beachten ist, dass die **GmbH & Co. KG** letztlich eine Kommanditgesellschaft ist, sodass das Recht der KG gilt, §§ 161 ff. HGB. Die einzige Besonderheit besteht darin, dass der Komplementär, also der persönlich haftende Gesellschafter, nunmehr eine GmbH ist. Für die GmbH gilt natürlich GmbH-Recht, sodass diese ihrerseits vertreten werden muss durch ihren Geschäftsführer, dessen Vertretungsmacht sich dann nach § 35 GmbHG richtet.

B. Haftung und Zurechnung

520 I. Während die Anspruchsgrundlage in der Regel aus dem BGB folgt, ist im Gesellschaftsrecht dann gleich im Obersatz stets die passende Haftungsnorm hinzuzunehmen, also z.B. § 433 Abs. 2 i.V.m. der **Haftungsnorm:**

gegen die Gesellschaft	gegen die Gesellschafter
■ **OHG:** § 124 Abs. 1 HGB	■ **OHG-Gesellschafter:** § 128 Abs. 1 HGB
■ **KG:** §§ 124 Abs. 1, 161 Abs. 2 HGB	■ **Komplementäre:** §§ 128 Abs. 1, 161 Abs. 2 HGB
	■ **Kommanditisten:** § 171 HGB
■ **GbR:** § 124 Abs. 1 HGB analog	■ **GbR-Gesellschafter:** § 128 Abs. 1 HGB analog
■ **PartG:** § 7 Abs. 2 PartG i.V.m. § 124 Abs. 1 HGB	■ **Partner:** § 8 Abs. 1 PartGG; beachte Abs. 2!
■ **WEG:** § 10 Abs. 6 WEG	■ **WEG-Mitglieder:** § 10 Abs. 8 WEG
■ **GmbH:** § 13 Abs. 1 GmbHG	■ **GmbH-Gesellschafter:** Grundsätzlich keine Haftung
■ **AG:** § 11 Abs. 1 AktG	■ **Aktionäre:** Grundsätzlich keine Haftung

Beachte, dass die vorgenannten Haftungsnormen gegen die Gesellschaft stets voraussetzen, dass der Betreffende **Gesellschafter zum Zeitpunkt der Begründung der Verbindlichkeit** ist. **Andernfalls** sind **Sondernormen heranzuziehen.** Hierbei ist zeitlich zu unterscheiden:

521 **1. Gründungsphase**

a) Wird **erstmalig eine Handelsgesellschaft (OHG/KG) gegründet,** indem ein Gesellschafter in das bereits bestehende Handelsgeschäft eines anderen eintritt, so haftet die so gegründete Handelsgesellschaft gemäß **§ 28 HGB** für die Altschulden des bisherigen Kaufmanns (Ausnahme: § 28 Abs. 2 HGB); über die **Haftungsnormen § 128** bzw. **§ 171 HGB** haften dann daneben auch ihre Gesellschafter.

Problematisch ist die analoge Anwendung des § 28 HGB auf GbR-Gründungen.

Beispiel: Rechtsanwalt A nimmt Rechtsanwalt B in seine Kanzlei als Gesellschafter auf. Können bisherige Mandanten des A auch gemäß § 28 HGB gegen die nunmehr gegründete GbR vorgehen und haftet analog § 128 HGB dafür auch der B? Der BGH hat bislang eine analoge Anwendung abgelehnt, wenn es um berufsspezifische Haftung geht. Hinzukommt, dass bei analoger Anwendung die GbR ihre Haftung nicht analog § 28 Abs. 2 HGB ausschließen könnte, weil für die GbR kein Register existiert. Die GbR kann aber nicht schlechter stehen als eine Handelsgesellschaft.

522 b) **Existiert bereits eine Handelsgesellschaft** mit bestehenden Verbindlichkeiten und **tritt** später ein **Gesellschafter hinzu,** so gilt:

■ **§ 130 HGB:** Volle Haftung des OHG-Gesellschafters bzw. Komplementärs einer KG (über § 161 Abs. 2 HGB).

- **§ 130 HGB analog:** Nach dem BGH haften später eingetretene GbR-Gesellschafter analog § 130 HGB unbeschränkt für Altschulden. Gleiches gilt für einen später hinzugekommenen **Scheinsozius** über Rechtsscheinsgesichtspunkte.

  Beispiel: Rechtsanwalt R wird von einer Rechtsanwalts-GbR als Arbeitnehmer eingestellt, steht aber ohne klarstellende Hinweise mit auf dem Kanzleischild und dem Anwaltsbriefkopf.

  Da hier zurechenbar der Rechtsschein verursacht wurde, als sei der Arbeitnehmer Gesellschafter, haftet der sog. Scheinsozius nach allgemeinen Rechtsscheinsgrundsätzen wie ein Gesellschafter (streitig, ob hier noch nach Mandantenverbindlichkeiten und sonstigen Verbindlichkeiten der GbR zu unterscheiden ist).

- **§ 173 HGB:** Beschränkte Haftung des eingetretenen Kommanditisten über § 171 HGB.

- **§ 176 Abs. 2 HGB:** Unbeschränkte Haftung gemäß § 128 HGB für den Kommanditisten, der vor Begründung der Verbindlichkeit eingetreten aber erst später im Handelsregister eingetragen wird. Parallelfall für Gründung der KG und fehlende Eintragung in § 176 Abs. 1 HGB.

c) In der Phase der **Vor-GmbH** haftet der **Handelnde gemäß § 11 Abs. 2 GmbHG** persönlich. Die Vorschrift wird insofern eng ausgelegt, als dass ein bloß mittelbares Verhalten, z.B. wie eine Zustimmung im Hintergrund, hier für den Begriff des Handelnden nicht genügt.

523

Beachte die **drei Phasen bei der Entstehung der GmbH:**

- Zunächst besteht eine **Vorgründungsgesellschaft**, welche im GmbHG nicht geregelt ist und als Handelsgesellschaft angesehen wird, wenn ein Handelsgewerbe betrieben werden soll, ansonsten GbR.

524

- Mit notarieller Beurkundung des Gesellschaftsvertrags gemäß § 2 GmbHG entsteht dann die **Vor-GmbH**. Diese ist als Gesellschaft sui generis rechtsfähig und haftet mit dem (vorhandenen) Vermögen und der Handelnde gemäß § 11 Abs. 2 GmbHG. Umstritten ist, ob § 11 Abs. 2 GmbHG voraussetzt, dass im Namen der späteren (zur Zeit noch nicht existierenden) GmbH gehandelt worden sein muss oder ob ein Auftreten für die „Vor-GmbH" auch hierunter fällt.

525

- Mit Eintragung der GmbH im Handelsregister entsteht die **GmbH, § 13 Abs. 1 GmbHG** und die Handelndenhaftung erlischt.

Hier liegt der Unterschied zu § 176 HGB: Auch wenn es später zur Eintragung kommt, bleibt die volle, persönliche Haftung des Kommanditisten bestehen! Um dies zu vermeiden, muss daher der Eintritt aufschiebend bedingt auf die Eintragung im Handelsregister vereinbart werden, weil dann Gesellschaftseintritt und Eintragung im Handelsregister für die Kommanditisten zusammenfallen, sodass der Wortlaut des § 176 HGB dann nicht passt. Da der Kommanditist den Eintragungszeitpunkt sonst nicht steuern kann, ist die Vereinbarung einer derartigen Bedingung zulässig (Anwaltsklausur!).

- Ist die GmbH durch Eintragung entstanden, haften daneben die Gesellschafter grundsätzlich nicht. Eine Ausnahme gilt nur bei rechtsmissbräuchlicher Verwendung der GmbH, dann sog. **Durchgriffshaftung aus § 826.** (Kommentierung in Palandt/Sprau § 826 Rdnr. 35 ff!).

2. Für ausscheidende Gesellschafter gilt:

- **§§ 160, 161 Abs. 2 HGB:** Nachhaftung maximal fünf Jahre für Handelsgesellschafter (ab Eintragung des Ausscheidens).

- Gemäß § 736 Abs. 2 BGB i.V.m. § 160 HGB entsprechend gilt das Gleiche für ausgeschiedene GbR-Gesellschafter (da es kein Register gibt: Fristbeginn ab Kenntnis des Gläubigers vom Ausscheiden!).

II. Da Gesellschaften nicht handeln können, muss ihnen das Verhalten der natürlichen Personen **zugerechnet** werden. Hierbei ist zu unterscheiden:

526 1. **Zurechnung von Willenserklärungen** erfolgt über Stellvertretung, § 164 Abs. 1. Die **Vertretungsmacht** ist dann jeweils aus der gesellschaftsrechtlichen Norm zu entnehmen:

a) **Vertretung durch Gesellschafter**

aa) **Gemäß § 125 Abs. 1** (ggf. i.V.m. § 161 Abs. 2) **HGB** ist grundsätzlich Alleinvertretungsmacht gegeben; Ausnahme § 125 Abs. 2, Abs. 3 HGB. Der Umfang der Vertretungsmacht ist unbegrenzt, § 126 HGB.

Bei der **GbR** verweist § 714 auf das Innenverhältnis gemäß § 709. Hiernach bestünde an sich nur Gesamtvertretungsmacht. Da dies unpraktikabel ist, wird dies in praxi jedoch grundsätzlich abbedungen, was auch konkludent durch tatsächliche Übung geschehen kann, also ggf. Auslegung.

Die Vertretungsmacht im Außenverhältnis darf nicht verwechselt werden mit der **Geschäftsführungsbefugnis im Innenverhältnis**, welches auch bei den Handelsgesellschaften nicht deckungsgleich geregelt ist, weil hier die Unterscheidung zwischen gewöhnlichen und ungewöhnlichen Geschäften auftaucht, §§ 114 ff. HGB.

527 bb) Zu beachten ist, dass auch für Gesellschafter aller Gesellschaftstypen das **Verbot von In-Sich-Geschäften gemäß § 181** gilt, es sei denn, es wurde im Gesellschaftsvertrag gestattet, § 181, 1. Halbs. In praxi wichtig bei Gründung einer Einmann-GmbH, dass In-Sich-Geschäfte gestattet werden, weil sonst keine Verträge zwischen GmbH und Einmann-Gesellschafter/Geschäftsführer geschlossen werden könnten!

cc) Zu beachten ist, dass bei einer KG der **Kommanditist gemäß § 170 HGB keine Vertretungsmacht** hat. Dies schließt allerdings nicht aus, dass ein Kommanditist im Einzelfall seitens der KG bevollmächtigt wird, § 167 oder sogar ein Kommanditist zum Prokuristen ernannt wird mit der Folge einer recht umfassenden Vertretungsmacht gemäß §§ 49, 50 HGB.

b) Natürlich kann die Gesellschaft, wenn sie nicht durch Gesellschafter vertreten wird, sich auch durch **sonstige Personen vertreten** lassen. Hier kommen für die Handelsgesellschaften, insbesondere die handelsrechtlichen Hilfspersonen wie Prokurist, Handlungsbevollmächtigter und Ladenangestellter in Betracht (s. bereits oben im Handelsrecht, Rdnr. 506). Für die GbR sind diese Vorschriften nicht analog anwendbar, sodass sonstige Stellvertreter gemäß § 167 ganz normal bevollmächtigt werden müssen.

528 c) Ferner ist – **nur für die Personengesellschaften** – der **Grundsatz der organschaftlichen Vertretung zu berücksichtigen**: Es muss stets gewährleistet sein, dass die Gesellschaft durch ihre Organe, d.h. Gesellschafter, vertreten werden kann. Das Schicksal darf nicht ausschließlich von anderen Personen, z.B. einem Prokuristen abhängig sein. Deswegen ist auch § 125 Abs. 3 HGB so formuliert, dass die sog. unechte Gesamtvertretung mit einem Prokuristen nicht die alleinige Vertretungsform sein kann (vgl. Wortlaut „wenn nicht mehrere Gesellschafter zusammen handeln"). Ggf. muss daher durch Auslegung eine alternative Vertretungsform ermittelt werden.

- Bei den juristischen Personen GmbH und Aktiengesellschaft hingegen gilt der Grundsatz der organschaftlichen Vertretung insofern nicht, als dass der Geschäftsführer, der die Gesellschaft gemäß § 35 GmbHG vertritt, nicht gleichzeitig Gesellschafter sein muss. Die umfassende Vertretungsmacht folgt aus § 35 GmbHG.

2. Wissens-, Irrtumszurechnung

Gemäß § 166 Abs. 1 ist für die subjektiven Punkte wie Kenntnis/Kennenmüssen, Irrtümer auf die Person des Stellvertreters abzustellen. Also wird der Kenntnisstand der Gesellschafter oder sonstigen Vertreterperson dann der Gesellschaft gemäß § 166 Abs. 1 zugerechnet. Relevant bei Fragen der Bösgläubigkeit im Sachenrecht und Irrtumsanfechtung.

529

Beachte insofern die Erweiterung in § 142 Abs. 2: Bloße Kenntnis der Anfechtbarkeit genügt bereits!

3. Zurechnung von schuldhaften Pflichtverletzungen

Da eine Gesellschaft nicht schuldhaft handeln kann, muss auch hier eine Zurechnung erfolgen. Die h.M. differenziert hier nach Art der handelnden Personen:

- Wird die Pflichtverletzung durch einen **Nichtgesellschafter** begangen, z.B. durch einen Arbeitnehmer der Gesellschaft, so erfolgt die Zurechnung seines pflichtwidrigen Verhaltens nach den allgemeinen Zurechnungsnormen: § 278 bei vertraglichen Schadensersatzansprüchen (z.B. §§ 280 ff.) und § 831 im Deliktsrecht, der gleichzeitig Anspruchsgrundlage gegen die Gesellschaft als Geschäftsherrn darstellt.

530

- Hingegen werden **Gesellschafter** nicht als Erfüllungs- oder Verrichtungsgehilfen angesehen, da sie ja Organe der Gesellschaft sind. Mangels Sondernorm wendet die h.M. § 31 außerhalb des Vereins auf die Gesellschaften analog an.

531

Beachte die Besonderheit, dass § 31 im Allgemeinen Teil des BGB steht und daher sowohl bei der Zurechnung im Rahmen vertraglicher Ansprüche, als auch im Deliktsrecht anwendbar ist. Ferner ist (im Unterschied zu § 831 Abs. 1 S. 2) keine Exkulpation bezüglich Auswahl/Überwachung vorgesehen. Demnach wird Gesellschafterverschulden bei allen Personengesellschaften und Kapitalgesellschaften analog § 31 der Gesellschaft zugerechnet, sodass diese auf Schadensersatz haftet. Für diese Verbindlichkeit der Gesellschaft haften dann gemäß § 128 (ggf. i.V.m. § 161 Abs. 2 HGB) bzw. analog § 128 HGB bei GbR-Gesellschaftern die Gesellschafter akzessorisch mit ihrem gesamten Privatvermögen. Nach der Rspr. des BGH gilt dies auch für die deliktischen Ansprüche.

Beispiel: Rechtsanwalt A veruntreut Mandantengelder.

Dann Zurechnung analog § 31 an die Rechtsanwalts-GbR, sodass diese analog § 124 HGB i.V.m. § 280 Abs. 1 und § 823 Abs. 1, Abs. 2 haftet. Daneben haften die Mitgesellschafter des A analog § 128 HGB i.V.m. §§ 280 Abs. 1, 823.

II. Umfang der Haftung der Gesellschafter

1. Die Personengesellschafter haften **gemäß § 128 HGB** (analog bei GbR-Gesellschaftern) als **Gesamtschuldner**. Im Verhältnis zur Gesellschaft, die ja auch haftet, besteht kein echtes Gesamtschuldverhältnis, da schließlich die Gesellschafter als Organe letztlich die Personengesellschaft bilden. Jedoch wendet der BGH die Vorschriften über die Gesamtschuld, §§ 421 ff. analog an, sofern sich nicht im Gesellschaftsrecht Spezialregelungen finden.

532

2. Aufgrund der akzessorischen Haftung können Gesellschafter alle **Einreden** und Einwendungen der Gesellschaft geltend machen, **§ 129 HGB** (§ 161 Abs. 2 HGB).

533

Daneben können sie auch eigene Einwendungen und Einreden gegenüber dem Gläubiger geltend machen (vgl. die Parallele zum Bürgen, §§ 768 ff.). Deswegen muss der Prozess gegen Gesellschaft und Gesellschafter nicht notwendig einheitlich ausgehen. Deswegen liegt keine notwendige Streitgenossenschaft i.S.v. § 62 ZPO, sondern nur eine einfache i.S.v. §§ 59, 61 ZPO vor.

Werden Gesellschaft und Gesellschafter getrennt verklagt, so stellt sich die besondere Verjährungsproblematik:

Wurde zuerst gegen die Gesellschaft geklagt und dadurch die Verjährung gehemmt, § 204 Abs. 1 Nr. 1, so wirkt dies wegen der akzessorischen Haftung der Gesellschafter auch gegenüber den Gesellschaftern.

Wurde umgekehrt zunächst gegen die Gesellschafter geklagt und dadurch die Verjährung gehemmt, so wirkt dies nicht gegenüber der Gesellschaft, weil es keine wechselseitige Akzessorietät gibt. Tritt daher Verjährung gegenüber der Gesellschaft ein, so können an sich die Gesellschafter gemäß § 129 HGB deren Verjährungseinrede geltend machen. Nach h.M. ist dies aber aufgrund der Tatsache, dass die Gesellschafter rechtzeitig verklagt wurden, ausgeschlossen (streitig).

534 3. Nach der herrschenden **Erfüllungstheorie** haften die Gesellschafter einer Personengesellschaft nicht nur akzessorisch zur Gesellschaft, sondern identisch auf Erfüllung, so wie sie von der Gesellschaft geschuldet ist. Nur ausnahmsweise haften sie auf das Wertinteresse in Geld, wenn ihnen die identische Erfüllung unmöglich ist.

Beliebter Klausurfall: Aus dem Vertrag mit der OHG/KG/GbR ist die Übereignung eines Grundstücks der Gesellschaft geschuldet. Aufgrund der Tatsache, dass die Gesellschaften rechtsfähig sind, ist als Grundstückseigentümer die Gesellschaft anzusehen. Dies gilt auch für die GbR, die zwar gemäß § 47 Abs. 2 GBO zusammen mit ihren Gesellschaftern eingetragen wird, was aber nur aus Gründen der Identifizierung geschieht. Somit kann nur die GbR das Grundstück übereignen. Ihre Gesellschafter sind nicht Eigentümer, sodass eine Klage gegen einen einzelnen Gesellschafter als Gesamtschuldner auf Übereignung des Grundstücks auf eine juristisch unmögliche Folge gerichtet wäre. Daher nur Klage auf Übereignung gegen die Gesellschaft, nicht daneben gegen die Gesellschafter (Anwaltsklausur!).

C. Beendigung der Gesellschaft

Hinsichtlich der Beendigung der Gesellschaft ist zu unterscheiden zwischen dem Beendigungsgrund und der vollständigen Auflösung der Gesellschaft:

I. Beendigungsgründe

535 1. **Beendigungsgründe** können im Gesellschaftsvertrag vertraglich vereinbart werden (z.B. von vornherein Befristung oder Definition besonderer Auflösungsgründe) oder sich aus dem Gesetz ergeben.

- Für die **Handelsgesellschaften** sind in den **§§ 131 ff. HGB** (ggf. i.V.m. § 161 Abs. 2 HGB) geregelt.

- Für die **GbR** ergeben sich gesetzliche Auflösungsgründe aus den **§§ 727 ff.**

2. Bei **Tod eines Gesellschafters** ist zu differenzieren:

- **Stirbt ein GbR-Gesellschafter,** so führt dies gemäß § 727 grundsätzlich zur Auflösung der gesamten GbR, sofern nicht etwas anderes im Gesellschaftsvertrag vereinbart ist. Ist dies nicht der Fall, so kann allerdings spontan ein Weiterbetreiben der GbR unter den vorhandenen Gesellschaftern beschlossen werden.

- **Bei den Handelsgesellschaften** bestimmt hingegen § 131 Abs. 3 HGB, dass die Gesellschaft bestehen bleibt. Anders hingegen, wenn von zwei Gesellschaftern einer stirbt, da es eine Einmann-Personengesellschaft nicht gibt.

a) Sollte nach Vorgenanntem die Gesellschaft fortbestehen, so setzt sie sich grundsätzlich aus den bisherigen Gesellschaftern zusammen, denen der **Anteil des Verstorbenen anwächst**.

Ausnahmen gelten jedoch gemäß § 177 HGB bei Tod eines Kommanditisten: Fortsetzung mit seinen Erben.

b) Natürlich können **andere Regelungen im Gesellschaftsvertrag** getroffen werden.

aa) Bei der **sog. Nachfolgeklausel** rückt eine andere Person automatisch in die Gesellschafterstellung des Verstorbenen ein: 536

- Bei der **erbrechtlichen** Nachfolgeklausel kann dies nur eine Person sein, die später per Testament, Erbvertrag oder gesetzlicher Erbfolge Erbe geworden ist.

- Hingegen ist bei der **rechtsgeschäftlichen** Nachfolgeklausel das Nachrücken eines Dritten bereits im Vertrag festgelegt, und damit unabhängig von der späteren Frage einer Erbenstellung. Zugunsten eines Mitgesellschafters, der diese Klausel unterschrieben hat, ist eine derartige Klausel unbedenklich. Hingegen wäre eine Klausel zugunsten eines außenstehenden Dritten gleichzeitig auch ein Vertrag zulasten Dritter und ist daher nach h.M. unzulässig.

bb) Jedoch kann eine solche Klausel gemäß § 140 umgedeutet werden in eine bloße **Eintrittsklausel**: Hiernach ist es generell zulässig, für Mitgesellschafter oder außenstehende Dritte ein Recht zu begründen, durch Erklärung in die Gesellschafterstellung des Verstorbenen einzurücken. Da hier der Betreffende im Unterschied zu den automatisch wirkenden Nachfolgeklauseln selbst entscheidet, ob er den Eintritt erklärt, ist dies unbedenklich. 537

II. Liquidation

Zu beachten ist, dass bei Vorliegen eines der vorgenannten Beendigungsgründe die Gesellschaft nicht sofort endet, sondern erst noch abgewickelt werden muss. Dies geschieht durch Liquidation gemäß §§ 145 ff. HGB bzw. für die GbR gemäß §§ 730 ff. Damit Außenstehende dies erkennen, muss die Gesellschaft mit dem Zusatz „in Liquidation" bzw. „i.L." auftreten (sog. sterbende Gesellschaft). 538

Erst wenn sämtliche Aktiva und Passiva abgewickelt sind und die Gesellschafter nicht wieder das Weiterbetreiben der Gesellschaft beschließen, ist diese Gesellschaft aufgelöst. Beachte die Rechtsscheinproblematik, insbesondere bei Handelsgesellschaften, wenn dies nicht im Handelsregister eingetragen worden ist!

D. Haftung im Innenverhältnis

Während sich die vorstehenden Ausführungen auf die Haftung von Gesellschaft und Gesellschaftern im Außenverhältnis gegenüber Gläubigern der Gesellschaft bezog, gibt es auch Klausuren, die sich mit Ansprüchen im Innenverhältnis Gesellschaft – Gesellschafter beschäftigen. Für solche, sog. **Sozialansprüche** gelten folgende Prinzipien: 539

I. Sozialansprüche der Gesellschaft gegen die Gesellschafter

540 1. Verletzt ein Gesellschafter im Innenverhältnis Pflichten gegenüber der Gesellschaft, so liegt eine **Leistungsstörung** vor. Die herkömmliche Zweiteilung zwischen Nichtleistung und Schlechtleistung entfällt allerdings, weil das Gesellschaftsrecht keine Gewährleistung kennt. Daher ergeben sich **Schadensersatzansprüche** der Gesellschaft gegen den betreffenden Gesellschafter einheitlich **aus §§ 280 ff.** Zu beachten ist, dass der Gesellschaftsvertrag ein Dauerschuldverhältnis darstellt, sodass an die Stelle des herkömmlichen Rücktrittsrechts, §§ 323 ff., das Recht zur außerordentlichen Kündigung aus wichtigem Grund tritt, § 723 (i.V.m. § 105 Abs. 3 HGB). In praxi werden in der Regel wichtige Gründe im Gesellschaftsvertrag selbst definiert.

541 2. Wurden der Gesellschaft Pflichtverletzungen des Gesellschafters analog § 31 zugerechnet und hat die Gesellschaft dementsprechend Schadensersatz an den geschädigten Dritten bezahlt, so kann sie sich im Innenverhältnis wegen Pflichtverletzung aus § 280 Abs. 1 im Wege des Schadensersatzes dies bei dem betreffenden Gesellschafter wiederholen.

Zu beachten ist allerdings, dass **im Innenverhältnis der Maßstab des § 708 i.V.m. § 277** gilt (auch auf Handelsgesellschaften gemäß § 105 Abs. 3 HGB anwendbar!). Der Maßstab der eigenüblichen Sorgfalt ist jedoch im Gesellschaftsvertrag abdingbar.

3. Bestreitet der Gesellschafter die Leistungsstörung, so muss die **Gesellschaft als Inhaber des Sozialanspruchs** gegen ihn klagen. Da die Gesellschaft selbst nicht handeln kann, muss dies über ihre vertretungsberechtigten Organe erfolgen. Sind jedoch die anderen Gesellschafter von der Vertretungsmacht ausgeschlossen und hat ausgerechnet der Gesellschafter, der die Pflichtverletzung begangen hat, Alleinvertretungsmacht, so könnte er die Realisierung des Anspruchs blockieren. Um dies zu vermeiden, wurde das gewohnheitsrechtliche Institut der **actio pro socio** entwickelt: Die übrigen Gesellschafter haben dann eine Art Notvertretungsmacht analog § 744 Abs. 2, um Ansprüche doch als Vertreter für die Gesellschaft geltend zu machen. Die Rspr. verlangt allerdings, dass der Notfall in der Klageschrift dargelegt wird (Anwaltsklausur!).

II. Sozialansprüche der Gesellschafter gegen die Gesellschaft

542 Natürlich hat umgekehrt auch die Gesellschaft gegenüber den Gesellschaftern Verpflichtungen im Innenverhältnis, z.B. Pflicht zur Ausschüttung von Gewinnen etc.

Hauptfall im Examen ist die Pflicht, **Aufwendungen des Gesellschafters zu ersetzen**. Hat ein Gesellschafter, der gemäß § 128 HGB (§ 161 Abs. 2 HGB bzw. als GbR-Gesellschafter analog § 128 HGB) haftet, eine Gesellschaftsschuld beglichen, so kann er im Innenverhältnis von der Gesellschaft Aufwendungsersatz verlangen:

- Anspruchsgrundlage bei Handelsgesellschaften ist **§ 110 HGB** und
- für die GbR-Gesellschafter **§ 713 i.V.m. § 670.**
- Der Ausgleichsanspruch gegen die Gesellschaft besteht in voller Höhe. Lediglich wenn dieser Anspruch bei der Gesellschaft nicht wirtschaftlich zu realisieren ist, haften subsidiär die Mitgesellschafter persönlich. Da alle Gesellschafter ja als Gesamtschuldner haften, nimmt die h.M. hierzu als Anspruchsgrundlage § 426 Abs. 1, der dann allerdings auch nur auf anteilige Haftung geht.

5. Abschnitt: Arbeitsrecht

Da das Arbeitsrecht nur in einigen Bundesländern Prüfungsstoff ist, erfolgt hier nur eine kurze Darstellung der Hauptprobleme. Hinzu kommt, dass im Arbeitsrecht vieles nicht geregelt ist, sodass hier das BAG Richterrecht prägt. Wir beschränken uns auf die Darstellung des Individualarbeitsrechts.

A. Anwendungsbereich

I. Das Arbeitsrecht gilt für echte Arbeitsverhältnisse und vielfach auch für arbeitnehmerähnliche Personen. Hingegen sind Freiberufler grundsätzlich aus dem Anwendungsbereich ausgenommen. Eine allgemeine Definition des Arbeitsverhältnisses gibt es nicht. Allerdings wird im Umkehrschluss zum selbstständigen Handelsvertreter aus § 83 HGB für ein Arbeitsverhältnis verlangt, dass es sich um Dienstverträge i.S.v. § 611 handelt, innerhalb derer unselbstständige Dienste geschuldet sind.

543

Im Einzelfall muss dies nach den herkömmlichen **Kriterien** abgegrenzt werden zum selbstständigen/freien Mitarbeiter: Für einen Arbeitnehmer spricht eine ausgeprägte Weisungsgebundenheit in fachlicher und zeitlicher Hinsicht, sowie die Eingliederung in den Betrieb (angewiesen auf die fremdbestimmte Organisation des Arbeitgebers). Jedenfalls im Fulltime-Job schuldet der Arbeitnehmer seine ganze Arbeitskraft (Nebentätigkeit ohne Zustimmung des Arbeitgebers ist Kündigungsgrund!). Ferner sind Indizien die Entlohnung durch festes Gehalt sowie die Abführung von Lohnsteuern und Sozialversicherungsbeiträgen.

II. Zu beachten ist, dass es diverse **Spezialgesetze** gibt, die eine eigene Definition des Arbeitnehmers enthalten, welche dann aber nur für das Spezialgesetz gilt. Hier finden sich dann auch Verengungen oder Erweiterungen des Anwendungsbereichs, z.B. **§ 5 ArbGG, § 1 BetrVG**.

B. Klage vor dem Arbeitsgericht, insbesondere Kündigungsschutzklage

Für die Prüfung der Zulässigkeit einer Klage vor dem Arbeitsgericht sind folgende Besonderheiten zu beachten:

544

Grundsätzlich gelten **gemäß § 46 Abs. 2 ArbGG** die **Vorschriften der ZPO**. Damit sind die allgemeinen Zulässigkeitsvoraussetzungen einer Klage vor dem Zivilgericht zu prüfen (hierzu AS-Assessor-Skript Zivilprozessrecht).

Allerdings gibt es einige Besonderheiten, insbesondere bei einer Kündigungsschutzklage.

I. Sachliche Zuständigkeit bzw. Rechtsweg zu den Arbeitsgerichten, § 2 ArbGG

1. Arbeitsgerichtliche Zuständigkeit, § 2 Abs. 1 ArbGG

- Katalog des § 2 Abs. 1 ArbGG prüfen!
- Hauptfall § 2 Nr. 3 ArbGG; bei Kündigungsschutzklagen Nr. 3 b

545

2. Erweiterung in § 2 Abs. 2 und Abs. 3 ArbGG

3. Sonderfälle des § 5 ArbGG

a) **Erweiterung auf arbeitnehmerähnliche Personen**, § 5 Abs. 1 S. 2 ArbGG und „kleine Handelsvertreter" § 5 Abs. 3 S. 1 ArbGG

b) **Ausschluss von Organvertretern** juristischer Personen (z.B. Geschäftsführer einer GmbH), § 5 Abs. 1 S. 3 ArbGG. Der Prozess muss daher vor dem AG/LG geführt werden!

II. Örtliche Zuständigkeit

546
- § 48 Abs. 1 a ArbGG: Besonderer Gerichtsstand des Arbeitsplatzes
- Im Übrigen gemäß § 46 Abs. 2 ArbGG i.V.m. §§ 12 ff. ZPO, insbesondere §§ 17, 21 ZPO

III. Statthafte Klageart

547 1. Hier gelten die allgemeinen Grundsätze, daher grundsätzlich **Vorrang der Leistungsklage**, z.B. auf Lohn. Grundsätzlich wird der Bruttolohn eingeklagt, da ein Nettolohn im Hinblick auf Steuern, Sozialversicherungsbeiträge etc. nicht hinreichend bestimmt berechnet werden kann.

548 2. Bei der **Kündigungsschutzklage** handelt es sich um eine **Feststellungsklage**, vgl. Wortlaut des § 4 KSchG. Diese ist einschlägig bei Klagen gegen eine ordentliche Kündigung ebenso wie gegen eine außerordentliche Kündigung, vgl. § 13 Abs. 1 S. 2 KSchG.

Beachte: Die **Kündigungsschutzklage** ist **stets** die statthafte Klageart:

- **Unabhängig von der Betriebsgröße**, weil § 23 Abs. 1 S. 2, S. 3 KSchG die Anwendbarkeit der §§ 4–7 KSchG nicht antasten.

- **Unabhängig von der Länge der Betriebszugehörigkeit**: Über den Wortlaut des § 1 Abs. 1 KSchG hinaus nimmt die h.M. auch bei Arbeitsverhältnissen unterhalb von sechs Monaten an, dass dann prozessual eine Kündigungsschutzklage zu erheben ist; Argument: Einheitliche Klagefrist von drei Wochen für alle.

3. Die dreiwöchige **Klagefrist des § 4 S. 1 KSchG** ist nach h.M. keine Zulässigkeitsvoraussetzung, sondern eine **Frage der Begründetheit**. Argument: Bei Fristversäumnis materielle Wirksamkeitsfiktion gemäß § 7 KSchG.

549 4. **Klageantrag** (Anwaltsklausur!):

> „... festzustellen, dass das Arbeitsverhältnis durch die Kündigung des Beklagten vom ... nicht aufgelöst wurde."

550 5. **Punktueller Streitgegenstandsbegriff:** Streitgegenstand des Prozesses ist nur die im Klageantrag bezeichnete Kündigung. Schickt also der Arbeitgeber weitere Kündigungen hinterher, so wären diese nicht erfasst. Allerdings ist nach der Rspr. dann eine Klagehäufung der Kündigungsschutzklage mit einer allgemeinen Feststellungsklage bezüglich weiterer Kündigungen/künftiger Kündigungen zulässig.

Also ggf. Antragserweiterung:

> „... feststellen, dass das Arbeitsverhältnis durch die Kündigung des Beklagten vom ...; ferner durch die Kündigung vom ... nicht aufgelöst wurde.
>
> Sollten noch künftige Kündigungen zu erwarten sein, kann der Antrag nochmals erweitert werden mit dem Zusatz, ..., *sondern fortbesteht*".

6. Ausführungen zum Feststellungsinteresse, die normalerweise bei einer allgemeinen Feststellungsklage gemäß § 256 ZPO erforderlich sind, können bei einer Kündigungsschutzklage kurz gefasst werden, da der Arbeitnehmer wegen der Wirksamkeitsfiktion in § 7 KSchG gezwungen ist, (rechtzeitig) Kündigungsschutzklage zu erheben.

IV. Postulationsfähigkeit

Vor dem Arbeitsgericht besteht **kein Anwaltszwang, § 11 ArbGG**.

Bei anwaltlicher Vertretung muss der Anwalt seinen Mandanten qualifiziert gemäß **§ 12 a ArbGG** belehren: Mandant trägt auch bei Obsiegen die Anwaltskosten selbst!

V. Sonstige Probleme zur Zulässigkeit der Klage

Hier können Prüfer sämtliche ZPO-Probleme einbauen, also Erörterung bei Bedarf, z.B. Teilerledigterklärung, Teilanerkenntnis etc.

VI. Begründetheit der Klage

- Bei **Leistungsklage** normale materiell-rechtliche Prüfung, z.B. Lohnanspruch aus §§ 611, 612, ggf. i.V.m. Tarifvertrag, ggf. Anspruchsuntergang etc.
- Bei **Kündigungsschutzklage** gilt das feststehende nachfolgende Schema:

Prüfschema: Wirksamkeit der Kündigung

1. **Kündigungserklärung (ordentliche/außerordentliche)**
   - Schriftform, § 623
   - Zugang, § 130 Abs. 1 S. 2

2. **Anhörung des Betriebsrats, § 102 BetrVGG**

3. **Kein besonderer Kündigungsschutz**
   - Schwangere, § 9 MuSchG
   - Elternzeit, § 18 BEEG
   - Pflegezeit, § 5 PflegezG
   - Schwerbehinderte, §§ 85 ff. SBG IX bzw. §§ 90, 91 SGB IX
   - Betriebsräte, § 15 KSchG
   - Azubi, § 22 BBiG

4. **Allgemeiner Kündigungsschutz nach KSchG**
   a) KSchG anwendbar nur auf ordentliche Kündigungen (nicht auf außerordentliche, vgl. § 13 Abs. 1 S. 1 KSchG) sofern:
      - Arbeitsverhältnis länger als sechs Monate, § 1 Abs. 1 KSchG
      - in der Regel mehr als 5 Arbeitnehmer, § 23 Abs. 1 S. 2 KSchG bzw. mehr als 10 Arbeitnehmer (bei Neueinstellung ab 01.01.2004), § 23 Abs. 1 S. 3 KSchG

   b) Kündigung unwirksam, wenn sozial ungerechtfertigt, § 1 Abs. 1, Abs. 2 KSchG
      - Personenbedingt,
      - verhaltensbedingt + vorherige Abmahnung
      - betriebsbedingt und richtige Sozialauswahl, § 1 Abs. 3 KSchG

5. **Bei außerordentlichen Kündigungen: Prüfung des § 626 Abs. 1 zweistufig**
   a) **An sich wichtiger Grund**

      Tatsachen, die generell geeignet sind, einen wichtigen Grund abzugeben

   b) **Auch im konkreten Fall**

      Gesamtabwägung der widerstreitenden Interessen

   c) **Kündigungserklärung gemäß § 626 Abs. 2: Zwei Wochen ab Kenntnis vom wichtigen Grund**
      - **Beachte:** Innerhalb der Frist muss Betriebsrat angehört werden
      - Bei Schwerbehinderten § 91 Abs. 5 SGB IX

6. **Kündigungsfrist gemäß § 622 bei ordentlicher Kündigung**
   - **Grundsatz § 622 Abs. 1:** Vier Wochen zur Monatsmitte oder Monatsende; Ausnahme: § 622 Abs. 3–6
   - **Verlängerte Fristen gemäß § 623 Abs. 2:** Nur bei Arbeitgeberkündigung

7. **Falls Kündigung** wegen Nichteinhaltung der vorstehenden Voraussetzungen **unwirksam:**
   - **Ggf. Wirksamkeitsfiktion gemäß § 7 (i.V.m. § 13 Abs. 1 S. 2) KSchG,** sofern die 3-Wochenfrist des § 4 KSchG versäumt.

     Achtung! **Gilt nicht, wenn Kündigung mangels Schriftform unwirksam** ist, vgl. Wortlaut des § 4 KSchG
   - **Ausnahme:** § 5 KSchG bei unverschuldeter Fristversäumnis

1. Besonderheiten bei unwirksamer Kündigung

- Eine unwirksame außerordentliche Kündigung kann **gemäß § 140** in eine ordentliche Kündigung **umgedeutet** werden. Ist allerdings ein Betriebsrat vorhanden und dieser nicht vor Ausspruch der Kündigung zumindest hilfsweise zu einer ordentlichen Kündigung gehört worden, so scheitert die Umdeutung an der fehlenden Anhörung i.S.v. § 102 BetrVGG. Es kann auch nicht argumentiert werden, dass die Anhörung zur außerordentlichen Kündigung die ordentliche als Minus mit umfasse. Denn das BAG nimmt derartige Formalien eben formal.

555

Tipp für die Anwaltsklausur: Im Kündigungsschreiben hilfsweise ordentliche Kündigung aussprechen, aber zuvor auch hilfsweise hierzu den Betriebsrat anhören.

- Ist die Arbeitgeberkündigung unwirksam, so kann unter den Voraussetzungen der **§§ 9 ff. KSchG** dennoch ein **Antrag auf Auflösung des Arbeitsverhältnisses** durch das Gericht gestellt werden sowie Antrag auf entsprechende Abfindung. Es handelt sich um bloße Annexanträge, die auch für den Streitwert nicht erheblich sind.

- Einen **besonderen Abfindungsanspruch** begründet § 1 a KSchG: Bei betriebsbedingter Arbeitgeberkündigung kann der Arbeitnehmer auf die Erhebung einer Kündigungsschutzklage gemäß § 4 KSchG verzichten und erhält dann einen Anspruch auf Abfindung (Höhe: § 1 a Abs. 2 KSchG: In der Regel ein halbes Bruttomonatsgehalt pro Jahr der Beschäftigung).

2. Besonderheiten bei verhaltensbedingter Kündigung

a) Ungeschriebene Voraussetzung einer verhaltensbedingten Kündigung ist eine **vorherige Abmahnung**.

556

Eine Abmahnung liegt nur dann vor, wenn der Arbeitgeber das konkret zu bezeichnende Verhalten des Arbeitnehmers rügt und auch die Rechtsfolgen, die beabsichtigte Kündigung, aufzeigt. Erforderlich ist also mehr als eine bloße Ermahnung. Formerfordernisse gibt es für die Abmahnung nicht, aus Beweisgründen sollte diese allerdings schriftlich erfolgen und vom Arbeitnehmer gegengezeichnet in der Personalakte abgeheftet werden.

Entsprechend dem Rechtsgedanken der §§ 314 Abs. 2, 323 Abs. 2, Abs. 3 ist eine Abmahnung entbehrlich, wenn sie wegen besonders schwerer Verhaltensverstöße unzumutbar erscheint. Dies kommt in Betracht bei schwerwiegenden Pflichtverstößen des Arbeitnehmers, die das Vertrauen derart zerstören, dass hier eine Abmahnung dem Arbeitgeber nicht mehr zugemutet werden kann (Arbeitnehmer begeht Körperverletzung gegenüber dem eigenen Arbeitgeber).

b) Verdachtskündigung:

557

Obwohl der Arbeitnehmer noch nicht rechtskräftig strafrechtlich wegen einer Straftat verurteilt wurde, lässt das BAG eine Verdachtskündigung als außerordentliche Kündigung i.S.v. § 626 zu, wenn folgende **Voraussetzungen** erfüllt sind:

- **Sachverhalt** durch Arbeitgeber oder Strafverfolgungsorgane **bestmöglich aufgeklärt,**
- **Möglichkeit der Stellungnahme** durch den Arbeitnehmer,
- **dringender Tatverdacht**, d.h. die ganz überwiegende Wahrscheinlichkeit einer Straftatbegehung.

- Da die außerordentliche Kündigung i.S.v. § 626 die **ultima ratio** darstellt, ist insbesondere bei kleinen Eigentums- und Vermögensdelikten zu überlegen, ob hier die Verhältnismäßigkeit gewahrt wurde. Andererseits kann auch bei geringerem Beutewert das Vertrauen zerstört sein.

- Bei einer Verdachtskündigung beginnt die **Erklärungsfrist des § 626 Abs. 2** ab Kenntnis des Arbeitgebers vom dringenden Tatverdacht sowie dem Vorliegen der vorgenannten Voraussetzungen. Bei Nichteinhaltung der Frist ist, wie generell im Fall des § 626 Abs. 2, die außerordentliche Kündigung unwirksam.

3. Betriebsbedingte Kündigung

558 Hier sind die Gründe für die ordnungsgemäße **Sozialauswahl** nach **§ 1 Abs. 3 KSchG** zu prüfen:

- Dauer der Betriebszugehörigkeit.
- Lebensalter des Arbeitnehmers,
- Unterhaltpflicht des Arbeitnehmers,
- Schwerbehinderung des Arbeitnehmers.

Hier ist dann jeweils umfassende Argumentation in einer Klausur gefragt!

C. Besonderheiten im materiellen Recht

I. Bei Abschluss des Arbeitsvertrags

559 1. **Falls nichtig:** Grundsätze zum **fehlerhaften Arbeitsvertrag**, falls Arbeitsverhältnis in Vollzug gesetzt wurde, um Rückabwicklungsprobleme zu vermeiden.

2. Anfechtung, §§ 119 ff.

- **Anfechtungsfrist bei §§ 119, 121:** „Unverzüglich" entspricht zwei Wochen (Rechtsgedanke des § 626 Abs. 2).

- **Anfechtung gemäß § 119 Abs. 2** wegen Fehlens verkehrswesentlicher Eigenschaften kommt nur dann in Betracht, wenn die betreffende Eigenschaft wesentlich für das Arbeitsverhältnis ist.

- Auch eine **Täuschung i.S.v. § 123 Abs. 1** kommt nur bezüglich solcher Tatsachen in Betracht. Umgekehrt ist die Frage des Arbeitgebers nach irrelevanten Tatsachen (z.B. aus der Privatsphäre des Arbeitnehmers) unzulässig. Stellt der Arbeitgeber gleichwohl solche Fragen, besteht für den Arbeitnehmer ein Recht zur Lüge, d.h. Anfechtung des Arbeitgebers nicht möglich.

> **Beachte**, dass bei in Vollzug gesetzten Arbeitsverhältnissen die Anfechtung gemäß §§ 119 ff. abweichend von § 142 nur ex nunc wirkt, um Rückabwicklungsprobleme zu vermeiden.

3. **Kommt kein Arbeitsvertrag zustande:** Ersatz der Vorstellungskosten gemäß § 670 analog.

- Auch ohne Vertragsschluss kann ein Arbeitsverhältnis gemäß § 613 a entstehen, aufgrund **Betriebsübernahme**.

- **Ausnahme: Widerspruch** des Arbeitnehmers binnen eines Monats nach Zugang der Unterrichtung gemäß § 613 a Abs. 5, Abs. 6.

4. Vergütungsanspruch des Arbeitnehmers

Für die Vergütung gilt folgende Systematik:

560

> **a) Grundsatz: Ohne Arbeit kein Lohn**
>
> Argumente:
> - Nicht erbrachte Arbeitsleistung ist unmöglich i.S.v. § 275 Abs. 1, da Fixschuld
> - Also geht Anspruch auf Gegenleistung (= Lohn) gemäß § 326 Abs. 1 unter
>
> **b) Ausnahme: Fallgruppen „Lohn ohne Arbeit"**
>
> | persönliche Leistungsverhinderung, § 616 | Krankheit des AN

Feiertage

§§ 2, 3 EFZG | Urlaub

BUrlG | Annahmeverzug des AN

§ 615 S. 1 | Unmöglichkeit vom AG zu vertreten, § 326 Abs. 2 | § 615 S. 3 i.V.m. Betriebsrisiko des AG |

II. Beendigung des Arbeitsverhältnisses

1. Automatische Beendigung bei **Befristung oder auflösender Bedingung**. Hierzu verweist § 621 Abs. 3 auf das TzBfG.

561

- Hierbei zu beachten: **Schriftform** der Abrede, § 14 Abs. 4 TzBfG.

   Befristung mit Sachgrund: Katalog des § 14 Abs. 1 TzBfG oder ohne Sachgrund, § 14 Abs. 2 TzBfG

   Rechtsfolge bei Verstoß jeweils: Vertrag ist als unbefristeter Vertrag wirksam, § 16 TzBfG.

- Das Gleiche gilt bei **auflösender Bedingung, § 21 TzBfG**.

> **Beachte:** § 21 TzBfG verweist nicht auf § 14 Abs. 2 TzBfG, sodass eine auflösende Bedingung ohne Sachgrund unzulässig ist.

2. Beendigung des Arbeitsverhältnisses **durch einseitige Erklärung**.

a) Gemäß § 623 kann durch schriftliche Kündigung als empfangsbedürftige einseitige Willenserklärung das Arbeitsverhältnis beendet werden. Dies kann durch **ordentliche Kündigung** geschehen, welche dann die Auslauffristen des § 622 auslöst.

562

> **Beachte:** Eine ordentliche Kündigung kommt nicht in Betracht bei befristeten Verträgen, sofern nicht ein anderes vereinbart wurde.

b) In jedem Fall kann auch ein befristetes Verhältnis aus wichtigem Grund durch **außerordentliche Kündigung** gemäß § 626 aufgelöst werden. Zum Prüfschema s.o. Rdnr. 554.

3. Ein Arbeitsverhältnis kann auch **einvernehmlich aufgelöst** werden:

a) Aufhebungsvertrag, § 311 Abs. 1

563

Auch der Aufhebungsvertrag bedarf, ebenso wie die Kündigung, der **Schriftform aus § 623**.

Der Aufhebungsvertrag kann anschließend nicht vom Arbeitnehmer gemäß § 312 Abs. 1 Nr. 1 widerrufen werden. Argument: Amtliche Überschrift im Untertitel 2 vor § 312: „Besondere Vertriebsformen" passt nicht auf Aufhebungsverträge!

Ggf. aber Aufhebungsvertrag anfechtbar wegen widerrechtlicher Drohung, § 123 Abs. 1: (Beweislast bei Arbeitnehmer!).

b) Nach allgemeinen Grundsätzen kann auch einvernehmlich durch **Prozessvergleich** das Arbeitsverhältnis aufgelöst werden, § 46 Abs. 2 ArbGG i.V.m. § 794 Abs. 1 Nr. 1 ZPO; als Alternative zum einseitigen Auflösungsantrag gemäß §§ 9 ff. KSchG.

4. Weiterbeschäftigungsanspruch

564
- Gemäß § 102 Abs. 5 BetrVGG besteht ein Anspruch auf Weiterbeschäftigung, **wenn** der **Betriebsrat** im Rahmen der Anhörung der beabsichtigten **Kündigung widersprochen** hat.

- In **allen anderen Fällen** ist auf den **allgemeinen Weiterbeschäftigungsanspruch aus §§ 611, 242 i.V.m. Art. 1, 2 GG** abzustellen. Hier nimmt das BAG an, dass während der 1. Instanz noch Unsicherheit besteht, ob die Kündigung wirksam ist oder nicht; daher kann Weiterbeschäftigung erst ab Obsiegen der Kündigungsschutzklage erster Instanz beantragt werden. Insofern kann zwar bereits in der Klageschrift ein entsprechender Antrag gestellt werden, jedoch als unechter Hilfsantrag, also Weiterbeschäftigung für den Fall des Obsiegens.

III. Schadensersatzansprüche bei vertraglichen Leistungsstörungen

Hier ist zu beachten, dass im Dienstvertragsrecht, §§ 611 ff., also auch für Arbeitsverträge, keine Gewährleistung geregelt ist. Somit richten sich Schadensersatzansprüche wegen Leistungsstörung nach Schuldrecht AT, also §§ 280 ff. Dabei sind folgende Besonderheiten zu beachten:

1. Haftung des Arbeitnehmers wegen Pflichtverletzung

565
- Entgegen § 280 Abs. 1 S. 2 wird das **Verschulden des Arbeitnehmers nicht vermutet, § 619 a**!

- Im Rahmen der Rechtsfolge ist **analog § 254 Abs. 1** der **innerbetriebliche Schadensausgleich** zu berücksichtigen: Bei leichter Fahrlässigkeit haftet der Arbeitnehmer nicht für verursachte Schäden gegenüber dem Arbeitgeber. Bei mittlerer Fahrlässigkeit Quotelung und ab grober Fahrlässigkeit grundsätzlich volle Haftung. Jedoch lässt das BAG Ausnahmen zu, wenn die Schäden überproportional groß sind und z.B. durch eine Versicherung des Arbeitgebers hätten aufgefangen werden können.

> **Beachte**, dass diese Privilegien auch bei konkurrierenden Ansprüchen aus §§ 823 ff. gelten sowie §§ 7, 18 StVG (z.B. bei Dienstfahrt des Arbeitnehmers)

Die Privilegien gelten aber **nur im Innenverhältnis** Arbeitnehmer – Arbeitgeber, nicht im Außenverhältnis gegenüber Dritten.

2. Haftung des Arbeitgebers bei Pflichtverletzung

566 Hier ist zu differenzieren:

a) Für Personenschäden ist die Haftung aus §§ 280 Abs. 1, 823 **gemäß § 104 SGB VII** (abgedruckt in der Fn. zu § 618 BGB im Schönfelder!) grundsätzlich ausgeschlossen. Grund: Der Arbeitgeber zahlt schließlich (allein) die Beiträge in die gesetzliche Unfallversicherung. Ferner Schutz des Betriebsfriedens. Deswegen sind auch Schmerzensgeldansprüche ausgeschlossen (obwohl diese von der Unfallversicherung nicht getragen werden). Eine Ausnahme gilt gemäß § 104 Abs. 1 SGB VII nur bei vorsätzlicher Verursachung durch den Arbeitgeber oder bei Wegeunfall.

b) Umgekehrt schuldet der Arbeitgeber **Ersatz von Sachschäden** gemäß § 280 Abs. 1 bzw. §§ 823 ff., da diese nicht durch **§§ 104 ff. SGB VII** ausgeschlossen werden (Grund: hierfür kommt die Unfallversicherung nicht auf).

> **Beachte**, dass das Verschulden des Arbeitgebers gemäß § 280 Abs. 1 S. 2 vermutet wird, da § 619 a nur für den Arbeitnehmer gilt.

c) Bei Schädigung durch Kollegen gilt über § 105 SGB VII das Gleiche wie für den Arbeitgeber. Grund: Schutz des Betriebsfriedens.

3. Ansprüche des Arbeitnehmers auf Weihnachtsgeld/ sonstige Gratifikationen

Werden bestimmte Leistungen wie Weihnachtsgeld etc. vom Arbeitgeber freiwillig gewährt, so stellt sich das Problem, ob hierauf ein fester Anspruch besteht oder ob der Arbeitgeber dies einseitig wieder einstellen kann. Nach dem gewohnheitsrechtlichen Institut der betrieblichen Übung entsteht durch dreimalige aufeinanderfolgende, vorbehaltslose Gewährung eine **betriebliche Übung**, sodass der Arbeitgeber diese nur abschaffen kann bei Existenzgefährdung oder bei umgekehrt dreimaliger Vorankündigung der Einstellung dieser besonderen Leistung. Jedoch verlangt das BAG einen ausdrücklichen Hinweis des Arbeitgebers, dass das Schweigen des Arbeitnehmers zu dieser Ankündigung eine Annahme bedeutet und dass aber der Arbeitgeber bis zum Ablauf die bisherigen Leistungen gewährt.

D. Besonderheiten aus dem AGG

Zwar gilt das AGG auch für den **allgemeinen Zivilrechtsverkehr**, jedoch gemäß § 19 Abs. 1 Nr. 1 AGG nur für Massengeschäfte sowie gemäß § 19 Abs. 1 Nr. 2 AGG für Versicherungen.

> **Beachte** die besonderen Ausschlussgründe in § 19 Abs. 4 und Abs. 5 AGG.

In der Regel ist aber der Hauptanwendungsfall des AGG das **Arbeitsrecht**.

Tiefschürfende Probleme hierzu gibt es bislang nicht, sodass die Thematik in Klausuren bislang auch nur gestreift wurde. Wir beschränken uns daher auf das nachfolgende **Prüfschema**:

Prüfschema: Ansprüche aus AGG

1. **Anwendungsbereich des AGG**

   a) Persönlich, § 6: AN/AG; beachte § 6 Abs. 3!

   b) Sachlich:
   - Benachteiligung i.S.v. § 1 im Anwendungsbereich des § 2 Abs. 1 Nr. 1–4
   - Ausnahme:
     - betriebliche Altersversorgung, § 2 Abs. 2 S. 2
     - Kündigung, § 2 Abs. 4!

2. **Verstoß gegen Benachteiligungsverbot**

   a) Inhalt des Benachteiligungsverbots, § 7 i.V.m. § 1

   b) Benachteiligung i.S.v. § 3
   - Unmittelbare oder mittelbare Belästigung oder Anweisung zur Benachteiligung
   - Beweislast: Anspruchsteller muss Indizien für eine Benachteiligung darlegen und beweisen, § 22

   c) Rechtfertigung von Benachteiligungen
   - § 8: berufliche Anforderungen
   - § 9: Religion/Weltanschauung (sog. Kirchenklausel)
   - § 10: Alter
   - § 5: Positive Ausgleichsmaßnahmen

3. **Rechtsfolgen bei verbotswidriger Benachteiligung**

   a) Allgemeine Sanktionen
   - **§ 7 Abs. 2:** Vereinbarung ist unwirksam
   - § 13: Beschwerderecht
   - § 14: Leistungsverweigerungsrecht
   - § 16: Maßregelungsverbot

   b) Entschädigung und Schadensersatz, § 15
   - **Schadensersatz, § 15 Abs. 1:** Verschulden erforderlich, wird aber vermutet
   - **Entschädigung, § 15 Abs. 2:** verschuldensunabhängig!
   - § 15 Abs. 3: bei Anwendung kollektivrechtlicher Vereinbarungen Haftung nur bei Vorsatz/grober Fahrlässigkeit
   - § 15 Abs. 4: Ausschlussfrist: 2 Monate!
   - **Allgemeine Ansprüche,** z.B. § 280 Abs. 1:
     - bleiben unberührt, § 15 Abs. 5

Stichwortverzeichnis

Die Zahlen verweisen auf die Randnummern.

Abgabe und Zugang 5
Abgeleitetes Besitzrecht 370
Abhandenkommen 393
Abmahnung 556
Abrechnung auf Neuwagenbasis 307
Abrechnung auf Reparaturkostenbasis ... 306
Abstraktes Schuldversprechen 231
Abstraktionsprinzip 23, 374
Abtretungsverbot 13, 373
Abtretungsvertrag 13
actio pro socio 541
AGB 26
Akzessorietät 232, 406
Allgemeine Schadenspauschale 316
Allgemeines Persönlichkeitsrech 289
Allklausel 374
Amtshaftung 287
Andeutungstheorie 476
Anerkenntnis 230
Anfangsvermögen 462
Anfechtung 18
Anfechtungsfrist 21
Anfechtungsgrund 19
Anlassrechtsprechung 237
Annahme an Erfüllungs statt 29
Annahmeverzug 123
Antizipierte Einigung 374
Anwaltsvertrag 181
Anwartschaftsrecht 370
Äquivalenzinteresse 288
Arbeitsgerichtliche Zuständigkeit 544
Aufhebungsvertrag 160, 563
Auflassungsvormerkung 427
Auflösende Bedingung 24
Aufrechnung 32
Aufrechnungserklärung 32
Aufrechnungslage 33
Aufschiebende Bedingung 23
Auftrag 133, 136
Ausgleichsansprüche 429
Ausschlagung der Erbschaft 485
Außenverhältnis 7

Beendigung der Gesellschaft 534
Beerdigungskosten 320
Befreiende Schuldübernahme 228
Befreiungsanspruch 359
Berechtigte GoA 361
Berechtigung des Verfügenden 373, 379
Bereicherungseinrede 51, 352
Berliner Testament 471
Besitzer 370
Besitzkehr 368
Besitzkonstitut 376
Besitzmittlungsverhältnis 377
Besitzstörung 368
Betrieb eines Kfz 269
Betriebliche Übung 567
Betriebsbedingte Kündigung 557

Betriebsbezogener Eingriff 291
Betriebsübernahme 559
Blankobürgschaft 238
Blockierstellung 329
blue-pencil-Test 27
Bruchteilsgemeinschaft 517
Bürgschaft 233

cessio legis 360, 364

Darlehensvermittler 195
Darlehensvertrag 211
Deckungsverhältnis 189
Deklaratorisches Schuldanerkenntnis 231
Dereliktion 432
Dezentralisierter Entlastungsbeweis 257
Dienstbarkeiten 452
Dienstvertrag 176
Dingliche Einigung 373
Dispo 220
dolo agit-Einrede 53, 353
Doppelmangel 385
Drittschadensliquidation 122
Duldung der Zwangsvollstreckung 448

Ehegattenunterhalt 466
Ehevermittlung 210
Eigenbedarf 161
Eigentümer 370
Eigentümergrundschuld 433
Eigentumserwerb am Grundstück 410
Eigentumsverletzung 288
Eigentumsvermutung 456
Eigentumsvorbehalt 393
    erweiterter 395
    verlängerter 395
Eingerichteter und ausgeübter
    Gewerbebetrieb 290
Einrede der Stundung 45
Einrede der Vorausklage 235, 245
Einrede des nichterfüllten Vertrags 44
Einstweilige Verfügung 418
Eintragung im Grundbuch 412
Eintragungspflichten
    deklaratorisch 507
    konstitutiv 507
Einwendungsdurchgriff 50, 227
Elektive Konkurrenz 67
Elektronisches Geld 267
Endvermögen 462
Entgangener Unterhalt 320
Entgeltliche Finanzierungshilfen 221
Entgeltlicher Zahlungsaufschub 220
Entreicherung 349, 350
Erbenhaftung 482
Erbschein 489
Erfüllung 2, 27
Erfüllung einer Verbindlichkeit 332
Erfüllungsübernahme 228

Stichworte

Erlassvertrag ... 33
Ersatz nutzloser Aufwendungen ... 57
Ersatzvornahme ... 73
Ersitzung ... 428
Erwerb vom Nichtberechtigten ... 380
Existenzgründer ... 224

Factoring ... 266
Fahrerhaftung ... 269
Fehlerhafter Arbeitsvertrag ... 559
Fehlerhaftes Produkt ... 286
Fernabsatzverträge ... 41, 252
Finanzierungshilfen ... 41
Finanzierungsleasing ... 165
    Leasing ... 165
Firmenfortführung ... 510
Fixhandelskauf ... 503
Forderungskauf ... 267
Forderungsmangel ... 410, 443
Forderungsverkauf ... 127
Formnichtigkeit ... 14
Freistellungsanspruch ... 359
Fremdbesitzer ... 370, 371, 377
Fremdgeschäftsführungswille ... 361
Fundsachen ... 432

Garantenstellung ... 292
Garantie ... 101
Gattungskauf ... 374
GbR ... 519
Gefahrübergang ... 104
Gefälligkeit ... 3
Geheißperson ... 375
    Scheingeheißperson ... 375
Geltungserhaltende Reduktion ... 27
Gesamthandsvermögen ... 477
Gesamtschuld ... 356, 360
    gestörte ... 360
Geschäfte zur Deckung des
    Lebensbedarfs ... 454
Geschäftsbesorgungsvertrag ... 177
Geschäftsführung ohne Auftrag ... 361
Gesetzlicher Erwerb ... 427
Gesetzlicher Güterstand ... 457
Gesetzliches Verbot ... 16
Gewährleistungsrechte ... 68
Gläubigerverzug ... 122
Globalbürgschaft ... 376
Grundschuld ... 408
Gutachterkosten ... 304
Gütergemeinschaft ... 458
Gutglaubenserwerb ... 381

Haftung der Gesellschafter ... 531
Halterhaftung ... 269
Haustürgeschäfte ... 41
Herausforderungsformel ... 293
Herausgabeansprüche ... 366
Hinsendekosten ... 257
Hinterlegung ... 31
Höhere Gewalt ... 175
Hypothek ... 432

Immaterieller Schaden ... 300
Inhaltskontrolle ... 26

Inkassoermächtigung ... 267
Innerbetrieblicher Schadensausgleich ... 565
Integritätsinteresse ... 288
Internetverträge ... 3
invitatio ad offerendum ... 3
Irrtumsidentität ... 23

Kauf auf Probe ... 126, 130
Kauf bricht nicht Miete ... 146
Kaufmännisches Bestätigungsschreiben ... 4
Kausalität ... 287
    haftungsausfüllende ... 287
    haftungsbegründende ... 287
Kaution ... 151
Kommissionär ... 380, 506
Kongruenz ... 203
Konnexität ... 45, 460
Kontokorrentvorbehalt ... 395
Kontoüberziehung ... 211
Konvaleszenz ... 460
Kostenanschlag ... 139
Kündigung ... 38
    betriebsbedingte ... 557
    verhaltensbedingte ... 555
Kündigungsschutzklage ... 543

Leasingvertrag ... 165
    Operatingleasing ... 166
Leihe ... 142
Leistungskondiktion ... 325
Liquidation ... 537

Maklervertrag ... 190
Markierungsvertrag ... 374
Merkantiler Minderwert ... 300
Mietminderung ... 150
Mietvertrag ... 141
Mietwagenkosten ... 308
Missbrauch der Vertretungsmacht ... 6
Miterbengemeinschaft ... 476
Mittelbarer Nebenbesitz ... 377, 390
Mitverschulden ... 324

Nacherben ... 472
Nacherfüllung ... 69
Naturalrestitution ... 70
Nebenpflichtverletzung ... 2
Neu für Alt ... 302
Nichtleistungskondiktion ... 336
Normativer Schadensbegriff ... 59, 319
Nothilfeformel ... 293
Nutzungsausfallentschädigung ... 309

Offenkundigkeitsprinzip ... 6
Öffentliche Versteigerung ... 393
Ohne Rechtsgrund ... 335
Organbesitz ... 370

Pacht ... 143
pactum de non petendo ... 53
Partnerschaftsgesellschaft ... 519
Partnerschaftsvermittlung ... 210
Personalsicherheiten ... 228
Personengesellschaften ... 528
Petitorische Ansprüche ... 367

Pfandrechte
　gesetzliche 406
　vertraglich vereinbarte 407
Pflichtteilsanspruch 474
Possessorische Ansprüche 367
Produkthaftungsgesetz 285
Prokurist 506
Prozessvergleich 260

Qualifizierte Legitimationspapiere 431

Rahmenrecht 290
Ratenlieferungsvertrag 41, 224
Räumungsanspruch 153
Recht zum Besitz 370
Rechtsbindungswille 3
Rechtshemmende Einreden 43
Rechtskauf 126
Rechtsverfolgungskosten 314
Rechtsvernichtende Einwände 27
Regress 353
Regresskreisel 361
Reisevertrag 170
Relative Veräußerungsverbote 383
Rettungsformel 293
Revokatorische Klage 460
Revolvierende Sicherheiten 400
Risikotypische Schäden 362
Rückgewähr 41, 326
Rückgewährschuldverhältnis 37
Rücksendepflicht 258
Rücktritt 37, 68
Rügeobliegenheit 84, 504

Sachkauf 126
Saldo-Theorie 351
Schadensersatz neben der Leistung 80
Schadensersatz statt der Leistung 56
Schatzfund 432
Scheidung 460
Scheinerben 385, 488
Scheinsozius 522
Schenkungsvertrag 182, 184
Schmerzensgeld 300, 323
Schockschäden 288
Schönheitsreparaturklausel 155
Schuldbeitritt 231
Schuldnerschutzvorschriften 13
Schwerpunkt der Vorwerfbarkeit 292
Selbstständige Garantie 103
Sicherungsanwartschaftsrecht 389
Sicherungsfall 389, 405
Sicherungshypothek 138, 446
Sicherungsübereignung 374, 389
Sittenwidrigkeit 16, 236
Sonderkündigungsrecht 216
Spezifische Tiergefahr 298
Stellvertretendes Commodum 54, 365
Stellvertretung 6
Störung der Geschäftsgrundlage 2, 42
Stundung 2
Stundungsvereinbarung 213, 218

Tatsachenbehauptung 290
Tausch 126
Teilzahlungsgeschäft 41, 211, 222
Tierhalter 257
Tod eines Gesellschafters 535
Trennungsunterhalt 461
Treu und Glauben 2, 52
Typische Betriebsgefahr 271
Totalschaden 308

Übergabe 373
Übergabesurrogat 373
Übermaßnutzungen 372
Übersicherung 401
　anfängliche 18, 401
　nachträgliche 401
Überziehungskredit 220
Unabwendbares Ereignis 269, 278
Unbenannte Zuwendungen 469
Unechte Verflechtung 202
Unentgeltliche Besitzer 371
Universalsukzession 471
Unmöglichkeit 54
Unselbstständige Garantie 104
Untermieter 149
Unternehmenskauf 127
Unternehmer 26
Unternehmerregress 48, 108, 505
Urkunden 430

Valutaverhältnis 189
Verarbeitung zu einer neuen Sache 428
Verbindung 428
Verbotene Eigenmacht 368, 370
Verbraucher 26
Verbraucherdarlehen 213, 216
Verbraucherkreditrecht 165, 166
Verbrauchsgüterkauf 71
Verdachtskündigung 557
Verdienstausfallschäden 319
Verfügungsgeschäfte 373
Vergleichsvertrag 259
Verität 267
Verjährung 2
Verkehrsgeschäft 138, 387
Verkehrssicherungspflicht 292
Verkehrsunfall 269
Vermächtnis 470
Vermengung 420
Vermieterpfandrecht 152
Vermischung 428
Verrichtungsgehilfe 297
Verschärfte Haftung 351
Versorgungsvertrag 26
Vertrag mit Schutzwirkung zugunsten
　Dritter 11
Vertrag zugunsten Dritter 10
Vertragsbruch 18
Vertragsschluss durch Schweigen 3
Vertretungsmacht 6
Verwahrungspflicht des
　Pfandgläubigers 407
Verwahrungsvertrag 144
Verwendungen 371
Verwendungsersatz 372
Verwirkung 53
Verzug 60

221

Stichworte

Vollmachterteilung 7	Widerspruch 415
Vorerben.. 473	Wiederbeschaffungsaufwand 308
Vor-GmbH 523	Wiederbeschaffungswert 305
Vorkaufsrecht 132	Wiederkauf 126
Vormerkung 414, 416	Wiederverkauf 126
Vorsorgekosten 322	Willenserklärung 5
Vorteilsanrechnung 300, 309	Wohnraummiete 144
Vorweggenommene Erbfolge 187, 491	Wohnungseigentümergemeinschaft 516
	Wucherähnliches Geschäft 18
Weiterfressender Mangel 288	
Werklieferungsvertrag...................... 126, 128	**Z**ahlungsdienstevertrag 220
Werkunternehmerpfandrecht 138	Zessionsregress 365
Wertersatz 348	Zufallsschäden 317
Wertpapiere... 431	Zugewinngemeinschaft 458
Widerruf 2	Zurückbehaltungsrecht 2, 43
Widerrufsdurchgriff 213	Zweckvereinbarung 333
Widerrufserklärung 256	Zweiterwerb der Hypothek 440
Widerrufsfrist 41, 257	Zweiterwerb der Vormerkung 426